U0511936

本书系2010年教育部人文社会科学青年项目"WTO争端解决裁决执行问题研究"研究成果，项目批准号10YJC820046

WTO Zhengduan Jiejue
Caijue Zhixing Jizhi Yanjiu

南开大学法学院
学术文存

WTO争端解决
裁决执行机制研究

胡建国◇著

人民出版社

目　录

前　言

一、研究背景

WTO 争端解决机制被誉为 WTO 体制"皇冠上的明珠",它是迄今为止人类历史上最为成功的、和平解决国家间贸易争端的机制。然而,偶尔出现的 DSB 建议和裁决①执行问题却给"皇冠上的明珠"烙下了污点。在 WTO 争端解决机制的第一个十年里,WTO 专家组裁决的实施成功率由第一个五年的 69% 下降到第二个五年的 54%。大量拖延案件(指实施期限被持续延长的案件)或实施争议案件(指充分遵守受到质疑的案件)引起了实施率的下降。② DSB 建议和裁决的实施或执行问题已经成为困扰 WTO

---

① 广义来看,WTO 争端解决裁决应泛指 WTO 争端解决过程中由 WTO 裁决机构发布的所有类型的报告或裁决,包括专家组报告、上诉机构报告、遵守专家组报告、上诉机构遵守报告、合理期限仲裁裁决、报复仲裁裁决、第 25 条仲裁裁决等。但是,学界最为通常的含义是,WTO 争端解决裁决仅涉及已被 DSB 通过的专家组和上诉机构报告,尤其是指包含于专家组和上诉机构报告中的建议和裁决。在此意义上,WTO 争端解决裁决与 DSB 建议和裁决具有相同含义,本书亦交替使用。

② Won – Mog Choi, *To Comply or Not to Comply?* —*Non – implementation Problems in the WTO Dispute Settlement System*, Vol. 41, No. 5, Journal of World Trade, 2007, p. 1043.

争端解决机制良好运转的关键性问题。在 GATT 体制下,协商一致规则导致的"一票否决"曾经是 GATT 争端解决程序顺利进行的主要障碍。WTO 争端解决机制下"反向协商一致"规则的采用①扫除了这一障碍,WTO 争端解决机制的主要程序得以顺利进行,各种报告或裁决得以顺利通过。随着各种程序障碍的消除,贸易争端解决中的主要问题已经从各类报告或裁决的通过阶段转向了这些报告或裁决的执行阶段。不实施或不遵守问题使得 WTO 争端解决机制的作用大打折扣。成功的报告或裁决得不到及时适当的实施或遵守,不仅使投诉方和受害私人主体的利益处于持续被侵害状态,也使 WTO 争端解决机制的各种程序和活动徒劳无益。此外,持续的违反状态还减损了多边贸易体制的完整性。WTO 争端解决中存在的执行问题大大减损了弱小国家对于多边贸易体制的信心。WTO 成立后,弱小国家本来对 WTO 争端解决机制期望甚高,但近年来出现的一些 DSB 建议和裁决执行问题使得弱小国家的这类期望基本落空。这将阻碍弱小国家进一步参与多边贸易体制。执行问题可能也是多哈回合谈判迟迟不能结束的重要原因之一。

WTO 争端解决裁决主要执行机制目前已经有了大量实践,这些实践基本形成了关于这些主要执行机制的判例法。截至 2011 年 6 月底,第 21.3(c)条仲裁员共发布了 29 个合理期限仲裁裁决,并在 25 个裁决中确定了被诉方实施 DSB 建议和裁决的合理期限。在其他 4 个案件中,由于投诉方与被诉方就合理期限问题达成了协

————————

① DSB 采取反向协商一致规则作出决策的事项限于是否设立专家组、是否通过专家组和上诉机构报告以及是否授权报复。除此之外,DSB 得协商一致作出决定。

议,仲裁员只发布了裁决,没有确定合理期限。第 21.5 条专家组共发布了 29 个遵守复审报告,上诉机构共发布了 18 个遵守复审报告。第 22.6 条仲裁小组共发布了 19 个报复仲裁裁决,涉及 9 个案件:"欧共体香蕉案"、"欧共体荷尔蒙案"、"美国 FSC 案"、"美国伯德修正案"、"美国 1916 年法案"、"巴西飞机案"、"加拿大飞机案"、"美国赌博案"和"美国陆地棉案"。此外,在"美国版权法案"中,美国和欧共体根据 DSU 第 25 条请求仲裁,该案仲裁小组裁决了欧共体的利益丧失和减损水平。其他一些报告也涉及 DSB 建议和裁决的执行问题,例如"美欧某些产品案"①、"美加持续性中止案"②和"欧韩商用船舶系列争端案"③等等。

　　1994 年《关于适用和审议 DSU 的决定》要求部长级会议在 WTO 成立后 4 年内对 DSU 进行审查,并及时通过关于继续适用、修改或终止 DSU 的决定。DSU 审议从 1997 年下半年开始,但未在 1994 年决议规定的时间内达成任何协议。2001 年多哈回合部长级会议决定将 DSU 改革谈判纳入多哈回合议题,但 DSU 谈判结果不与多哈回合单一承诺的谈判结果挂钩。DSU 审议转变为澄清和改进 DSU 的谈判。DSB 后来设立了 DSB 特别会议,主持澄

---

　　① 在"欧共体香蕉案"中,美国未等第 21.5 条专家组发布裁决就对 EC 采取了报复措施,这引起了美欧之间的争端,即"美欧某些产品案"。该案专家组主要审查了 DSU 第 23 条。

　　② 在"欧共体荷尔蒙案"中,加拿大和美国对欧共体采取了报复措施。后来,EC 主张自己已经遵守了 DSB 建议和裁决,要求美加停止报复措施。但美加仍未停止报复措施。EC 无奈之下只得发起了一般争端解决程序。该案专家组裁定美加违反了 DSU 第 23 条。

　　③ 该系列争端的特殊性在于,针对韩国的补贴措施,EC 未经任何 WTO 程序就采取了单边措施,并且韩国在 WTO 争端解决机制中成功指控了该措施。该案专家组主要审查了 DSU 第 23 条。

清和改进 DSU 的谈判,讨论 WTO 各成员提出的建议,并由 DSB 特别会议主席向贸易谈判委员会或总理事会报告工作。虽经多次延期,但澄清和改进 DSU 的谈判始终未能结束。DSU 改革谈判的重要阶段性成果是 DSB 特别会议主席于 2003 年 5 月 28 日和 2008 年 7 月 18 日分别发布了修改 DSU 的草案文本(以下简称"2003 年主席案文"①和"2008 年主席案文"②)。这两份主席案文基本奠定了各阶段 DSU 改革谈判的基调,成为后续谈判的基础,但 DSU 特别会议也会考虑各成员提出的新建议。"2003 年主席案文"以程序性改进为主,集中于四大领域:透明度、争端的迅速解决、发展中国家利益保护以及 DSB 建议和裁决的实施。③ "2008 年主席案文"尽管也以程序性改进为主,但也引入了某些实体性改进,例如引入了第三方报复和集体报复制度、要求考虑合理期限内的丧失或减损水平等。④ 无论如何,WTO 争端解决裁决执行机制是 DSU 改革谈判的重要议题之一。

　　自 2001 年 12 月 11 日加入 WTO 以来,最初我国多以第三方

---

　　① See, Special Session of the Dispute settlement body, *Report by the Chairman to the Trade Negotiations Committee*, TN/DS/9, 6 June 2003.

　　② 作为 2008 年"七月一揽子"的一部分, DSB 特别会议主席于 2008 年 7 月 18 日发布了新的草案文本(Job(08)/81 of July 2008)。新草案文本包括整合后的关于 DSU 修改的法律文本草案(主要依据各成员新近提出的草案建议),但也包括 DSB 特别会议主席根据新近的讨论对具体问题所作的某些起草建议。7 月文件还包括 DSU 谈判中正在讨论的各种问题的主题性概览。See, Special Session of the Dispute settlement body, *Report by the Chairman to the Trade Negotiations Committee*, TN/DS/23, 5 December 2008.

　　③ See, Special Session of the Dispute settlement body, *Report by the Chairman to the Trade Negotiations Committee*, TN/DS/9, 6 June 2003.

　　④ See, Special Session of the Dispute settlement body, *Report by the Chairman to the Trade Negotiations Committee*, TN/DS/23, 5 December 2008.

身份参与 WTO 争端解决实践。① 近年来,随着我国履行 WTO 承诺的深入以及我国对外贸易的迅速发展,我国与主要贸易伙伴的贸易摩擦日益增多,金融危机以来尤其如此,许多贸易争端已被诉至 WTO。截至 2011 年 6 月底,有关 WTO 成员共对我国发起了 21 次 WTO 投诉,涉及 12 个案件。在已由 DSB 通过专家组和/或上诉机构报告的 3 个案件中,专家组和/或上诉机构均裁决中国不同程度的败诉。这些案件已经完成或者正处于 DSB 建议和裁决的执行阶段。另一方面,随着我国 WTO 实战经验的逐渐成熟,我国也越来越多地通过 WTO 争端解决机制解决与主要贸易伙伴之间的贸易摩擦。截至 2011 年 6 月底,我国共发起了 8 个 WTO 投诉,其中 3 个案件已由 DSB 通过了专家组和/或上诉机构报告,这些报告均裁决我国胜诉。因此,无论是作为被诉方,还是作为投诉方,我国已经或将会面临 DSB 建议和裁决的执行问题。此外,对于我国并非争端当事方的 WTO 争端解决裁决的执行过程,我国有时也有必要进行参与。是否参与、如何参与都是我国需要面对的问题。

综上分析,笔者认为,关于 WTO 争端解决裁决执行机制的研究不仅具有重要的理论意义,而且也具有相当大的实践意义。

二、研究现状

在上述背景下,DSB 建议和裁决的执行问题已经引起了国内外学者的极大兴趣,近年来出现了关于 WTO 争端解决裁决执行

---

① 值得注意的是,我国于 2002 年 3 月与其他七个 WTO 成员一起针对美国采取的钢铁保障措施发起了 WTO 投诉,并获得了胜诉。

问题的大量研究文献。目前来看,关于 WTO 争端解决裁决执行
问题的研究主要包括以下四个方面:

第一,关于 WTO 争端解决裁决执行一些基本问题的研究。
这些基本问题包括:WTO 义务的性质及其法律影响、有效违反理
论与 WTO 法律救济、WTO 争端解决裁决执行的目标、DSB 建议和
裁决创设的义务的性质、WTO 报复的目标等等。关于 WTO 义务
的性质,双边义务论与集体义务论激烈交锋,双边义务论目前占据
上风。WTO 义务的性质涉及 WTO 体制保护何种利益这一根本性
问题,也影响着 WTO 争端解决裁决执行目标的确定。关于有效
违反理论,从政治经济学角度出发的学者极力支持在 WTO 体制
中引入有效违反观念,典型代表如塞克斯;从福利经济学角度出发
的学者倾向于反对在 WTO 中引入有效违反概念,但也有学者支
持部分引入有效违反机制,例如塔奇曼。关于 DSB 建议和裁决创
设的义务的性质,杰克逊曾与贝诺、塞克斯等学者发生过激烈争
论。目前来看,支持 DSB 建议和裁决创设了必须遵守的相符义务
的观点占据了上风,但这一实证法结论日益受到挑战。关于 WTO
争端解决裁决执行的目标,现有 WTO 争端解决裁决执行机制倾
向于支持确保遵守,但这一目标日益受到怀疑。怀疑论者从政治
经济学和福利经济学视角质疑 WTO 条约的完备性,主张从 WTO
义务与救济两个角度考虑问题,倾向于支持执行目标的多元性。
关于 WTO 报复的目标,虽然 WTO 裁决机构支持促使遵守论,学
界仍存有多种观点,如补偿论、重新平衡论、确保遵守论等等。总
体来看,关于这些理论问题的研究越来越深入地揭示出 WTO 体
制的一些根本特征,要求人们从各种不同角度反思现有体制,有助
于把 WTO 法研究进一步推向深入。

第二,关于 DSB 建议和裁决执行状况的研究。这类研究既有

宏观分析,例如崔元睦对截至 2005 年 10 月底 DSB 建议和裁决实施状况的总体分析,又有微观分析,例如关于 DSB 建议和裁决实施状况的国别分析以及个案考查。这类研究主要旨在揭示被诉方遵守或不遵守 DSB 建议和裁决的原因,提示出现有执行机制的缺陷等。

　　第三,关于 WTO 争端解决裁决主要执行制度法律实践的研究。这类研究主要根据 WTO 法律实践(特别是各种与 WTO 争端解决裁决执行有关的报告或裁决)研究 WTO 争端解决裁决执行过程中的主要法律问题以及有关判例法。研究主要集中于 WTO 法律实践较多的合理期限和报复裁决领域。研究不仅针对实体性法律问题,也针对程序性法律问题。既有个案研究,又有对相关判例法的总结性研究。

　　第四,关于 WTO 争端解决裁决执行机制各种改革建议的研究。这类研究主要集中于各种实体性改革建议,例如,围绕追溯性救济、金融补偿、集体或第三方报复、可交易报复权等建议已经涌现出大量文献。

三、研究意义

　　本书研究有助于人们深刻反思 WTO 法的某些基本理论问题。WTO 争端解决裁决的执行问题最能反映 WTO 法律体制的某些根本特征,例如,WTO 义务的性质以及 WTO 条约的完备性决定了争端解决裁决执行机制的目标、结构和方法,而 WTO 义务的性质问题又需要人们深刻反思 WTO 体制保护何种利益这一根本性问题。

　　本书研究的实践意义包括:第一,通过全面研究 WTO 争端解决裁决主要执行机制的运行情况和法律实践状况,揭示 WTO 争端解决裁决执行过程中存在的问题,阐释 WTO 争端解决裁决主要执行制度的运作概况。同时,对于 WTO 争端解决裁决主要执行制度法律实践状况的研究有助于实务部门了解和运用有关执行制度,在具体贸易争端的解决过程中更好地为本国利益服务。第二,考虑到多哈回合谈判中正在进行的 DSU 改革谈判①以及诸多改革建议,本书研究可为 WTO 争端解决裁决执行制度的评估和改革提供参照,也可为我国提出有关 DSU 改革建议提供参考。第三,为我国利用和参与 WTO 争端解决机制提供关于 WTO 争端解决裁决执行方面的有关建议。如前所述,无论是作为被诉方,还是作为投诉方,我国已经或将会面临 DSB 建议和裁决的执行问题。研究 WTO 争端解决裁决的执行问题对于我国灵活运用 WTO 规则解决越来越多的贸易争端具有重要意义。

四、研究范围

本书研究 WTO 争端解决裁决执行机制,也就是 WTO 争端解决程序中与 DSB 建议和裁决的执行有关的机制,主要包括合理期限制度、遵守复审制度、补偿制度和报复制度。执行机制是 WTO 争端解决机制的重要组成部分。WTO 争端解决裁决执行机制旨

---

① 虽然强调 DSU 改革谈判不与多哈回合谈判结果挂钩,但是,DSU 改革谈判决不可能脱离多哈回合谈判单独进行并提前结束。DSU 改革必然会与多哈回合谈判结果挂钩,最终采取与乌拉圭回合类似的一揽子接受方式。虽然 WTO 打算在 2011 年年底之前结束多哈回合谈判,但从目前来看,多哈回合似乎再次陷入困境,在既定截止期限之前完成谈判已经非常困难。DSU 改革谈判的进展依旧十分缓慢。

在促使被诉方迅速适当地实施和遵守 DSB 建议和裁决。从时间上看,研究范围始于 DSB 通过专家组和上诉机构报告,终于被诉方完全实施或遵守了 DSB 建议和裁决。本书研究内容包括三大部分:第一,WTO 争端解决裁决执行机制的相关基本问题,如WTO 争端解决裁决执行机制的对象、目标、基本原则等;第二,根据 WTO 争端解决裁决执行机制的内在逻辑结构和顺序研究 WTO主要执行制度,包括合理期限制度、遵守复审制度、补偿制度和报复制度等;第三,中国参与 WTO 争端解决机制的现状以及中国在WTO 争端解决裁决有关执行问题上应当采取的立场和对策。

五、结构安排

本书共分七章。第一章探讨 WTO 争端解决裁决执行机制的若干基本问题。第二章至第六章主要研究 WTO 争端解决裁决执行机制的四大核心制度。第七章结合中国的具体情况探讨我国关于 WTO 争端解决裁决执行机制的立场和对策。相关章节的主要内容概述如下:

第一章主要研究 WTO 争端解决裁决执行机制的基本问题。本章探讨了 WTO 争端解决裁决执行机制的对象、目标、基本原则以及 WTO 争端解决裁决执行机制改革的基本原则和方向等问题。WTO 争端解决裁决执行机制的直接对象是 DSB 建议和裁决,也就是专家组和上诉机构报告中的建议和提议,本质上是要求被诉方遵守 WTO 实体义务。从现行法来看,WTO 争端解决裁决执行机制的目标是尽量确保遵守,而不是便利有效违反。但这一目标日益受到质疑。WTO 争端解决裁决执行机制的基本原则包括及时有效解决争端原则、持续监督原则、发展中国家成员特殊和差别待遇原则以及禁止单边主义原则等。WTO 争端解决裁决执行机制改革的基本原则包括不损及现有执行机制原则、促进贸易自由化原则、以政治经济现实为基础原则、增强公平性原则、可操作性原则以及程序性改革为主实体性改革为辅原则等。WTO 争端解决裁决执行机制改革的方向包括：加强 DSB 监督、便利补偿、改善报复机制、增强 DSB 建议和裁决以及其他报告或裁决的说服力和合法性、增强 DSB 建议和裁决的约束性和具体性等等。

第二章至第六章研究了 WTO 争端解决裁决主要执行制度，即合理期限制度、遵守复审制度、补偿制度和报复制度。第二章考查了合理期限制度。合理期限是被诉方享有的一项重要实体权利，性质上是"免费"的宽限期。合理期限制度总体上运行良好，但也存在一定问题。第三章研究了遵守复审制度。尽管遵守复审制度能够有效解决争端方之间的实施争端，但该程序存在被滥用的危险，上诉程序尤其如此。第四章探讨了补偿制度。尽管补偿制度优于报复制度，但 WTO 各成员很少使用补偿。即使利用补偿机制，WTO 成员也往往违反了最惠国待遇要求。本章详细讨论了改革补偿机制的各种建议，例如便利补偿更多使用的各种建议、强制性补偿建议、金融补偿建议和追溯性补偿建议等。第五章和第六章考查报复制度，特别是根据 WTO 报复仲裁实践考查了利益丧失或减损水平的计算问题、禁止性补贴案件中的反措施法律问题以及报复仲裁中的几个程序性法律问题。此外，这两章还探讨了报复实施中的若干法律问题，如交叉报复问题、追溯性报复问题、报复产品清单特定化问题、如何确保报复的等同性问题以及报复的中止或终止问题等。第六章还分析了各种改革 WTO 报复的建议，如废弃报复、加大报复力度、引入可交易报复权制度或集体报复制度等。

　　第七章以中国参与 WTO 争端解决实践的情况为基础,重点分析我国实施 DSB 建议和裁决的能力以及我国在 WTO 事务中的角色定位,结合其他相关因素,提出了我国关于 WTO 争端解决裁决执行机制的若干建议。

缩略语表

AB,Appellate Body,上诉机构

ATC,Agreement on Textiles and Clothes,《纺织品与服装协定》

AD,Anti-dumping,反倾销

CFI,Court of First Instance,欧洲初审法院

CVDs,Countervailing duties,反补贴税

DSB,Dispute Settlement Body,争端解决机构

DSM,Dispute Settlement Mechanism,争端解决机制

DSU,Dispute Settlement Understanding,《争端解决谅解》

EC,European Community,欧共体①

ECJ,European Court of Justice,欧洲法院

ECT,European Community Treaty,《欧共体条约》

---

① 随着《里斯本条约》于 2009 年 12 月 1 日正式生效,"欧盟"一词首次在 WTO 正式场合使用。之前,由于法律上的原因,欧盟在 WTO 中的正式称谓是"欧共体"。因此,对于 2009 年 12 月 1 日前的老文件,"欧共体"一词将会继续存在。而在 2009 年 12 月 1 日之后,"欧盟"一词将成为 WTO 中的唯一用语。有两点值得特别注意:第一,即使在 2009 年 12 月 1 日之前,在 WTO 正式法律文件之外,人们有时使用"欧盟"而不是"欧共体";第二,即使在 2009 年 12 月 1 日之后,有关 WTO 文件仍可能使用"欧共体"而不是"欧盟",例如 2009 年 12 月 1 日之前提出的 WTO 争端如果涉及欧共体,该日之后发布的专家组或上诉机构报告还会继续使用"欧共体"。

EU,European Union,欧洲联盟或欧盟

GATT,General Agreement on Tariffs and Trade,《关税与贸易总协定》

GATS,General Agreement on Trade in Services,《服务贸易总协定》

GSP,Generalized System of Preference,普遍优惠制或普惠制

ICJ,International Court of Justice,国际法院

IMF,International Monetary Fund,国际货币基金组织

ILC,International Law Commission,国际法委员会

JIEL,Journal International Economic Law,《国际经济法杂志》

JWT,Journal of World Trade,《世界贸易杂志》

LDCs,Least Developed Countries,最不发达国家

MAS,Mutually Acceptable Solutions,相互接受的解决办法

MFN,Most-Favored Nations,最惠国待遇

NAFTA,North American Free Trade Agreement,《北美自由贸易协定》

NGO,Non-governmental Organization,非政府组织

NT,National Treatment,国民待遇

NTBs,Non-Tariff Barriers,非关税壁垒

RPT,Reasonable Period of Time,合理期限

SAA,Statement of Administrative Action,《行政措施陈述》(美国)

SCOO,Suspension of Concessions or other Obligations,中止减让或其它义务

SPS,Sanitary and Phytosanitary Measures,卫生与植物卫生措施

SCM,Subsidies and Countervailing Measures,补贴与反补贴措施

TBT,Technical Barriers to Trade,贸易技术壁垒

TRIPS,Trade-related Aspects of Intellectual Property Rights,与贸易有关的知识产权

TRIMs,Trade-related investment measures,与贸易有关的投资措施

TPRB,Trade Policy Review Body,贸易政策评审机构

URAA,Uruguay Round Agreements Act,《乌拉圭回合协定法》（美国）

USTR,United States Trade Representative,美国贸易代表

WIPO,World Intellectual Property Organization,世界知识产权组织

WTO,World Trade Organization,世界贸易组织或世贸组织

WTR,World Trade Review,《世界贸易评论》

WTO 报告和仲裁裁决表

中文简称	英文简称	完整名称
美国版权法案第25条仲裁	US–Copyrights（Article 25）	Award of the Arbitrators, *United States–Section 110(5) of the US Copyright Act, Recourse to Arbitration under Article 25 of the DSU*, WT/DS160/ARB25/1,9 November 2001.
巴西飞机案报复裁决	Brazil–Aircraft（Article 22.6）	Decision by the Arbitrators, *Brazil – Export Financing Programme for Aircraft, Recourse to Arbitration by Brazil under Article 22.6 of the DSU and Article 4.11 of the SCM Agreement*, WT/DS46/ARB,28 August 2000.
加拿大飞机案报复裁决	Canada–Aircraft（Article 22.6）	Decision by the Arbitrator, *Canada–Export Credits and Loan Guarantees for Regional Aircraft, Recourse to Arbitration by Canada under Article 22.6 of the DSU and Article 4.11 of the SCM Agreement*, WT/DS222/ARB, 17 February 2003.
厄欧香蕉案报复裁决	EC–Bananas（Article 22.6–Ecuador）	Decision by the Arbitrators, *European Communities – Regime for the Importation, Sale and Distribution of Bananas, Recourse to Arbitration by the European Communities under Article 22.6 of the DSU*, WT/DS27/ARB/ECU, 24 March 2000.

中文简称	英文简称	完整名称
美欧香蕉案报复裁决	EC–Bananas（Article 22.6 – US）	Decision by the Arbitrators, *European Communities – Regime for the Importation, Sale and Distribution of Bananas, Recourse to Arbitration by the European Communities under Article 22.6 of the DSU*, WT/DS27/ARB, 9 April 1999.
美欧荷尔蒙案报复裁决	EC–Hormones（Article 22.6 – US）	Decision by the Arbitrators, *European Communities – Measures Concerning Meat and Meat Products（Hormones）, Original Complaint by the United States, Recourse to Arbitration by the European Communities under Article 22.6 of the DSU*, WT/DS26/ARB, 12 July 1999.
加欧荷尔蒙案报复裁决	EC–Hormones（Article 22.6 – Canada）	Decision by the Arbitrators, *European Communities – Measures Concerning Meat and Meat Products（Hormones）, Original Complaint by Canada, Recourse to Arbitration by the European Communities under Article 22.6 of the DSU*, WT/DS48/ARB, 12 July 1999.
美国 FSC 案报复裁决	US–FSC（Article 22.6）	Decision by the Arbitrator, *United States – Tax Treatment for 'Foreign Sales Corporations', Recourse to Arbitration by the United States under Article 22.6 of the DSU and Article 4.11 of the SCM Agreement*, WT/DS108/ARB, 30 August 2002.
美国 1916 年法案报复裁决	US–1916 Act（Article 22.6）	Decision by the Arbitrators, *United States – Anti–Dumping Act of 1916, Original Complaint by the European Communities, Recourse to Arbitration by the United States under Article 22.6 of the DSU*, WT/DS136/ARB, 24 February 2004.

中文简称	英文简称	完整名称
美欧伯德修正案报复裁决	US—Offset Act (Article 22.6 – EC)	Decision by the Arbitrator, *United States-Continued Dumping and Subsidy Offset Act of 2000, Original Complaint by the European Communities, Recourse to Arbitration by the United States under Article 22.6 of the DSU*, WT/DS217/ARB/EEC,31 August 2004.
美国赌博案报复裁决	US–Gambling (Article 22.6)	Decision by the Arbitrators, *United States – Measures Affecting the Cross – Border Supply of Gambling and Betting Services, Recourse to Arbitration by the United States under Article 22.6 of the DSU*, WT/DS285/ARB, 21 December 2007.
美欧荷尔蒙中止案专家组报告	Panel Report on US–Continued Suspension	Penal Report, *United States—Continued Suspension of Obligations in the EC – Hormones Dispute*, WT/DS320/R, circulated 31 March 2008.
美欧某些产品案专家组报告	Panel Report on US–Certain EC Products	Panel Report, *United States – Import Measures on Certain Products from the European Communities*, WT/DS165/R and Add. 1, adopted 10 January 2001, modified by Appellate Body Report, WT/DS165/AB/R.
美国 OCTG 日落复审案第 21.5 条上诉机构报告	Appellate Body Report on US–OCTG Sunset Reviews (Article 21.5)	Appellate Body Report, *United states—Sunset Reviews of Anti – dumping Measures on Oil Country Tubular Goods From Argentina, Recourse to Article 21.5 of the DSU by Argentina*, WT/DS268/AB/RW, Circulated 12 April 2007.

续表

中文简称	英文简称	完整名称
澳大利亚汽车皮革案第21.5条专家组报告	Panel Report on Australia –Automotive Leather (Article 21.5)	Panel Report, *Australia – Subsidies Provided to Producers and Exporters of Automotive Leather*, *Recourse to Article 21.5 of the DSU by the United States*, WT/DS126/RW and Corr. 1, adopted 11 February 2000.
澳大利亚沙丁鱼案第21.5条专家组报告	Panel Report on Australia Salmon (Article 21.5)	Panel Report, *Australia – Measures Affecting Importation of Salmon*, *Recourse to Article 21.5 of the DSU by Canada*, WT/DS18/RW, adopted 20 March 2000.
美国 FSC 案第21.5条专家组报告	Panel Report on Australia US – FSC (Article 21.5)	Panel Report, *United States – Tax Treatment for "Foreign Sales Corporations"*, *Recourse to Article 21.5 of the DSU by the European Communities*, WT/DS108/RW, adopted 29 January 2002, modified by Appellate Body Report, WT/DS108/AB/RW.
加拿大奶制品案第21.5条专家组报告	Panel Report on Canada – Dairy (Article 21.5)	Panel Report, *Canada – Measures Affecting the Importation of Milk and the Exportation of Dairy Products – Recourse to Article 21.5 of the DSU by New Zealand and the United States*, WT/DS103/RW, WT/DS113/RW, adopted 18 December 2001, reversed by Appellate Body Report, WT/DS103/AB/RW, WT/DS113/AB/RW.
美国虾案第21.5条上诉机构报告	Appellate Body Report on US – Shrimp (Article 21.5)	Appellate Body Report, *United States – Import Prohibition of Certain Shrimp and Shrimp Products*, *Recourse to Article 21.5 of the DSU by Malaysia*, WT/DS58/AB/RW, adopted 21 November 2001.

中文简称	英文简称	完整名称
巴西飞机案第21.5条上诉机构报告	Appellate Body Report on Brazil-Aircraft (Article 21.5)	Appellate Body Report, *Brazil – Export Financing Programme for Aircraft*, *Recourse by Canada to Article 21.5 of the DSU*, WT/DS46/AB/RW, adopted 4 August 2000.
墨西哥 HFCS 案第21.5条上诉机构报告	Appellate Body Report on Mexico-HFCS (Article 21.5)	Appellate Body Report, *Mexico – Anti – Dumping Investigation of High Fructose Corn Syrup (HFCS) from the United States*, *Recourse to Article 21.5 of the DSU by the United States*, WT/DS132/AB/RW, adopted 21 November 2001.
美欧香蕉案第21.5条专家组报告	Panel Report on EC-Bananas (Article 21.5-EC)	Panel Report, *European Communities–Regime for the Importation, Sale and Distribution of Bananas*, *Recourse to Article 21.5 of the DSU by the European Communities*, WT/DS27/RW/EEC and Corr.1, 12 April 1999, unadopted.
澳大利亚沙丁鱼案上诉机构报告	Appellate Body Report on Australia-Salmon	Appellate Body Report, *Australia–Measures Affecting Importation of Salmon*, WT/DS18/AB/R, adopted 6 November 1998.
美国301条款案专家组报告	Panel Report on US-Section 301	Panel Report, *United States – Sections 301 – 310 of the Trade Act of 1974*, WT/DS152/R, adopted 27 January 2000.
巴西飞机案专家组报告	Panel Report on Brazil-Aircraft	Panel Report, *Brazil–Export Financing Programme for Aircraft*, WT/DS46/R, adopted 20 August 1999, modified by Appellate Body Report, WT/DS46/AB/R.

中文简称	英文简称	完整名称
巴西飞机案第21.5条专家组报告	Panel Report on Brazil–Aircraft (Article 21.5)	Panel Report, *Brazil–Export Financing Programme for Aircraft*, *Recourse by Canada to Article 21.5 of the DSU*, WT/DS46/RW, adopted 4 August 2000, modified by Appellate Body Report, WT/DS46/AB/RW.
厄欧香蕉案第21.5条专家组报告	Panel Report on EC – Bananas III (Article 21.5–Ecuador)	Panel Report, *European Communities–Regime for the Importation, Sale and Distribution of Bananas, Recourse to Article 21.5 of the DSU by Ecuador*, WT/DS27/RW/ECU, adopted 6 May 1999.
印度数量限制案专家组报告	Panel Report on India – Quantitative Restrictions	Panel Report, *India – Quantitative Restrictions on Imports of Agricultural, Textile and Industrial Products*, WT/DS90/R, adopted 22 September 1999, upheld by Appellate Body Report, WT/DS90/AB/R.
美国赌博案第21.5条专家组报告	Panel Report on US–Gambling (Article 21.5)	Panel Report, *United States – Measures Affecting the Cross – Border Supply of Gambling and Betting Services, Recourse to Article 21.5 of the DSU by Antigua and Barbuda*, WT/DS285/RW, adopted 27 May 2007.
欧共体床上用品案第21.5条上诉机构报告	Appellate Body Report on EC–Bed Linen (Article 21.5)	Appellate Body Report, *European Communities–Anti–Dumping Duties on Imports of Cotton–Type Bed Linen from India, Recourse to Article 21.5 of the DSU by India*, WT/DS141/AB/RW, adopted 24 April 2003.

中文简称	英文简称	完整名称
欧共体床上用品案第21.5条专家组报告	Panel Report on EC-Bed Linen (Article 21.5)	Panel Report, *European Communities – Anti – Dumping Duties on Imports of Cotton – Type Bed Linen from India*, Recourse to Article 21.5 of the DSU by India, WT/DS141/RW, adopted 24 April 2003, modified by Appellate Body Report, WT/DS141/AB/RW.
美国虾案第21.5条专家组报告	Panel Report on US-Shrimp (Article 21.5)	Panel Report, *United States–Import Prohibition of Certain Shrimp and Shrimp Products*, Recourse to Article 21.5 of the DSU by Malaysia, WT/DS58/RW, adopted 21 November 2001, upheld by Appellate Body Report, WT/DS58/AB/RW.
加拿大飞机案第21.5条上诉机构报告	Appellate Body Report on Canada-Aircraft (Article 21.5)	Appellate Body Report, Canada–Measures Affecting the Export of Civilian Aircraft–Recourse by Brazil to Article *21.5 of the DSU*, WT/DS70/AB/RW, adopted 4 August 2000.
土耳其大米案专家组报告	Panel Report on Turkey-Rice	Panel Report, *Turkey—Measures Affecting the Importation of Rice*, WT/DS334/R, circulated 21 September 2007.
危地马拉水泥第一案专家组报告	Panel Report on Guatemala – Cement I	Panel Report, *Guatemala – Anti – Dumping Investigation Regarding Portland Cement from Mexico*, WT/DS60/R, adopted 25 November 1998, modified by Appellate Body Report, WT/DS60/AB/R.
危地马拉水泥第二案专家组报告	Panel Report on Guatemala – Cement II	Panel Report, *Guatemala–Definitive Anti–Dumping Measures on Grey Portland Cement from Mexico*, WT/DS156/R, adopted 17 November 2000

中文简称	英文简称	完整名称
阿根廷禽类案专家组报告	Panel Report on Argentina–Poultry	Panel Report, *Argentina – Definitive Anti–Dumping Duties on Poultry from Brazil*, WT/DS241/R, adopted 19 May 2003.
美国内衣案专家组报告	Panel Report on US–Underwear	Panel Report, *United States–Restrictions on Imports of Cotton and Man–made Fibre Underwear*, WT/DS24/R, adopted 25 February 1997, modified by Appellate Body Report, WT/DS24/AB/R.
美国 1916 年法案合理期限裁决	US–1916 Act (Article 21.3)	Award of the Arbitrator, *United States–Anti–Dumping Act of 1916*, Arbitration under Article 21.3 (c) of the DSU, WT/DS136/11, WT/DS162/14, 28 February 2001.
欧共体关税优惠案合理期限裁决	EC – Tariff Preferences (Article 21.3)	Award of the Arbitrator, *European Communities–Conditions for the Granting of Tariff Preferences to Developing Countries*, Arbitration under Article 21.3 (c) of the DSU, WT/DS246/14, 20 September 2004.
美国赌博案合理期限裁决	US—Gambling (Article 21.3)	Award of the Arbitrator, *United States – Measures Affecting the Cross–Border Supply of Gambling and Betting Services*, Arbitration under Article 21.3 (c) of the DSU, WT/DS285/13, 19 August 2005.
美国伯德修正案合理期限裁决	US – Byrd Amendment (Article 21.3)	Award of the Arbitrator, *United States–Continued Dumping and Subsidy Offset Act of 2000*, Arbitration under Article 21.3 (c) of the DSU, WT/DS217/14, WT/DS234/22, 13 June 2003.

中文简称	英文简称	完整名称
智利价格固定制度案合理期限裁决	Chile – Price Band System（Article 21.3）	Award of the Arbitrator, *Chile – Price Band System and Safeguard Measures Relating to Certain Agricultural Products*, *Arbitration under Article 21.3（c） of the DSU*, WT/DS207/13, 17 March 2003.
印度尼西亚汽车案合理期限裁决	Indonesia–Autos（Article 21.3）	Award of the Arbitrator, *Indonesia–Certain Measures Affecting the Automobile Industry*, *Arbitration under Article 21.3（c） of the DSU*, WT/DS54/15, WT/DS55/14, WT/DS59/13, WT/DS64/12, 7 December 1998.
加拿大汽车案合理期限裁决	Canada–Autos（Article 21.3）	Award of the Arbitrator, *Canada – Certain Measures Affecting the Automotive Industry*, *Arbitration under Article 21.3（c） of the DSU*, WT/DS139/12, WT/DS142/12, 4 October 2000.
阿根廷牛皮案合理期限裁决	Argentina – Hides and Leather（Article 21.3）	Award of the Arbitrator, *Argentina – Measures Affecting the Export of Bovine Hides and Import of Finished Leather*, *Arbitration under Article 21.3（c） of the DSU*, WT/DS155/10, 31 August 2001.
欧共体糖类案合理期限裁决	EC–Sugar（Article 21.3）	Award of the Arbitrator, *European Communities–Export Subsidies on Sugar*, *Arbitration under Article 21.3（c） of the DSU*, WT/DS265/33, WT/DS266/33, WT/DS283/14.
欧共体鸡块案合理期限裁决	EC–Chicken Cuts（Article 21.3）	Award of the Arbitrator, *European Communities–Customs Classification of Frozen Boneless Chicken Cuts*, *Arbitration under Article 21.3（c） of the DSU*, WT/DS269/13, WT/DS286/15.

中文简称	英文简称	完整名称
美国 OCTG 日落复审案合理期限裁决	US–OCTG Sunset Reviews (Article 21.3)	Award of the Arbitrator, *United states—Sunset Reviews of Anti-dumping Measures on Oil Country Tubular Goods From Argentina*, *Arbitration under Article 21.3 (c) of the DSU*, WT/DS268/12, 7 June 2005.
智利酒类税案合理期限裁决	Chile – Alcoholic Beverages (Article 21.3)	Award of the Arbitrator, *Chile–Taxes on Alcoholic Beverages*, *Arbitration under Article 21.3 (c) of the DSU*, WT/DS87/15, WT/DS110/14, 23 May 2000.
澳大利亚汽车皮革案专家组报告	Panel Report on Australia–Automotive Leather	Panel Report, *Australia–Subsidies Provided to Producers and Exporters of Automotive Leather*, WT/DS126/R, adopted 16 June 1999.
巴西飞机案上诉机构报告	Appellate Body Report on Brazil–Aircraft	Appellate Body Report, *Brazil – Export Financing Programme for Aircraft*, WT/DS46/AB/R, adopted 20 August 1999.
加拿大飞机案专家组报告	Panel Report on Canada–Aircraft	Panel Report, *Canada–Measures Affecting the Export of Civilian Aircraft*, WT/DS70/R, adopted 20 August 1999, upheld by Appellate Body Report, WT/DS70/AB/R.
加拿大飞机第二案专家组报告	Panel Report on Canada – Aircraft Credits and Guarantees	Panel Report, *Canada – Export Credits and Loan Guarantees for Regional Aircraft*, WT/DS222/R and Corr. 1, adopted 19 February 2002.
韩国商用船舶案专家组报告	Panel Report on Korea–Commercial Vessels	Panel Report, *Korea–Measures Affecting Trade in Commercial Vessels*, WT/DS273/R, adopted 11 April 2005.

中文简称	英文简称	完整名称
美国陆地棉案专家组报告	Panel Report on US–Upland Cotton	Panel Report, *United States – Subsidies on Upland Cotton*, WT/DS267/R, and Corr. 1, adopted 21 March 2005, modified by Appellate Body Report, WT/DS267/AB/R.
美国FSC案专家组报告	Panel Report on US–FSC	Panel Report, *United States – Tax Treatment for "Foreign Sales Corporations"*, WT/DS108/R, adopted 20 March 2000, modified by Appellate Body Report, WT/DS108/AB/R.
欧共体香蕉案合理期限裁决	EC– Bananas (Article 21.3)	Award of the Arbitrator, *European Communities – Regime for the Importation, Sale and Distribution of Bananas*, Arbitration under Article 21.3 (c) of the DSU, WT/DS27/15, 7 January 1998.
美国伯德修正案专家组报告	Panel Report on US – Byrd Amendment	Panel Report, *United States – Continued Dumping and Subsidy Offset Act of 2000*, WT/DS217/R, WT/DS234/R, adopted 27 January 2003, modified by Appellate Body Report, WT/DS217/AB/R, WT/DS234/AB/R.
美日1916年法案专家组报告	Panel Report on US–1916 Act (Japan)	Panel Report, *United States – Anti – Dumping Act of 1916, Complaint by Japan*, WT/DS162/R and Add. 1, adopted26 September 2000, upheld by Appellate Body Report, WT/DS136/AB/R, WT/DS162/AB/R.

第一章 WTO 争端解决裁决 执行机制的基本问题

本书所称 WTO 争端解决裁决执行是指执行通过的 DSB 建议和裁决。WTO 争端解决裁决执行机制秉承了 GATT 争端解决裁决执行机制的实体要求,但又作出了较大的程序性改进。本章首先概述了 WTO 争端解决裁决执行机制的基本情况,其次研究了 WTO 争端解决裁决执行机制的对象、目标和原则等几个基本问题。

第一节 WTO 争端解决裁决执行机制概述

DSU 共分 3 条确立了 WTO 争端解决裁决执行机制的基本法律框架。第 21 条(监督建议和裁决之实施)第 1 款和第 2 款是原则性规定,要求迅速遵守 DSB 建议和裁决并特别注意发展中国家的利益;第 3 款和第 4 款规定了合理实施期限有关问题;第 5 款涉及对实施措施是否符合 DSB 建议和裁决以及相关涵盖协定进行评估的程序,称为遵守程序或遵守复审程序;第 6 款涉及对建议和裁决实施的 DSB 监督;第 7 款和第 8 款进一步明确了如何在 DSB 建议和裁决实施过程中给予发展中国家特殊和差别待遇。第 22 条规定了合理期限结束后被诉方仍未实施 DSB 建议和裁决情况

下的补偿和报复制度。第 23 条要求加强多边体制,禁止单边
措施。

一、WTO 争端解决裁决执行机制的概念和特征

(一)"执行"与"实施"概念辨析

"执行"(enforcement)在不同语境下具有不同含义。奥马奴
认为,执行是指国家对它们领土内的国民通过法律上可以获得的
任何手段执行根据国际法已经制定的国内实施立法。执行涉及当
局影响各类主体的成本利益计算和价值体系的明确努力。它可以
是强制性质的、说服性质的或者管理性质的。越来越多的学者相
信,在当代国际体制中或可预见的未来,条约的常规执行不能利用
强制模型。但是,某些分散的域外法律制裁有时发挥了作用。[1]

在 WTO 语境下,执行有时指实施 GATT 或乌拉圭回合一揽子
协议,或者 WTO 义务。例如休德克所著《执行国际贸易法:现代
GATT 法律体制的发展》。[2] 又如,格林和崔比尔库克文《执行
WTO 义务:我们能从出口补贴中学到什么?》。[3] 在 WTO 争端解
决背景下,执行通常是指执行专家组和上诉机构作出的最初裁决。
执行对象是专家组和上诉机构作出并由 DSB 通过的建议和裁决。
执行的核心问题是如何确保国家及时适当地实施 DSB 建议和裁

---

[1]　Mirian Kene Omalu, *NAFTA and the Energy Charter Treaty-Compliance with, Implementation and Effectiveness of International Investment Agreements*, Kluwer Law International, 1999, pp. 28-29.

[2]　Robert E. Hudec, *Enforcing International Trade Law: The Evolution of the Modern GATT Legal System*, Butterworth Legal Publishers, 1993.

[3]　Andrew Green and Mechael Trebilcock, *Enforcing WTO Obligations: What Can We Learn From Export Subsidies*, Vol. 10, No. 3, JIEL, 2007.

决。WTO 争端解决背景下的执行观念似乎是从特定角度出发的一个概念。站在 WTO 多边贸易体制或 WTO 各个成员方的立场上,它是指采取各类措施促使被诉方实施 DSB 建议和裁决。执行意味着一种集体观念。在国内背景下,经由国家强制力量的强制执行肯定意味着国家这一集体相对特定行为主体的关系。WTO 执行观念也具有类似意义,它意味着多边贸易体制或所有 WTO 成员与被诉方的特定关系。本书所称 WTO 争端解决裁决执行机制即是指 WTO 争端解决程序中与 DSB 建议和裁决之执行有关的机制。

与"执行"特别相关的概念是实施(implementation)。笔者认为,实施意味着负担义务的主体履行义务,是与"执行"相对应的一个概念。"执行"最终由负担义务的主体的"实施"完成。在 WTO 争端解决语境下,"实施"意味着由被诉方采取措施遵守 DSB 建议和裁决,"执行"的本质是由 WTO 或投诉方施加各种压力迫使被诉方实施 DSB 建议和裁决。

(二)WTO 争端解决裁决执行机制的含义和特征

WTO 争端解决裁决执行机制是指,为了促进被诉方迅速适当地实施 DSB 建议和裁决,由 DSU 设置的一系列程序和制度的总称。执行机制是 WTO 争端解决机制不可或缺的部分。它具有如下特征:

第一,WTO 争端解决裁决执行机制的目标是为了促进和保障被诉方迅速适当地实施 DSB 建议和裁决。被诉方实施 DSB 建议和裁决的义务始于 DSB 通过专家组或上诉机构报告,终于被诉方使其不符措施与 WTO 完全相符。WTO 争端解决裁决执行机制管辖前述整个期限内的事项。

第二,WTO 争端解决裁决执行机制指向被诉方实施 DSB 建议和裁决的行为。WTO 争端解决裁决执行机制的设计和运行主要应围绕着被诉方展开。被诉方的实施对象是 DSB 建议和裁决，实质是恢复履行已被自己违反的 WTO 义务。

第三,WTO 争端解决裁决执行机制具有明显的阶段性特征,在 DSB 建议和裁决实施的不同阶段设置了不同的法律制度,例如合理期限制度、遵守复审制度、补偿制度和报复制度等等。

第四,WTO 争端解决裁决执行机制具有多边性和双边性,还具有依赖性。由于 WTO 缺乏执行 DSB 建议和裁决的权力,它主要依赖胜诉方或受害方的力量来促使被诉方遵守。

二、WTO 争端解决裁决执行机制的基本结构

WTO 争端解决裁决执行机制的结构是指 WTO 争端解决裁决执行机制的各个构成要素及其内在组合方式。WTO 争端解决裁决执行机制的结构可从多个方面来理解。

(一)程序要素结构

WTO 争端解决裁决执行机制的程序要素主要包括:DSB 持续监督程序、合理期限仲裁程序、遵守复审程序、补偿谈判程序以及报复授权与仲裁程序。后四大程序按时间顺序依次衔接,DSB 持续监督程序则贯穿于整个 WTO 争端解决裁决执行程序,旨在对被诉方实施 DSB 建议和裁决的状况保持持续关注和监督,施加多边压力,促使被诉方尽快遵守 DSB 建议和裁决。DSB 的持续监督通常采用会议形式,即由被诉方定期向 DSB 提交实施状况报告,由投诉方和其他 WTO 成员在 DSB 会议上进行评议。根据 DSU,如果立即遵守不可行,则被诉方可拥有一合理期限。合理期限程序即是规定如何确定被诉方实施或遵守期限的程序。被诉方得在合理期限内实施 DSB 建议或裁决。如果合理期限过后争端方关

于被诉方实施措施的存在性或与 WTO 的相符性存在争议，则可通过遵守复审程序加以解决。如果争端方对于被诉方在合理期限过后的不实施或不充分实施没有分歧，或者经由遵守复审程序确定被诉方没有实施或者没有充分实施，则被诉方可与投诉方进行补偿谈判。如果补偿谈判不成功，则投诉方可以请求 DSB 授权报复，开启报复授权与仲裁程序。被诉方经 DSB 授权后才能采取报复措施。因此，在 DSB 持续监督下，合理期限程序、遵守复审程序、补偿谈判程序以及报复授权与仲裁程序环环相扣，前程序通常为后程序的必经阶段，共同构成了有机联系并且有效运行的 WTO 争端解决裁决执行机制。

（二）实体要素结构

WTO 争端解决裁决执行机制的实体要素包括：被诉方实施 DSB 建议和裁决的义务、合理期限、补偿和报复。被诉方负担的实施 DSB 建议和裁决的义务是 WTO 争端解决裁决执行机制存在的基础，促进被诉方实施 DSB 建议和裁决是 WTO 争端解决裁决执行机制的出发点和归宿。从 DSB 建议和裁决通过之日起，被诉方负担的实施 DSB 建议和裁决的义务持续存在，直至被诉方完全遵守了 DSB 建议和裁决。被诉方可在合理期限内维持 WTO 违反状态并且无须付出任何代价。然而，一旦合理期限结束，被诉方就应为其继续违反行为承担后果，即提供补偿和遭受报复。提供补偿和遭受报复提供了被诉方在合理期限过后暂时性偏离 WTO 义务或者不实施 DSB 建议和裁决的机会。然而，被诉方负担的实施 DSB 建议和裁决的义务并不因为被诉方提供补偿或遭受报复而消失，而是持续存在，直至被诉方完全遵守 DSB 建议和裁决。实际上，被诉方在合理期限过后负担的实施 DSB 建议和裁决的义务构成了被诉方提供补偿、投诉方实施报复的基础，无义务，则无补偿或报复。补偿和报复都不能替代被诉方实施 DSB 建议和裁决的义务。

(三) 动力要素结构

WTO 争端解决裁决执行的动力要素结构是指 WTO 争端解决裁决执行过程中能够促进被诉方遵守 DSB 建议和裁决的各种因素及其构成方式,可从两个方面理解 WTO 争端解决裁决执行的动力要素结构:

第一,WTO 争端解决裁决执行中促使被诉方遵守 DSB 建议和裁决的各种遵守诱因。根据现有国际法遵守理论,许多因素影响了国际法的遵守,例如国家同意、声誉、利益契合性、报复或制裁、国际法规则的合法性、霸权、国际法规则与国内社会的互动方式、国内政治法律制度等。① 对于 DSB 建议和裁决的执行而言,主要遵守诱因包括声誉压力、报复或报复威胁、DSB 建议和裁决以及各类后续报告或裁决的合法性等。更为具体的 DSB 建议和提议、DSB 持续监督、各类专家组或仲裁程序都可能会对被诉方施加声誉压力;报复直接剥夺了被诉方政府从违反行为中获得的政治利益,因此能够促进被诉方遵守 DSB 建议和裁决;更具合法性和说服力的各类报告或裁决改善了人们对于 WTO 争端解决机制的态度,也有利于促进遵守。

第二,WTO 争端解决裁决执行中的多边因素与双边因素。WTO 争端解决裁决的执行主要由投诉方推动,投诉方是推动 WTO 各个程序的原动力。投诉方可以通过努力获得关于实施 DSB 建议之方式的提议、在 DSU 会议上不断指责被诉方的不遵守

---

① See, for example, Markus Burgstaller, *Theories of Compliance with International Law*, Martinus Nijhoff Publishers, 2005.

行为、获得关于合理期限的仲裁、要求遵守复审、谈判补偿、实施报复等促使被诉方遵守。投诉方也可在 WTO 各种程序之外施加各种压力促进被诉方遵守。从这一角度出发,WTO 争端解决裁决的执行效果主要取决于争端方之间的互动以及权力对比关系。但是,各种 WTO 争端解决执行程序提供了促使被诉方遵守 DSB 建议和裁决的多边动力。各种多边程序增强了透明度,各种报告或裁决增强了说服力量,其他 WTO 成员的关注也施加了多边压力。

对于投诉方而言,应当以促使被诉方遵守 DSB 建议和裁决的各种因素为基础,积极利用各种多边执行因素,结合自己的力量促进被诉方遵守 WTO 争端解决裁决。

三、WTO 重新谈判机制与争端解决裁决执行机制的关联

就货物关税减让和服务贸易具体承诺而言,WTO 允许作出承诺的一方进行修改,但需要满足一定条件。一旦 WTO 成员通过关税减让或具体承诺修改撤销了先前作出的有关承诺,该成员便对这些关税减让或具体承诺不再负担 WTO 义务。因此,如果被诉方在败诉后成功修改了有关承诺,该被诉方负担的实施 DSB 建议和裁决的义务就失去了基础,被诉方也就遵守了 DSB 建议和裁决。但是,WTO 关税减让或具体承诺的修改机制应该如何与执行机制衔接呢?

在“欧共体鸡块案”中,作为败诉一方的欧共体在合理期限内遵守了 DSB 建议和裁决,但欧共体同时也发起了与投诉方泰国和巴西的重新谈判,以根据 GATT 第 28 条修改或撤销关于无骨鸡块的减让。

在“美国赌博案”中,经过长达三年的 WTO 诉讼后,被遵守专家组裁决仍未实施 DSB 建议和裁决的美国另起炉灶,于 2007 年 5

月 4 日表达了根据 GATS 第 21 条启动修改或撤销美国承担的关于博彩服务跨境提供具体承诺的程序,主张美国错误作出了承诺。此举引起了安提瓜博彩产业和安提瓜政府的强烈不满,也引起了学界的广泛讨论。① 从法律角度看,美国此举提出的问题是,GATS 第 21 条规定的重新谈判机制与 WTO 争端解决相关程序应该如何协调? 发起争端解决程序后,特别是面临不利裁决后还能启动重新谈判机制吗? 换句话说,发起重新谈判程序的时间有无限制? 有学者认为,尽管美国可以根据 GATS 第 21 条自由寻求对其 GATS 承诺的修改,但在遵守专家组报告已经发布后的当前阶段这样做将会侵害安提瓜的合理期望,它似乎是一种规避遵守的努力,很可能缺乏善意。另有学者认为,反对美国的一个要点是,美国并未一开始就尝试这一努力。"欧共体鸡块案"与"美国赌博案"不同。尽管两案中的被诉方都是在不利裁决作出后的阶段发起减让撤销程序,但二者在如下方面不同:欧共体发起重新谈判程序的时间在专家组和上诉机构报告通过、欧共体在合理期限内遵守专家组和上诉机构的裁决之后,而美国在合理期限内根本没有实施 DSU 建议和裁决,而是在遵守专家组不利裁决发布之后才发起重新谈判程序。②

关于美国发起的 GATS 第 21 条重新谈判程序是否会阻碍安提瓜寻求报复授权的权利,争端方存在争议。从"美国赌博案"的发展来看,安提瓜在遵守专家组报告出来之后选择了发起报

① See, http://worldtradelaw. typepad. com/ielpblog/2007/05/developments _ in. html#comments.

② See, http://worldtradelaw. typepad. com/ielpblog/2007/05/developments _ in. html#comments.

复授权程序,没有等到与美国的第 21 条谈判结束。美国除反对制裁水平外,还主张安提瓜未能遵守有关程序。特别地,美国认为它已经发起了 GATS 第 21 条程序,以修改其服务承诺表,该修改在美国看来将会使其措施与 WTO 规则相符。美国相信,安提瓜的请求将达不到预期效果。欧共体宣称,GATS 第 21 条程序不应该影响安提瓜在争端解决程序中的权利。中国香港虽承认成员援引 GATS 第 21 条以修改现有承诺的权利,但同时认为,不应利用这一程序作为规避 WTO 争端解决机制的工具,各成员应当充分尊重 DSB 裁决和程序。① 从本案来看,GATS 第 21 条重新谈判程序不应阻止争端解决程序的运转这一观点占据了上风。

笔者认为,应当协调 WTO 争端解决程序与重新谈判程序。首先,DSB 建议和裁决通过后,被诉方必须立即考虑 DSB 建议和裁决的实施问题,这是 DSU 的要求。并且,重新谈判程序有可能不成功,如果不尽早着手实施,则被诉方在合理期限内有可能无法遵守 DSU 建议和裁决。其次,重新谈判程序应当及早开始,至少应在 DSB 建议和裁决通过后立即开启谈判,因为此时已经明确了案件涉及的 WTO 义务的内容。最后,如果重新谈判导致撤销了相关承诺,则应能终止实施 DSB 建议和裁决中的义务,导致 WTO 争端解决裁决执行程序即行终止。

---

① Summary of DSB meeting on 24 July 2007, see http://www. wto. org/english/news_e/news07_e/dsb_24july07_e. htm.

第二节 WTO 争端解决裁决执行的对象

WTO 争端解决裁决执行的直接对象是 DSB 建议和裁决,实质是已被违反的 WTO 实体义务。本节探讨以下三个问题:第一,DSB 建议和裁决对争端方是否有法律约束力? 如果有,有怎样的法律约束力? 第二,DSB 建议和裁决创设的义务的性质是什么? 第三,DSB 建议和裁决创设的义务的内容是什么?

一、DSB 建议和裁决的法律约束力

（一）DSB 建议和裁决法律约束力的来源

根据 DSU 有关规定,如果专家组或上诉机构裁定争议措施与有关 WTO 协议不符,专家组或上诉机构应当作出要求败诉方"使其措施与相关涵盖协议相符"的建议(recommendation,简称"相符建议"),专家组或上诉机构可以作出关于败诉方如何实施 DSB 建议的提议(suggestion)。专家组或上诉机构的裁定、建议或提议都包括在专家组或上诉机构报告之中。专家组和上诉机构的报告经由 DSB 通过发生法律效力,包含在这些报告之中的 DSB 建议和裁决亦具有了法律效力。

一般认为,通过的专家组和上诉机构报告约束争端当事方,对专家组和上诉机构后来审理案件具有事实上的先例作用,并形成了 WTO 成员合理预期的基础。然而,作为专家组和上诉机构报告重要组成部分的建议或提议由于本身的特性,它只可能对当事方或者后续的 WTO 裁决机构施加直接影响。从建议或提议作为专家组或上诉机构报告的一部分并由 DSB 通过这一事实来看,建议或提议理应约束争端当事方。然而,尽管建议具有形式上的法

律约束力,但由于建议的内容过于简单和程式化,其事实上的约束力并不强;另一方面,提议虽然形式上不具有法律约束力,但由于提议明确了实施建议的具体方法,特别是专家组作出提议时说服力极强的推理理由,使得提议对当事方具有很强的事实上约束力。

(二)DSB 建议和裁决中的"建议"和"提议"问题

就 DSB 建议和裁决的实施而言,专家组或上诉机构的建议或提议构成了被诉方实施义务的基础,因此有必要详细考查 WTO 争端解决中的"建议"和"提议"制度。

1. "Recommendations"和"Suggestions"的译法

从 DSU 第 19.1 条的用语来看,建议和提议的英文分别为"recommendations"和"suggestions"。二者通常都可以译成"建议"。但在 DSU 语境下,"recommendations"与"suggestions"的内涵有着本质区别。一般认为,"recommendations"意味着一种法律约束力,被诉方必须遵守一项建议,而"suggestions"意味着提供了一种没有法律约束力的选择,具有劝告性质。因此,不加区别地将二者均译成"建议"不仅未能体现二者在 DSU 中含义上的差别,而且也不利于学术研究和交流。有鉴于此,可将"recommendations"译成"建议",而将"suggestions"译成"提议",意在区分"recommendations"与"suggestions"。从中文来看,"建议"与"提议"似乎也体现出语气程度上的差别,与 DSU 中二者含义上的差别正好对应。

2. "建议"有关法律问题

(1)作出"建议"是专家组和上诉机构的一项重要救济权力,也是它们的职责所在

根据 DSU 第 19.1 条,在裁定违反的案件中,专家组或上诉机构必须作出建议。作出建议不仅是专家组和上诉机构的一项权

力,而且也是一项职责。① 这意味着,在裁定违反的情况下,即使被诉方成功反驳了利益丧失或减损推定,专家组和上诉机构仍应作出建议。换句话说,只要存在违反裁定,无论争议措施的后果如何,专家组和/或上诉机构都必须建议败诉方消除争议措施的不符性,即作出相符建议。

如果一项争议措施已经撤销或失效,尽管专家组是否应当审查这些措施的做法并不一致,但各个专家组一致认为,如果争议措施已经撤销或失效,就没有必要作出任何建议。例如,在“土耳其大米案”中,尽管专家组审查了土耳其一项违反国民待遇但已经到期的措施,但专家组最终没有作出任何建议。②

(2)“建议”具有法律约束力

专家组和上诉机构授予一项建议是 DSU 第 19.1 条规定的针对 WTO 违反的主要救济形式。尽管动词“建议”(recommend)没有“命令”(order)或“要求”(require)那样的强制性,但比“提议”(suggest)、“注意”(note)或“评论”(observe)等词更具强制性。③普遍认为,“建议”具有法律约束力。例如,休德克认为,尽管“建

---

① 从第 21.5 条遵守复审实践来看,专家组采取了不同做法。在有些案件中,专家组只得出了不符或没有遵守的结论,没有作出建议;在有些案件中的做法如同最初案件的做法一样,即得出不符结论、裁定存在利益丧失或减损以及建议被诉方使其措施与其 WTO 义务相符;在五个案件中,投诉方请求专家组作出提议,但专家组只作出了建议,拒绝作出提议;在一个案件中(“欧共体香蕉案”),专家组不仅作出了建议,而且也作出了提议。在这类案件中,上诉机构的做法也不一致。当支持专家组的违反或不遵守裁定后,上诉机构有时作出了建议,有时没有作出建议;当推翻专家组的已遵守裁定并且自己作出违反裁定后,上诉机构都作出了建议。

② See, Panel Report on *Turkey—Rice*, paras. 8.3–8.4.

③ Chi Carmody, *Remedies and Conformity under the WTO Agreement*, Vol. 5, No. 2, JIEL, 2002, p. 316.

议"一词有着较为温和的内涵,但 GATT/WTO 判例法中对"建议"
一词的传统理解是,当它经代表全体成员行事的机构通过时,它就
是一项有约束力的命令。①

(3)"建议"创设了败诉方必须遵守的"相符义务",但败诉方
有权选择实施建议的方式

DSU 第 19 条不同于 GATT 过去的实践,它明显坚持相符。尽
管第 19 条第 1 款和第 2 款中"建议"复数词的使用表明专家组可
以作出一个以上的建议并且这些建议在某种程度上取决于需要遵
守的义务,但除极少数例外,当发现违反后,专家组和上诉机构现
在必须建议相符。

形式主义的相符建议为 WTO 各成员保留了充分的实施方式
选择权,但被诉方采取的措施必须遵守 DSB 建议,即遵守相关涵
盖协定。相符建议创设了结果义务。被诉方实施措施的存在性或
与 WTO 涵盖协定的一致性可由遵守复审程序加以审查。此外,
相符建议只具有前瞻性效果。

反对论认为,DSU 第 19.1 条虽然要求专家组和上诉机构建议
撤销争议措施,但是,关于遵循该建议的义务(该义务优于支付损
害赔偿这一替代选择)该条款没有表达任何意见。② 从现有 DSU
规定来看,败诉成员可以自由选择实施 DSB 建议的方式,只要最

---

① Robert E. Hudec, *Broadening the Scope of Remedies in WTO Dispute Settlement*, in Friedl Weiss(ed.), *Improving WTO Dispute Settlement Procedures: Issues &Lessons from the Practice of Other International Courts and Tribunals*, Cameron, London,2000,p. 377.

② See, Alan O. Sykes, *The Remedy for Breach of Obligations under the WTO Dispute Settlement Understanding: Damages or Specific Performance?* in Marco Bronckers and Reinhard Quick (ed.), *New directions in international economic law: essays in honour of John H. Jackson*,Kluwer Law International,2000,p. 349.

终结果使不符措施与相关 WTO 协议相符即可。即使专家组作出了关于如何实施的提议,败诉成员亦可选择其他实施方式。普遍认为,DSU 第 19.1 条为各 WTO 成员留下了相当大的实施方法选择权。

为持续监督和遵守裁决之目的,可以区分两种情况:第一,WTO 裁决机构在其报告中作出了提议。在这种情况下,如果败诉方遵循了这一提议,它就已经善意地实施了报告。如果败诉方没有这样做,并选择了其他方法使其措施遵守 WTO 义务,实施问题的处理与第二种情况一样。第二,WTO 裁决没有提出任何提议,或者其提议未被遵循。在这种情况下,败诉成员有着尽可能广泛的裁量权选择自己认为适当的使其措施遵守 WTO 义务的方法。如果争端当事方就实施措施的充分性存有分歧,投诉方可以请求第 21.5 条专家组裁决这一问题。

败诉成员也可与投诉方就实施方式问题达成协议。在这方面,"日本酒类税案"提供了很好的例子。在该案中,日本与投诉方欧共体、美国和加拿大分别达成了关于实施方式的协议。这些协议规定了三方面的内容:(1)如何实施 WTO 裁决机构发布的建议和裁决;(2)适当补偿措施;(3)"额外措施",据此可以考虑争端在多大程度上得以解决。通过达成协议,日本解决了与欧共体、美国和加拿大之间的争端。①

3. 提议有关法律问题

根据 DSU 第 19.1 条第二句,专家组或上诉机构可以提议被

---

① See, Antonello Tancredi, *EC Practice in the WTO: How Wide is the 'Scope for Manoeuvre'?*, Vol. 15, No. 5, European Journal of International Law (EJIL), 2004, pp. 951–952.

诉方实施建议的方式。这意味着：第一，专家组或上诉机构没有义务作出提议，它们享有是否作出提议的裁量权；第二，提议的内容仅仅限于被诉方实施建议的方式。DSU 既未明确提议的法律效力，也未明确提议具有何种法律意义。毫无疑问，即使提议没有法律效力，它肯定具有某种法律意义，否则将使 DSU 第 19.1 条第二句失去意义。

根据 WTO 当前实践，不仅最初案件的专家组可以作出提议，而且第 21.5 条专家组①和第 22.6 条仲裁小组②也可以作出提议。

(1)提议不具有法律约束力

普遍认为③，提议不具有法律约束力，因为：

第一，根据 DSU 第 19.1 条的文本，WTO 裁决机构可以"提出成员能够(could)实施这些建议的方式"。"could"一词似乎表明，专家组的提议并不约束 WTO 成员，因此，相关成员经常可以在专家组的提议之外寻找适当解决办法。换句话说，可能存在一些专家组提议并未包括的方式能够确保与多边规则的相容性。

---

①　See, Panel Report on *EC—Bananas*(*Article* 21.5-*Ecudor*), para. 6.154.

②　在"欧共体香蕉案"第 22.6 条仲裁中，厄瓜多尔请求并获得了仲裁小组关于中止 TRIPS 协定义务的提议。仲裁小组推理到，尽管 DSU 第 19 条并未明确提到第 22 条仲裁程序，"但 DSU 中没有任何条款会禁止根据第 22.6 条行事的仲裁小组作出关于如何实施它们决定的提议。"See, *EC—Bananas*(*Article* 22.6-*Ecudor*), para. 139.

③　对 DSU 第 19.1 条进行上下文分析似乎可以提出相反主张。DSU 第 26.1条(c)项规定，专家组可以提议解决争端的方式，但此种提议没有约束力。通过比较可以得出相反推论，DSU 第 19 条中的"提议"具有法律约束力。但是，相反推论并不具有恰当的说服力。当分析了各种可能性后，法官在模糊情形下不会基于文本的沉默得出深远的结论。实际上，从来不应推定主权的转移，特别是在国际法领域。See, Petros C. Mavroidis, *Remedies in the WTO Legal System: Between a Rock and a Hard Place*, Vol. 11, No. 4, *EJIL*, 2000, p. 784.

第二,从建议和提议的功能来看,建议对 WTO 成员施加了一种结果义务,它并未预先判定实现所寻结果(遵守 WTO 涵盖协定)的手段。提议指向一种行为路径,预先判定了实现那一结果的手段。如果存在多种实现所寻结果的方法,一项提议就不能被认为是一项采取特定行为的义务。由于 WTO 相关成员能够采取不同于提议的不同路径并实现所寻结果,提议不应被视为具有法律约束力。在这一问题上,WTO 协定表明了其对结果而不是对行为的偏爱。

第三,将提议解释为没有法律约束力充分尊重了 WTO 成员的主权。休德克认为,这种解释与许多 GATT 决定中的以下推定是一致的:被诉政府可自由选择法律上正确的各种纠正手段。该解释也允许各成员找到遭受最小国内政治抵制的救济方式。最后,政府会反对发布一项有约束力的、实施许多同等正确的遵守形式中的一种形式的命令,这等同于创设了它们从未同意的额外义务。① WTO 裁决机构通过纯粹建议败诉方使其措施相符,向败诉方提供了充分的选择适当救济的裁量权。② 此外,提议本质上是专家组或上诉机构对未来法律情势的一种预测,并在多种实施方式之中选择了自己认为较为可取的那种实施方式。专家组的预测不应影响被诉方的自主判断。

第四,从 WTO 争端解决实践来看,一般认为提议没有法律约

---

① See, Robert E. Hudec, *Broadening the Scope of Remedies in WTO Dispute Settlement*, in Friedl Weiss(ed.), *Improving WTO Dispute Settlement Procedures : Issues &Lessons from the Practice of Other International Courts and Tribunals*, Cameron, London,2000, p. 378.

② See, Hoekman and Mavroidis, *Policy Externalities and High - Tech Rivalry : Competition and Multilateral Co-operation Beyond the WTO*, Vol. 9, Leiden Journal of International Law,1996, pp. 273-318.

束力。就提议约束力问题发表意见的唯一 WTO 专家组得出结论,"关于实施的此种提议并不是建议的一部分,因此对受影响成员不具有约束力。"①

(2)提议具有重要的法律意义和现实影响

尽管提议不具有严格意义上的法律约束力,特别是不要求被诉方遵守提议,但一项提议仍然具有重要的法律意义和现实影响。

第一,如果被诉方遵守了提议,则被诉方应被视为"使其措施与相关涵盖协定相符",也就是实施了 DSB 建议和裁决。这意味着,投诉方在一定程度上必须服从提议②,从而导致提议对投诉方产生了事实上的约束力。由于专家组的提议会约束投诉方,会对投诉方的利益产生重要影响,因此对于专家组的提议投诉方可以提出上诉,并应由上诉机构进行审查。

第二,如果被诉方声称实施措施遵守了提议,即使投诉方在第21.5 条程序中可以指控该实施措施,但如果专家组或上诉机构发现被诉方的实施措施满足了提议的要求,则应直接裁定被诉方实施了 DSB 建议和裁决。这表明,提议也对专家组或上诉机构③产

---

① See,Panel Report on *Guatemala－Cement I*,para. 8. 2.

② 投诉方原则上不能指控被诉方基于专家组提议的实施措施。首先,专家组一般不会主动提出提议,通常是应投诉方请求在情形适当下作出提议。如此,投诉方就不能在后来的程序中指控专家组基于自己请求而作出的提议。其次,即使专家组的提议修改了投诉方的诉求,投诉方也应在上诉程序中予以质疑,否则视为默认。上述两种情况下,投诉方后来的质疑行为就违反了国际法中的禁止反言原则。最后,由于遵守专家组的组成人员一般为最初专家组成员,期待同一专家组推翻自己的提议不太可能。

③ 一种观点认为,上诉机构可能认为自己不受专家组作出的提议的约束,除非上诉机构先前在对最初专家组报告的上诉中已经考虑过该提议。See David Palmeter & Petros C. Mavroidis, *Dispute Settlement in the World Trade Organization: Practice and Procedure*,Second edition,Cambridge University Press,2004,pp. 299－300.

生了一定约束力。

　　第三,专家组有时从侧面赋予提议事实上的约束力。在作出一项提议之前,专家组通常要说明这么做的理由,或者在作出提议后给出某些评论,这些理由或评论常常赋予提议很强的事实上约束力。例如,在"危地马拉水泥案"中,专家组认为,由于没有充足证据发起反倾销调查程序而导致的违反不能通过相同反倾销调查中的进一步行动来纠正,专家组提议危地马拉撤销现有反倾销税令。专家组接着说到,"鉴于本案违反的性质和程度,我们很难想象危地马拉不撤销本案争议反倾销措施如何能够适当地实施我们的建议"。① 专家组似乎认为,这是唯一适当的实施专家组建议的方式,从而赋予其提议事实上的约束力。对此,休德克评论到,它们似乎纯粹是对最终法律结果的预测,作为对专家组最终提议的一种解释。如果救济命令的功能是促进败诉政府纠正违反,应当承认这类法律预测肯定会为此目的提供某些推动力。因此,专家组在"危地马拉水泥案"中的方法可以被认为是一种强烈救济命令会受到质疑情形下的可行折中。② "阿根廷禽类案"专家组也有类似陈述,专家组自问到,"如果不撤销争议反倾销措施,阿根廷如何能够实施我们的建议?"③ 此外,在存在不只一种实现遵守的方法的案件中——例如一项歧视性税收可以通过消除歧视或撤销税收得以矫正,DSU 第 19.1 条第二句的可能含义是,专家组或上

---

　　① See, Panel Report on *Guatemala—Cement II*, para. 9. 6.

　　② Robert E. Hudec, *Broadening the Scope of Remedies in WTO Dispute Settlement*, in Friedl Weiss(ed.), *Improving WTO Dispute Settlement Procedures: Issues &Lessons from the Practice of Other International Courts and Tribunals*, Cameron, London, 2000, p. 380.

　　③ Panel Report on *Argentina—Poultry*, para. 8. 7

诉机构可以"提议"哪一种选择更为可取。例如,在"美国伯德修正案"中,专家组说到,尽管可能存在许多方法使美国能够使伯德法相符,但专家组发现很难想出任何方法比撤销伯德法更为适当和/或有效。① 因此,即使该提议没有约束力,但它也会对被诉方施加重大影响。

第四,提议对于 WTO 争端解决中的后续程序具有重要影响。DSB 建议和裁决通过之后,可能会发生合理期限仲裁、遵守复审和报复仲裁等程序。在遵守复审程序中,如果被诉方声称遵守了专家组或上诉机构的提议,则第21.5 条专家组没有必要详加审查实施措施与 WTO 涵盖协定的一致性,只需审查实施措施是否遵循了专家组或上诉机构的提议。在合理期限仲裁程序中,仲裁员需要在大致了解实施措施的基础上裁决合理实施期限;在报复仲裁程序中,仲裁小组需要了解与 WTO 涵盖协定或 DSB 建议和裁决相符的实施措施是什么,并在这一反事实假设情况下计算出本应发生的贸易额。毫无疑问,如果专家组或上诉机构能够作出提议,那么这些提议的实施方法或措施将作为后续程序的审查基础,可以便利后续程序的进行。当然,鉴于提议没有法律约束力,第21.3 条仲裁员和第22.6 条仲裁小组也可以考虑其他实施方法。

第五,对于被诉方而言,即使没有负担遵守提议的义务,提议也会对被诉方施加重要影响。首先,提议对被诉方提供了关于适当实施措施的指导②;其次,从声誉角度看,如果专家组能够提议实施 DSB 建议的方式,无论它以建议形式表达,还是以提议形式

---

① Panel Report on *US-Byrd Amendment*, para. 8. 6.

② Yuka Fukunaga, *Securing Compliance through the WTO Dispute Settlement System:Implementation* of DSB Recommendations, Vol. 9, No. 2, JIEL, 2006, p. 399.

存在,如果败诉方不遵守专家组裁决的实施方式,则必然会引起其他国家的谴责,影响被诉方的声誉,因此,提议可以对被诉方施加国际压力;最后,提议也为相关国内利益集团找到了重要说辞。

综上所述,从形式上看,提议没有法律约束力,从实质上看,提议具有重要的法律意义和现实影响。正因如此,休德克评论到,如果打算向前迈进一步得到关于救济问题的更为明确的解决方法,必须回答的问题不是 DSU 第 19 条下"提议"的法律地位问题,而是专家组首先是否能够裁决救济问题——即投诉方是否能够提出需要什么类型的救济这一问题,以及专家组是否能够作出对回答这些问题所必需的最终正式裁定。换句话说,专家组能否作出可由上诉机构审查且将会在后续 DSU 第 21.5 条法律程序中成为既判案件的关于救济问题的法律裁定? 如果能够明确裁决这些救济问题,无论这些法律裁定的逻辑结论作为正式(有约束力的)建议表达,还是作为(没有约束力的)提议表达,实际差别不大。① 休德克注意到,在 AD/CVD 法律领域之外的当前 WTO 实践中,主要的阵线似乎不是专家组能否发布关于救济问题的有约束力裁定(显然它们不能),而是专家组是否应该在常规的"使措施相符"建议之外说些什么。②

(3)WTO 实践中较少使用提议及其原因

---

① See, Robert E. Hudec, *Broadening the Scope of Remedies in WTO Dispute Settlement*, in Friedl Weiss(ed.), *Improving WTO Dispute Settlement Procedures: Issues &Lessons from the Practice of Other International Courts and Tribunals*, Cameron, London,2000, p. 380.

② See, Robert E. Hudec, *Broadening the Scope of Remedies in WTO Dispute Settlement*, in Friedl Weiss(ed.), *Improving WTO Dispute Settlement Procedures: Issues &Lessons from the Practice of Other International Courts and Tribunals*, Cameron, London,2000, p. 381.

WTO 争端解决实践中较少使用提议,主要体现在:

第一,投诉方并不是在所有案件中都提出了提议请求,只在少数案件中提出了这类请求。专家组仅在投诉方提出提议要求后才会考虑是否作出提议,不会主动作出提议。① 因此,应由 WTO 成员推动专家组作出提议,以避免后来实施行动中的模糊性。

第二,即使投诉方在某些案件中提出了提议请求,专家组也只在少数案件中作出了提议,上诉机构则从未作出过提议。总体而言,尽管提议权已被使用过多次,但就绝大多数案件来说,专家组和上诉机构都不情愿提议实施自己建议的方式。② 另一方面,尽管专家组和上诉机构可以自由裁量是否作出提议,尽管提议对被诉方没有法律约束力,但是,一旦投诉方提出请求,专家组和上诉机构就必须认真处理这些请求,即使它们可能拒绝这些请求。③ 在"危地马拉水泥案"中,墨西哥请求专家组提议危地马拉(1)撤销反倾销措施;(2)返还已经征收的反倾销税。专家组仅仅处理了墨西哥的第一项提议请求,没有处理第二项提议请求。专家组并未解释它为什么拒绝提议返还反倾销税。专家组的做法被指令人失望。④

---

① 从 DSU 条文来看,专家组和上诉机构的提议裁量权是一种内在权力,即使投诉没有提出"提议"请求,它们似乎也可以自行作出"提议"。但是,根据所有程序法中的"不得超越请求裁判"规则,专家组不得自行作出提议。

② See David Palmeter & Petros C. Mavroidis, *Dispute Settlement in the World Trade Organization: Practice and Procedure*, Second edition, Cambridge University Press, 2004, p. 295.

③ See, Petros C. Mavroidis, *Remedies in the WTO Legal System: Between a Rock and a Hard Place*, Vol. 11, No. 4, *EJIL*, 2000, pp. 786-787.

④ See, Petros C. Mavroidis, *Remedies in the WTO Legal System: Between a Rock and a Hard Place*, Vol. 11, No. 4, *EJIL*, 2000, pp. 786-787.

　　第三,从 WTO 争端解决实践来看,涉及提议的大多数案件发生在反倾销协定①或反补贴协定②背景下,少数案件涉及其他协定③。此外,在一个第 21.5 条案件和一个第 22.6 条案件中,专家

---

　　①　在"危地马拉水泥案"、"阿根廷家禽案"、"美国 1916 年法案"和"墨西哥软管案"中,专家组都提议被诉方撤销有关措施。此外,在"美国不锈钢案"中,韩国请求专家组提议美国撤销反倾销税令,但专家组拒绝作出韩国要求的提议,认为撤销反倾销税令仅仅是美国使其措施相符的方法之一。

　　②　在"美国铅铋钢案"中,专家组裁定美国做法违反了 SCM 协定,但专家组拒绝了欧共体的请求,即"提议美国修改其反补贴税法,以承认以市场价格的私有化消灭了补贴这一原则。"专家组认为,由于欧共体没有指明任何美国法律条款要求在私有化后征收反补贴税,它不能作出该提议。但专家组评论到,美国在本争端进行过程中继续适用了该不符方法,专家组将会提议,美国应该采取所有适当步骤(包括修改其行政做法)来防止前述的 SCM 协定第 10 条违反再次发生。在"美国伯德修正案"中,专家组在裁定伯德修正案不符合 WTO 要求后说到,很难想象任何方法比撤销该措施更为适当和/或有效。因此,专家组提议美国通过撤销伯德修正案来使其措施相符。

　　③　在"美国内衣案"中,专家组裁定,通过迅速撤销与美国义务不一致的措施,可以最好地(best)实现遵守,也能最好地(best)避免对哥斯达黎加产生于 ATC 的利益的进一步丧失和减损。专家组进一步提议到,美国应该通过立即撤销该措施施加的限制使其受到哥斯达黎加指控的措施遵守美国的 ATC 义务。在该案中,专家组使用了两个"best",旨在增强其提议的约束力。See, Panel Report on *US—Underwear*, para. 8. 3.

　　在"印度专利案"(美国投诉)中,美国请求专家组提议印度以类似于巴基斯坦实施 TRIPS 协定义务的方式来确立一种机制,以保护过渡期内的专利申请。专家组拒绝了美国的主张,认为这会损害印度选择如何实施的权利。但专家组认为,由于印度未能确立一种适当机制,专家组提议,在实施 DSB 建议和裁决的过程中,如果印度维持了一项适当机制,印度应该考虑那些已经提交了专利申请的人的利益。

　　"印度数量限制案"专家组提议,当事方应该就违反措施谈判一项分阶段取消时间表,如果当事方不能达成协议,应该根据专家组讨论的因素确定合理期限。

组或仲裁小组作出了提议。① 与 GATT 时期专家组偶尔建议被诉方返还反倾销税或反补贴税的做法不同,WTO 专家组的提议仅限于实施建议的方式。② 可见,与 GATT 体制相比,DSU 第 19 条实际上限制了专家组的救济权力。

在 WTO 争端解决实践中,提议较少使用,其原因在于:

第一,专家组的制度结构使他们不情愿作出提议。与上诉机构不同,专家组缺乏一种常设构成。在 GATT/WTO 的绝大多数案件中,专家组通常由政府专家组成,由于政府专家了解并理解政治担忧,因此对于他们而言现实考虑更为重要。现实考虑通常不支持可能导致事态恶化的救济。③

第二,专家组的提议通常会侵入 WTO 成员的主权,因而大多数 WTO 成员都不欢迎提议。有学者注意到,绝大多数 WTO 专家组都没有使用提供特定"提议"这一选择权。专家组这么做的原

① 即上文提到的"欧共体香蕉案"第21.5 条案和第22.6 条案。在"澳大利亚沙丁鱼案"中,专家组鼓励争端方继续它们达成与 SPS 协定和 DSU 一致的 MAS 的努力,以实现本争端的迅速解决。See, Panel Report on *Australia—Salmons* (*Article21.5*), para. 8.3. 在"美国 OCTGs(第 21.5 条)案"中,阿根廷要求专家组提议美国通过撤销争议反倾销税令使其措施与美国的 WTO 义务相符。第三方墨西哥也请求专家组行使其在 DSU 第 19.1 条下的权限,要求美国通过撤销争议税收使其措施与其 WTO 义务相符。但该案专家组拒绝了阿根廷的请求。专家组认为,在本程序中,没有任何特别理由出作出此种提议。See, Panel Report on *US—OCTG Sunset Reviews* (*Article 21.5*), paras. 9.1-9.4.

② 在"危地马拉水泥案"中,墨西哥提出了两项提议请求:第一,提议危地马拉撤销反倾销措施;第二,提议危地马拉返还已经征收的反倾销税。尽管专家组提议危地马拉撤销其施加的 AD 措施,但拒绝提议危地马拉应该返还已经支付的任何反倾销税。

③ See, Mitsuo Matsushita, Thomas J. Schoenbaum and Petros C. Mavroidis, *The World Trade Organization: law, practice, and policy*, Oxford University Press, 2003, pp. 80-81.

因是,专家组成员和他们的秘书处咨询人员通常都寻求避免使它们的裁定具有不必要的侵入性,并且许多被告(特别是较大的成员)清楚表明,他们根本不会欢迎任何提议。① 福山雅治也认为,提议的不经常使用可能是专家组避免过分侵入主权的实际考虑的结果。②

第三,现实存在的权力失衡倾向于支持模糊的建议。不太精确的建议允许被诉方在不充分实施时主张遵守,迫使投诉方付出额外的努力以获得正确的结果。通过抵制这些额外的努力,被诉方政府希望迫使投诉方接受不太充分的实施。美国常常对这类一般性命令作出部分遵守的回应。毫无疑问,强国政府不太担心这类模糊性,因为他们总是能够利用相同的权力失衡来坚持要求小国被诉方善意实施建议。因此,模糊性法律救济体制倾向于对大国和小国产生不平等的压力。③

第四,鉴于实施选择的多样性和复杂性,专家组有时不能作出任何有意义的提议。福山雅治认为,实施措施的多样性和复杂性可能会导致专家组几乎不可能作出有意义的提议,特别是涉及

----

① Robert E. Hudec, *Broadening the Scope of Remedies in WTO Dispute Settlement*, in Friedl Weiss(ed.), *Improving WTO Dispute Settlement Procedures: Issues &Lessons from the Practice of Other International Courts and Tribunals*, Cameron, London,2000,p. 381.

② See, Yuka Fukunaga, *Securing Compliance through the WTO Dispute Settlement System: Implementation of* DSB Recommendations, Vol. 9, No. 2, JIEL,2006, p. 399.

③ Robert E. Hudec, *Broadening the Scope of Remedies in WTO Dispute Settlement*, in Friedl Weiss(ed.), *Improving WTO Dispute Settlement Procedures: Issues &Lessons from the Practice of Other International Courts and Tribunals*, Cameron, London,2000, pp. 381–382.

SPS 协定①、TBT 协定②或 TRIPS 协定③的案件。有意义的提议可能要求全面审查相关事实和被诉方的整个法律体制。类似情况也出现在涉及保障措施、反倾销税或反补贴税的贸易救济案件中。尽管在某些案件中,违反的性质和程度如此根本和普遍,以至于唯一适当的实施选择只可能是撤销争议贸易救济措施,但在其他案件中,调查中的微小程序性缺陷可以通过重新调查得以补救,而不是撤销相关措施。尽管撤销肯定是许多选择中的一种选择,但专家组很难在特定案件中评估撤销选择的适当性。鉴于这一困难,专家组采取了尊重态度,以支持被诉方选择的实施措施。④

总之,如果不考虑专家组作出提议面临的实际困难,从现实角度看,只要大国政府发现模糊性救济命令有利,只要专家组仍然保持他们一直以来的临时机构性质,可以预测,救济命令将会倾向于缺乏具体性,无论专家组的实际法律权力是什么。如果 WTO 决定改变专家组程序,配备专业的、全职的专家组成员,这一变化的其中一个后果很可能是更多的使用专家组被给予的无论什么样的救济权力。⑤

---

①　Agreement on the Application of Sanitary and Phytosanitary Measures,《实施卫生与植物卫生措施协定》,简称 SPS 协定。

②　Agreement on Technical Barriers to Trade,《贸易技术壁垒协定》,简称 TBT 协定。

③　Agreement on Trade-Related Aspects of Intellectual Property Rights,《与贸易有关的知识产权协定》,简称 TRIPS 协定。

④　See, Yuka Fukunaga, *Securing Compliance through the WTO Dispute Settlement System: Implementation of* DSB Recommendations, Vol. 9, No. 2, JIEL, 2006, pp. 399-401.

⑤　Robert E. Hudec, *Broadening the Scope of Remedies in WTO Dispute Settlement*, in Friedl Weiss(ed.), *Improving WTO Dispute Settlement Procedures: Issues &Lessons from the Practice of Other International Courts and Tribunals*, Cameron, London, 2000, p. 382.

（4）关于提议使用问题的争论

关于专家组或上诉机构是否应当更多使用提议，学界存有不同观点。支持者认为：

第一，更多使用提议有利于 WTO 争端解决后续程序的进行。更多使用提议的一个考虑是，提议对于第 21.3 条仲裁员确定正确的合理实施期限具有重要意义。第 21.3 条仲裁面临的一个困难在于如何确定更为精确的合理实施期限。第 21.3 条仲裁员反复确认，他们的任务并不涉及对什么构成了实施措施的评估，相反，仅仅涉及实施期限的确定。因此，仲裁员需要在不了解什么构成了实施措施的情况下确定合理实施期限。为了克服合理期限确定中的这一困难，为了使仲裁员能够推断出至少一种实施方法以及根据提议的实施方法确定更为精确的合理期限，应当指示专家组或上诉机构根据 DSU 第 19.1 条作出提议。反对者认为，在每一案件中使提议成为必要将会加重专家组和上诉机构的负担，也可能会减损已经很好确立的以下原则：选择实施措施应当是被诉方的特权。[1] 此外，精确的合理期限没有必要。合理期限的确定并不是一种纯粹的算术过程，它以一种更为灵活的方式得以管理。笔者认为，为了便利第 21.3 条仲裁员确定合理期限，在不加重专家组和上诉机构负担以及不侵害被诉方自主权的情况下，可以考虑多作出提议。

第二，更多使用提议有利于促进被诉方的迅速遵守。格雷认为，考虑到拖延实施的可能性，例如欧共体"香蕉案"和"荷尔蒙

---

[1]　Yuka Fukunaga, *Securing Compliance through the WTO Dispute Settlement System: Implementation of* DSB Recommendations, Vol. 9, No. 2, JIEL, 2006, pp. 401 – 402.

案"中的拖延,似乎存在很强的理由支持上诉机构在裁定违反相关协定后给予争端方详细的关于适当实施 WTO 义务的指导。[1]
鲍威林认为,专家组或上诉机构享有的提议权是一种强有力的工具,应当更为频繁的使用。[2] 休德克认为,允许专家组裁决实施方式问题的主张也非常有力。假设法律事实上要求某些救济措施,明确这些必须采取的措施的裁决(或命令)将肯定会威慑政府使用部分措施的拖延,因此会施加最为强烈和迅速的执行压力。[3]
崔元睦认为,WTO 专家组应当在其建议中提供更为具体的救济。尽管专家组能够作出关于实现遵守的具体方式的提议,但 WTO 专家组通常只建议使不符措施"与 WTO 协定相符"。这种类型的建议使当事方能够谈判遵守,但随着不充分实施和不遵守案件的增多,各成员更可能寻求并乐意接受更为精确的救济。因此,WTO 专家组应当作出关于被诉方如何遵守 WTO 规则的具体方式的提议。即使这些提议没有法律上的约束力,WTO 专家组等中立机构建议的具体救济也有助于政府说服国内利益集团遵守 WTO 规则。例如,在 1916 年法中,专家组"撤销 1916 年法"的提议在撤销该法案中起到了作用。关于具体救济的提议也有助于专家组确

---

① Christine Gray, *Types of Remedies in ICJ Cases: Lessons for the WTO?*, in Friedl Weiss(ed.) *Improving WTO Dispute Settlement Procedures: Issues &Lessons from the Practice of Other International Courts and Tribunals*, Cameron, London, 2000, p. 410.

② Joost Pauwelyn, *Enforcement and Countermeasures in the WTO: Rules are Rules—Toward a more Collective Approach*, Vol. 94, American Journal of International Law, April 2000, p. 339.

③ Robert E. Hudec, *Broadening the Scope of Remedies in WTO Dispute Settlement*, in Friedl Weiss(ed.), *Improving WTO Dispute Settlement Procedures: Issues &Lessons from the Practice of Other International Courts and Tribunals*, Cameron, London, 2000, p. 381.

定被诉方是否遵守了 WTO 规则。①

　　第三,更多使用提议有利于加强 WTO 法庭与国内法庭之间的跨司法联系。崔正俊认为,专家组或上诉机构微妙地使用它们在作出决定时可以行使的提议功能可以更多地激活 WTO 法庭与国内法院之间的跨司法联系……在诸多实施方法中,法院判决的方法对于跨司法联系是特别相关的,因为专家组或上诉机构能够提供某些救济指南,国内法院在裁决涉及相同或相关法律问题的国内案件时可以参照这些指南。② 关于实施方式的提议通常会导致更为有效的实施,这是因为,与实施法律本身一样,如果法律决定更为精确,实施法律决定通常更为容易。

　　第四,更多使用提议有利于保护小国的利益。WTO 一般性的相符建议确实给予了被诉方有用的、找到政治上可以接受的遵守手段的余地,但不幸的是,模糊性建议也给予了大国迫使小国被诉方接受不完全遵守的空间。因此,更为具体的提议有利于保护小国的利益。

　　第五,有学者主张应在第 21.5 条遵守程序中更多使用提议。福山雅治认为,为了进一步改进第 21.5 条程序的效率和有效性,鼓励第 21.5 条下的专家组或上诉机构根据 DSU 第 19.1 条作出提议是可取的。尽管在最初程序中作出有意义的提议是困难的,但在第 21.5 条审查中,专家组或上诉机构通常更适合作出提议,因为可以获得更多的事实信息,并且争端方寻求的实施措施可能

<hr>

　　① Won – Mog Choi, *To Comply or Not to Comply? —Non – implementation Problems in the WTO Dispute Settlement System*, Vol. 41, No. 5, Journal of World Trade (JWT), 2007, p. 1069.

　　② See, Sungjoon Cho, *The Nature of Remedies in International Trade Law*, Vol. 65, *University of Pittsburgh Law Review*, Summer 2004, pp. 808–809.

变得更为清楚。尽管使作出提议成为一种义务是有疑问的,但应当鼓励专家组和上诉机构作出提议,以促成与 DSB 建议和 WTO 协议相符的相互满意的解决办法。① 一个专家组也倾向于主张在第 21.5 条程序中更多使用提议。"欧共体香蕉案"遵守专家组评论到,在一种实施努力被证明为不完全成功的情况下,第 21.5 条专家组的提议可能是适当的。②

　　反对者认为,裁决机构仅能裁决已经发生的政府行为的合法性。裁决实施方式这类救济问题不可行的主张反映了这样一种观点,WTO 争端解决机制仅能裁决已经实际发生的政府行为的合法性。除非政府已经实际作出关于遵守的具体行动,否则专家组不能裁决特定政府措施是否将会遵守裁决。这一方法在如下一般政策中会找到某些支持:在知晓法律问题事实上是否会产生之前,在专家组理解实际发生的相关措施的充分背景之前,不应就该法律问题作出决定。尽管这是一种十分狭隘的观点,但这一观点应当会获得 WTO 较大成员国的大力支持。③

　　福山雅治采取了一种现实的、更易被接受的折中方案。福山雅治认为,专家组作出有意义的提议存在一定困难,但是,投诉方有时具体化了一种特定的实施 DSB 建议的方法,并请求专家组提议该具体化的方法作为一种实施选择。在这种情况下,专家组不

---

① See, Yuka Fukunaga, *Securing Compliance through the WTO Dispute Settlement System:Implementation of* DSB Recommendations, Vol. 9, No. 2, JIEL, 2006, p. 405.

② See, Panel Report on *EC—Bananas(Article 21. 5-Ecuador)*, para. 6. 154.

③ See, Robert E. Hudec, *Broadening the Scope of Remedies in WTO Dispute Settlement*, in Friedl Weiss(ed.), *Improving WTO Dispute Settlement Procedures:Issues &Lessons from the Practice of Other International Courts and Tribunals*, Cameron, London, 2000, pp. 380-381.

需要自己指明一项实施措施,相反,它仅被要求评估投诉方提出的实施方法。此外,尽管专家组很难确定投诉方提出的实施方法是否是"最适当的"选择,但专家组至少可以提议该实施方法是可能的实施选择之一,而不需要预断被诉方的其他实施选择。此种提议可能会促进争端方间的互动,以寻求一种解决方案。因此,只要投诉方提出了一种可以实施 DSB 建议的方法,鼓励专家组评估该方法是可取的。如果该方法适当,专家组提议该方法作为一种有效的实施选择也是可取的。但专家组应该明确陈述到,可能存在其他有效的实施 DSB 建议的方法。① 我们支持这样一种方法。关于 DSB 建议实施方法的提议能够促进被诉方遵守 DSB 建议和裁决,但提议又不应过分干预被诉方选择实施方式的特权。在这方面,"美国 1916 年法案"(日本投诉)遵守专家组的做法值得借鉴。在该案中,日本请求专家组建议美国撤销 1916 年法,但专家组认为自己无权作出日本要求的建议,相反,专家组提议,美国使 1916 年法与 WTO 义务相符的一种方法是撤销 1916 年法。②

4. 禁止性补贴案件中的建议或提议问题

根据《补贴与反补贴措施协定》(Agreement on Subsidies and Countervailing Measures,SCM 协定)第 4.7 条,如果专家组裁定存在禁止性补贴,专家组应当作出立即撤销补贴的建议。与 DSU 第 19.1 条一样,专家组的 SCM 协定第 4.7 条建议权限于作出形式主义的"撤销补贴"建议。相比之下,撤销补贴的建议比 DSU 第 19.1 条所要求的相符建议更为具体,被诉方几乎没有什么实施选

---

① See,Yuka Fukunaga,*Securing Compliance through the WTO Dispute Settlement System:Implementation of DSB Recommendations*,Vol.9,No.2,JIEL,2006,p.400.

② See,Panel Report on *US-1916 Act(Japan)*,paras.6.290-292.

择。正是由于撤销补贴建议的具体性,SCM 协定第 4.7 条没有赋予专家组提议权,这意味着投诉方无权提出关于提议的请求,投诉方也没有必要请求专家组作出比"撤销补贴"建议更为具体的提议。[①]

二、DSB 建议和裁决创设的义务的性质

(一)DSB 建议和裁决创设了次级义务

在国家责任法中,国际法规则被区分为"初级规则"或"首要规则"与"次级规则"。在国际关系中,国家之间通过条约或习惯国际法承担了各种不同的国际义务。一国违反了它所承担的这些义务,将引起法律后果,也就是国家责任。对这些国家施加义务的规则称为"初级规则"或"首要规则",而规范违反这些初级规则所产生法律后果的规则,则称为"次级规则"。国家责任法属于后一类规则。初级规则所规定的义务称为"初级义务",次级规则规定的义务称为"次级义务"。[②] 在 WTO 体制下,每一成员承担了善意实施 WTO 义务并"确保其法律、规章和行政程序与所附协议规定

---

①　在某些案件中,投诉方请求专家组作出更为具体的建议或提议,但专家组均拒绝了这些请求。在"巴西飞机案"中,加拿大请求专家组作出关于实施这些裁定的具体建议。专家组拒绝了加拿大的请求,认为,我们被要求作出 SCM 协定第 4.7 条规定的建议,但我们并未被授权作出其他建议。See, Panel Report on *Brazil—Aircraft*, para. 8.4. 在巴西飞机第 21.5 条第一案中,加拿大请求专家组提议争端方发展出一种允许加拿大证实遵守了 DSB 最初建议的机制。加拿大还主张,巴西在证实平行争端中的加拿大遵守方面具有对等利益。专家组认为,DSU 第 19.1 条似乎预想了关于什么行为构成了相符的提议,或者,在 SCM 协定的情况下,什么行为构成了"撤销"补贴。该条是否也处理对这些步骤的监督问题并不清楚。专家组仅仅能够鼓励争端方达成关于增进 WTO 义务实施透明度的协议。See, Panel Report on *Brazil—Aircraft*(*Article 21.5*), paras. 7.2–7.3.

②　贺其治:《国家责任法及案例浅析》,法律出版社 2003 版,第 14 页。

的义务相符"的"首要"国际法律义务。如果违反 WTO 义务,DSB
通过的建议和裁决为 WTO 成员创设了"使措施相符"的次级义
务。但是,"使措施相符"的次级义务与遵守 WTO 义务的首要义
务通常是一致的。

（二）DSB 建议和裁决创设了含有多边因素的双边义务

鉴于 WTO 争端解决的双方对抗性质,从实质上讲,相符义务
创设了被诉方对投诉方必须履行的双边义务。但是,这一双边义
务包含了多边因素。多边因素表现在,WTO 裁决机构选择了具体
履行救济(相符义务),而不是裁决期望损害赔偿。这一特征成为
反驳从"有效违反"理论角度主张 DSB 建议非约束性质的有力论
据。福山雅治认为,美国合同法中的"有效违反"理论涉及违反合
同情形下的救济选择问题。该理论建议法院应该授予损害赔偿救
济还是命令具体履行救济,也就是指导法院选择适当的救济方式。
但是,它绝没有表明合同或法院具体履行命令的"非约束性质"。
DSB 建议在某些方面类似于一项具体履行命令,不能从"有效违
反"理论推论出 DSB 建议的"非约束性质"。① 因此,DSB 建议是
否创设了必须遵守的相符义务这一问题需要从其他角度予以
回答。

三、DSB 建议和裁决创设的义务的内容

弄清各类 DSB 建议和裁决创设的义务的内容有助于明确被
诉方的实施义务到底是什么。一般案件中的"使措施相符"和禁
止性补贴案件中的"撤销补贴"是 DSB 建议和裁决为被诉方创设

---

① See,Yuka Fukunaga,*Securing Compliance through the WTO Dispute Settlement System*:*Implementation* of DSB Recommendations,Vol. 9,No. 2,JIEL,2006,p. 397.

的主要义务,但 DSU 和 SCM 协定均未明确它们的具体含义。

（一）"使措施相符"建议创设的义务的内容

"使措施相符"建议创设了结果义务:无论被诉方选择何种实施手段,只要最终结果遵守了 DSB 建议和裁决以及 WTO 相关涵盖协定,被诉方就充分实施了 DSB 建议和裁决,相关争端圆满解决。但是,相符建议并不意味着消除或降低贸易壁垒。例如,在国民待遇违反情况下,被诉方可以选择增加本国产品的壁垒来实现进口产品与国内产品间的同等待遇,从而纠正国民待遇违反。

（二）"撤销补贴"建议创设的义务的内容

当裁定存在禁止性补贴后,SCM 协定要求专家组建议被诉方毫不迟延地"撤销补贴"。"撤销补贴"是禁止性补贴案件中被诉方必须履行的义务。然而,SCM 协定并未明确"撤销补贴"的含义是什么,特别是"撤销补贴"是否包括返还已经授予的补贴。"澳大利亚汽车皮革案"第 21.5 条专家组处理了这一问题。在该案中,专家组需要考虑的问题是,"撤销补贴"是否意味着"返还补贴"? 美国认为,"撤销补贴"可以意味着返还,但在本案中"返还"仅仅是不具有任何追溯性效果的前瞻性矫正措施。专家组接受了美国关于"撤销补贴"可以意味着返还的观点,但不同意美国对返还补贴性质的看法。专家组认为,它对争端方在 SCM 协定第 4.7 条背景下作出的补贴返还的前瞻性部分与追溯性部分之区别不感兴趣,因为返还禁止性补贴的任何部分都具有一种追溯性效果。在美国请求和主张的引导下,专家组将注意力放在了解释"撤销"一词上。专家组裁定,"撤销补贴"一词并不限于一项前瞻性措施,而是也意味着返还。因此,它也包括一项具有追溯性效果的矫正措施。专家组提出了两项理由证明其解释的正当性。第一,将 SCM 协定第 4.7 条解释为只允许"前瞻性"行动将会使第 4.7 条下的"撤销补贴"建议与 DSU 第

19.1 条下的"使措施相符"建议没有区别,致使第 4.7 条成为多余。
第二,一项补贴可以采取授予利益的一次性财政资助形式,也可以
采取一项计划或做法的形式——根据该计划或做法,可以反复提供
授予利益的财政资助。为了使"撤销补贴"成为一种有意义的救济,
也就是有效禁止某些类型补贴的授予或维持,撤销补贴救济必须是
有效的,不论禁止性补贴的形式如何。本案裁决引起了 WTO 成员
的普遍反对,也引起了学界关于追溯性救济问题的热烈讨论。关于
本案及本案裁决,笔者认为:

第一,专家组准确把握了美国请求和主张的性质,即返还已经
授予的补贴的任何部分都是追溯性质的。美国的请求本质上是一
种追溯性请求。[①] 就本案而言,如果"撤销"正如美国所主张的可
以意味着返还已经授予的补贴,那么从 SCM 协定条文来看,确实
无法对已经授予的补贴作出区分。

第二,专家组不仅需要解释"撤销",更需要解释"补贴"一词。
"补贴"是指补贴措施还是指已经实际授予的补贴? 许多因素支持
将"补贴"理解为"补贴措施"。首先,此种解释可以协调 SCM 协定
第 4.7 条与 DSU 第 19.1 条的关系。如果"补贴"是指补贴措施,则
SCM 协定第 4.7 条可作如下理解:与 DSU 第 19.1 条仅仅要求使有

---

① 美国在本案中只提出撤销部分补贴的请求,并有意将澳大利亚授予的补
贴区分为追溯性和前瞻性部分,企图借助传统意义上的追溯性救济概念引开人们
的注意力,掩盖其行为的实质,担心在自己不主张追溯性救济的其他领域授人以
柄。美国的请求路线是,先是总体上主张可以对已经发生的行为的后果作出补救
(一般理解的追溯性),即可以返还补贴;在此基础上,美国将可以返还的补贴分作
两个部分(前瞻性部分和追溯性部分),并请求返还前瞻性补贴。不可否认的是,
美国是受到反倾销指控最多的国家,如果美国在补贴领域引入追溯性救济概念,
那么其他 WTO 成员肯定会以此为由在反倾销法领域主张追溯性救济,即要求返
还已经征收的反倾销税。

关措施相符不同,SCM 协定第 4.7 条提出了更高的要求,即要求采取撤销或废除补贴措施的实施方式。通常认为,DSU 第 19.1 条中的"使措施相符"不仅可以采取撤销争议措施的方式,还可以采取其他方式。例如,如果仅因程序性缺陷采取了贸易救济措施,使有关措施相符就不一定意味着非要撤销该贸易救济措施,可能仅仅完善程序性要求就足够了。在"美国虾案"中,美国措施的不符性仅仅在于美国采取措施方式的武断性,美国"使措施相符"仅仅需要与有关国家磋商就可以了,并不必然需要撤销措施。如此,仍然维持了 SCM 协定的特殊条款性质。由于"撤销补贴"义务比"使措施相符"义务更为具体,"撤销补贴"建议与"使措施相符"建议是有区别的。其次,从目前的 WTO 争端解决实践来看,撤销的对象一般仅限于争议措施,而不是争议措施的适用结果。例如,在"危地马拉水泥案"中,专家组提议危地马拉撤销反倾销措施。再次,将撤销补贴理解为撤销补贴措施本身,而不是消除补贴措施的后果,SCM 协定第 4.7 条提供了最有力支持:"如果裁定相关措施是禁止性补贴,则专家组应建议补贴成员立即撤销该补贴。在这方面,专家组应在其建议中列明必须撤销该措施的期限。"在"巴西飞机案"中,专家组特别在"该措施"后用括号注明"被裁定为出口补贴的措施"。[1] 最后,SCM 协定第 4.1 条明确提到"……正在授予或维持一项禁止性补贴"作为投诉的条件,因此,一旦补贴行为完成,另一成员就丧失了诉诸 WTO 争端解决机制的权利。高和齐格勒正确指出,就已经支付的一次性补贴而言,现有 WTO 协定条款项下不存在任何适当的救济。[2] 在非禁止性补贴案件中,

---

① See,Panel Report on *Brazil—Aircraft*,para. 8. 5.

② See,Gavin Goh and Andreas R. Ziegler, *Retrospective Remedies in the WTO after Automotive Leather*,Vol. 6,No. 3,JIEL,p. 562.

救济限于"使措施相符"。无措施,则无救济。将"补贴"解释为"补贴措施"可以与 WTO 目前提供的救济程度、WTO 成员的立场协调起来。

第三,无论法律上的是非如何,本案提出了一次性授予补贴情形下 WTO 如何提供救济的问题。事实上,专家组将"撤销补贴"一词解释为返还已经授予的补贴的一个重要理论支撑就是,只有这种解释才会导致有效的法律救济。无论如何,本案暴露了现行前瞻性救济制度的一个重大缺陷,虽然它可以在一定程度上对持续性违反行为进行救济,但它却无法对一次性违反行为或者"hit and run"行为进行任何救济,它无法打击此类行为。

第四,总体而言,专家组本应解释"补贴"一词,避免对"撤销"一词的解释。在这种思路之下,美国的请求不应得到支持。实际上,"澳大利亚汽车皮革案"一开始本来就不是一个适当的案件,因为补贴行为已经结束,原专家组拒绝或结束审查才是正确的。

综上分析,对于禁止性补贴措施,如果措施已经停止或者补贴已经支付到位,则 WTO 现行制度不能提供任何救济;对于可以反复授予禁止性补贴的措施,已经授予的补贴无须返还,"撤销补贴"义务仅要求被诉方撤销该补贴措施,被诉方不得继续根据该措施授予新的补贴。

四、评论

在 GATT 体制下,专家组享有更为广泛的救济权力。一般来说,GATT 专家组会建议被诉方使其措施与 GATT 相关条款相符。这种救济通常只是前瞻性的,对投诉方蒙受的损害没有提供任何救济。但是,在许多贸易救济案件中,应投诉方请求,一些专家组不仅建议被诉方撤销争议措施,而且还建议被诉方返还已经征收的反倾销税或反补贴税。① 专家组在这些案件中引入了追溯性建议。此外,在 GATT 时期的一些案件中,专家组有时对双方都作出了建议,并且这些建议具有修改需要遵守的义务的效果。②

相比之下,DSU 第 19 条大大限制了 WTO 专家组和上诉机构的救济权力,施加了如下限制:第一,规定了授予救济的明确法律标准,即裁定存在违反;第二,专家组和上诉机构仅能建议被诉方使其措施与相关涵盖协定相符,不能建议撤销措施,也不能作出返还反倾销税或反补贴税等追溯性建议;第三,提议没有法律约束力,并且专家组和上诉机构仅能作出关于实施 DSB 建议之方法的提议;第四,DSU 第 19.2 条施加了原则性限制,专家组和上诉机构

---

① 在"新西兰变压器案"、"加拿大牛肉案"、"美瑞钢铁案"、"美国猪肉案"、"美国水泥案"和"美国软木案"中,专家组不仅建议被诉方撤销争议措施,而且建议被诉方返还或部分返还已经征收的反倾销税或反补贴税。但在"欧共体盒式磁带案"和"挪威特隆海姆市案",专家组没有发布追溯性建议。撤销和/或返还的建议一般仅限于反倾销税或反补贴税背景下。关于 GATT 体制下追溯性建议的讨论,参见 Edwin Vermulst and Nikolay Mizulin, *Retroactivity of Remedies in WTO Commercial Defence Disputes*:*State of Play and Way Forward*, Vol. 1, No. 1, Journal of Law and Economics in International Trade,2004.

② 在 1962 年的"法国进口限制案"中,专家组表明,它可以向法国政府作出撤销其限制的建议,并且也可以向投诉方美国作出克制行使报复性中止减让的建议。这些建议被适当作出,该案后来也获得了解决。另一个相关案件是"牙买加优惠幅度案"。该案涉及牙买加加入 GATT。1963 年,牙买加作为英国前殖民地根据 GATT 第 26 条第 5 款(c)项加入了 GATT。这对牙买加施加了遵守英国关税优惠幅度基准日(即 1947 年 4 月 10 日)的义务。1967 年,牙买加提高了其优惠幅度,并立即受到其贸易伙伴的质疑。专家组裁定,优惠幅度的增加与 GATT 不符,但专家组注意到,找到以下解决方案是重要的:由于优惠幅度在 1962 年 8 月 1 日(即总协定第一次适用于牙买加领土的日期)生效,该解决方案将会考虑牙买加案的独特性,并因此允许牙买加以法律上正确的方式适用优惠幅度。专家组提议,各缔约方应当授予一项豁免,以将牙买加的基准日改为其独立日;专家组还采取了起草草案这一不同寻常的行为。该项豁免后来得到了同意。

不得增加或减少涵盖协议规定的权利和义务,不得以任何方式修改需要遵守的义务。

专家组和上诉机构授予法律救济的权力受到限制,在一定程度上反映了美国和欧共体等缔约方对 GATT 后期专家组在反倾销、反补贴案件中作出撤销和返还等建议的不满。DSU 第 19 条的出现恰好是这种不满的产物。马弗鲁第斯认为,第 19 条出现在 DSU 中表明,WTO 各成员或至少某些成员并未"消化"反倾销或反补贴税领域建议撤销和返还的五个专家组报告……欧共体、美国和具有类似观念的 WTO 成员在乌拉圭回合谈判中积极寻求将 DSU 第 19 条注入到最后文本之中。这似乎代表了前瞻性救济的胜利。[1] Vermulst 和 Mizulin 也表达了类似观点,他们认为,由于 GATT 后期大多数撤销和返还案件都针对美国,因此美国在乌拉圭回合中似乎将阻止专家组和上诉机构在今后作出此类建议作为优先事项。现有 DSU 第 19 条清楚表明,主要 WTO 成员(例如美国和欧共体)反对返还已经支付的税收,即使违反是致命的。[2]

"建议"和"提议"制度构成 WTO 实体救济的主要内容。相比 GATT 体制,WTO 实体救济存在一定程度的倒退。相符建议为被诉方留下了广泛的实施方式选择权,关于实施方式的提议能够对被诉方的实施行为施加重要影响。在难以改革"建议"和"提议"制度的情况下,可通过多使用"提议"制度改善 DSB 建议和裁决的实施和遵守。但是,专家组应当避免使用绝对化的用语,通常只应

---

① See, Petros C. Mavroidis, *Remedies in the WTO Legal System: Between a Rock and a Hard Place*, Vol. 11, No. 4, EJIL, 2000, pp. 778–779.

② See, Edwin Vermulst and Nikolay Mizulin, *Retroactivity of Remedies in WTO Commercial Defence Disputes: State of Play and Way Forward*, Vol. 1, No. 1, Journal of Law and Economics in International Trade, 2004, p. 61.

表明提议的实施方式仅是实现遵守的方法之一。

第三节　WTO 争端解决裁决执行机制的目标

关于 WTO 争端解决裁决执行机制的目标,学界颇有争议。一种观点认为,WTO 争端解决裁决执行机制的目标是确保被诉方遵守 WTO 相关涵盖协定。相反观点认为,WTO 争端解决裁决执行机制的目标是提供便利"有效违反"的机制,确保效率。WTO 争端解决裁决执行机制目标的定性具有重要法律意义。执行目标决定了执行的力度。如果执行目标是确保遵守,那么加强执行中的多边因素,加大执行力度就是可行的。相反,如果目标是便利有效违反,加大执行力度就不可取。本节从 WTO 义务的性质入手,结合强制遵守理论与有效违反理论之争探讨 WTO 争端解决裁决执行机制的目标。

一、WTO 义务的性质

关于 WTO 义务的性质,学界存在较大争议。[①] 一种观点认为,WTO 义务是双边性质的。另一种观点则认为,WTO 义务是集体性质的。下文首先概述各个学者的主要观点,然后阐明本书观点。

[①] 集中讨论 WTO 义务之性质的论文可参见:Joost Pauwelyn, *A Typology of Multilateral Treaty Obligations:Are WTO Obligations Bilateral or Collective in Nature?*, Vol. 14, No. 5, EJIL, 2003; Chios Carmody, *WTO Obligations as Collective*, Vol. 17, No. 2, EJIL, 2006; Tarcisio Gazzini, *The Legal Nature of WTO Obligations and the Consequences of their Violation*, Vol. 17, No. 4, EJIL, 2006.

（一）鲍威林的双边义务论：贸易对象说

鲍威林认为，大多数 WTO 义务应当被界定为一束双边义务。鲍氏的主要论据是，WTO 义务的对象是贸易，贸易实际上是在一对对国家之间发生的，因此可以被指明和区分。此外，鲍氏还从WTO 义务的起源和异质性、WTO 义务的目标、WTO 争端解决的双边性质等角度论证了 WTO 义务的双边性质。

1. WTO 义务的对象是贸易

鲍氏认为，WTO 义务的对象是贸易。贸易是并且仍然是一种双边事件。来自一个国家的货物或服务正被出口或转移到另一其他国家。WTO 中的权利和义务旨在确保 A 成员特定产品进入 B 成员市场的市场准入。当然，许多国家可能卷入特定产品的制造过程之中，但原产地规则的存在正好被用来确定每一产品的来源。从法律上说，产品仅能来源于一个国家的事实确认了贸易的双边性质。在那一意义上，WTO 条约与《维也纳外交关系公约》（施加了双边性质义务的多边条约的标准例子）没有任何不同：在该公约中，权利和义务与一国派遣至另一国的外交官有关；WTO 条约涉及自一成员进入另一成员的货物或服务市场准入。① 从法律关系的角度看，WTO 法的调整对象是各成员间的双边贸易关系，它们是 WTO 法的最基本经济基础。值得注意的是，许多国家卷入同一货物或服务的生产和提供这一事实是经济全球化的必然后果，对于 WTO 法的实践和发展可能具有重要影响。在此种情况下，尽管从严格法律角度来看一项违反只侵害了原产国利益，但实际上也侵害其他参与国的利益。这一事实有助于形成新的 WTO

---

① See, Joost Pauwelyn, *A Typology of Multilateral Treaty Obligations: Are WTO Obligations Bilateral or Collective in Nature?* Vol. 14, No. 5, EJIL, 2003, p. 930.

法观念,拓展 WTO 法中可予保护的对象,保护其他参与国利益,这将导致 WTO 法中"可予保护的利益"和"投诉地位"概念的扩张。这一事实也支持多边贸易体制的安全性和可预期性概念。现有争端解决实践很大程度上承认并考虑了这一事实,例如专家组和上诉机构在"欧共体香蕉案"中关于从不向欧洲出口香蕉的美国具有投诉地位的裁决。

鲍氏继续分析到,由于 WTO 法与贸易有关的对象,与集体义务不同,WTO 义务可被"区分或个别化"。与违反集体义务不同,违反 WTO 义务可被认为影响了单个考虑的任何"特定国家"。当然,并不是所有 WTO 违反仅仅会影响另一 WTO 成员的个体权利,相反,越来越多的 WTO 违反侵犯了许多 WTO 成员的权利。但是,与违反具有真正集体性质的人权或环境(例如与全球变暖有关的义务)义务不同,人们可以想象违反 WTO 法仅仅影响了另一单个考虑的 WTO 成员。例如,针对另一 WTO 成员的最惠国待遇(Most-Favored-Nations,MFN)歧视、仅对来自另一 WTO 成员的公司征收不合法的反倾销税。因此,与这些集体义务不同,并不是所有 WTO 法违反都会影响所有其他 WTO 成员的权利。这是 WTO 义务为什么不是集体类型而应归类为双边性质的最强有力原因之一。[1] 笔者认为,由于将 WTO 法的对象界定为贸易,必然后果是 WTO 义务的可个别化。

2. 贸易减让通常是根据双边方式谈判的,各成员负担的 WTO 义务具有异质性

鲍氏认为,谈判和重新谈判 WTO 义务的方式也确认了它们

---

[1]　See, Joost Pauwelyn, *A Typology of Multilateral Treaty Obligations: Are WTO Obligations Bilateral or Collective in Nature?*, Vol. 14, No. 5, EJIL, 2003, pp. 930–931.

的双边性质。大多数 WTO 义务(特别是那些国别减让表中设定的义务)最先在国家对国家的双边层面进行谈判:A 国给予减让并获得减让,B 也是如此。贸易限制的这一双边相互削减接着被多边化,并由 A 国和 B 国根据 MFN 原则分别适用于它们与所有其他 WTO 成员的双边关系。由于并不对每一 WTO 承诺要求WTO 互惠,而是最后的一揽子互惠①,最终结果是,不同 WTO 成员受到了不同类型和程度 WTO 承诺(取决于它们在特定产品或特定领域作出的减让)的约束。因此,WTO 义务对所有 WTO 成员而言并不是相同的。许多 WTO 义务是异质的②,取决于每一WTO 成员的减让表或其发展地位(对于发展中国家或过渡经济体而言,某些义务并不适用,或者提供了灵活性)。③ 因此,特定WTO 成员承担的一项 WTO 义务的起源(即使那些对于所有 WTO成员都相同的义务)主要是该成员针对每一 WTO 成员个别承担的义务。在此意义上,一项 WTO 义务可被视为一束束双边承诺。集体义务(例如人权义务)并不意味着针对单个国家的承诺,而是对由所有国家当事方构成的整体的承诺。此外,GATT 和 GATS 减让可以在相关产品或部门具有实质贸易利益的有限数量 WTO 成员间重新谈判,这一事实也证明了 WTO 义务的双边性质。总之,WTO 义务远非同质或者不可冒犯,因此很难被界定为"整体义

---

① 通常称为普遍性互惠(diffuse reciprocity),而不是具体互惠(specific reciprocity)。WTO 中的互惠是个整体概念,是指每一成员的给予和获得(give and take)之间的大体平衡。

② WTO 义务的异质性是指就相同 WTO 义务(例如关税减让义务)而言,每一 WTO 成员承担义务的实际内容是不同的,后者取决于特定成员作出具体承诺的多少和各个 WTO 成员在 WTO 中的法律地位。

③ See, Joost Pauwelyn, *A Typology of Multilateral Treaty Obligations: Are WTO Obligations Bilateral or Collective in Nature?*, Vol. 14, No. 5, EJIL, 2003, p. 931.

务":大多数义务来源于双边承诺;许多义务在 WTO 成员间各不相同;通过 MFN 原则,WTO 各成员交换无论何时作出的额外减让;某些义务可以被重新谈判。这些特征确认了 WTO 义务的双边性质。①

3. WTO 义务的目标并不是保护真正的集体利益

集体义务旨在保护集体利益,即"超越相关个别国家任何利益的共同利益"。例如,关于《灭种罪公约》,国际法院曾说到:缔约国并不具有任何自我利益;它们具有的全部利益仅仅是一种共同利益,也就是,实现那些构成公约基本依据的崇高目标。因此,在这种类型的公约中,人们不能谈及国家的个别利益……②人权条约具有与《灭种罪公约》类似的共同利益。美洲国家间人权法院指出:"人权条约……不是传统类型的多边条约,后者的缔结是为了实现缔约方相互利益的互惠交换";相反,"它们的目的和宗旨是保护单个人类的基本权利,不论他们的国籍如何,既针对他们的国籍国,也针对所有其他缔约国。"欧洲人权法院注意到:公约缔约方并不是为了它们的个别国家利益相互承诺互惠的权利和义务,而是为了实现欧洲理事会的目标和理想,确立一种共同的公共秩序。因此,公约缔约方承担的义务本质上具有客观特征,其设计是为了保护个体人类的根本权利免受任何缔约方的侵犯,而不是为缔约方自己创设个别的互惠权利。鲍氏认为,WTO 义务不同于上述两种义务。在超越单个国家利益总和的意义上,驱动 WTO 的贸易自由化目标并不是一种真正的"集体利益",因此很难将 WTO 义务解释为真正的集体义务。诚然,缔结 WTO 条约是为了

---

① See, *ibid*, pp. 931–932.

② See, *ibid*, pp. 932–933.

所有 WTO 成员的利益,但实际上,人们可以推定,所有条约在某种程度上都是为了签署它们的缔约方的利益,否则国家最初就不会签署它们。然而,所有 WTO 成员在保持市场开放(因此实现了资源的更有效率配置)方面具有的利益是可被"个别化"的利益。通过研究,可以计算出通过加入 WTO 条约一国获得了什么或者损失了什么,或者,通过施加或撤销一项贸易限制,一国获得了什么或损失了什么。因此,通过 WTO 义务实现的利益并不是"超越国家当事方双边关系领域的利益":在"超越相关个别国家任何利益的共同利益"的意义上,它并不是一种"集体利益"。相反,WTO 义务的履行可被并且实际上也可以被"区分或个别化"。①

4. WTO 争端解决的特征表明了 WTO 义务的双边性质

WTO 义务的违反和执行也表明 WTO 义务是双边性质的。鲍威林认为,当根据 DSU 考查 WTO 义务的执行时,WTO 义务的双边性质可能最为明显。首先,WTO 争端解决并不处理违反,而是处理特定成员享有的利益的丧失或减损。其次,专家组和上诉机构程序仅仅审查一 WTO 成员针对另一 WTO 成员提出的请求,纯粹是一种双边方式。第三,尽管一项 WTO 违反会导致一项针对所有 WTO 成员(如果不是这样,就会违反 MFN 原则)的"使措施相符"建议,但如果被诉方未在合理期限内遵守建议,投诉方(并且仅仅是投诉方)可被授权中止某些适用于被诉方的义务。这一国家对国家的双边中止通常采取 100% 关税形式,由投诉方对被诉方进口征收。中止的贸易量必须"等同于投诉方遭受的丧失或减损水平",这纯粹是一种国家对国家的计算。尤为重要的是,

---

① See, Joost Pauwelyn, *A Typology of Multilateral Treaty Obligations: Are WTO Obligations Bilateral or Collective in Nature?*, Vol. 14, No. 5, EJIL, 2003, pp. 933–934.

DSU 允许一成员对另一成员中止减让表达了很强的信号,WTO 义务不是集体性质的。如果 WTO 义务是集体类型的,两个国家间的中止必然也会影响所有其他 WTO 成员的权利(就像违反人权也影响所有当事方的权利一样)。换句话说,允许双边中止 WTO 义务的事实意味着,此种中止不会影响所有其他 WTO 成员的权利。当然,由于全球经济的相互依赖性,中止可能在纯粹经济意义上影响其他 WTO 成员。尽管通常与双边义务相联系的法律后果的出现对于确定义务本身的内在性质可能不是决定性的,尽管法律后果可能并非来源于义务的内在性质,而是具体条约特别法的结果,但通常而言,双边义务当事方可以事前确定禁止相互中止或修改(因此改变通常与双边义务相联系的后果,并使它在性质更具集体性),而集体义务当事方不太可能事前规定特别法,允许相互中止,并因此允许两个当事方来影响第三方权利(考虑到义务的集体性质,任何相互中止都必然会影响到所有当事方)。① 尽管他所提及的争端解决的双边特征并不能表明 WTO 义务的集体性质(WTO 争端解决只处理利益丧失或减损过于夸张,违反之诉情况下主要还是针对着违反行为;在某些情况下,可以只有一个成员愿意投诉,其他成员不投诉并不意味着他们的权利未受损害),但他关于中止问题的论证是有说服力的,并因此揭示出了集体义务的本质特征:违反必然影响所有其他成员的利益。此外,“使措施相符建议”确实表现出很强的集体义务特征,但他并未给出令人满意的解释。

---

① See, Joost Pauwelyn, *A Typology of Multilateral Treaty Obligations: Are WTO Obligations Bilateral or Collective in Nature?*, Vol. 14, No. 5, EJIL, 2003, pp. 934–936.

（二）格兹尼的可分义务论：贸易利益说

在格兹尼的双边义务/不可分义务理论中,可分性/不可分性是一个核心区分标准。格兹尼认为 WTO 义务具有可分特征。他主要从遵守或违反角度看待可分性问题。在他看来,可分性主要体现在选择性遵守或违反、违反并不必然影响所有成员的利益等方面。

1. WTO 义务具有可分特征

格兹尼认为,WTO 义务以及一般性的国际贸易义务在法律上通常是可以分割的。它们允许选择性遵守,并且能够影响或者威胁一个或多个(但并不必然是所有)其他成员的权利。由于通常可以区别对待原产于或运往某些国家的产品或者不利影响某些(但并不必然是所有)成员的贸易利益,这些义务可以被区分为一束双边关系。① 他的根本假设在于,WTO 涉及贸易利益,是一种物质或有形利益,是一种涉及行为后果的结果利益,而不是在其他成员遵守 WTO 义务的行为方面享有的抽象主观利益。格兹尼对最惠国待遇义务、与关税、配额和其他市场准入壁垒有关的义务、国民待遇义务、与不公平贸易有关的义务、涉及保障措施的义务以及与特殊和差别待遇有关的义务进行了详细分析,以论证 WTO 义务的可分特征。就 MFN 义务而言,他认为这一义务从定义上看是可分的,因为它要求将成员 A 授予成员 B 的最优惠待遇延伸到成员 A 与所有其他成员间的双边关系中。区域经济协定成员间相互授予的特权待遇以及授予发展中国家和最不发达国家的特殊和差别待遇确认了 WTO 义务的可分性质。上诉机构在"欧共体

---

① Tarcisio Gazzini, *The Legal Nature of WTO Obligations and the Consequences of their Violation*, Vol. 17, No. 4, EJIL, 2006, p. 727.

关税优惠案"中认为,授予发展中国家的待遇并不一定需要延伸到所有属于这一类别的所有成员,而是可以限于某些发展中国家,只要尊重了非歧视原则。上诉机构注意到,"优惠授予国应当确保,所有具有类似情势的普惠制受益人(也就是具有相关待遇旨在回应的"发展、财政和贸易需要"的所有普惠制受益人)可以获得相同待遇。"与关税、配额和其他市场准入壁垒有关的义务同样是可分割的,因为成员可以对某些(而不必然是所有)其他成员违反这些义务,通过采用仅仅适用于这些成员的措施,或者对他们的产品给予歧视性待遇。国民待遇义务的可分特征不太直接,但仍然是清楚的。成员可以对某些成员的产品授予国民待遇,而对其他成员的产品不授予国民待遇。与反倾销和反补贴有关的义务的可分特征更为明显,因为从定义上看它们针对不公平贸易行为(倾销或补贴),这些行为只可能来源于特定成员,因此这类义务也只可能针对特定成员。补贴可能会影响很多成员的利益,但并不一定会影响所有成员的利益。因此补贴成员的违反行为可以针对某些成员,而不必然影响所有其他成员的贸易利益。在保障措施情形下,采取保障措施的成员可以豁免某些成员,与保障措施有关的义务同样是可分的。①

笔者认为,只要假设 WTO 涉及贸易利益,而不是在遵守 WTO 义务方面享有主观利益,那么 WTO 义务就必然是可分的。因为贸易利益本质上是一种结果利益,是特定行为的结果。由于特定行为必然会对不同 WTO 成员的贸易产生不同影响,因此相关成员就必然有能力选择性违反或遵守。

---

① See, Tarcisio Gazzini, *The Legal Nature of WTO Obligations and the Consequences of their Violation*, Vol. 17, No. 4, EJIL, 2006, pp. 727–729.

2. 将不可分义务法律制度延伸到 WTO 义务并未改变 WTO 义务的双边性质

格兹尼主张 WTO 义务是双边性质的,但他同时认为,不可分义务或对一切义务观念已经影响到 WTO 有关法律制度的设计,WTO 已经将不可分义务的有关法律制度延伸到特定 WTO 义务领域。格兹尼认为,WTO 义务从来不是天生不可分的。违反 WTO 义务的法律后果限于不当行为成员和遭受违反之不利后果的成员,但缔约方可以决定不这样做。① 格兹尼首先认为,从《国家责任条款草案》(Draft Articles on State Responsibility, DASR)或一般国际法来看,它并不阻止 WTO 成员将不可分义务法律制度延伸到 WTO 义务。当谈判国际贸易条约时,缔约方可能同意,每一缔约方在任何其他缔约方遵守该条约施加的义务方面享有法律权利,并且在违反的情况下它们都可以被看作是受害国,无论违反是否对其经济利益具有任何实际或潜在影响。在这种情况下,违反的后果对于向裁决机构提出请求和对违反作出回应是不重要的。其次,WTO 法的此种选择是例外而不是规则。最后,禁止性补贴和 GATS 可作为将不可分义务法律制度延伸到 WTO 义务的例子。②

(三)唐克雷迪的可处置义务论:回旋余地说

唐克雷迪从 DSU 授予 WTO 各成员谈判各种相互接受或满意的解决办法的回旋余地等角度论证了 WTO 义务的双边性质。他

---

① Tarcisio Gazzini, *The Legal Nature of WTO Obligations and the Consequences of their Violation*, Vol. 17, No. 4, EJIL, 2006, p. 729.

② See, Tarcisio Gazzini, *The Legal Nature of WTO Obligations and the Consequences of their Violation*, Vol. 17, No. 4, EJIL, 2006, pp. 730–731.

认为,从性质上看,WTO 规则创设了各成员可以处置的权利义务。

唐克雷迪认为,WTO 争端解决机制为各个 WTO 成员谈判各种相互接受的解决办法(Mutually Acceptable Solutions, MAS)留下了相当大的余地。第一,WTO 争端解决机制兼具外交性和司法性,具有混合性质或者是一准司法体制。第二,谈判原则贯穿于整个 WTO 争端解决程序。首先,DSU 第 4 条规定了强制磋商程序,争端方可磋商解决争端。其次,MAS 也可在专家组程序中达成,为此,DSU 第 11 条特别规定,专家组应当与争端方定期磋商,并给予争端方达成 MAS 的充分机会。再次,中期审查程序也有助于当事方达成 MAS。最后,争端方可以根据 DSU 第 22.2 条达成暂时性补偿安排,第 22.8 条也提到 MAS 作为终止报复的条件。尽管 DSU 要求争端方达成的 MAS 与 WTO 规则相容(compatibility),但相容不同于相符(conformity),二者之间存在微小的"回旋余地"。第三,关于 MAS 的实践表明,DSU 留下的回旋余地似乎更大。为论证这一点,唐克雷迪将所有 MAS 分为四类:磋商过程中或者专家组程序结束前达成的常规协议、DSU 第 22.2 条和第 22.8 条规定的常规协议、DSU 没有规定且旨在填补 DSU 空白的非常规协议、DSU 没有规定并且违反法律的非常规协议。从实践来看,上述各类 MAS 都可能违反 WTO 规则。但唐克雷迪认为,所有违法协议都是不合法的,因此不应允许,但它们都是有效的。[①] 唐克雷迪还认为,作为机构的 WTO 无权自行发起针对各成员的诉讼。WTO 协定通常被拒绝了直接效力,也就是私人当事方不能在国内法院援引 WTO 规则,因此个人不能作为 WTO 成员遵守规则的卫

---

① See, Antonello Tancredi, *EC Practice in the WTO: How Wide is the 'Scope for Manoeuvre'?*, Vol. 15, No. 5, EJIL, 2004, pp. 945-959.

士。由于缺乏任何形式的 WTO"自上而下"控制或私人主体"自下而上"控制,DSU 规定的"水平"控制就成为唯一的监督机制。WTO 只选择了水平控制,这反映了如下事实:WTO 贸易义务仍然不被认为是集体性质的。①

唐克雷迪总结到,WTO 争端解决机制的制度特征对于 WTO 规则的性质具有直接影响。WTO 规则具有法律约束力,但能够通过协议予以偏离。因此,WTO 规则是性质上可以处置的 WTO 权利义务的来源。②

(四)卡莫迪的集体义务论:贸易期望论

卡莫迪主张,WTO 义务视为集体性质的更为适当,因为它们的主要目标是保护对与贸易有关的政府行为的期望。它们形成了 WTO 成员个体利益之外的共同利益。同时,尽管期望可能是条约的主要关注点,但它们并不是唯一的关注点。条约给予了政府处理贸易方式方面实际遇到的情势的某些灵活性。这两个功能(保护期望和对现实作出调整)共同产生了第三种类型的法律,有时可以称为相互依赖法。这就是 WTO 协议中促进不同国家生产商与消费者互动的趋势,并因此编织了超越 WTO 成员个体利益、无法分解的经济关系网络。鉴于这一原因,WTO 协议可以被认为是集体性的许诺,WTO 义务根据 VCLT 和 DASR 关于集体义务的规则进行分析更为恰当。③

---

① See, Antonello Tancredi, *EC Practice in the WTO: How Wide is the 'Scope for Manoeuvre'?*, Vol. 15, No. 5, EJIL, 2004, p. 959.

② See, Antonello Tancredi, *EC Practice in the WTO: How Wide is the 'Scope for Manoeuvre'?*, Vol. 15, No. 5, EJIL, 2004, p. 961.

③ Chios Carmody, *WTO Obligations as Collective*, Vol. 17, No. 2, EJIL, 2006, p. 419.

（五）本书观点

尽管与政府贸易行为有关的期望是重要的,但 WTO 多边贸易体制根本上是要保护各成员的实际或潜在贸易或经济利益。基于这一假设,WTO 各成员对于其他成员的贸易行为不具有抽象的法律利益,但对行为的结果具有利益。由于结果利益具有异质性,从而也就具有可分性、可区别性,选择性遵守或违反因此是可行的。现有报复裁决强烈支持 WTO 利益的实体性质,各个裁决据以计算丧失或减损水平的利益概念主要指贸易利益或经济利润损失。特别地,"美国 1916 年法案"仲裁小组拒绝考虑国内立法的冻结效应。

WTO 许多制度特征支持 WTO 义务的双边性质:WTO 允许关税减让或服务贸易具体承诺的重新谈判、允许各成员达成各种类型的相互满意解决办法、允许提供补偿、允许报复等等。如果 WTO 义务是不可让与的集体义务,上述各种制度特征必然不会存在。但也应注意到,WTO 在特定领域引入了某些对一切义务法律制度,例如管理禁止性补贴和服务贸易的规则。某些 DSU 规则也体现出对遵守 WTO 义务的强调,例如,争端方达成的相互满意解决办法应当符合 WTO 相关涵盖协定要求,明显要求被诉方遵守 DSB 建议和裁决,补偿和报复都不是替代遵守的措施等等。但是,WTO 体制中引入的某些对一切义务法律制度已经受到了广泛质疑。

WTO 义务应被界定为双边性质的。对于确定 WTO 争端解决裁决执行机制的目标而言,这一定性具有重要理论意义。如果 WTO 义务是集体性质的,那么执行的目标无疑是确保遵守 WTO 义务,根本不用考虑有效违反问题。只有当 WTO 义务是双边性质时,考虑有效违反问题才具备了前提和基础。

二、强制遵守理论与有效违反理论之争

WTO 义务具有双边性质。对于双边性质的 WTO 义务,可有两种处理方式:强制遵守和允许有效违反。有效违反机制又可区分为产权规则和责任规则。

(一)强制遵守理论

杰克逊、尼兹里比和其他一些学者主张,对 WTO 法的正确理解是,接近于产权规则的某些法律在适用,而不是一种责任规则。根据这一解释,WTO 法是一种强制法;即使国家接受了中止减让的后果,也不应允许国家违反 WTO 规则。塔奇曼正确指出,尽管这一理论并不是没有遭到质疑,但它可能是对现有 WTO 法的更好解释。[①] 值得注意的是,这里的产权实际上意味着不能让与的产权权利。

强制遵守理论假设 WTO 条约具有完备性。人们通常认为,遵守 WTO 规则导致了社会福利最大化。这是因为,人们普遍接受了福利经济学假设,即贸易壁垒的降低增加了社会福利。[②] 由于 WTO 规则是关于贸易自由化的,因此 WTO 规则符合社会福利,遵守 WTO 规则自然就会导致效率。从这一新古典经济学角度看,在 WTO 背景下,由具体履行或巨额惩罚性损害赔偿支持的产权规则就会产生最大程度的效率。结果,遵守 WTO 规则、使有关措施与有关 WTO 协议相符就成了 WTO 协议的首要目标。

[①] Joel P. Trachtman, *Ubi Remiedium*, *Ibi Ius at the WTO*, Draft paper for Conference on WTO Dispute Settlement and Developing Countries: Use, Implications, Strategies, Reforms, University of Wisconsin, May 20–21, 2005.

[②] 在整个社会科学领域,还没有哪一个理论像比较优势理论这样获得了真理般的承认。

现有 DSU 条款似乎确实体现了一种强制履行要求。WTO 提供的基本救济是停止违反措施,使措施相符;DSB 的相符性建议不仅确认了违反方采取救济的方式(继续履行义务而不是通过提供补偿或承受报复购买不履行),更重要的是,它体现了 WTO 所有成员的意志,产生了必须履行 DSB 建议和裁决的对一切方义务;补偿和报复均是临时性措施,旨在促使违反方遵守 DSB 的相符性建议。

(二)有效违反理论

1. 合同法中有效违反的基本理论

(1)基本假设

有效违反理论的根本假设有二:私人合同与合同不完备性。首先,有效理论仅仅适用于私人合同。由于不涉及公共利益和第三方利益,根据合同自由原则,私人当然可以对合同进行调整。其次,有效违反理论假设合同是不完备的。施瓦茨和塞克斯认为,许多合同是在相当程度的复杂性和不确定性条件下谈成的,并且当事方事先明确规定在每一可想象的或然情形下它们应当如何行为是不经济的。在此种合同中,可能产生某种情势,一方偏离承诺或者"违反"合同符合双方的共同利益。[1]

(2)便利有效违反的两种机制

不完备私人合同的当事方本质上可以利用两种机制来鼓励承诺的有效履行,同时便利承诺的有效违反:责任规则和产权规则。

A. 期望损害赔偿与责任规则

---

[1] Warren F. Schwartz and Alan O. Sykes, *The Economic Structure of Renegotiation and Dispute Resolution in the WTO/GATT System*, Vol. 31, No. 1, Journal of Legal Studies, 2002.

　　责任规则涉及授予期望损害赔偿,后者使受约人的状况与承诺人履行承诺情况下受约人本应处于的状况一样好。换句话说,期望损害赔偿使得受约人由于违背承诺没有受到任何损失,就好像合同被履行了一样。期望损害赔偿也威慑了无效率的违反,因为承诺人只有在违反收益超过受约人损失时才会选择违反并支付期望损害赔偿。这一方法的缺点在于,法院对损害赔偿额的量度成本高昂,并且评估损害赔偿额时的错误可能阻碍有效违反或允许无效率的违反:如果法院评估的损害赔偿额过分高于实际损害,则会阻碍有效违反;如果法院评估的损害赔偿额过分低于实际损害,则会允许无效率的违反。①

　　期望损害赔偿可由当事人在合同中事先约定(例如违约金)。此种情况下,承诺人就会衡量违反收益是否超过了期望损害赔偿金,如果超过,则选择违反并支付损害赔偿金;如果没有超过,则继续遵守合同。此种情况下,承诺人享有决定是否违反的单边选择权,因为合同已经明确规定了此种权利。受约人通过获得期望损害赔偿也得到了保护。此种方法虽然具有确定的优点,但期望损害赔偿事先如何确定是个关键问题。如果确定期望损害赔偿的成本非常高昂,则一般不宜采取这一方法。错误似乎是不重要的,因为此种情况下收益与损失完全由当事方自行衡量,并达成了协议。期望损害赔偿与实际损失之间的差额所导致的任何一方损失由该当事方自行承担。法律不应干预私人的缔约自由。

　　如果合同没有就合同调整作出规定,一方违反合同并被诉诸

---

　　① See, Warren F. Schwartz and Alan O. Sykes, *The Economic Structure of Renegotiation and Dispute Resolution in the WTO/GATT System*, Vol. 31, No. 1, Journal of Legal Studies, 2002.

法院,如果法院授予损害赔偿,仍由承诺人选择是继续违反合同并支付损害赔偿,还是继续履行合同。如果法院授予的损害赔偿额过高,则承诺人可能会继续履行合同,此种情况下就阻碍了有效违反;反之,如果法院授予的赔偿额过低,则承诺人可能会选择违反并支付损害赔偿,此种情况下就允许了无效率的违反。此种情况下的参照标准应当是实际损失,因为法院介入后根据实际损失授予损害赔偿最为公平。因此,法院能够简单正确地确定损害赔偿就成了一个关键问题。如果确定成本高昂,并且出错机率很大,则不宜采取这一方法。

直接利用期望损害赔偿的这一机制被称作"责任规则"。希望偏离承诺的一方无须获得另一方的许可就可以这样做,但是应当支付期望损害赔偿。它具有单边选择性。它并不处理已经发生的损失,仅仅处理继续履行还是违反这一问题。

B. 具体履行促成的重新谈判调整与产权规则

如果当事方事先确定期望损害赔偿非常困难或成本高昂,或者双方都难以把握,或者双方达不成协议,则当事方可以采取另一种方法:一方可随时提出重新谈判要求,一旦谈判成功,则允许违反,如果谈判不成功,则必须继续履行。在有关案件诉诸法院的情况下,法院如果感觉损害赔偿额难以计算或者容易错误,则法院也可以授予具体履行救济。这就是第二种有效违反机制。它的基本原理在于,由于具体履行要求的持续存在,承诺人只有在得到受约人许可时才能违反合同。这就迫使承诺人寻求与受约人重新谈判,通过谈判确定期望损害赔偿额。一旦谈判成功,则承诺人仍可通过支付期望损害赔偿"购买"不履行。由于承诺人仅仅只会支付不超过违反价值的金额,而受约人仅仅会接受不少于他因违反而蒙受损害之价值的金额,因此只有当承诺人的违反收益超过受约人的违反损害时(即违反是有效的),才能达成允许承诺人违反的协议。

承诺人在偏离义务之前必须获得受约人许可的机制是一种产权规则。该词来源于类比有形产权,一方通常不能合法地从另一方那里剥夺这类产权,除非得到另一方的许可。尽管产权规则的最终结果仍然是利用期望损害赔偿原理允许有效违反,挫败无效率的违反,但它避免了计算期望损害赔偿的困难,而是通过引入具体履行压力下的重新谈判来确定损害赔偿额。因此,责任规则与产权规则的内在机理是一致的,即通过支付期望损害赔偿"购买"不履行。它们都能实现有效违反目标。

任何方法都有自己的缺陷,产权规则也不例外。它虽然避免了正确计算难题,但它也导致了与承诺人和受约人关于修改义务的重新谈判或讨价还价相联系的成本,包括那些在谈判过程中可归因于策略行为的成本。当这些成本相对较低时,具体履行不失为一种较好的重新调整方法;当这些成本相对较高时,则不宜采用这种方法。

C. 责任规则还是产权规则

施瓦茨和塞克斯认为,当重新谈判成本相对于期望损害赔偿的司法和错误成本足够低时,产权规则机制更为可取。当偏离义务总是无效率时,产权规则也可能是可取的。[1] 卡拉布雷西和梅拉梅德建议,尽管产权规则可能促进低交易成本情形下的有效交易,但责任规则促进了高交易成本情形下的有效交易。[2] 塔奇曼

---

[1]　Warren F. Schwartz and Alan O. Sykes, *The Economic Structure of Renegotiation and Dispute Resolution in the WTO/GATT System*, Vol. 31, No. 1, Journal of Legal Studies, 2002.

[2]　See, Guido Calabresi & A. Douglas Melamed, *Property Rules, Liability Rules, and Inalienability: One View of the Cathedral*, Vol. 85, Harvard Law Review, 1972.

认为,当损害赔偿额设定在与守约方的期望等值时,国家会最优遵守和有效违反;当很难计算这一数额,并且当事方间的谈判会以较低成本得到这一数额时,具体履行可能受到偏爱。

(3)评论

第一,有效违反理论不涉及违反行为已经造成的损害的补救,仅仅涉及对违反行为本身的处理问题,根本假设是允许"购买"不履行。

第二,应当区分自动的、强制性的具体履行与作为讨价还价筹码的具体履行。前者是当事方不存在任何重新谈判机会的遵守要求,换句话说,除了遵守当事方别无其他选择。强制具体履行是条约规则完备时唯一的救济手段;后者是条约规则不完备时的救济形式之一,是一种旨在鼓励谈判赔偿额的机制。二者的根本假定完全不同,前者决不允许"购买"不履行,而后者的基本思想是允许"购买"不履行。

第三,便利有效违反的两种机制适用于不同情形。如果谈判成本很高,并且容易确定期望损害赔偿数额,那么产权规则更为可取;如果谈判成本较低,但确定期望损害赔偿数额很高且容易出错,那么责任规则更为可取。

2. 有效违反理论与 WTO 争端解决裁决执行机制

WTO 义务具有双边性质,理论上满足了适用有效违反理论的第一个条件。问题在于有效违反理论的第二个根本假设。WTO 协定是完备条约还是不完备条约?从政治经济学角度看,WTO 条约很难被界定为是完备的。强制遵守所有 WTO 规则并不一定会导致政府福利最大化。从福利经济学角度看,WTO 条约的完备性需要仔细考虑。塔奇曼从福利经济学角度考查了 WTO 条约的完备性。塔奇曼认为,WTO 协议可与合同比较。如果 WTO 合同反

映了效率(即它是一项完备的合同),那么解决办法就非常清楚:
通过要求具体履行救济强制遵守。但是,WTO 合同绝不是完备
的。在某些情况下,WTO 合同的某些因素可以被理解为是完备
的,例如关税约束、对法律上歧视和配额的禁止。在这些情况下,
强制性具体履行很可能是正确的救济。但今天的 WTO 法包括了
广泛范围的义务,某些义务从福利经济学的角度看是非常矛盾的。
例如,TRIPS 协议中的要求、SPS 协定和 TBT 协定下对国内规制的
限制。因此,由于现有 WTO 规则并非完全体现了福利经济学要
求,他们可能是无效率的,强制要求遵守会导致无效率。从这一角
度看,可在一定条件下将有效违反理论引入 WTO 体制之中。

　　WTO 争端解决裁决执行机制的某些特征似乎允许"有效违
反"。DSU 允许被诉方通过提供补偿暂时性偏离 WTO 义务。暂
时性补偿可被视为允许政治经济学意义上的有效违反。①

　　从实际效果来看,如果执行强制具体履行救济的机制是等同
于损害的报复,那么强制具体履行救济与便利有效违反的具体履
行在效果上没有什么差别。因此,关于国家是否有权"购买"它们
的 WTO 义务的争论实际上是关于声誉制裁的争论。如果相符建
议意味着必须遵守 WTO 义务,那么国家的不遵守将会招致声誉
成本,即使已经提供了补偿或者遭受了报复。如果补偿或报复可
以替代实施 DSB 建议和裁决的义务,那么被诉方提供补偿或遭受
报复后就不存在声誉损失。

---

　　①　在这一视角下可以看清楚 WTO 体制下"补偿"的特性。第一,它不是永
恒性的"购买"不履行,只具有暂时性质。第二,它不是基于福利经济学假设,而是
屈从于政治现实的一种实用主义选择。因此,补偿的重新平衡主要指减让利益的
重新平衡,实质是公共选择意义上的利益平衡。

（三）强制遵守与有效违反视角下的 WTO 争端解决裁决执行机制

从现有 WTO 争端解决裁决执行机制来看,它主要采用了一种福利经济学假设,但必要时仍不得不屈从于现实政治,采取了公共选择理论。对于前者,一般认为 WTO 条约以贸易自由化以及经济福利最大化为基本假设,因此 WTO 条约从福利经济学角度被假定为完备的(尽管 WTO 范围的扩大可能减损了这一结论)。因此,停止违反行为、履行 WTO 条约规则被认为是无条件的救济选择。但是,从现实政治的角度看,政府仍然面临国内政治问题,无条件停止违反行为有时不太可能,因此 DSU 第 22 条允许暂时性的"购买"不履行。暂时性的"补偿"选择恰好反映了政治经济学角度的有效违反理论。但是,在 WTO 法中引入有效违反理论可能会遭到批评。有效违反理论的前提是将 WTO 视为私人间的合同,仅仅考虑争端双方的利益该如何协调和解决,没有顾及WTO 条约具有一定的多边性,没有考虑违反行为可能对多边贸易体制带来的不利影响。

三、本书基本观点

WTO 义务是双边性质的义务,这为有效违反理论的适用提供了理论前提。WTO 条约具有不完备性[1],因此,强制要求遵守所有 WTO 义务并不符合效率要求。在 WTO 义务存在不完备性的限度内,可以允许暂时性的偏离(如提供补偿)。但是,对于一些

---

① 根据霍恩和斯泰格尔的研究,由于缔约成本高昂,贸易协定是具有内生不完备性的合同。See, Henrick Horn and Robert W. Staiger, *Trade Agreements as Endogenously Incomplete Contracts*, November 2006.

具有完备性的 WTO 义务,强制履行要求应予坚持。

如果我们从 WTO 规则与违反救济之间关系的宏观角度考虑问题,而不仅仅是就事论事,那么我们可以发现,一刀切式的救济或执行模式似乎并不符合效率要求。格林和崔比尔库克认为,如果贸易协定的目标是最大化经济福利,讨论 WTO 义务违反的救济时需要同时考虑规则要求和救济。要求可以采取一项标准或一项规则之形式,可以复杂或简单。救济可以采取产权规则或责任规则形式。此外,救济的水平和形式都是重要的。每种类型的违反需要进行独立考查,以确定适应新情势的灵活性是应当来自要求还是应当来自救济。①

从评估 WTO 争端解决裁决执行机制目标的角度看,一刀切式的强制遵守要求并不符合效率要求,特殊情况下允许有效违反是比较可取的选择。因此,WTO 争端解决裁决执行机制的最终目标原则上是确保遵守、促进遵守,但可以存在例外。"欧共体荷尔蒙案"提供了一个很好例子。欧共体通过承受报复继续维持着与 WTO 不符的措施,缓解了国内政治压力。

第四节　WTO 争端解决裁决执行机制的基本原则

WTO 争端解决裁决执行机制的基本原则是指贯穿于 WTO 整个执行过程、普遍适用于 WTO 各种执行制度的精神和主旨。WTO 争端解决裁决执行机制的基本原则包括及时有效解决争端原则、持续监督原则、特殊和差别待遇原则、禁止单边主义原则。

---

① Andrew Green and Mechael Trebilcock,*Enforcing WTO Obligations:What Can We Learn From Export Subsidies*,Vol. 10,No. 3,JIEL,2007,p. 653.

一、及时有效解决争端原则

及时有效解决争端原则包括以下几个方面的含义：

第一，被诉方应尽可能迅速地实施 DSB 建议和裁决。一旦 DSB 建议和裁决得以通过，争议措施的违法性就被正式确认，被诉方应当立即停止违反行为。另一方面，违反措施的持续存在不仅继续侵害着投诉方在 WTO 体制下的利益（并且在现行 WTO 体制下投诉方不能对正在遭受的利益侵害寻求救济）、侵害着多边贸易体制的完整性（违反因素未被消除），而且由于 DSB 建议和裁决凝结了所有 WTO 成员的集体意志，持续违反也意味着被诉方公然违抗集体意志，将会损害整个 WTO 法律体制。因此，DSU 第 21 条第 1 款明确规定："为了确保有益于所有成员的有效争端解决，迅速遵守 DSB 建议或裁决是必要的。"在禁止性补贴案件中，专家组应当建议补贴成员毫不延迟地撤销该补贴。①

第二，WTO 争端解决裁决各个执行程序的运作应当及时高效，有助于促进被诉方迅速遵守，并且各种程序也不能过于冗长。为了促使被诉方实施 DSB 建议和裁决，DSU 设置了各种执行程序，例如合理期限仲裁程序、遵守复审程序、补偿谈判程序和报复仲裁程序等等。这些执行程序的运行都必须及时高效，有利于或促使被诉方迅速遵守 DSB 建议和裁决。

第三，及时有效解决争端原则蕴涵着现实主义考虑和灵活性因素。有效解决争端是 WTO 争端解决机制的目标。外交手段通常能够有效解决争端，因此，WTO 争端解决裁决执行机制的运行应当避免僵化，也应该鼓励贸易争端的外交解决。WTO 争端解决

---

① 参见 SCM 第 4 条第 7 款。

裁决执行程序的运作需要避免使被诉方无法及时履行 DSB 建议和裁决。例如,完全不考虑被诉方的拖延而确定的合理期限可能会导致被诉方无法在规定时间内实施 DSB 建议和裁决。

二、持续监督原则

持续的多边监督可以施加持续的多边压力。在 WTO 报复或报复威胁效果不怎么明显的 WTO 背景下,持续监督尤为重要。持续监督主要表现为 DSB 会议上的监督。DSU 第 21. 6 条规定,DSB 应该监督已通过建议或裁决的实施。DSB 的持续监督主要通过以下几种途径得以实现:第一,赋予所有 WTO 成员监督被诉方实施 DSB 建议或裁决的权利。① 第二,将建议或裁决的实施问题列入 DSB 议程,直到该问题得以解决。② 第三,要求未能实施 DSB 建议或裁决的被诉方在每一次 DSB 会议召开前至少 10 天向 DSB 提交一份关于建议或裁决实施进展的书面实施状况报告。DSB 的持续监督贯穿于 DSB 建议或裁决的整个实施过程,直到被诉方使其措施与相关涵盖协定相符,或者与投诉方达成了相互满意的解决办法。投诉方是否接受了被诉方的临时补偿或者实施了中止减让或其他义务均不影响 DSB 对被诉方实施情况的持续监督。③ 对于各个成员来说,上述监督过程通常产生了实施已通过

---

① DSU 第 21. 6 条规定,在建议或裁决通过之后,任何成员可随时在 DSB 中提出建议或裁决的实施问题。

② DSU 第 21. 6 条规定,除非 DSB 另有决定,否则建议或裁决的实施问题在按照第 3 款确定合理期限之日起 6 个月后,应列入 DSB 会议的议程,并应保留在 DSB 议程上,直到该问题解决。

③ DSU 第 22. 8 条明确规定,根据第 21 条第 6 款,DSB 应继续监督已通过建议或裁决的实施,包括那些已提供补偿或者已中止减让或其他义务但却未实施 DSB 建议或裁决的案件。

裁决和建议的激励。①

DSB 会议上的监督尽管具有持续性，但实践中流于形式，未能起到对被诉方施加压力促使其迅速实施或遵守 DSB 建议和裁决的作用。实践表明，第21.6 条下提交实施状况报告的机制在许多案件中变成一种纯粹的例行手续。关于这类实施状况报告的细节，该款没有施加任何要求。被诉方能够向 DSB 提交一份实施状况报告，该报告仅仅说到，被诉方遵守了 DSB 建议和裁决，却没有任何进一步的细节。由于其他成员很少提出质疑，被诉方的实施状态报告更像是没有任何意义的例行文件提交。② 此外，DSB 实施监督的对象过于狭窄，仅限于监督被诉方的实施行为，没有监督被诉方与投诉方达成的补偿安排或者其他相互满意的解决方案，也不存在监督投诉方实施 DSB 授权的报复的制度。

欧共体和日本提出了一些增强 DSB 监督的建议，将 DSB 监督机制与合理期限联系了起来。根据欧共体和日本的建议，现有体制得以维持，但增加了某些新元素。第一，被诉方向 DSB 提交报告的义务产生的更早，即 DSB 建议和裁决通过之日起 6 个月，而不是现有的合理期限确定之日起 6 个月。第二，一旦遵守了 DSB 建议和裁决，被诉方有义务通知 DSB。如果没能遵守，被诉方必须通知 DSB 已经采取的步骤和将要采取的措施。在后一种情况下，被诉方必须在合理期限结束时向 DSB 报告实施状况。所有通知

---

① David Palmeter & Petros C. Mavroidis, *Dispute Settlement in the World Trade Organization:Practice and Procedure*, Second edition, Cambridge University Press, 2004, p. 247.

② See, Virachai Plasai, *Compliance and Remedies against Non-Compliance under the WTO System:towards a More Balanced Regime for All Members*, ICTSD, Issue Pager No. 3, June 2007, p. 8.

必须包括关于被诉方相关措施的细节。中国也沿着类似思路提交了建议,但没有如此详细。① 如果被诉方认为自己业已遵守了 DSB 建议或裁决,就该情况提交具体报告的建议也被提了出来。根据这些建议,一旦遵守了 DSB 建议和裁决,被诉方需要向 DSB 提交一份关于遵守的书面通知,该通知应当包括详细描述和被诉方已经采取的相关措施的文本。如果被诉方预期自己不能在合理期限内遵守,被诉方也需要提交关于遵守的书面通知,该通知应包括合理期限结束时被诉方已经采取或期望采取的措施。这些要求将导致被诉方提供详细的原因,解释自己不能在合理期限结束时遵守 DSB 建议或裁决。②

关于 DSU 第 21.6 条,"2003 年主席案文"进行了许多补充和修改,以增强 DSB 的持续监督功能。首先,被诉方应在 DSB 建议和裁决通过后 10 天内向 DSB 通知实施 DSB 建议和裁决的意图。③ 如果被诉方不及时发出关于实施意图的通知,将会导致投诉方自动获得请求补偿谈判或请求报复授权的权利。④ 其次,"2003 年主席案文"删除了合理期限确定之日起 6 个月后将 DSB 建议和裁决实施问题列入 DSB 会议议程的规定。"2003 年主席

---

① See, *ibid*, pp. 8-9.

② See, Virachai Plasai, *Compliance and Remedies against Non-Compliance under the WTO System: towards a More Balanced Regime for All Members*, ICTSD, Issue Pager No. 3, June 2007, p. 9.

③ See, paragraph 3 of article 21, Special session of the Dispute settlement body, *Report by the Chairman to the Trade Negotiations Committee*, TN/DS/9, 6 June 2003, p. 9.

④ See, paragraph 2 (a) (i) of article 22, Special session of the Dispute settlement body, *Report by the Chairman to the Trade Negotiations Committee*, TN/DS/9, 6 June 2003, p. 13.

案文"规定,被诉方应在每一次 DSB 会议上报告 DSB 建议和裁决的实施状况。根据主席的建议,从合理期限的中期或者 DSB 建议和裁决通过之日起的 6 个月(以较早者为准)开始,各成员应开始向 DSB 报告实施 DSB 建议和裁决的状况,直到争端当事方相互同意已经解决了争议。再次,鉴于各成员目前提供的实施状况报告往往非常枯燥无味、缺乏内容,"2003 年主席案文"规定,在每次 DSB 会议召开前至少 10 天,相关成员应向 DSB 提供一份详细的关于 DSB 建议和裁决实施进展的书面实施状况报告,包括自上次向 DSB 报告以来其已经采取的任何具体措施。"2003 年主席案文"进一步规定,合理期限到期前的最后实施状况报告应当全面,应当陈述已经采取的措施以及截止期限结束前将要采取的措施。如果一成员认为自己已经遵守了 DSB 建议和裁决,该成员应当向 DSB 提交一份关于已采取措施的书面通知。为了对各成员施加遵守压力,"2003 年主席案文"也建议,总干事应当每六个月(或每年)发布关于 DSB 建议和裁决实施状况的公开报告。① 最后,"2003 年主席案文"也规定了发展中国家特殊和差别待遇,要求发展中国家被诉方至少每两次(at least every second)DSB 会议报告一次实施状况,如被要求,该被诉方应在每一 DSB 会议召开前至少 10 天提交详细的实施状况报告。② 总体而言,各成员认为"2003 年主席案文"增强了 DSB 的监督功能,但也认为许多方面

---

① See, paragraph 6(b) of article 21, Special session of the Dispute settlement body, *Report by the Chairman to the Trade Negotiations Committee*, TN/DS/9, 6 June 2003, p. 11.

② See, paragraph 6(b) of article 21, Special session of the Dispute settlement body, *Report by the Chairman to the Trade Negotiations Committee*, TN/DS/9, 6 June 2003, pp. 10–11.

需要进一步的考虑和细化。① "2008 年主席案文"没有对第 21.6
条作出任何修改。

"2003 年主席案文"还规定了通知制度。第一,如果被诉方认
为自己已经遵守了 DSB 建议和裁决,则应向 DSB 提交一份关于已
经采取的措施的书面通知(c(i)项通知)。第二,如果被诉方在合
理期限结束时未能提交前述通知,则应在该日提交一份关于已经
采取的任何措施的书面通知(c(ii)项通知)。第三,如果被诉方在
合理期限结束前的第 45 日没有提交 c(i)通知或者最后实施状况
报告,那么被诉方至迟应在该日之后 15 天内通知已经采取的任何
措施以及期望在合理期限结束时已经采取的任何措施。c 项各类
通知应该包括对已经采取的相关措施的详细描述和任何文本。②
被诉方不向 DSB 发出第 21.6 条 c 项各类通知将会导致投诉方自
动获得请求补偿谈判或请求报复授权的权利。③ "2008 年主席案
文"要求被诉方立即通知"已遵守情况",其第 21 条第 5 款(b)项
规定:"如果相关成员认为自己已经充分遵守了 DSB 建议和裁决,
其应该毫不迟延地将该事项书面通知 DSB。相关成员应在通知中
包括对其采取来遵守的任何[相关]措施的描述、该措施的生效日
期及其文本(如果有的话)。"

---

① See, Edwini Kessie, *The 'Early Harvest Negotiations' in* 2003, in Federico
Ortino and Ernst - Ulrich Petersmann (ed.), *The WTO Dispute Settlement System*:
1995–2003, Kluwer Law International, 2004, p. 134.

② See, paragraph 6(c) of article 21, Special session of the Dispute settlement
body, *Report by the Chairman to the Trade Negotiations Committee*, TN/DS/9, 6 June
2003, p. 11.

③ See, paragraph 2 (a) (ii) of article 22, Special session of the Dispute
settlement body, *Report by the Chairman to the Trade Negotiations Committee*, TN/DS/9,
6 June 2003, p. 13.

笔者认为,以实施状况报告为基础的现有 DSU 监督机制是有用的,应当加强 DSB 对被诉方实施状况的多边监督。具体而言,改革 DSB 监督机制包括三大方面:第一,将被诉方首次提交实施状况报告的时间提前,DSB 建议和裁决通过后 6 个月或合理期限中期可以作为备选日期;第二,被诉方提交的实施状态报告应当提供更多信息,以便利 WTO 其他成员的有效监督;第三,DSB 监督应当扩大适用范围,监督争端方达成的有关补偿安排或相互满意的解决办法,监督被诉方实施的报复措施。

三、特殊和差别待遇原则

特殊和差别待遇原则贯穿 DSB 建议和裁决的实施、执行和监督全过程,主要表现在以下几个方面:

第一,第 21.2 条作出了原则性规定,"就争议措施而言,应该特别关注影响发展中国家成员利益的事项。"通常认为,"should"一词的使用意味着该款并不是一个强制性条款。有学者认为,DSU 第 21.2 条不是一个强制性条款,不能成为争端的对象。即使提出与该款有关的请求,也很难成功指控。这主要是因为该款的构造十分模糊,没有一个清晰的结构。① 在 DSU 谈判中,"2003 年主席案文"通过用"应当"一词替代"应该"一词意图使 DSU 第21.2 条成为强制性要求。② 尽管发展中国家欢迎这一建议,但它

---

① Amin Alavi, *On the (Non -) Effectiveness of the World Trade Organization Special and Differential Treatments int eh Dispute Settlement Process*, Vol. 41, No. 2, JWT, 2007, pp. 324–325.

② See, paragraph 2 of article 21, Special session of the Dispute settlement body, *Report by the Chairman to the Trade Negotiations Committee*, TN/DS/9, 6 June 2003, p. 9.

们也注意到,它不会便利发展中国家特别是最不发达国家更多参与争端解决机制。① "2008年主席案文"仍旧维持了"should"一词。从条文结构来看,第21.2条似乎只适用于第21条所列事项:合理实施期限、遵守复审程序以及DSB和WTO成员的监督。② "美国赌博案"第21.3条仲裁员认为,乍一看,第21.2条中的"事项"是否具有DSU中其他地方"事项"的相同含义,还是仅仅指第21条涵盖的主题事项,这并不清楚。但无论如何,第21.2条所列原则适用于第21条其余各款所列各种事项。③ 从当前实践来看,争端方主要在合理期限仲裁程序中援引了该条款。④

第二,第21条第7款和第8款要求DSB对于发展中国家成员提出的有关事项考虑采取进一步行动。第7款规定,如果有关事项由发展中国家成员提出,则DSB应该考虑它可能采取的符合情势的进一步行动。第8款进一步明确,如果案件由发展中国家

---

① See, Edwini Kessie, *The 'Early Harvest Negotiations' in* 2003, in Federico Ortino and Ernst - Ulrich Petersmann (ed.), *The WTO Dispute Settlement System: 1995-2003*, Kluwer Law International, 2004, p. 132.

② Amin Alavi 认为,由于该款是第21条的一部分,人们就会期望该款对于争端解决程序的实施阶段和仲裁员的工作是相关的。Amin Alavi, *On the (Non-) Effectiveness of the World Trade Organization Special and Differential Treatments int eh Dispute Settlement Process*, Vol. 41, No. 2, JWT, 2007, p. 325.

③ See, *US—Gambling (Article 21. 3)*, paras. 60-61.

④ 根据一位学者的统计,该款总共被援引了13次,其中10次发生在合理期限仲裁背景下,但第21.3条仲裁员仅在一个案件中作出了有利于援引方的裁决。在其余三个案件中,争端方在实施阶段之外援引了该款,但该款对于裁决没有任何影响,主要是因为专家组和上诉机构都认为该款与他们的工作无关。See, Amin Alavi, *On the (Non-) Effectiveness of the World Trade Organization Special and Differential Treatments int eh Dispute Settlement Process*, Vol. 41, No. 2, JWT, 2007, pp. 325-326. 关于DSU第21.2条在合理期限仲裁中的实践状况,参见第三章第二节。

成员提出,那么在考虑可能采取何种适当行动时,DSB 不仅要考虑被诉措施所涉及的贸易范围,而且还要考虑该措施对相关发展中国家成员经济的影响。这两个条款似乎也只适用于第 21 条所列事项。但 DSB 从未适用这两个条款,也没有任何国家要求适用这两个条款。①

　　第三,第 24 条要求对涉及最不发达国家成员的案件适用特殊程序,该要求也可适用于 DSB 建议和裁决的实施、执行和监督阶段。② 但就执行程序而言,该条从未被援引过。

　　目前来看,就执行程序而言,只有 DSU 第 21.2 条在合理期限

---

① See, Frieder Roessler, *Special and Differential Treatment of Developing Countries under the WTO Dispute Settlement System*, in Federico Ortino and Ernst-Ulrich Petersmann (ed.), *The WTO Dispute Settlement System*: *1995 - 2003*, Kluwer Law International, 2004, p. 89.

② 截至目前,该款只在一个案件中被援引过。在"美国陆地棉案"中,第三方贝宁和乍得援引了该款,请求上诉机构推翻专家组的一项裁定。贝宁和乍得要求上诉机构承认美国世界市场份额的增加对贝宁和乍得造成了严重侵害,主张 SCM 协定第 6.3(d)条没有将严重侵害裁定限于投诉方。因此,贝宁和乍得要求上诉机构从第 6.3(d)条中得出结论,要求美国撤销补贴或者针对巴西、贝宁和乍得消除不利影响。美国主张,不应允许第三方对一项裁定提出上诉,因此上诉机构不应处理贝宁和乍得的请求。上诉机构处理了贝宁和乍得的请求,但出于与上诉权无关的原因拒绝了贝宁和乍得的请求。上诉机构忆及,贝宁和乍得请求上诉机构裁定,如果上诉机构认为巴西由于美国的陆地棉世界市场份额增加而遭受了严重侵害,它们的利益也造成了严重侵害。由于上诉机构裁决没有必要对巴西关于"世界市场份额"一词的上诉作出裁定,上诉机构认为自己不能同意贝宁和乍得的完成分析请求并裁定贝宁和乍得也遭受了严重侵害。上诉机构也注意到,贝宁和乍得的完成分析请求以上诉机构推翻专家组对"世界市场份额"一词的解释为前提,但这一条件并未得到满足。See, Amin Alavi, *On the(Non-) Effectiveness of the World Trade Organization Special and Differential Treatments int eh Dispute Settlement Process*, Vol. 41, No. 2, JWT, 2007, p. 327. 从本案来看,上诉机构似乎同意作为第三方的最不发达国家享有上诉权。因此,第 24.1 条具有非常宽泛的适用范围,可以偏离 DSU 中的许多一般规则。

仲裁背景下被援引和适用过。尽管仲裁员在这些案件中一般会根据该条款考虑发展中国家的特殊和差别待遇请求和主张,但仲裁员的裁决通常并未使发展中国家获益。总体而言,现有条款适用范围有限(例如第 21.2 条不适用于补偿和报复),条款内容模糊约束力不强①,没有真正发挥有效作用。另一方面,DSU 还没有处理发展中国家面临的其他一些特殊问题的条款,例如不能有效利用报复制度。从未来改革的角度看,一方面要完善现有条款,使之具体明确具有可操作性,能够切实为发展中国家带来利益,另一方面要针对发展中国家面临的 DSU 还未处理的特殊问题制定新的特殊和差别待遇条款,回应发展中国家的发展需要。执行程序中的特殊和差别待遇问题应当引起足够重视和进一步研究。

四、禁止单边主义原则

DSU 第 23.1 条一般性禁止 WTO 各成员的单边主义行为。挑战 DSU 第 23.1 条施加的多边约束的 WTO 成员某些单边立法或行为均被裁决违反了 WTO 义务。② 就补贴措施而言,SCM 协定第 32.1 条禁止一成员对另一成员的补贴采取具体行动。

---

① 有学者系统研究了现有 S&D 条款在 WTO 争端解决机制中的实践状况。研究表明,在多数情况下,发展中国家并未从援引 S&D 条款中获益,主要原因包括四个方面:第一,被援引的条款并不适用;第二,案件事实并不支持援引方;第三,援引方并未提供足够的信息支持自己的请求;第四,裁决机构往往采取保守态度和字面解释,并未以"发展友好的"方式解释被援引的条款。然而,上述四个原因都是由于 S&D 条款本身界定不明确或者没有法律约束力造成的。See, Amin Alavi, *On the (Non -) Effectiveness of the World Trade Organization Special and Differential Treatments int eh Dispute Settlement Process*, Vol. 41, No. 2, JWT, 2007.

② 即"美国 301 条款案"、"美欧某些产品案"、"欧共体商用船舶案"。

（一）DSU 第 23 条施加的义务的性质

关于 DSU 第 23 条施加的义务的性质，"美国 301 条款案"专家组认为，第 23.2 条禁止 WTO 各成员的三种具体单边行为，构成了第 23 条中的第一类义务。第 23.1 条不仅仅涉及违反的具体情形，而是规定了具有双重性质的一般义务：第一，它要求所有成员在寻求矫正 WTO 不符时"诉诸"DSU 设置的多边程序，以此排除任何其他体制，特别是单边执行 WTO 权利义务的体制，此时该款可以称为"排他性争端解决条款"；第二，当各成员诉诸 DSU 中的争端解决机制时，它们必须"遵守"DSU 规定的规则和程序，该义务具有确认性质。

（二）DSU 第 23 条施加的义务的范围

从第 23.1 条的条文来看，DSU 似乎约束任何单边行为。但是，第 23.2 条似乎又对第 23.1 条的适用范围施加了重要限制，仅仅适用于三种情形：违反义务已发生、利益已丧失或减损或者协定任何目标的实现已受阻碍的单边确定、合理期限的单边确定以及单边中止减让或其它义务。

在"美国 301 条款案"中，专家组认为第 23 条的范围广于第 23.2 条提及的几种情形。该案专家组认为，第 23.2 条包含了"违背 DSU 规则的极坏行为例子"，它们构成了 DSU 第 23.1 条一般性禁止要求之外的单边行为的更具体形式。第 23.1 条中的规则和程序的涵盖范围明显广于第 23.2 条中明确提及的行为。相比第 23.2 条特别挑选的例子，存在更多的大量国家行为违反了第 23.1 条中的一般义务（即诉诸和遵守 DSU 规则和程序的义务）。[1] 后案专家组采纳了这一观点。"美国 301 条款案"专家组还认为，

---

[1]　See, Panel Report on *US—Section 301*, para. 7.45.

违反第 23 条的措施有两种类型:特定争端中的暂时性具体行动与具有普遍适用性的措施。

(三)DSU 第 23 条适用于特定措施的具体法律标准

"美欧某些产品案"专家组认为,DSU 第 23.1 条规定了确定第 23 条是否可以适用于特定措施的标准,即施加措施的成员是否"正在寻求矫正 WTO 违反"。"寻求"涵盖作出努力矫正 WTO 违反的情形。"矫正"意味着,基于感觉到的或经由 WTO 确定的违反,为了救济违反而由一成员针对另一成员采取的行动。

(四)DSU 第 23 条禁止单边还报措施

还报有两种定义。一种观点认为,"所谓还报,就是一国对另一国的不礼貌、不友好、不公平的行为以同样或类似的行为所采取的措施。还报是一种不友好对不友好的还报行为,不构成国际不法行为。"[1]本质上,还报是指针对非违反国际法的行为而采取本身也是不违反国际法的行为,它当然不是国际不当行为。不同观点认为,无论是针对非违反国际法的行为,还是针对国际不当行为,只要一国采取的行为本身不违反国际法,它就是一项还报行为。例如,安东尼奥·卡塞塞认为,还报包括一国通过不友好但却没有违反国际法的行为对另一国的国际法违反或不友好行为作为回应的任何报复行为。[2] 国际法委员会亦采用了这一定义。[3] 本书倾向于采取第二种观点。此类行为的共同特征是,它们均还未

---

①　梁西主编:《国际法》,武汉大学出版社 2002 年修订版,第 471 页。

②　Antonio Cassese, *International Law*, second edition, Oxford University Press, 2005, p. 310.

③　ILC, *Commentaries to the draft articles on Responsibility of States for internationally wrongful acts*, adopted by the International Law Commission at its fifty-third session(2001), p. 325.

受到国际法的调整;无论是针对国际不当行为,还是针对非违反国际法的行为,它们本身都是合法行为。因此,国际法对于此类行为原则上没有施加任何限制。① 还报行为的例子包括中断外交关系、不承认违反国的行为、撤销经济援助、终止或减少贸易和投资、拒绝经济或金融利益、缩减违反国的移民、驱逐采取了不友好行为的国家的国民(以该驱逐没有违反条约或习惯规则为限)、对违反国的货物施加繁重的财政负担以及要求进入本国的签证或者执行其他严格的护照规章等等。②

根据"欧共体商用船舶案"专家组裁决,DSU 第 23 条不仅约束报复措施或反措施,而且也约束不违反 WTO 法的还报措施,从而对一般国际法普遍承认的还报权力施加了重要限制。因此,DSU 禁止 WTO 争端解决裁决执行中的任何单边主义行为。特别地,DSU 禁止各成员采取本身并不违反 WTO 规则的单边主义还报措施来促使被诉方实施 DSB 建议和裁决。在"美国 1916 年法案"中,由于感觉到第 22.6 条仲裁小组裁决的救济不能充分保护本国利益,欧共体和日本都制定了抵消美国 1916 年法效果的对抗性立法。从内容上看,这些立法并不违反 WTO 涵盖协定,因此属于一般国际法意义上的还报措施。然而,鉴于这些立法的单边主义性质,这些立法仍然违反了 DSU 第 23 条。

---

① 卡塞塞认为,还报必须满足两个条件。第一,一国报复违反或不友好行为的不好行为(noxious act)相对于那一行为在程度上必须是成比例的。第二,只要该行为旨在作出回应的不公平、不友好或不当行为停止,应当终止该行为。See, Antonio Cassese, *International Law*, second edition, Oxford University Press, 2005, p. 310.

② Antonio Cassese, *International Law*, second edition, Oxford University Press, 2005, p. 310.

第五节 WTO 争端解决裁决执行机制
改革的基本原则和方向

自开始 DSU 审议以来,各种改革 WTO 争端解决裁决执行机制的建议被提了出来,引起了广泛关注。本节探讨 WTO 争端解决裁决执行机制改革的基本原则和方向。

一、WTO 争端解决裁决执行机制改革应当遵循的基本原则

(一)不损及现有执行机制原则

任何改革建议不得损及 WTO 现有执行机制。这一改革原则得到了广泛支持。萨瑟兰报告认为,WTO 争端解决机制运转良好,进行任何改变都应谨慎,不得对现有机制"造成任何损害",因为它具有太多有价值的特征。① 萨瑟兰报告指出,"在评估改革或改进建议时,最为重要的原则是不造成任何损害(do no harm)"。许多学者赞同这一观点。②

(二)促进贸易自由化原则

任何改革建议必须促进 WTO 的贸易自由化目标。这一原则要求,尽管增强 DSB 建议和裁决实施或遵守的各种建议是可取的,但应尽量避免对贸易自由化造成伤害。例如,任何改革建议必须增强多边贸易体制的安全性和可预期性,并以此促进经济效率。根据这一标准,通过改变报复方式加大报复力度的改革建议就是不可取的。

---

① See, *Sutherland Report*, para. 254.

② For example, Renato Ruggiero, *The World Trade Organization : three priorities*, Vol. 4, No. 3, WTR, 2005, p. 356.

（三）以政治经济现实为基础原则

GATT/WTO 基本上是以政治经济现实为基础的追求（主要是经济）福利最大化的多边国际体制。促进贸易自由化是改革现有执行机制的目标，解决了改革的方向性问题。但是，任何改革建议必须符合政治经济现实，因为：第一，政治经济现实直接决定了改革建议是否会获得政治支持；第二，政治经济现实是改革后的制度运行并发挥作用的背景，如果不考虑该背景，任何具有良好愿望的改革制度可能不会达到预期效果。

鉴于第一个方面很难判断，本书基本不作探讨。目前来看，激进的改革建议似乎并不受欢迎。当然，由于多边贸易谈判中"挂钩"机制的存在，任何激进的改革建议都有可能获得通过。实际上，WTO 争端解决机制的确立是政治"挂钩"的结果。但是，正如休德克所指出的，DSU 对 GATT 争端解决机制的改进绝大多数是程序性质的，实体救济问题方面的改善仍然没有什么进展。当前的激进改革建议主要涉及实体性问题，例如追溯性救济、货币损害赔偿、集体或第三方报复。不难预测，解决这些实体问题将会面临很大的阻力。

第二个方面是任何改革建议都必须考虑的。但目前的许多建议仍未充分考虑这一问题。尼兹里比指出，如果忽视相关政治主体的动机，改革 WTO 争端解决机制的任何建议注定是要失败的。旨在处理消费者利益并排除其他考虑的任何建议可能会受到其他更具政治权力的利益集团的劫持。因此，挑战不是如何完全消除 WTO 执行计划中的利益集团影响，而是如何发展出一种能够有效利用利益集团机理的策略，服务于降低贸易壁垒的目标。[1] 关于

---

[1] See, Jide Nzelibe, *The Case Against Reforming the WTO's Enforcement Mechanism*, April 2, 2007, p. 5.

国家行为假设,以利益集团为基础的政治利益最大化假设是主要的,但也不能忽视政治家们的独立性因素。经济效率、本国的整体福利等也是他们的重要考虑因素之一。除考虑相关政治主体的动机及其影响之外,还应当考虑成员国面临的国际约束,毕竟它们是国际体制中的行为主体。尼兹里比注意到,尽管某些评论家承认成员国在管理制裁时面临的政治经济限制,但他们可能忽略了作为国际体制行为主体的成员所面临的其他制度或环境限制。①

(四)促进公平性原则

WTO 争端解决裁决执行机制引发的公平问题引起了人们的广泛关注。许多学者主张,由于 WTO 弱小成员不能有效实施报复,它们倾向于不参与 WTO 争端解决程序,这会减损整个 WTO 体制的合法性,会导致弱小成员不愿实施 WTO 协定或作出新的承诺。因此需要使 WTO 争端解决裁决执行机制更为公平。此外,WTO 争端解决裁决执行机制对于私人而言也是不公平的。因此,任何改革建议都需要考虑公平问题,使改革后的执行制度尽量有助于保证公平。必要时,应当设置给予发展中国家特殊和差别待遇的制度。

(五)可操作性原则

任何改革建议都必须考虑拟议改革的可操作性。WTO 现有执行制度的实际运作提供了参考。整体上看,合理期限制度、遵守复审制度、报复授权和仲裁制度基本运作良好。然而,补偿制度运行情况差强人意,没有发挥应有作用。因此,很多建议旨在改革补偿制度,使之发挥更大作用。但是,这些改革补偿制度的建议都面

---

① See, Jide Nzelibe, *The Case Against Reforming the WTO's Enforcement Mechanism*, April 2, 2007, p. 10.

临着可操作性难题,因为补偿最终取决于被诉方的意志。在此种背景下,增强补偿可操作性的各种建议被提了出来。

(六)程序性改革为主,实体性改革为辅原则

如前所述,激进的改革建议(例如引入追溯性救济)目前很难获得 WTO 各成员的认可。另一方面,DSU 改革也必须秉承 GATT/WTO 体制的通常做法。这些因素都要求,DSU 改革应以程序性改革为主。《2007 年世界贸易报告》认为,过去六十年见证了 GATT/WTO 争端解决的显著发展。缔约方/成员已经成功增强了法治,同时又保留了多边贸易体制的政府间性质,特别是在执行领域。对贸易学者们各种不同建议的分析表明,可以在便利争端解决机制使用和澄清其程序的技术层面进行额外改进,甚至也可能进一步增强争端解决机制以更为及时和有效的方式解决争端的能力,但并不必然要求对现有争端解决机制规则作出剧烈的或者根本性的改变。① GATT 争端解决机制的改革基本上是程序性质的,很少涉及实体问题。实际上,相比 GATT 争端解决机制,WTO 争端解决机制在实体问题上还存在着某种程度的倒退。例如通过在 DSU 中引入第 19 条就大大限制了专家组在反倾销或反补贴领域发布撤销建议或追溯性救济的权利。以此标准来衡量,引入金融补偿、集体报复或可交易报复等制度都需要慎重考虑。总体上看,"2003 年主席案文"只对现有 DSU 体制作了许多程序性改进,实体性质的改革非常少见。但是,墨西哥早些时候提出了一些实体改革建议引起了学界的广泛讨论,例如集体报复、可交易报复、追

---

① WTO, *World Trade Report 2007: Six decades of multilateral trade cooperation: What have we learnt?* p.288.

溯性补偿或报复等建议。① 值得注意的是,"2008 年主席案文"引入了集体报复和第三方报复制度。

二、WTO 争端解决裁决执行机制的改革方向

(一)加强 DSB 监督

声誉是促使国家遵守国际法的重要因素之一。因此,可以通过增加被诉方违反行为的声誉损失来促进遵守。增加声誉成本可以利用透明度机制,DSB 对被诉方实施状况的持续性监督起到了这方面的作用。违反方越是没有理由维持违反措施,其面临的撤销压力就越大。要求违反方在实施状况报告中充分说明不实施的理由能够有效促进 DSB 建议和裁决的遵守。

(二)便利更多使用补偿

WTO 补偿与报复相比具有无可比拟的优势,但目前很少被使用。因此,如何改革现有补偿机制以促进补偿的更多采用成为改进现有 DSB 建议和裁决遵守机制的一个重要方向。

(三)改善报复机制

WTO 报复制度颇受人们诟病,各种改革建议繁多。然而,如何改革报复制度争议很大。集体报复、第三方报复或可交易报复权等激进改革建议似乎并不足取,但改善现有报复机制是可行的。

(四)增强 DSB 建议和裁决以及其他报告或裁决的说服力和合法性

根据国际法遵守的合法性理论,如果各国政府及其国民认为专家组和上诉机构报告更具有合法性,那么将有助于被诉方遵守 DSB 建议和裁决。因此,增进 DSB 建议和裁决遵守的途径之一是

---

① See,TN/DS/W/23 and TN/DS/W/40.

提高专家组或上诉机构裁决的质量,增强它们的说服力和合法性。更具说服力和合法性的合理期限裁决、遵守复审专家组和上诉机构报告、报复裁决以及其他裁决也有助于改善 DSB 建议和裁决的实施。为此目的,WTO 争端解决裁决执行机制必须能够保证仲裁员、第 21. 5 条专家组、上诉机构和仲裁小组等具有足够的时间审理案件,以得出高质量的报告或裁决。DSU 改革的重要方面就是进一步保证第 21. 3 条仲裁员和第 22. 6 条仲裁小组的审理时间。

(五)增强 DSB 建议和裁决的约束性和具体性

更具约束性和具体性的国际法律义务可以成为政府应对国内利益集团压力的有效工具。国际法以及 WTO 争端解决机制最重要的功能之一是使国内决策者运用有约束力的国际规则和判决说服并控制国内利益集团。这一功能不仅对于美国法律体制至关重要,并且对于 WTO 争端解决机制的未来也十分重要。使国际法更为有效的一种途径是使国际规则更具约束力、更为具体。建议和报复越有约束力、越具体,执行机制就越有效。由于存在强制性的国际争端解决机制和可信的报复威胁,WTO 争端中的被诉方就能够以更为有效和法律上更有约束力的方式克服不遵守的国内压力。① 从这一视角出发,为了促进遵守,应当鼓励专家组和上诉机构更多使用提议权。

---

① See, Won-Mog Choi, *To Comply or Not to Comply? —Non-implementation Problems in the WTO Dispute Settlement System*, Vol. 41, No. 5, JWT, 2007, p. 1063.

第二章　WTO 合理期限制度

　　DSB 通过专家组和上诉机构报告以后,被诉方应当立即实施 DSB 建议和裁决。如果立即实施不可行,则被诉方可拥有一合理实施期限,被诉方在该合理期限内必须实施 DSB 建议和裁决。该期限自专家组和/或上诉机构报告通过后开始计算,开启了第二轮报告(遵守专家组报告、报复仲裁报告等)的大门。合理期限制度在 WTO 争端解决执行程序中具有重要意义。

第一节　合理期限制度的基本问题

　　本节研究合理期限制度的几个基本问题。研究表明,合理期限是被诉方享有的一项重要实体权利,其性质是被诉方不承担任何法律后果的免费宽限期。合理期限制度的运作应当促进被诉方迅速遵守 DSB 建议和裁决,同时也必须考虑到发展中国家的特殊利益和需要。合理期限制度具有重要法律价值和现实意义。

一、合理期限的概念和特征

　　合理期限又称为遵守期限或(合理)实施期限,是指根据 DSU 或其他 WTO 涵盖协定条款确定的被诉方实施 DSB 建议和裁决的期限。合理期限的起点是 DSB 通过专家组或上诉机构报告之日。

合理期限可以采取固定期限(例如 6 个月)形式,也可以采取特定到期日(例如每年国会闭会之日)形式。合理期限具有以下两个基本特征:

(一)合理期限的确定方式多种多样

根据 DSU 第 21 条第 3 款,一般性案件①中合理期限的确定方式有三种:(1)被诉方提出并被 DSB 批准的期限;(2)争端方在 DSB 建议和裁决通过之后 45 天内达成的期限;(3)在争端方未能就合理期限达成一致的情况下,由第 21.3(c)条仲裁员在 DSB 建议和裁决通过之后 90 天内确定的期限。②

从第 21.3 条的条文来看,除该款明确列举的确定合理期限的三种方法外,似乎并不存在其他确定方法。但是,根据 DSU 第 19.1 条第二句规定的专家组在实施方面享有的提议权,专家组似乎可以作出关于合理期限的提议。在"印度进口限制案"中,专家组提议,应当授予印度一合理期限,以消除不能根据第 18 条(B)项获得正当性的进口限制。专家组在考虑了有关因素后提议,本案"合理期限"可以超过 15 个月。专家组进一步提议,争端方应当谈判一项实施 DSB 建议或者逐阶段消除不符措施的期限。如果他们不能这样做,专家组提议,无论是通过第 21.3(c)条仲裁,还是通过其他方式,合理期限应当根据其列举的因素予以确定。但专家组最终并未确定一项具体的合理期限。③

在禁止性补贴案中,被诉方也可拥有一合理实施期限,但该

---

① 在本章中,"一般性案件"是指补贴案件之外的所有其他 WTO 案件。一般性案件中的合理期限问题适用 DSU 规则;对于补贴案件,SCM 协定规定了特殊规则,得优先适用,同时可以补充适用 DSU 规则。

② 参见 DSU 第 21 条第 3 款。

③ See, Panel Report on *India—Imports Restrictions*, paras. 7.5–7.7.

期限是由专家组确定的,作为其建议的一部分。① 与产生合理期限的一般性案件不同,被诉方在禁止性补贴案件中除了撤销补贴没有任何选择,因此在这种情况下应由专家组列明实施期限,即使这一建议需要 DSB 批准专家组报告才能获得法律效力。②

在可诉补贴和不可诉补贴案件中,合理实施期限是法定的。SCM 协定第 7.9 条要求被诉方在 DSB 通过专家组或上诉机构报告后 6 个月内"采取适当步骤消除可诉补贴的不利影响"或者撤销补贴。SCM 协定第 9.4 条规定,如果补贴与反补贴措施委员会的建议在 6 个月内未得到遵守,那么委员会可以授权提出请求的成员采取与确定的不利影响的程度和性质相当的反措施。

(二)合理期限可延长,具有一定的灵活性

已经确定的合理期限具有法律约束力,约束争端双方。但合理期限并非具有绝对的约束力,实践中允许当事方协商一致后延长期限。在"加拿大奶制品案"中,争端方同意修改他们根据 DSU 第 21.3(b)条达成的协议,以使合理期限从 2000 年 12 月 31 日延长到 2001 年 1 月 31 日。在"美国外国销售公司案"中,DSB 同意美国的请求,将期限从 2000 年 10 月 1 日推后到 2000 年 11 月 1 日。在"美国版权法案"和"美国 1916 年法案"中,DSB 于 2001 年 7 月 24 日同意,合理期限可以修改,以使其于 2001 年 12 月 31 日到期或者到美国国会的目前会议闭会之日,以较早者为准。在"美国伯德修正案"中,其中三个投诉方(泰国、澳大利亚、印度尼

---

① SCM 协定第 4.7 条规定:如果裁定相关措施是禁止性补贴,则专家组应建议补贴成员立即撤销该补贴。在这方面,专家组应在其建议中列明必须撤销该措施的期限。

② Pierre Monnier, *The Time to Comply with an Adverse WTO Ruling: Promptness within Reason*, Vol. 35, No. 5, JWT, 2001, p. 829.

西亚)与美国达成协议,同意合理期限的截止日期从 2003 年 12 月 27 日延长到 2004 年 12 月 27 日(延长一年),这三个投诉方最终与美国达成了谅解。

二、合理期限的性质

(一)设置合理期限制度是基于现实考虑

由于 WTO 体制中不存在追溯性救济,被诉方在 DSB 通过专家组或上诉机构报告后的立即遵守就显得特别重要。但 DSU 允许被诉方拥有一合理实施期限,这主要是基于被诉方无法立即实施 DSB 建议和裁决的现实考虑。WTO 中的被诉措施可以分为两类:国内立法和行政措施。因此,被诉方为了实施 DSB 建议和裁决通常需要修改或撤销相关立法或行政措施。但是,无论是国内立法还是行政措施,修改或撤销它们都需要经过许多程序。对于立法制定或修改而言,通常要经历提案、讨论、修改后再讨论、通过等程序。更为重要的是,重要立法一般应在国会或议会每年开会时讨论并通过。这都需要很长时间。行政措施的撤销或修改稍微容易一些,但也需要经历一定程序。① 合理期限制度的积极作用在于,它向被诉方提供了实施 DSB 建议和裁决的缓冲时间,客观上起到了一定程度的安全阀作用。

(二)合理期限制度的基本假设是国家善意行为

从法律角度看,合理期限内持续存在的被诉方措施仍是违反措施。那么对于该违反措施及其后果该如何处理呢? 很明显,秉承 GATT/WTO 体制不赔偿过去损害的一贯做法,不应要求被诉方对其

---

① 值得注意的是,在有些国家是行政措施的措施在另一些国家需要经历立法程序。

违反措施在合理期限内造成的损害进行赔偿。那么,对于合理期限内的违反措施能否采取报复措施? 从操作层面上看,报复总额的计算中应否包括合理期限内投诉方蒙受的利益丧失或减损数额?

从 WTO 当前实践来看,第 22.6 条仲裁小组都未考虑投诉方在合理期限内蒙受的利益丧失或减损。施瓦茨和塞克斯注意到这一情况,认为现行贸易制裁是前瞻性的,仅仅合理期限结束后的行为才会受到贸易制裁。他们主张,应当推定国家善意行为。因此,尽管合理期限内的行为是国际不当行为,但却并不是恶意行为,不应受到制裁。合理期限结束后仍然维持违反措施的行为就显属恶意了,应当受到制裁。① 在"欧共体荷尔蒙案"中,仲裁小组认为,"作为主权实体的 WTO 各成员应被推定为以与它们的 WTO 义务相符的方式行事。主张一成员行为与 WTO 规则不一致的一方承当证明该不一致性的责任。"②国家善意行为假设可以有效解释被诉方为什么不对其合理期限内的行为负责。由于合理期限内的国家行为被假定为善意,因此被诉国的初衷仍可假定为不是为了政治利益,合理期限内获得的政治利益可以不被抵消。可能有人主张,如果不抵消合理期限内获得的政治利益,实际上导致了被诉方免费违反,有可能造成拖延。实际上这一担心没有必要,因为只要第 21.3 条仲裁员确定的合理期限是合理的,拖延问题就不会产生;一旦合理期限结束被诉方仍未实施 DSB 建议和裁决,则构成不合法拖延,WTO 报复就可以抵消合理期限结束后违反措施给被

---

① See, Warren F. Schwartz and Alan O. Sykes, *The Economic Structure of Renegotiation and Dispute Resolution in the WTO/GATT System*, Vol. 31, No. 1, Journal of Legal Studies, 2002.

② See, *EC—Hormones(Article 22.6)*, para. 9.

诉方带来的政治利益。真正导致不合法拖延的原因在于 WTO 中没有追溯性救济。

（三）合理期限是被诉方不承担任何法律后果的宽限期

在国内法上，败诉一方通常应在一定期限内主动履行法院判决。如果败诉一方没有及时履行法院判决，胜诉一方可以请求法院强制执行。败诉一方履行法院判决的期限是一种宽限期，但对于宽限期内造成的损失，败诉一方应当承担损害赔偿责任。WTO 中的合理期限与此不同，被诉方无须对其行为在合理期限内造成的损害承担任何责任。因此，合理期限在性质上是一种被诉方不承担任何法律后果的宽限期。

（四）合理期限是一项实体性权利

一种观点认为，合理期限是一项程序性权利，并且发展中国家倾向于不援引特殊和差别待遇条款，WTO 司法机构也不情愿给予这些条款效力。因此，解决发展中国家参与不足问题的 DSU 改革方向不是给予发展中国家更多的特殊和差别待遇，而是要给予他们更多的援助。① 尽管发展中国家享有的程序性特权的合理性有待进一步考查，但是，合理期限不应该被界定为一种程序性权利，相反，它是一种实体性权利。合理期限直接影响了争端各方的实体性权利义务关系。遵守 DSB 建议和裁决不仅意味着实施了建议和裁决本身，更重要的是，它意味着遵守或实施了建议和裁决中包含的实体性权利义务。此外，发展中国家几乎在每一个合理期

---

① See, Frieder Roessler, *Special and Differential Treatment of Developing Countries under the WTO Dispute Settlement System*, in Federico Ortino and Ernst-Ulrich Petersmann (ed.), *The WTO Dispute Settlement System: 1995 - 2003*, Kluwer Law International, 2004, pp. 86-90.

限仲裁案件中都援引了提供"特殊和差别待遇"的 DSU 第 21.2
条,并且仲裁员大都考虑了这一条款。鉴于发展中国家可能遇到
的特殊困难情势,合理期限方面的特殊和差别待遇对于发展中国
家仍然是十分重要的。

(五)"2008 年主席案文"试图改变合理期限的性质

"2003 年主席案文"没有触及合理期限内的违反行为是否需
要担责的问题。"2008 年主席案文"虽然没有规定被诉方需要对
合理期限内其措施造成的投诉方利益丧失或减损承担责任,但其
设计的有关制度表明,被诉方确实需要对合理期限内的违反行为
负责。第 22.7 条在阐述仲裁员的职责时增加了一项:"如果没有
[授予][谈定]任何补偿,或者没有根据谈定的条件授予补偿,经
请求,仲裁员应确定合理期限内蒙受的丧失或减损水平。"第 22.8
条在阐述报复期限时规定:"然而,如果丧失或减损水平包括第 7
款描述的合理期限内蒙受的丧失或减损水平,中止减让或其它义
务仍可继续有效,直到中止的效果等同于合理期限内蒙受的丧失
或减损水平为止。"这两个规定表明,被诉方如果不对合理期限内
投诉方蒙受的丧失或减损提供补偿,则这类丧失或减损水平应计
算在报复水平之中。换言之,对于合理期限内蒙受的丧失或减损,
被诉方需要提供补偿,或者需要对此承受报复。笔者认为,虽然要
求被诉方对合理期限内的违反行为担责可以有效打击拖延实施行
为,但是,此种改革建议惩罚了推定的被诉方的善意行为,与现有
前瞻性救济制度也不协调。

三、合理期限制度的基本原则

(一)促进迅速遵守原则

DSU 第 21.1 条规定,为了所有成员的利益,迅速遵守 DSB 建

议或裁决对于确保争端的有效解决是必要的。第 21.3 条规定了获得合理期限的条件是"如果立即遵守建议和裁决不可行"。SCM 协定第 4.7 条要求补贴成员"毫不迟延地撤销补贴"。因此，合理期限制度的基本原则是立即或迅速遵守。合理期限制度的运行应能有效促进被诉方迅速遵守 DSB 建议和裁决。促进迅速遵守原则提出了两个方面的要求：第一，当 DSB 通过专家组或上诉机构报告后，合理期限制度的运作应能促进被诉方迅速遵守或实施 DSB 建议和裁决，使有关措施与 WTO 协议相符；第二，无论通过何种方式确定的合理期限应当尽可能短。各个仲裁员目前采用的"最短可能期限"（shortest period possible）方法符合迅速遵守原则的要求。

DSU 第 21.1 条要求被诉方迅速遵守 DSB 建议和裁决。迅速遵守要求的一个必然推论是，被诉方应尽可能早地实施 DSB 建议和裁决。因此，在合理期限内，被诉方不合理的拖延是恶意的，将会对被诉方声誉产生负面影响。这一推论还要求，一旦 DSB 通过专家组和/或上诉机构报告，被诉方就应立即着手实施 DSB 建议和裁决，而不是等待第 21.3(c)条仲裁员裁决出合理期限或者以其他方式确定出合理期限之后再作打算。DSU 第 21.3 条的有关规定也确认了这一点。根据规定，被诉方应在专家组报告或上诉机构报告通过后 30 天内召开的 DSB 会议上通知自己实施 DSB 建议和裁决的意向。这意味着被诉方应当及早考虑实施问题并得出有关结论。合理期限制度的运行应能确保被诉方积极迅速地实施 DSB 建议和裁决。然而，面对被诉方在实践中的拖延行为，仲裁员似乎无法给予有效的回应。实践中，被诉方在 DSB 建议和裁决通过后往往没有立即着手实施。如何考虑被诉方在专家组或上诉机构报告通过后消耗掉的时间可能是第 21.3(c)条仲裁员面临的最为棘手的问题之一。如果实施成员在仲裁程序开启之前的时间内没有及时着手实施,仲裁员将陷入困境:一方面,如果以报告通过日作为考虑合理期限的起点,那么被诉方将无法在合理期限内实施 DSB 建议和裁决,因为被诉方已经浪费了一些时间;另一方面,如果以被诉方实际着手实施日作为考虑合理期限的起点,那么将极易导致被诉方的拖延。从 WTO 第 21. 3(c)条仲裁实践来看,如果被诉方在 DSB 建议和裁决通过后不积极着手实施,仲裁员在考虑合理期限的长短时采取了以下两种不同做法。

第一,实用主义或现实主义方法。根据这一方法,仲裁员不应忆及已经采取的实施步骤,只需考虑剩余实施步骤还需多少时间。"加拿大医药专利案"仲裁员隐含采用了这一方法,注意到:"加拿大指明的已经采取的某些行政步骤本应更早完成或者同时完成。考虑到已经发生的情况,仲裁员现在指出加拿大已经指明但仍未完成的额外步骤之一。"①

第二,法律主义方法。根据这一方法,仲裁员应当考虑被诉方没有及时着手实施这一事实。"美国版权法案"仲裁员认为,"实施成员必须使用专家组和/或上诉机构报告通过后的时间着手实施 DSB 建议和裁决。仲裁员将会非常仔细地审查实施成员在专家组和/或上诉机构报告通过后到任何仲裁程序开启前这段时间内采取的实施行动。如果仲裁员感到实施成员在报告通过后并未充分开始实施,以给予'迅速遵守'效力,仲裁员将会在确定'合理期限'时考虑这一点。"②因此,仲裁员要求被诉方尽可能迅速地着手实施 DSB 建议和裁决。在"智利价格固定制度案"中,阿根廷质

---

① See, *Canada—Pharmaceuticals*(*Article 21. 3*), para. 56.

② See, *US—Copyright*(*Article 21. 3*), para. 46.

疑智利的懈怠行为。仲裁员认为,DSB 通过相关专家组和上诉机构报告触发了一成员实施 DSB 建议和裁决的义务。尽管第 21.3 条承认立即实施"不可行"的情势,但实施程序不应通过成员数月的懈怠行为或者不充分行为得以延长。换言之,不论一成员是否能够迅速完成实施,该成员都必须迅速开始并继续有关实施的具体步骤。否则,实施成员的懈怠行为或拖延行为就会恶化不符措施造成的其他成员权利的丧失或减损。正是由于这一原因,第21.3(c)条仲裁裁决自专家组或上诉机构报告通过日开始计算"合理期限"。该案仲裁员也同意"美国版权法案"仲裁员的观点。经过审查,仲裁员认为,本案中智利的立法前准备活动并不一定要于裁决时已经结束,但是,这一阶段本应比实际情况进行的更快。① 但是,仲裁员最后也并未表明是否以及如何考虑了智利的懈怠行为。在"欧共体鸡块案"中,投诉方巴西和泰国主张欧共体在专家组和上诉机构报告通过后未能采取足够的实施步骤。投诉方据此请求仲裁员考虑欧共体的懈怠行为,在仲裁员认为合理的期限中削减一段时间。欧共体承认,DSB 建议和裁决通过后 4 个月来还没有采取任何具体的实施步骤,欧共体仅进行了内部讨论。仲裁员认为,纯粹的讨论不是实施。必须存在某些行动证明一成员正在实施。仲裁员因此同意巴西和泰国的观点,欧共体未能开始实施 DSB 建议和裁决的事实是仲裁员在确定合理期限时应当考虑的一项因素。② 问题在于,仲裁员是否真的考虑了这一因素?仲裁员如何表明自己考虑了这一因素? 由于仲裁员最后总是武断地给出一个合理期限,仲裁员是否考虑了被诉方的懈怠行为不得

① See, *Chile—Price Band System* (*Article 21.3*), paras. 43–45.
② See, *EC—Chicken* (*Article 21.3*), para. 66.

而知。

上述两种方法都无法令人满意。第一种方法原谅了仲裁程序开始前没有做出任何事情的实施成员,将会导致拖延。第二种方法虽然打击了实施成员的拖延动机,但会导致一种实施成员不可能满足的合理期限。笔者认为,两难问题客观存在,并且仲裁员无法妥善解决这类问题。WTO 争端解决机制不能对这类拖延问题做出有效回应的根本原因在于 WTO 体制下缺乏追溯性救济。然而,仍可通过一些程序性改进缓解这一两难问题,例如要求被诉方更早通知实施意图。

(二)特殊和差别待遇原则

合理期限制度的运行还应遵循特殊和差别待遇原则。该原则要求:第一,发达成员在与发展中成员协商确定合理期限时,应该考虑发展中成员的特殊需要并给予相应回应;第二,对于第 21.3 (c)条仲裁员来说,应当考虑发展中成员的特殊需要,并在确定的合理期限中反映这类特殊需要。

DSU 第 21.2 条确立的 DSB 建议和裁决实施与执行方面的特殊和差别待遇原则适用于合理期限问题,并且就目前而言,合理期限问题似乎是其唯一适用领域。从法律适用技术角度看,发展中国家的特殊利益通常被看作是第 21.3(c)条意义上的一种"具体情况"(particular circumstances)。如何在合理期限仲裁中具体适用 DSU 第 21.2 条是一个复杂的法律问题,将在本章第二节进行详细研究。

四、合理期限制度的意义

第一,合理期限制度有助于争端方确定被诉方实施 DSB 建议和裁决的期限。通过预先确定实施期限,可以对被诉方施加遵守压力,而不是任由被诉方无故拖延。特别地,通过第 21. 3(c)条仲裁确定的合理期限带来了合法性因素,可对被诉方及其国内利益集团产生重要影响。

第二,通过合理期限制度确定的合理期限对于 DSU 后续程序具有重要法律影响。合理期限结束之日应是计算补偿数额的时间基点。"美国版权法案"中美国向欧共体支付的金钱即是从合理期限结束之日起开始计算的。投诉方的报复权产生时间明显与合理期限结束相联系,合理期限结束通常意味着投诉方具有了报复的实体权利,第 22. 6 条报复额度的计算应从合理期限结束时开始。但是,被诉方在获得 DSB 授权的报复之前可能需要经历遵守复审程序、补偿谈判程序和报复仲裁程序等等。遵守专家组审查的时间基点也应是合理期限结束之日。例如,"澳大利亚沙丁鱼案"第 21. 5 条专家组选择合理期限结束作为评估"采取来遵守的措施是否在第 21. 5 条意义上存在或者将会存在"的基准。

此外,合理期限也可能对国内法律活动产生一定影响。例如,在损害赔偿诉讼背景下,ECJ 总法律顾问①艾尔伯主张,合理期限结束后可以根据 DSB 建议和裁决在欧共体法院提起损害赔偿

---

①　里斯本条约生效后,欧盟法院(the Court of Justice of the European Union)包括三大组成部分:欧洲法院(the Court of Justice,也就是 ECJ),普通法院(General Court,1988 年设立,也就是以前的初审法院 CFI)和公务员法庭(Civil Service Tribunal,2004 年设立)。欧盟法院的主要任务是审查欧盟措施的合法性,保证欧盟法的统一解释和适用。

欧盟法院体制的一个独特之处就是设置了 ECJ 总法律顾问(Advocate General)制度。ECJ 目前配有 8 名总法律顾问。总法律顾问协助 ECJ 工作,具有完全的公正性和独立性,在指派给他们的案件中负责提出"法律意见"。ECJ 在一个案件中指定一名总法律顾问提出法律意见。普通法院并没有常设的总法律顾问,在例外情况下,可由一名法官履行那一职责。

诉讼。

第二节　合理期限仲裁中的若干法律问题

第 21.3(c)条仲裁是确定合理期限的重要手段之一。本节主要依据 WTO 合理期限仲裁实践探讨合理期限仲裁中的若干法律问题。总体而言,由上诉机构担任仲裁员的第 21.3(c)条仲裁产生了比较一致的确定合理期限的判例法,但有关判例法仍在发展之中。

一、合理期限确定的范式转变:从"15 个月指南"到"迅速遵守"

DSU 第 21.3(c)条规定了仲裁员确定合理期限长短时的指南:"仲裁人的指导方针应是,实施专家组或上诉机构建议的合理期限自专家组或上诉机构报告通过之日起不应超过 15 个月。然而,该期限可视具体情况延长或缩短。"早期案件的仲裁员将该款解释为"指南",但后来则解释为最长期限的外部限制。相应地,仲裁员确定合理期限长短的范式发生了巨大转变:即以"15 个月指南"为基准转向了以"迅速遵守"为基准。这一转变的一个重大后果是举证责任分配发生了显著改变。

在合理期限仲裁的早期实践中,仲裁员强调"15 个月指南"的作用。"欧共体荷尔蒙案"仲裁员指出,第 21.3(c)条用语的通常含义表明,15 个月是仲裁员的指南,而不是一项规则。在一般性案件中,15 个月指南是一外部限制或者最长期限。然而,合理期限可视具体情况延长或缩短。某些其他案件的仲裁员也坚持 15 个月指南观念,强调合理期限可以长于 15 个月。例如,"智利酒类税案"仲裁员认为,第 21.3(c)条所规定的是一项"指南",而不是固定的命令。第 21.3(c)条明显预想了逐案方法,授权考虑特定案件的"具体情况",后者可能表明较长或较短期限的正当性。"印度数量限制案"专家组以类似方式分析了 15 个月指南,提议合理期限可以长于 15 个月。

然而,绝大多数仲裁员坚持认为,15 个月是最长期限,因为第 21.3(c)条的上下文强调,立即遵守才应是基准。"加拿大专利期限案"仲裁员认为,第 21.3(c)条并不意味着,仲裁员有义务在所有案件中都授予 15 个月合理期限。第 21.3(c)条明确规定,合理期限可视具体情况延长或缩短。第 21.3(c)条的上下文可以说明该款的含义。上下文包括第 21.3 条的导语"如果立即遵守不可行"、第 21.1 条中的"迅速遵守"要求、第 3.3 条中的"迅速解决争端情势"等。因此,DSU 明确强调"迅速"遵守的重要性。

从获得合理期限的条件①、DSU 对迅速遵守或迅速解决争端的强调来看,迅速或立即遵守是确定合理期限的基准,而不是 15 个月指南。15 个月指南已逐渐转变为零拖延基准。实践也表明,15 个月日益成为一项外部限制。截至目前,除"欧共体荷尔蒙案"仲裁员裁决了长于 15 个月的合理期限外,其余仲裁员裁决的合理期限都短于 15 个月。此外,数据统计表明,争端方根据第 21.3

----

① 被诉方获得合理期限的条件是立即遵守 DSB 建议和裁决不可行。"美国伯德修正案"仲裁员认为,DSU 第 21.3 条"清楚表明,'迅速遵守'原则上意味着'立即'遵守。仲裁员据此推断,"实施成员并不是无条件地可以利用合理实施期限。相反,根据第 21.3 条,只有当立即遵守 DSB 建议和裁决不可行时,实施成员才有权获得合理实施期限。"See, *US—Byrd Amendment*(*Article 21.3*),para.40.

(b)条达成的协议正在倾向于与"立即遵守"范式一致。[1]

二、合理期限仲裁中的举证责任分配

关于合理期限仲裁中的举证责任分配问题,相关案例法经历了一个发展过程,并且有了很大改变。

最初,投诉方被假定为需要表明"具体情况",以证明短于 15 个月期限的正当性;由被诉方表明"具体情况",以证明 15 个月期限或更长期限的正当性。例如,"欧共体荷尔蒙案"仲裁员认为,举证责任由主张短于或长于第 21.3(c)条中规定的 15 个月期限的一方承担。

然而,在"加拿大医药专利案"中,仲裁员巴库斯先生反驳了上述理论,认为"立即遵守是第 21.3 条明显偏爱的选择,应由实施成员承担举证责任,表明(如果立即遵守不可行)任何拟议的实施期限的长短(包括其建议的实施步骤)构成了'合理期限'。拟议的实施期限越长,这一举证责任就越大。"[2]

后案仲裁员遵循了由实施成员承担举证责任的判例法。"美国 1916 年法案"仲裁员贾尼申引用了巴库斯的这段话后认为,"本案当事方并未质疑'立即'实施是'不可行的'。我因此认为,美国承担举证责任,表明它在本案中所建议的 15 个月期限是其立法体制内实施 DSU 建议和裁决的'最短可能期限'。"[3]在"欧共体关税优惠案"第 21.3(c)条仲裁中,印度主张本案实施成员欧共体承担证明其建议的期限是合理的这一责任,并且,如果该期限长于

---

[1]　See, Pierre Monnier, *The Time to Comply with an Adverse WTO Ruling*: *Promptness within Reason*, Vol. 35, No. 5, JWT, 2001, pp. 829–830.

[2]　See, *Canada—Pharmaceuticals(Article 21.3)*, para. 47.

[3]　See, *US—1916 Act(Article 21.3)*, paras. 32–33.

15 个月,"已经很重的责任甚至变得更重"。该案仲裁员洛克哈特认为,欧共体必须证明其建议的期限是合理的,但在本仲裁中没有必要确定,如果拟议期限超过 15 个月,举证责任是否变得更重。① 在"美国赌博案"第 21.3(c)条仲裁中,争端双方都同意,应由作为实施成员的美国承担责任,证明其拟议的实施期限是一"合理期限"。该案仲裁员艾勒曼同意以下原则:当实施成员寻求合理实施期限时,由该成员承当证明其建议合理性的责任是适当的。②

综上分析,在合理期限仲裁中,应由实施成员承担举证责任,证明其提出的实施期限是合理的。这一举证责任分配基于被诉方获得合理期限的先决条件"如果立法遵守不可行"。孟尼耶认为,由实施成员承担举证责任的判例法表明,"立即遵守"概念逐渐取代了"15 个月指南"范式。③ 然而,关于被诉方拟议的实施期限越长是否意味着越重的举证责任,各案仲裁员并无一致意见。笔者主张适用通常的证明责任标准即可。

另一方面,如果实施成员未能证明拟议期限是其国内法律体制内实施 DSB 建议和裁决的"最短可能期限",则应由仲裁员根据所有争端方提供的证据确定"合理期限"。④

三、第 21.3(c)条仲裁员确定合理期限长短的方法

合理期限仲裁程序中的仲裁人均由一名现任或离任上诉

---

① See, *EC—Tariff Preferences*(*Article 21. 3*), para. 27.

② See, *US—Gambling*(*Article 21. 3*), para. 31.

③ Pierre Monnier, *The Time to Comply with an Adverse WTO Ruling*:*Promptness within Reason*, Vol. 35, No. 5, JWT, 2001, p. 835.

④ See, *US—Final Anti-dumping Measures on Stainless Steel from Mexico* (*Article 21. 3*), para.

机构成员担任,称为仲裁员。这些仲裁员现已作出了25个合理期限仲裁裁决,形成了关于合理期限长短确定的比较成熟的做法。大多数关于合理期限长短确定的判例法具有连贯性,但也有少数判例法经历了变革或者正在发展形成之中。

(一)合理期限仲裁中的"合理期限"定义及其基本要求

绝大多数案件的仲裁员认为,合理期限可被理解为,"考虑到争端的具体情况,被诉方法律体制内实施 DSB 建议和裁决的最短可能期限"。然而,"美国赌博案"仲裁员艾勒曼似乎对"最短可能期限"方法提出了质疑。他认为,DSU 并未提到实施成员"国内法律体制内的最短可能实施期限"。相反,该词是过去的仲裁员为描述自己的任务而使用的便利用语。但是,仲裁员并不认为该标准应与 DSU 文本隔离开来,相反,关于"最短可能实施期限"的裁决能够并且也必须适当考虑 DSU 第21条明确提到的两大原则:合理性和迅速遵守需要。此外,仲裁员也必须考虑与争端有关的"具体情况"。艾勒曼认为,严格坚持"最短可能期限"方法将会束缚仲裁员的手脚,阻止仲裁员恰当指明并权衡对每一个案件的"合理性"具有决定性影响的具体情况。①

笔者认为,合理期限应当反映 DSU 对被诉方实施 DSB 建议和裁决的两大基本要求:迅速性与合理性。迅速性要求被诉方尽可能快地实施 DSB 建议和裁决,也就是利用其国内法律体制内的一切灵活性最快地实现遵守,是为"最短可能期限"。合理性则要求

---

① See, *US—Gambling(Article 21. 3)* , para. 44.

考虑每个案件的具体情况,寻求具体案件背景下的合理实施期限。① 首先,仲裁员必须在被诉方国内法律体制框架下合理地确定"最短可能期限"。其次,仲裁员在确定合理期限时可能还需要考虑被诉方国内法律体制之外的因素,例如被诉发展中国家的特殊和差别待遇问题。最后,仲裁员有时甚至在根据被诉方国内法律体制确定最终"合理期限"时就需要考虑法律体制之外的因素,例如考虑并给予投诉发展中国家特殊和差别待遇。"合理期限"与"最短可能期限"不能等同起来。例如,在根据被诉方国内法律体制确定"最短可能期限"后,考虑到被诉发展中国家的特殊利益,仲裁员可以给予一段额外时间作为最终的"合理期限",正如"印度尼西亚汽车案"仲裁员所做的那样。

　　由于合理期限仲裁中的特殊和差别待遇问题将在下文专门讨论,这里只讨论仲裁员如何合理地确定"最短可能期限"。

　　对于国内法律体制所要求的实施 DSB 建议和裁决的强制性步骤,仲裁员应当且必须给予尊重。然而,对于国内法律体制未作要求或者政府享有裁量权的实施 DSB 建议和裁决的步骤,基于"最短可能期限"观念,仲裁员均要求实施成员利用其国内法律体

---

　　①　在"美国热轧钢反倾销案"中,上诉机构解释了《反倾销协定》第6.8条中的"合理期限"(reasonable period)用语和该协定附件 II 中的"合理时限"(reasonable time)用语。上诉机构认为:"合理的"一词意味着某种程度的灵活性,涉及考虑特定案件的所有情势。一情势下"合理的"东西在不同情势下可能不太"合理"。这表明,什么构成了《反倾销协定》第6.8条和附件 II 中的合理期限或合理时限应在个案基础上根据每一调查的具体情势进行定义。总之,"合理期限"必须与内生于"合理性"概念的灵活性和平衡观念一起解释,解释方式应允许考虑每一案件的特殊情势。相同案件的第 21.3(c)条仲裁员认为,上诉机构关于"合理性"的本质的陈述对于第 21.3(c)条仲裁员同样相关。See, US—Hot-Rolled Steel(Article 21.3), paras. 25-26.

制内一切可以利用的灵活性尽快实施 DSB 建议和裁决。然而，WTO 合理期限仲裁实践也逐步确立了充分利用灵活性原则的特别程序例外和标准做法例外。

1. 充分利用灵活性原则的确立及其理论基础

在"加拿大汽车案"合理期限仲裁中，仲裁员在审查了加拿大关于"合理期限"的主张认为，法律或规章并未规定加拿大建议的实施本案 DSB 建议和裁决的某些步骤。相反，这些步骤都是加拿大政府的估计。实施本案 DSB 建议和裁决所花的实际时间取决于加拿大政府的裁量权，加拿大在这方面享有相当大的灵活性。仲裁员忆及 DSU 第 21.1 条规定的指南，"为了确保符合所有成员利益的争端有效解决，迅速遵守 DSB 建议和裁决是必要的"。因此，加拿大政府有义务使用自己的裁量权来确保对相关 DSB 建议的遵守是"迅速的"。① 该案表明，实施成员有义务利用自己享有的裁量权来确保迅速遵守。

充分利用灵活性原则的法律基础是 DSU 第 21.2 条中的"迅速遵守"要求以及第 21.3 条关于获得合理期限的条件的规定。充分利用灵活性原则的现实基础是 WTO 各成员政府在实施 DSB 建议和裁决所享有的裁量权。因此，国内法律体制内实施 DSB 建议和裁决所需步骤的强制性要求与非强制性要求之区别相当重要。如果是法定的强制性要求，则实施成员不享有灵活性，因此谈不上利用灵活性的问题。只有在非强制性要求的情况下，实施成员才享有可以利用的灵活性，才具备了适用该原则及其例外的前提。

2. 充分利用灵活性原则的特别程序例外和标准做法例外

WTO 合理期限仲裁实践确立了充分利用灵活性原则的两项

---

① See, *Canada—Autos*(*Article21. 3*), para. 47.

重要例外:特别程序例外和标准做法例外。

(1)特别程序例外

许多仲裁员承认,尽管实施成员应当利用自己法律体制内可以利用的所有灵活性来迅速实现遵守,但该灵活性并不要求实施成员利用特别程序。早在"韩国酒类税案"中,仲裁员就讨论了特别程序问题。该案仲裁员认为,尽管合理期限应当是一成员在其法律体制内实施 DSB 建议和裁决的最短可能期限,但这并不要求该成员在每一案件中利用特别立法程序,而不是使用通常的立法程序。该案仲裁员审查后认为,韩国遵循自己的通常立法程序是合理的。① 后案仲裁员基本遵循了这一案例法。"美国版权法案"仲裁员认为,"实施成员法律体制内的最短可能期限"通常是指"通常立法程序",并不要求实施成员在每一案件中利用"特别立法程序"。② "智利价格固定制度案"仲裁员认为,期望或假定智利在实施修改了价格固定制度的立法时将一定会充分利用特别"紧急程序"提供的"灵活性"是不合理的。③ "美国伯德修正案"仲裁员认为,法律并未要求或确定美国立法程序的组成步骤及其期限,因此可以期望美国国会利用所有可以利用的灵活性来加速 DSB 建议和裁决的实施。但是,忆及实施成员原则上应当利用"通常"立法程序、不应被要求在每一案件中利用"特别立法程序"是重要的。根据这一原则,仲裁员确认自己在本案中不会建议美国利用特别立法程序。此外,仲裁员也接受美国的解释,实践中通常要求这些立法步骤且这些立法步骤耗时,并且,完全由美国国会

① See, *Korea—Beverages*(*Article 21. 3*), para. 42.

② See, *US—Copyright*(*Article21. 3*), para. 32.

③ See, *Chile—Price Band System*(*Article 21. 3*), para. 51.

控制整个立法程序。① "欧共体关税优惠案"仲裁员同意以前仲裁员的观点:实施成员未被要求在每一案件中采用"特别立法程序"。② 在"欧共体糖类案"中,欧共体主张,一成员应当利用其法律体制内可以利用的所有灵活性这一要求不应被解释意味着,实施成员应被要求"利用特别程序而不是通常程序"。③ 该案仲裁员同意以前仲裁员的观点:实施成员未被要求在每一案件中采用"特别立法程序"。④ "欧共体鸡块案"仲裁员忆及,合理期限决定应当以实施成员法律体制内的最短可能期限为基础,实施成员被期望利用其法律体制内的所有灵活性努力履行 WTO 义务。但是,此种灵活性并不需要包括诉诸"特别"程序。⑤ 在"日本DRAMS 反补贴案"中,争端方要求仲裁员受到"欧共体鸡块案"仲裁裁决所确立原则的指导。仲裁员忆及的一项原则是:实施成员应当利用自己法律体制内所有可以利用的灵活性来努力履行WTO 义务。但是,此种灵活性并不需要包括诉诸"特别"程序。⑥仲裁员接受日本的主张:根据前述《海关关税法》条款进行的一项调查构成了修改已被 DSB 裁定为与 SCM 协定不符的原反补贴税命令的唯一方法,同时不需要诉诸"特别"方式。无论如何,不应期望日本为了实施而这样做。⑦

　　适用特别程序例外的重要前提是如何界定"普通程序"与"特别程序"。在"智利价格固定制度案"中,阿根廷认为智利宪法中

---

① See, *US—Byrd*(*Article 21. 3*), para. 74.

② See, *EC—Preference*(*Article 21. 3*), para. 42.

③ See, *EC—Sugar*(*Article 21. 3*), para. 64.

④ See, *EC—Sugar*(*Article 21. 3*), para. 79.

⑤ See, *EC—Chicken*(*Article 21. 3*), para. 49.

⑥ See, *Japan—DRAMS CVDs*(*Article 21. 3*), para. 25.

⑦ See, *Japan—DRAMS CVDs*(*Article 21. 3*), para. 41.

规定的"紧急程序"是应该期望智利在本案中诉诸的"灵活性",并因此更为迅速地实现遵守。争端双方同意,智利宪法第71条授权总统在国会面前定义"通过一项法案的紧急性"。总统定义程序规定于第18.918号法律。"紧急程序"允许(但不要求)总统在立法程序的每一阶段将一项法案指明为"紧急"、"非常紧急"或者"应当立即讨论"。据此,"紧急程序"寻求将在该阶段进行考虑的时间降低为30天、10天和3天。尽管存在总统的指示,国会两院都可以拒绝总统更迅速考虑法案的请求,并回转至不受限制的分析法案的时间。如果总统的指示被国会特别议会(particular house)接受,该阶段对法案的审查将会受到这些时限约束,这与一般性适用于立法程序每一阶段的缺乏时间限制形成了鲜明对比。因此,智利法律将"紧急程序"构想为立法审查的加速手段,有别于典型程序。① 因此,根据仲裁员对智利"紧急程序"的描述,若要实现立法审查的加速,总统和国会都必须行使裁量权。问题在于,总统定义程序是"特别程序"还是"普通程序"呢? 阿根廷主张,尽管智利宪法将"紧急程序"作为一项"紧急"措施,但总统指明一项法案为"紧急"的程序根据智利法律事实上是总统"常常"可以诉诸的"标准程序"。阿根廷提出了一系列证据支持自己的主张,但没有获得仲裁员的认可。② 因此,对于智利"紧急程序"中的总统定义程序,仲裁员没有接受阿根廷的"典型程序"定性。

在拒绝了阿根廷关于总体定义程序的"典型程序"定性后,仲裁员讨论了智利动用"紧急程序"的问题。仲裁员一方面认为,根据本案事实,需要对修改价格固定制度的任何拟议实施措施进行

---

① See, *Chile—Price Band System* (*Article 21.3*), para. 49.
② See, *Chile—Price Band System* (*Article 21.3*), para. 50.

彻底讨论。因此,仲裁员期望智利总统必然寻求在适当立法机构加速审查该措施是不正确的,期望或假定智利必然会充分利用特别"紧急程序"提供的"灵活性"也是不合理的。①另一方面,仲裁员又认为,智利相关法律(也就是宪法和第 18.918 号法律)似乎使智利在建议修改价格固定制度的法律时能够诉诸这一"特别"立法程序。由于本案专家组和上诉机构报告通过后已经过了相当长的时间,并且截至目前对 DSB 建议和裁决的实施依然没有进展,智利自己可能决定在立法程序的某些阶段诉诸"紧急程序"。智利承认,自己必须针对其他 WTO 成员善意实施这些建议和裁决。因此,智利在本实施程序中必须尽可能合理地加速行为。这可能需要智利援引自己的"紧急程序"。智利也可能不需要这么做。根据本案事实和证据,仲裁员相信,智利是否以及在什么阶段利用"紧急程序"是一个应由智利自己作出决定的问题。但是,无论智利怎么做,智利必须迅速实施 DSB 建议和裁决。② 因此,虽然仲裁员认定"紧急程序"是"特别程序",但鉴于本案事实,仲裁员似乎又期望智利动用"紧急程序"。无论如何,是否动用"紧急程序"应由实施成员自己决定。

从本案来看,仲裁员似乎简单接受 WTO 成员国内立法对于有关程序的定性(即"特别"还是"普通"程序)。因此,仲裁员十分尊重成员的国内立法安排。另一方面,仲裁员又十分期望实施成员动用特别程序,以实现迅速遵守。

(2)标准做法例外

对于国内法律体制未作规定的实施步骤,充分利用灵活性原

---

① See, *Chile—Price Band System* (Article 21. 3), paras. 50–51.

② See, *Chile—Price Band System* (Article 21. 3), para. 52.

则可能会要求实施成员不得采取。但 WTO 合理期限仲裁实践表明,如果有关 WTO 成员对于国内法律体制未作规定的事项形成了标准做法,则该成员仍可维持该标准做法,无须消除或者简化标准做法以缩短实施 DSB 建议和裁决的合理期限。标准做法例外的适用为各国法律中未作强制要求的立法前磋商阶段所需时间提供了正当性。

"智利价格固定制度案"仲裁员认为,智利法律中缺乏关于进行立法前磋商的法律要求并不足以导致在第 21.3(c)条仲裁中不予考虑这类磋商的相关性。正如其他仲裁员注意到和智利所强调的,磋商阶段对于夯实拟议法律经由立法程序被通过的基础是重要的。① 尽管不是法律的强制性要求,与政府机构以及社会的受影响部门进行磋商在当代政体中通常是与立法相伴随的,确定实施的"合理期限"时应当考虑这类磋商。② 由于该案中的标准做法似乎不言自明,无须被诉方智利加以证明。

"欧共体关税优惠案"仲裁员认为,国内或其他法律体制通常遵循法律文件并未明确要求的程序性惯例。仲裁员裁定,理事会在通过与欧共体 GSP 计划有关的绝大多数规章时咨询了欧洲议会和联合国经社理事会的观点。欧共体也证明,在本实施程序中未能咨询这类观点的后果将会是欧共体法院应当决定的事项。仲裁员认为,通过相关规章而不咨询欧洲议会和联合国经社理事会的观点将会是一种"特别"程序。仲裁员同意以前仲裁员的观点:实施成员未被要求在每一案件中采用"特别立法程序"。仲裁员

---

① "智利酒类税案"仲裁员注意到,立法前阶段是一个"重要阶段,如果立法努力的成功十分重要的话"。See, *Chile—Alcoholic(Article 21.3)*, para. 43.

② See, *Chile—Price Band System(Article 21.3)*, para. 42.

认为,确定合理实施期限时应当包括咨询欧洲议会和联合国经社理事会的观点。① 从本案来看,欧共体似乎有义务证明,欧洲理事会通过相关规章通常需要咨询欧洲议会和联合国经社理事会的观点。

在"欧共体鸡块案"中,仲裁员注意到,当通过一项委员会规章时,欧共体法并未强制要求欧共体指明的所有行动。在某些情况下,这可能表明,法律并未强制要求的这些行动在仲裁员确定合理期限时应该给予较低的权重。然而,在其他情况下,法律并未强制要求某一项行动的事实并不意味着该行动对于仲裁员的确定是不相关的。在这方面,仲裁员特别注意到,法律并未强制要求的某些程序和时限依据欧共体已经用相关证据证明的标准做法。毫无疑问,尽管 WTO 各成员通常想要确保通过在自己的法律体制内尽可能快地实施 WTO 不利裁决来充分遵守自己的所有 WTO 义务,但这些体制内的标准做法通常就足够了。② 本案再次表明,欧共体有义务证明相关程序和时限构成了标准做法。

"哥伦比亚入港案"仲裁员似乎承认更为广泛的标准做法例外,延伸到磋商之前的阶段。在该案中,哥伦比亚建议的实施计划包括正式提出立法建议前的先期评估阶段以及与相关政府机构的磋商。为此,哥伦比亚设立了机构间工作组,以评估如何实施 DSB 建议和裁决。仲裁员认为,该行动不仅仅是巴拿马所主张的纯粹"内部讨论",因为它确立了负责建议和协调实施行动行政计划的制度框架。正如以前的仲裁员所注意到的,"与政府机构磋商在当代政体中通常是与决策相伴随的"。因此,仲裁员在确定合理

---

① See, *EC—Preference*(*Article 21. 3*), para. 42.
② See, *EC—Chicken*(*Article 21. 3*), para. 79.

实施期限时应当考虑这类磋商。仲裁员因此认为,该机构间工作组的工作对于仲裁员决定是相关的。①

"日本 DRAMS 反补贴案"仲裁员似乎从严解释了标准做法。在该案中,日本拟议实施措施包括两个步骤:反补贴税重新调查和内阁新命令。日本主张反补贴税重新调查包括原调查通常遵循的所有步骤。但是,日本法律并未规定所有这些步骤及其时限,因此日本调查当局在调查时享有灵活性,理应利用这些灵活性缩短调查期限。为了证明自己主张的正当性,日本主张仲裁员应当考虑利害关系方的正当程序权利。日本主张利害关系方在通过和核实信息方面发挥了重要作用,尊重他们的权利已经成为日本贸易救济调查中的标准做法。因此,日本必须遵守原调查程序遵守的所有步骤,没有任何裁量权省略任何这类程序性步骤。② 该案仲裁员承认,即使某些步骤和时限并非法律要求,为了确保实施以透明和有效方式生效并尊重所涉所有当事方的正当程序权利,仍然可以利用这些步骤和时限。在本案中,日本根据自己所称的尊重利害关系方正当程序权利的"标准做法"来证明自己提到许多调查步骤以及与这些步骤相连的时限的正当性。"欧共体鸡块案"仲裁员承认,即使某些时限和程序不是强制性的,它们也可能基于"标准做法",欧共体在该案中提供证据证明了这一点。但仲裁员认为,本案在某种程度上是不同的。关于在为实施目的进行的调查中的正当程序权利,日本并未证明任何"标准做法"的存在,因为据日本自己承认,日本从未实施过贸易救济争端中的 DSB 建议和裁决。正如仲裁员在上文已经解释的,鉴于为实施目的修改一

① See, *Colombia—ports of entry*(*Article 21. 3*), para. 71,74 and 80.
② See, *Japan—DRAMS CVDs*(*Article 21. 3*), paras. 41–45.

项决定的程序中被证明必要的调查的性质和范围上的差异,日本
对原调查遵循的"标准做法"的依赖是不可比的,也是不适当的。
仲裁员还认为,为了确保利害关系方的正当程序权利,除了日本调
查当局履行自己责任必须采取的步骤,日本也没有充分解释要求
利害关系方投入和参与的具体调查步骤以证明拖延时限的正当
性。此外,正当程序是一个适用于案件具体要求的灵活性概
念——在本案中,实施 DSB 裁决的程序。必须在尊重利害关系方
正当程序权利与实施所要求的迅速性之间实现平衡。为了确定该
平衡,仲裁员注意到,日本调查当局进行的原调查中已经给予了利
害关系方相当多的参与机会。因此,在范围非常有限、被发起来实
施 DSB 建议和裁决的调查背景下,提供给这些利害关系方较短时
间似乎是适当的。①

　　仲裁员认为日本并未证明标准做法的关键点在于,日本从未
实施过贸易救济争端中的 DSB 建议和裁决。仲裁员似乎认为,只
有在实施贸易救济争端中的 DSB 建议和裁决的过程中形成了尊
重利害关系方正当程序权利的标准做法,日本才可以依赖该标准
做法。我们认为此种观点过于严格,将使日本永无机会形成这类
标准做法。"智利价格固定制度案"和"欧共体关税优惠案"仲裁
员在考虑立法程序中的标准做法时采取了宽松的标准,并未要求
被诉方形成了关于实施 DSB 建议和裁决的标准做法(当然,两个
案件与本案的案情不一样),这有效尊重了各成员的主权,也导致
被诉方的实施具备现实可能性。如果强力约束 WTO 被诉成员的
立法机关,其效果会适得其反。诚然,本案很有必要约束日本的有
意拖延行为,但完全限制日本的行动自由也不恰当,毕竟正当程序

---

① See, *Japan—DRAMS CVDs* (*Article 21. 3*), paras. 49~51.

是西方国家普遍承认的一项重要权利。值得欣慰的是,仲裁员随后又缓和了对日本调查当局的严厉限制:即在遵守利害关系方正当程序权利与实施所要求的迅速性之间时限平衡。仲裁员因此决定给予这些利害关系方较短时间来实现自己的正当程序权利。

(3)特别程序例外与标准做法例外之比较

特别程序例外和标准做法例外都是充分利用灵活性原则的例外。尽管二者存在着相似之处,但二者有着较大区别:

首先,二者的客观功能都是延长被诉方的合理实施期限,但启动二者并使之发挥作用的方式略有不同。特别程序例外旨在使被诉方回应投诉方的有关要求,目的是努力延长投诉方请求的合理期限。相比之下,标准做法例外是被诉方为了延长合理期限而主动提出了一种合理理由。因此,前者缘于投诉方的请求,后者缘于被诉方的主张。无论如何,如果被诉方想要利用这两项例外,应由被诉方证明特别程序和标准做法的存在。对于投诉方而言,在特别程序例外情况下,如果想要争取较短合理期限,投诉方需要提出与潜在的特别程序有关的请求,由被诉方证明特别程序的存在。对于标准做法例外而言,投诉方只需表明被诉方需要利用所有灵活性即可,由被诉方提出标准做法例外主张更长合理期限。

其次,二者存在的背景有着较大差别。特别程序例外通常缘于法律的特别规定,即在普通程序之外规定了特别程序。普通程序和特别程序可能是并行不悖的。但是,一旦选择其一,有关要求可能也是强制性的。之所以被诉方享有裁量权,实质是指被诉方可以在普通程序和特别程序之间作出选择。标准做法例外通常起因于被诉方享有的裁量权。根据充分利用灵活性原则之要求,被诉方通常需要利用这些灵活性。但是,如果被诉方确立了一种标准做法,被诉方就可以免于利用这些灵活性,从而遵循自己的标准做法,即使这可能会导致实施期限的延长。此外,普通程序和特别程序可能是标准做法的上位概念。选择了普通程序或特别程序,被诉方也必须充分利用自己享有的灵活性来实现迅速遵守,当然也可以继续利用标准做法例外。

第三,值得注意的是,"欧共体关税优惠案"仲裁员认为偏离标准做法的行为可能构成了一种"特别"程序。仲裁员认为,通过相关规章而不咨询欧洲议会和联合国经社理事会的观点将会是一种"特别"程序。① 此时,标准做法例外与特别程序例外起到了相同的作用。

(4)特别程序例外与标准做法例外的法律意义

充分利用灵活性原则体现了合理期限的迅速性要求或者"最短可能期限"要求,特别程序例外和标准做法例外则留下了进一步缩短"最短可能期限"的可能。也就是说,仲裁员可在特定情况下(例如考虑投诉发展中国家利益)拒绝适用特别程序例外和标准做法例外,要求被诉方尽量适用特别程序或者不采用标准做法,如此,则可以缩短本来的"最短可能期限"。因此,特别程序例外和标准做法例外为第 21.3(c)条仲裁员考虑投诉发展中国家利益预留了一定的空间。当然,仲裁员拒绝适用这两项例外需要格外小心,特别是标准做法例外。总体而言,仲裁员需要在促进 DSB 建议和裁决的迅速实施与成功实施之间取得平衡。

特别程序例外与标准做法例外再次说明,"合理期限"并不等同于"最短可能期限"。

(二)被诉方实施 DSB 建议和裁决的方式问题

1. 仲裁员在确定合理期限时需要大致了解实施措施

---

① See, *EC—Preference*(*Article 21. 3*), para. 42.

如果仲裁员要得到较为准确的合理期限,仲裁员必须深入了解被诉方为了实施 DSB 建议和裁决需要什么样的具体实施措施。然而,确定什么构成了实施措施并不是仲裁员的职责。第 21.3 条仲裁员反复确认,它们的任务并不涉及对什么构成了实施措施的评估,相反,它们的任务是确定实施期限。"欧共体荷尔蒙案"仲裁员注意到,争端方对于"什么构成了 DSB 第 21.3 条下的 DSB 建议和裁决的实施"存有分歧。然而,仲裁员认为自己的任务是确定合理期限,提议欧共体实施通过的报告的方式或手段并不属于仲裁员在第 21.3(c)条下的职责。各成员在选择实施方式方面享有裁量权。"澳大利亚沙丁鱼案"仲裁员也表达了类似观点,认为"选择实施方式是实施成员的特权"。"韩国酒类税案"仲裁员同意前两个裁决,认为"选择实施方式是实施成员的特权,只要选择的方式符合 DSB 建议和裁决以及涵盖协定条款。"后案仲裁员遵循了前述判例法。

然而,尽管确定什么构成了实施措施不是第 21.3 条仲裁员的职责,但仲裁员需要在大致了解实施措施的基础上确定合理期限。"智利价格固定制度案"仲裁员表达了需要关于实施措施的更多信息的愿望:"从仲裁员的角度看,第 21.3(c)条仲裁集中于实施期限的事实并不会导致实施的实质内容(也就是实施的精确手段或方式)无关紧要。实际上,仲裁员了解的关于实施措施细节的信息越多,仲裁员选择合理期限时的指导越多,该期限就越有可能相当好地平衡实施成员的合理需要与投诉成员的合理需要。① 专家组关于实施方式的提议提供了这方面的信息,但仲裁员似乎并不愿意考虑这类信息。在"美国伯德修正案"中,专家组提议美国通过撤销该法

———————————

① See, *Chile—Price Band System* (*Article 21.3*), para. 37.

使其措施相符。然而,该案第 21.3 条仲裁员认为,尽管专家组的提议"能够对实施成员的决策程序提供有益帮助,但该提议并未影响实施成员选择实施手段的特权,因此并不会决定合理期限。"①

鲍威林认为,第 21.3 条仲裁(需要确定用多长时间来实施)与第 21.5 条专家组(需要确定是否实施)的权限变得越来越难以描述。特别地,如果仲裁员不能就什么构成了实施发表意见的话,第 21.3 条仲裁在第 21.5 条专家组之前进行这一事实使仲裁员很难确定需要用多长时间来实施。在最初的 DSU 审查程序中,欧共体建议,应允许第 21.3 条仲裁员请求原专家组就实施可能要求什么进行澄清。巴基斯坦甚至建议,应由原专家组事先承担确定合理期限的任务(这意味着,所有合理期限问题可被上诉)。两种建议都值得讨论。从更为宽泛的意义上看,它们提出了如何以及在哪里廓清 DSU 提供的各种程序(通常专家组、第 21.3 条、第 21.5 条、第 22.6 条和第 25 条程序)以及这些程序如何相互作用或交叉提供信息这些日益困难的问题。例如,关于制裁的第 22.6 条仲裁实际上应被允许进行通常应由第 21.5 条专家组进行的遵守检查(正如"美欧某些产品案"专家组所裁定的)吗? 如果是这样(鲍威林对这一专家组裁定的有效性持有严重的怀疑),第 21.3 条仲裁不也应该被允许在某种程序上妨碍第 21.5 条专家组的职责吗?(通过不仅审查实施需要多长时间,而且也审查实施一般需要什么这一逻辑上的先决问题)②

---

① See, *US—Byrd Amendment* (*Article 21. 3*), para. 52.

② See, Joost Pauwelyn, *Proposals for Reforms of Article 21 of the DSU*, in Federico Ortino and Ernst – Ulrich Petersmann (ed.), *The WTO Dispute Settlement System: 1995–2003*, Kluwer Law International, 2004, p. 59.

2. 仲裁员通常区分实施措施的性质,并给予不同长短的合理期限

仲裁员通常区分被诉方为了实施 DSB 建议和裁决需要采取的行动的性质,而后在被诉方法律体制框架下考虑完成这些行动的最短可能期限。

从实践来看,仲裁员虽然没有确定具体的实施措施,但在每一案件中都要确定实施措施的类型:立法行为或行政行为。在大多数案件中,当事方至少达成一致意见,实施措施的性质或者是行政性的,或者是立法性的;根据该一致意见,仲裁员依据正常国内程序中作出立法或行政修改所需的期限估计出合理期限。在缺乏关于实施措施性质的一致意见时,仲裁员将根据被诉方建议的实施措施的性质估计出合理期限。① 从第21.3 条仲裁实践来看,仲裁员往往根据实施措施的不同类型和性质采取不同的处理方法:在需要修改或制订国内立法才能遵守 DSB 建议的情况,一般考虑被诉方国内立法程序等因素,确定的合理实施期限一般较长;若无须修改或制订国内立法,则确定的合理实施期限一般较短。"欧共体荷尔蒙案"仲裁员认为,通过行政手段的合理实施期限应当"大大短于 15 个月"。"加拿大医药专利案"仲裁员认为,立法改变通常比行政改变更为耗时。

"智利价格固定制度案"仲裁员同意以前仲裁员的评论,相比行政决策(administrative rulemaking)或其他专门的行政机关行动

---

① See, Yuka Fukunaga, *Securing Compliance through the WTO Dispute Settlement System*:*Implementation of DSB Recommendations*, Vol. 9, No. 2, JIEL, 2006, pp. 401 – 402.

（Executive action），通过立法的实施可能需要更长实施期限。①

　　"美国伯德修正案"仲裁员认为，作为一般规则，如果没有相反证据，相比通过行政措施手段的实施，通过立法措施的实施通常要求更长期限。②

　　"美国 OCTG 日落复审案"仲裁员认为，"实施所采取的步骤的性质对于充分实施 DSB 建议和裁决所需的'合理期限'具有影响。实施可能要求涉及立法行为的法律或规章之修改，或者要求不涉及立法行为的行政指南或程序之修改。实施也可能只涉及救济一项特定决定中的瑕疵。以前的第 21.3（c）条仲裁裁决已经承认，相比修改指南或程序所需的行政行为或者救济特定决定中的瑕疵，当实施要求立法行为时，所需的'合理期限'可能更长。"③

　　"美国赌博案"仲裁员认为，"目前已经确立的规则是，合理实施期限的决定因素之一是将要采取的实施行为的性质。作为一般规则，立法行为（legislative action）相比管理决策（regulatory rulemaking）需要更多时间，后者相比可以通过行政决定（administrative decision）实现的实施通常需要更多时间。"④"哥伦比亚入港案"仲裁员同意"美国赌博案"仲裁员的上述观点，并认为，在作出决定时，立法手段相比管理决策通常更为耗时，后者又比简单的行政行为（administrative action）更为耗时。⑤

　　到目前为止，仲裁员采用了一种比较好的方法来近似确定合理期限，而不需要知道什么构成了实施措施。这一做法没有突破

---

① See, *Chile—Price Band System*(*Article 21. 3*), para. 38.

② See, *US—Byrd*(*Article 21. 3*), para. 57.

③ See, *US—OCTG sunset review*(*Article 21. 3*), para. 26.

④ See, *US—Gambling*(*Article 21. 3*), para. 35.

⑤ See, *Colombia—ports of entry*(*Artible 21. 3*), para. 90.

仲裁员的权限范围,同时使自己较好履行了职责。根据这一做法确定的合理期限通常只是近似估计。

(三)15个月指南的法律意义相当有限

通常情况下,仲裁员确定的合理期限不应超过自 DSB 通过专家组或上诉机构报告之日起15个月,但可视具体情况缩短或延长。① 第21.3条仲裁旨在确保实施期限不会不必要的延长。② 在禁止性补贴案件中,SCM 协定没有规定专家组确定合理实施期限长短的指导方针。

(四)影响合理期限确定的因素

在各个仲裁员看来,合理期限应是"被诉方法律体制框架下实施 DSB 建议和裁定的最短可能期限。"但应当考虑会影响这一"最短可能期限"的"特殊情势",例如实施的行政或立法性质、实施措施的复杂性以及导致实施的各个步骤的法律约束或裁量性质。但仲裁员不会考虑被诉方可能会处理的"国内争论"或"结构性调整"。③ 最短可能期限也不要求实施成员在每一案件中使用"特别"措施。

1. 拟议实施措施的复杂性

拟议实施措施的复杂性是许多仲裁员考虑过的一个因素。在"欧共体荷尔蒙案"中,仲裁员认为,应予考虑的一个重要"具体情况"是欧共体实施程序的复杂性。仲裁员不缩短15个月通常期限的决定提出了一个问题,对于那些期望及时实现 DSB 建议和裁

---

① 参见 DSU 第21条第3款。

② Yuka Fukunaga, *Securing Compliance through the WTO Dispute Settlement System:Implementation of DSB Recommendations*, Vol. 9, No. 2, JIEL, 2006, p. 401.

③ See, Yuka Fukunaga, *Securing Compliance through the WTO Dispute Settlement System:Implementation of DSB Recommendations*, Vol. 9, No. 2, JIEL, 2006, p. 401.

决遵守的成员来说,冗长的立法程序(例如欧共体条约规定的程序)可能代表着一种无形的"非关税壁垒"。① 在"加拿大医药专利案"中,仲裁员认为,如果拟议实施措施需要影响许多部门活动的广泛新规章,那么,与拟议实施措施只需要撤销一两个句子的案件相比,起草规章以及与各部门协商需要更多时间。与复杂性评估有关的一个问题是实施过程中采取法律上要求的(而不是裁量性的)步骤的需要。在"印度尼西亚汽车案"中,仲裁员同意印度尼西亚的请求,考虑了法律上有约束力的国内决策要求。"欧共体香蕉案"仲裁员也将复杂性作为一个相关考虑因素。

在"美国 1916 年法案"中,仲裁员拒绝承认某些因素是相关的,例如提交美国国会的立法数量、可以成为法律的提案的较低百分比或者大多数立法在会议结束时通过等。仲裁员认为,与本案合理期限的确定有关的因素是各成员根据涵盖协定承担的明确条约义务。由于美国在本案中需要制定立法以使自己遵守国际条约义务,可以合理期望美国国会运用通常立法程序中可以利用的所有灵活性尽可能迅速地使所需要的立法生效。

2. 国内反对

拟议实施措施的"争议性质"或者围绕拟议措施的"争议"通常不会影响合理期限的确定。拟议实施措施的"简单争议性质"不会影响合理期限的确定。然而,"智利价格固定制度案"仲裁员认为,争议措施的"长期存在性质"、争议措施"根本上融入了智利的主要农业政策"以及争议措施"对智利社会的独一无二作用和影响"等因素对于确定合理期限是相关的。

---

① See, Antonello Tancredi, *EC Practice in the WTO: How Wide is the 'Scope for Manoeuvre'?*, Vol. 15, No. 5, EJIL, 2004, p. 1.

（五）确立合理期限时的不相关因素

1. 结构性调整

根据实践,结构性调整对于确定合理期限的长短是不相关的。这一计算合理期限的原则在"印度尼西亚汽车案"第 21.3 条仲裁中得以确立,并被后来的仲裁员用来拒绝与实施的经济或政治困难有关的主张。在该案仲裁中,印度尼西亚请求 9 个月的额外期限作为"过渡"期,以允许受到影响的公司或产业作出"结构性调整"。仲裁员拒绝了这一请求。仲裁员认为结构性调整对于合理期限的确定是不相关的,因为这是任何成员(无论是发达成员还是发展中成员)无论何时需要撤销或修改措施时都会面临的问题。仲裁员认为,对撤销或修改不符措施的结构性调整不是根据第 21.3(c)条确定合理期限时应予考虑的一种"具体情况"。①

"阿根廷牛皮案"仲裁员解释了"结构性调整"不相关的原因。该仲裁员认为,DSU 中的遵守或实施概念是一个有着特定内容的技术性概念,也就是撤销或修改争议措施或者争议措施的一部分,后者不同于撤销或改变支撑争议措施的社会或经济条件。正是由于这一原因,过去的仲裁认为,结构性调整对于合理期限的确定是不相关的。②

2. 投诉方经济损害

实施期限内出口商可能蒙受特定经济损害这一事实对于确定合理期限并不相关。消除不符措施导致的任何经济损害的需要反映在第 21.1 条中的迅速遵守原则之中,该原则也是实施期限是最短可能期限的原因。

---

① See, *Indonesia—Autos*(*Article 21.3*), para. 23.

② See, *Argentina—Hides and Leather*(*Article 21.3*), paras. 40-41.

（六）多个实施期限问题

在"加拿大汽车案"第21.3 条仲裁中,不同期限分配给修改争议措施的不同方面。就 SCM 协定第3.1（a）条项下的裁定而言,DSB 已经建议加拿大在90 天内撤销出口补贴。加拿大在这一方面遵循了 DSB 的建议。该案第21.3 条仲裁仅仅涉及被诉方实施关于 GATT 和 GATS 违反的 DSB 建议。仲裁员作出决定,遵守这些建议需要更长的实施期限,为8 个月。

四、合理期限仲裁中的发展中国家特殊和差别待遇

第21.2 条没有明确"谁"应该特别注意影响发展中国家成员利益的事项,不同背景下可以有不同的主体。当被诉方考虑实施措施时,被诉方应该给予影响发展中国家利益的事项特别注意。在第21.3 条仲裁背景下,应当是指仲裁员在确定合理期限时应该特别注意影响发展中国家利益的事项。

现有实践表明,作为投诉方或被诉方的发展中国家都援引过第21.2 条。在"欧共体关税优惠案"和"欧共体糖类案"中,被诉方欧共体为第三方利益也援引了第21.2 条。然而,这些援引能否获得成功首先取决于第21.2 条适用于哪些发展中国家的利益。第21.2 条没有明确应该特别注意哪些发展中国家的利益,可供选择有投诉发展中国家、被诉发展中国家、第三方发展中国家和所有发展中国家整体的利益。由于尚未出现涉及发展中国家整体利益的案件,本书对此不作讨论。

（一）被诉发展中国家的利益

本部分结合发达国家诉发展中国家的有关案件考查仲裁员是否以及如何考虑被诉方发展中国家的利益。这类案件包括"欧共体诉印度尼西亚汽车案"、"加拿大诉巴西飞机案"、"欧共体和美

国诉韩国酒类税案"、"欧共体诉智利酒类税案"、"欧共体诉阿根廷牛皮案"、"欧共体诉巴西轮胎案"。"韩国酒类税案"、"巴西轮胎案"中的被诉方没有援引第21.2条。第21.3(c)条仲裁员在其余四个案件中都考虑了第21.2条,但仅在一个案件中明确给予了额外的实施期限。

1. WTO 合理期限仲裁实践

在"印度尼西亚汽车案"中,印度尼西亚援引了第21.2条,要求仲裁员确定更长的合理期限。印度尼西亚认为,在通常情况下,一项措施(例如实施 DSB 建议和裁决所需的措施)应当在发布日生效。但本案是不通常情况。印度尼西亚不仅是发展中国家,而且它当前面临紧急的经济和金融形势。印度尼西亚提到经济困难和高失业率,陈述其经济"接近崩溃"。该案仲裁员认为,尽管该条款的用语具有相当的一般性质,并且也未提供许多指导,但它构成了 DSU 第21.3(c)条上下文的一部分,因此在本案中考虑该条款是重要的。在这些非常特别的情况下,仲裁员认为根据 DSU 第21.2条充分权衡影响作为发展中国家的印度尼西亚的事项是适当的。因此,在完成印度尼西亚国内决策程序所需的 6 个月期限之上增加额外的 6 个月期限构成了本案中实施 DSB 建议和裁决的合理期限。①

在"巴西飞机案"中,巴西提出了两项主张要求专家组给予更长的合理期限。第一,争议措施由巴西国会制订,因此,对争议措施的任何修改必须由国会进行,巴西在90天内遵守专家组的建议是不切实际的。第二,世界金融危机对巴西具有显著的破坏性影响,巴西提到"印度尼西亚汽车案"仲裁员根据 DSU 第21.2条给

———————

① See, *Indonesia—Autos* (*Article 21. 3*), para. 24.

予了印度尼西亚 6 个月的额外实施期限。① 专家组认为,在本案特殊情势下,DSU 第 21.2 条不能证明将"毫不迟延"解释为提供了 7 个半月实施期限的正当性。②

在"智利酒类税案"中,为了争取较长合理期限,智利提到"本案实施措施所需法律变化的政治敏感性将会影响财政收入、公共健康以及 Pisco 生产商的社会经济状况。③ 仲裁员认为,第 21.2 条要求仲裁员一般性忆及发展中国家在实施 DSB 建议和裁决时可能面临的极大困难,但智利没有提供关于自己实施裁决的困难的足够信息,因此,仲裁员在确定合理期限的长短时没有考虑智利的请求。④ 有学者主张,该案仲裁员 Feliciano 对智利似乎隐含适用了"免费期"规则,因为他在该案中给予了 14 个月零 9 天的合理期限,比欧共体的请求长了整整 6 个月。⑤

在"阿根廷牛皮案"中,阿根廷提到迅速遵守裁决的困难。欧共体主张,阿根廷的问题对于本条是不相关的,因为焦点是发展中国家的利益。仲裁员并不同意欧共体的观点。该案仲裁员考虑了阿根廷"是一个面临严重经济和金融问题的发展中国家"这一事实,但他没有明确给予额外的实施期限。⑥

2. 评论

上述案件表明,DSU 第 21.2 条适用于被诉发展中国家。关键问题在于,第 21.3(c)条仲裁员该适用何种标准决定是否给予被

① See, Panel Report on *Brazil—Aircraft*, para. 6.5.

② See, Panel Report on *Brazil—Aircraft*, para. 6.7.

③ See, *Chile—Alcoholic Beverages*(*Article 21.3*), para. 21.

④ See, *Chile—Alcoholic Beverages*(*Article 21.3*), para. 45.

⑤ See, Pierre Monnier, *The Time to Comply with an Adverse WTO Ruling*: *Promptness within Reason*, Vol. 35, No. 5, Journal of World Trade, 2001, p. 838.

⑥ See, *Argentina—Hides and Leather*(*Article 21.3*), para. 51.

诉发展中国家特殊和差别待遇以及仲裁员如何表明给予了特殊和差别待遇。从目前来看,在涉及发展中国家被诉方的四个案件中,只有印度尼西亚明确获得了仲裁员给予的特殊和差别待遇。① 造成这一现状的法律原因主要有三:第一,仲裁员的法律标准不明确,很难评估仲裁员在什么特定情况下才会给予发展中国家特殊和差别待遇。第二,由于法律标准的不明确,被诉方往往很难提供足够证据说服仲裁员。例如,"阿根廷牛皮案"仲裁员指出,关于阿根廷的发展中国家利益如何影响了本案合理期限的确定,阿根廷的主张不是特别具体。第三,仲裁员的法律标准较为严格。从目前来看,仲裁员仅仅考虑了被诉发展中国家是否面临着"严重"或"紧急"的经济和金融形势,是否存在确需延长合理期限的情势。②

（二）投诉发展中国家的利益

本部分结合发展中国家诉发达国家的相关案件考查仲裁员是否以及如何考虑投诉方发展中国家的利益。这类案件包括"厄瓜多尔诉欧共体香蕉案"、"美国伯德修正案"、"印度诉欧共体关税优惠案"、"阿根廷诉美国 OCTG 日落复审案"、"安提瓜诉美国赌博案"、"巴西和泰国等诉欧共体糖类案"、"巴西和泰国诉欧共体鸡块案"、"韩国诉日本 DRAMS 反补贴案"和"墨西哥诉美国不锈

---

① 当然,也不排除仲裁员在确定合理期限时隐含给予了发展中国家被诉方特殊和差别待遇。在合理期限仲裁实践中,仲裁员仅在结论部分给出一个具体合理期限,没有说明是如何计算出来的。因此,仲裁员确定的合理期限是否给予了发展中国家特殊和差别待遇,人们无法了解。

② 值得讨论的是,仲裁员是否会承认当前发生的金融危机是发展中国家面临的"严重"或"紧急"经济和金融形势。如果仲裁员承认这一点,则我国可在"中国汽车零部件案"合理期限仲裁(假设该案走到了这一步)中主张特殊和差别待遇,要求仲裁员给予较长实施期限,为我国汽车产业的调整赢得更多时间。

钢反倾销案"共九个案件,其中"日本 DRAMS 反补贴案"、"美国不锈钢反倾销案"中的投诉方没有援引第 21.2 条。

1. WTO 合理期限仲裁实践

在"欧共体香蕉案"中,厄瓜多尔、危地马拉、洪都拉斯和墨西哥主张 DSU 第 21.2 条、第 21.7 条和第 21.8 条要求就受到争端解决的措施而言给予影响投诉发展中国家成员利益的事项特别考虑。[①] 该案仲裁员 El-Naggar 没有讨论这一问题。

在"美国伯德修正案"中,根据巴西、智利和墨西哥在口头听证的陈述,这些国家要求仲裁员忆及自己的第 21.2 条义务,即"特别注意影响发展中国家成员利益的事项"。该案仲裁员 Taniguchi 注意到第 21.2 条并未区分相关发展中国家成员是实施方或投诉方的情况。仲裁员注意到,投诉方并未具体解释发展中国家成员利益应该如何影响仲裁员的合理实施期限决定。仲裁员还认为,"合理期限"一词被连贯地解释为意味着"实施成员法律体制内的最短可能期限"。因此,关于许多投诉方是发展中国家成员的事实如何会影响美国法律体制内实施本案 DSB 建议和裁决的最短可能期限的确定,仲裁员认为难以理解。[②]

在"欧共体关税优惠案"中,投诉方印度和被诉方欧共体都依赖 DSU 第 21.2 条。印度建议,鉴于该款和印度的利益,欧共体应该采取较少时间实施本案 DSB 建议和裁决。鉴于印度没有提供令仲裁员满意的解释或证据,仲裁员 Lockhart 认为没有必要考虑印度提出的第 21.2 条问题。[③]

---

① See, *EC—Bananas*(*Article 21. 3*), para. 16.
② See, *US–Byrd*(*Article 21. 3*), para. 81.
③ See, *EC—Preferences*(*Article 21. 3*), paras. 57–59.

在"美国 OCTG 日落复审案"中,阿根廷提到第 21.2 条,建议仲裁员在确定本案合理期限时"认识到维持与 WTO 不符的美国措施时作为发展中国家的阿根廷面临的持续困难"。但阿根廷澄清,它并未建议仲裁员偏离确立合理期限的基本原则,而是建议,第 21.2 条对于仲裁员确定本案合理期限提供了"背景"。① 该案仲裁员 Ganesan 认为,在实施程序应在美国法律和行政体制框架下的最短可能期限内完成的基本要求之外,投诉成员阿根廷是发展中国家的事实不会影响本案合理实施期限的确定。②

在"美国赌博案"中,安提瓜请求仲裁员适用第 21.2 条。③ 美国则提出,第 21.2 条与本仲裁程序无关,只有当实施成员是发展中国家时,第 21.2 条对于合理期限的确定才是相关的。美国认为,第 21.3 条仲裁员的任务是确定实施成员法律体制框架下的最短可行实施期限。投诉方是发展中国家这一事实对于该确定没有任何影响。④ 该案仲裁员 Ehlermann 认为,表面上看,该款没有施加美国提出的这类限制。如果存在任何限制,必须根据该款的上下文和/或目的和宗旨得出结论。但仲裁员在考查了第 21.2 条的上下文后没有作出最终裁决。⑤

---

① See, *US—OCTG Sunset Reviews* (*Article 21. 3*), paras. 47 – 48.

② See, *US—OCTG Sunset Reviews* (*Article 21. 3*), para. 52.

③ 安提瓜强调跨境赌博和博彩产业对安提瓜经济健康和增长的重要性以及本案对安提瓜有限的资源所施加了沉重负担。安提瓜提出了两项请求:第一,仲裁员应该适用第 21.2 条来审查美国提出的实施方法与 DSB 建议和裁决以及涵盖协定的一致性;第二,仲裁员应该根据第 21.2 条要求美国利用其立法制度中存在的大量灵活性以更短的时间实现遵守。See, *US—Gambling* (*Article 21. 3*), para. 56.

④ See, *US—Gambling* (*Article 21. 3*), para. 57.

⑤ See, *US—Gambling* (*Article 21. 3*), paras. 58 – 63.

在"欧共体糖类案"中,投诉方巴西和泰国请求仲裁员适用第21.2条,特别注意影响它们利益的事项。该案仲裁员 Ganesan 认为,第21.2条应被解释为指示仲裁员"特别注意"影响被诉和投诉发展中国家成员的利益。经过仔细审查巴西和泰国提交的证据,仲裁员认为巴西和泰国已经证明了它们作为发展中国家的利益,并且这些利益对于仲裁员的合理期限决定是相关的。① 但是,仲裁员没有明确在确定合理期限时是如何考虑巴西和泰国的发展中国家利益的。②

在"欧共体鸡块案"中,巴西请求仲裁员根据 DSU 第21.2条特别注意作为发展中国家的巴西的利益。巴西为此提交了大量证据。仲裁员 Bacchus 认为,巴西已经证明,欧共体争议措施影响了巴西的利益。仲裁员也接受巴西的主张,第21.2条表面上并没有区分发展中国家成员是投诉方的案件与发展中国家成员是实施成员的案件。然而,仲裁员认为,已经确定的最短可能期限不会受到投诉方巴西是发展中国家这一事实的额外影响。③

2. 评论

上述案件表明,关于第21.2条是否可以适用于投诉方发展中国家的利益,不同仲裁员采取了不同处理方式。第一种处理方式是回避问题,例如"欧共体香蕉案"、"欧共体关税优惠案"、"美国赌博案"。第二种处理方式是不考虑投诉方发展中国家的利益,

---

① See, *EC—Sugar*(*Article 21.3*), paras. 98–104. 值得注意的是,相同仲裁员在"美国 OCTG 日落复审案"中持有不同观点,认为已经确定的合理期限不会受到投诉方是发展中国家这一事实的额外影响。

② 此外,该案还有一个发达国家投诉方澳大利亚。然而,三个国家获得相同的合理期限。仲裁员似乎没有考虑发展中国家的特殊和差别待遇。

③ See, *EC—Chicken Cuts*(*Article 21.3*), paras. 81–82.

例如"美国伯德修正案"、"美国 OCTG 日落复审案"、"欧共体鸡块案"。第三种处理方式是考虑投诉方发展中国家的利益,例如"欧共体糖类案"。值得注意的是,相同仲裁员(Genesan)在不同案件("美国 OCTG 日落复审案"和"欧共体糖类案")中作出了截然不同的裁决。

　　正如许多仲裁员指出的,从条文来看,DSU 第 21.2 条并未区分作为投诉方的发展中国家与作为被诉方的发展中国家,因此,第 21.2 条原则上可以适用于投诉方发展中国家的利益。但是,发展中国家投诉方要想在合理期限仲裁中获得第 21.2 条项下的特殊和差别待遇,仍然面临着许多限制:首先,"美国伯德修正案"、"美国 OCTG 日落复审案"和"欧共体鸡块案"仲裁员表明,尽管第 21.2 条可以适用于投诉方发展中国家的利益,但已经确定的最短可能期限不会受到投诉方是发展中国家这一事实的额外影响。这提出了一个问题:最短可能期限是否真是最短的期限?其真正含义是什么?如果不是最短的期限,还有多大压缩空间允许仲裁员给予投诉方发展中国家的利益特殊和差别待遇?其次,"美国伯德修正案"、"欧共体关税优惠案"和"美国赌博案"表明,投诉方在证明自己的利益受到争议措施影响方面存在困难。实际上,有关统计数据的缺乏导致安提瓜无法说服仲裁员自己利益受到了美国措施的影响。最后,即使在仲裁员认为发展中国家投诉方利益对于合理期限确定相关的"欧共体糖类案"中,仲裁员也没有明确自己是如何考虑它们的利益并反映在合理期限确定之中的。

　　从法律角度看,仲裁员似乎面临两难困境:一方面,最短可能期限标准似乎导致进一步压缩实施期限并不可行;另一方面,DSU 第 21.2 条又似乎要求仲裁员考虑投诉发展中国家的特殊利益,压缩实施期限。下文将对仲裁员如何考虑投诉发展中国家特殊利益这一问题作进一步探讨。

3. 考虑投诉发展中国家利益的理论基础

(1)法律基础

考虑投诉发展中国家利益的法律基础是明确的,即 DSU 第 21.2 条。该款要求在 DSB 建议和裁决的监督和实施阶段给予影响发展中国家利益的事项特别考虑,自然适用于合理期限仲裁中的投诉发展中国家利益。"美国伯德修正案"、"美国赌博案"和"欧共体糖类案"等都确认,DSU 第 21.2 条并未区分发展中国家是投诉方的案件与发展中国家是被诉方的案件。因此,第 21.2 条可以适用于发展中国家是投诉方的案件。

(2)现实基础

探讨考虑投诉发展中国家利益的现实基础首先需要反思合理期限仲裁实践中的合理期限定义。合理期限通常被定义为"被诉方法律体制框架下实施 DSB 建议和裁定的最短可能期限"。该定义很容易使人得出结论,由于合理期限是最短可能期限,作为投诉方的发展中国家情势并不会影响对被诉方合理实施期限的客观评估,该期限仅仅取决于被诉方的国内情势,不应受到投诉方国内情势的影响。因此,第 21.2 条旨在给予作为被诉方的发展中国家特殊和差别待遇,不论投诉方是发达国家还是发展中国家。"美国伯德修正案"和"欧共体鸡块案"仲裁员似乎持有这类观点。"最短可能期限"的准确含义在新近作出的"欧共体鸡块案"裁决中得以进一步揭示。该案仲裁员认为,考虑到案件的特殊情势,合理实施期限是根据特定成员的标准做法,采取措施遵守 DSB 建议和裁决所必需的时间。该案仲裁员说到,"无疑,尽管 WTO 成员常常期望确保自己通过在其法律体制内尽可能快地实施 WTO 不利裁决来充分遵守自己的所有 WTO 义务,但这些体制内的标准做法通常就足够了。""欧共体鸡块案"仲裁员进一步宣称,实施成员的标准做法可能包括为了采取遵守已通过报告所必需的措施法律要求的步骤,以及那些尽管不具有强制性、但对于无论何时制定的特定类型措施是通常的步骤,例如与利害关系方协商。第21.3 条仲裁员必须评估这两项因素。因此,根据该仲裁员的方法,仲裁员应当根据被诉成员的标准做法努力确定为了遵守各个专家组或上诉机构报告而制定措施所需的时间。该案仲裁员因此确立了标准做法理论,采用了最短期限说。从发展中国家角度看,该案仲裁员的标准做法理论不一定会导致最短可能期限。有学者认为,不应担忧该案仲裁员的合理期限定义。但是,该案仲裁员最终将合理期限仅与实施成员根据标准做法采取措施遵守 DSB 建议和裁决所需时间相联系。如果合理期限仲裁程序的投诉方是发展中国家成员,适用该方法的最终结果可能不会导致最短可能期限。实际上,发达国家成员可能会更快地遵守已通过专家组和上诉机构报告,例如通过忽略标准做法的某些非法定步骤或者降低它们通常花掉的时间。因此,标准做法用掉的时间并不总是最短实施期限。①此外,该案仲裁员实际上忽略了第21.2 条与第21.3(c)条之间的关系,阻止发展中国家投诉方在第21.3(c)条程序中获得这些条款的潜在利益。② 我们认为,各个仲裁员关于合理期限的最短可能期限定义的含义需要进一步理解。各个仲裁员裁定,合理期限

---

① Alberto Alvarez-Jimenez, *A reasonable period of time for dispute settlement implementation: an operative interpretation for developing country complaints*, Vol. 6, No. 3, WTR, 2005, pp. 458-459.

② Alberto Alvarez-Jimenez, *A reasonable period of time for dispute settlement implementation: an operative interpretation for developing country complaints*, Vol. 6, No. 3, WTR, 2005, p. 459.

是"被诉方法律体制内实施 DSB 建议和裁决的最短可能期限"。最短可能期限给人的第一感觉是该期限不能再短了。但是,根据仲裁员的裁决,被诉成员通常没有必要采取特别措施更快实施DSB 建议和裁决。因此,所谓最短可能期限是指在不涉及发展中国家的案件中,被诉成员根据标准做法实施 DSB 建议和裁决所需的时间。如果涉及发展中国家,最短可能期限可能更短。因此,最短可能期限是特定案件背景下的最短,并非绝对的最短。正因如此,"美国赌博案"仲裁员质疑以下主张:"合理"与"最短"期限二词是可以互换的。在他看来,第 21.3(c)条中明确规定的词语是"合理实施期限",而不是"最短"期限,假定各个仲裁员通常应当探讨最短实施期限是不方便的,因为它将束缚这些仲裁员的手脚,阻止它们估计根据案件的特殊情势是合理的实施期限。因此,根据这一推理,依赖于案件的特殊情势,可能会出现合理实施期限不是最短期限的情况。无论如何,上述关于合理期限定义的讨论表明,各个仲裁员确定的合理期限通常是标准做法下的实施期限。因此,在涉及发展中国家投诉方的情况下,标准实施期限可被进一步压缩。

一旦准确认识到合理期限定义的含义,根据 WTO 合理期限仲裁实践,下列情况都可为仲裁员考虑投诉发展中国家利益提供机会:(1)被诉方享有实施方式选择权;(2)被诉方具有利用"额外程序"的机会;(3)被诉方利用了标准做法;(4)被诉方可以利用的其他自由。具体而言,仲裁员可以:(1)要求被诉方选择较短的实施方式;(2)要求被诉方利用额外程序;(3)要求被诉方压缩非强制性要求下的时间;(4)要求被诉方采取更快的非标准做法等。

(3)仲裁员给予投诉发展中国家特殊和差别待遇的方式的特殊性

仲裁员给予投诉发展中国家特殊和差别待遇的方式比较特殊。在被诉方是发展中国家的案件中,仲裁员的做法是在适用相关判例法得出最短可能期限后再通过给予额外期限给予发展中国家特殊和差别待遇。在投诉方是发展中国家的案件中,仲裁员不应采取类似方法,即先确定最短可能期限,然后缩短一个期限。这有可能导致被诉方无法按时实施 DSB 建议和裁决。仲裁员应当从仲裁一开始就牢记是否需要给予发展中国家特殊和差别待遇,如果需要给予,则应在确定合理期限的过程中考虑给予特殊和差别待遇,如果有机会的话。例如,当考查被诉方的实施方式选择时,可因发展中国家特殊和差别待遇要求被诉方选择更快的实施方式。

(4)投诉发展中国家在合理期限仲裁中确实获得特殊和差别待遇的条件

要使投诉发展中国家在合理期限仲裁中确实获得特殊和差别待遇,需要满足一系列条件。从发展中国家自身来说,首先是要积极援引第 21.2 条,请求仲裁员给予特殊和差别待遇。其次,发展中国家还应积极证明自己的主张,即证明自己的利益受到了争议措施的影响。在这方面,相关 WTO 合理期限仲裁实践提供了一些指导。① 一般来说,投诉方证明两点即可:第一, 争议措施造成

---

① 在"美国赌博案"中,安提瓜在该案中强调受到良好管理的跨境赌博和博彩服务产业安提瓜经济健康和增长的重要性以及该案对安提瓜有限资源所施加的限制。(第26段)安提瓜指出,其人口和人均 GDP 相对于美国来说微不足道。安提瓜解释到,1998 年以前,跨境赌博和博彩产业雇用了安提瓜劳工的显著比例,但该部门仍在运行的公司和雇员数量急剧下降。但安提瓜没有提供具体数据支持这些主张。安提瓜也没有努力证明其产业下降与争议措施之间的任何明确关系。由于缺乏更为具体的、关于安提瓜受影响利益及其与争议措施关系的证据或说明,仲裁员因此认为安提瓜没有满足第 21.2 条明确提及的标准。(第63段)

了不利影响,例如出口损失;第二,相关产业对于本国经济和社会
发展而言十分重要。但是,投诉方必须提出明确的数据和证据证
明其观点。这对缺少有关数据的弱小发展中国家提出了挑战。
"美国赌博案"中的安提瓜就是因为缺乏有关数据而被裁定没有
满足举证责任。最后,发展中国家还必须表明仲裁员应该采取何
种适合于自己情势的"进一步行动"。例如,发展中国家投诉方可
以使用标准做法下的实施期限作为基准期限,要求进行它们认为

"欧共体糖类案"涉及三个请求方:澳大利亚、巴西和泰国。巴西主张,由于巴
西是一个发展中国家成员,仲裁员应当根据 DSU 第 21.2 条特别注意迅速遵守对
于巴西发展目标的意义。巴西糖产业是其经济的重要组成部分,欧共体不符措施
导致巴西每年 4.94 亿美元的损失。(第 47 段)巴西主张,糖类产业占其农业 GDP
的份额超过五分之一;1997 年的一项研究表明,糖类产业创造了超过 65.4 万个直
接工作机会和 93.7 万个间接工作机会,直接雇用了 764,593 人;糖类产业具有额
外意义,因为它通常位于农村地区,具有社会责任雇用的传统;欧共体糖类出口补
贴对于出口市场价格具有破坏性影响。(第 100 段)泰国主张,本案裁决的实施对
于泰国的发展目标是"至关重要的"。泰国主张欧共体措施导致泰国 1.51 亿美元
的损失,影响了大约 150 万农民以及与糖有关的工人家庭,并且"对于泰国的糖类
产业具有非常严重的后果"。(第 56 段)泰国主张,欧共体糖类出口补贴对于世界
糖类市场价格具有抑制效果。泰国也主张自己糖类生产区域的大部分位于泰国
的低收入地区。(第 100 段)仲裁员认为巴西和泰国都证明了自己作为发展中国
家的利益,并且这些利益对于仲裁员确定本案合理期限是相关的。(第 101 段)仲
裁员最后确定了统一的合理实施期限,是否考虑了巴西和泰国的发展中国家利益
不得而知。
　　在"欧共体鸡块案"中,强调争议措施对巴西利益造成的影响。巴西首先提到
共同体市场上的销售损失,大约每年 3 亿欧元。其次,巴西主张家禽业是巴西经
济的关键部门,创造了大约 18 万个工作机会。家禽产业(特别是许多大公司)对
于巴西落后地区的投资和再就业具有重要意义。某些家禽公司通过提供社会项
目解决穷人的需要服务于各自的社区。因此,巴西主张该产业对于巴西的贸易和
社会发展至关重要。(第 31—32 段)。该案仲裁员认为巴西已经证明,巴西利益
受到了欧共体措施的影响。该案另一投诉方泰国没有提出与 DSU 第 21.2 条有关
的请求。

适当的某些缩短。在某些案件中,为使仲裁员确立更短的实施期限,它们可以证明存在更短的实施方式,由发达国家被诉方予以反驳。总之,发展中国家应当提出存在缩短标准实施期限的空间。在"美国赌博案"中,安提瓜作出了这类努力。安提瓜主张仲裁员应该根据 DSU 第 21.2 条解决与本案遵守有关的任何模糊性或不确定性以支持安提瓜,并在这方面请求仲裁员仔细审查美国提议的实施方式的有效性。安提瓜强调,美国立法程序非常灵活,并未包括针对立法程序每一步骤的固定时间。因此,仲裁员在本案中使用第 21.2 条要求美国特别勤勉并且使用内生于其体制的灵活性来实现迅速遵守是适当的。① 最后,第 21.3(c)条仲裁员应当积极回应发展中国家投诉方的特殊和差别待遇请求。

(三)两类案件之比较

相比给予被诉发展中国家特殊和差别待遇,给予投诉发展中国家特殊和差别待遇涉及的问题更为复杂。首先,给予被诉发展中国家特殊和差别待遇最终是要在已经确定的最短可能期限上增加一段期限作为合理期限,这在技术上不存在任何问题。给予投诉发展中国家特殊和差别待遇与此不同,因为最终是要缩短"最短可能期限",这在技术上存在困难。尽管如此,还是存在许多给予投诉发展中国家特殊和差别待遇的机会。其次,被诉或投诉发展中国家证明自己利益的标准不同。在发展中国家被诉的情况下,发展中国家得证明其整体经济或金融形势非常急迫或严重,证明标准非常高;而在发展中国家投诉发达国家的情况下,证明标准要低的多。最后,在发展中国家被诉的情况下,被诉方是唯一的;而在发展中国家投诉发达国家的情况下,投诉方可能还会包括发

---

① See, US—Gambling(article21.3), para.26.

达国家,这给合理期限的确定带来了困难。如果决定给予投诉发展中国家特殊和差别待遇,仲裁员面临如下选择:对发展中国家投诉方和发达国家投诉方分别确定不同合理期限、确定不考虑发展中国家特殊和差别待遇的统一合理期限、确定考虑发展中国家特殊和差别待遇的统一期限。三种做法都会带来问题:第一种做法可能会导致被诉方的实施困难,第二种做法没有给予发展中国家投诉方特殊和差别待遇,第三种做法则导致发达国家投诉"免费搭车"。

(四)一种特殊情形:发展中国家诉发展中国家

前文讨论了根据发达国家诉发展中国家和发展中国家诉发达国家这两类案件考查了仲裁员对投诉发展中国家利益和被诉发展中国家利益的考虑,实践中的另一种情况是发展中国家诉发展中国家。那么仲裁员在这类案件中该如何考虑争端方的利益呢? 这类案件目前发生过两起,即"阿根廷诉智利价格固定制度案"和"巴拿马诉哥伦比亚入港案"。在"智利价格固定制度案"中,被诉方智利援引第21.2条要求仲裁员设置较长的合理期限,而阿根廷要求仲裁员设置较短的合理期限。仲裁员裁定两个请求都是不正当的。智利引用了 DSU 第21.2条后认为,鉴于农业对智利经济的重要性,鉴于价格固定制度在智利农业和贸易政策中的长期作用,智利主张仲裁员在确定合理期限时应当考虑智利作为发展中国家成员的特殊利益。阿根廷主张,当规定应当特别注意影响发展中国家利益的事项时,第21.2条的文本在投诉方与被诉方之间没有作出任何区分。由于阿根廷的权利受到了价格固定制度持续运作的丧失或减损,阿根廷主张本仲裁决定中应当特别注意它作为发展中国家的地位。无论如何,作为发展中国家的智利在本案中没有遇到任何特别的经济困难。仲裁员认为,本案是第一个包括发展中国家投诉方和发展中国家被诉方的第 21.（c）条仲裁。实施本案 DSB 建议和裁决的期限是"影响两个成员的事项"：作为发展中国家的智利在修改长期存在的价格固定制度中面临的一般困难，以及对作为发展中国家的阿根廷施加的负担，其进入智利农产品市场的市场准入受到了与 WTO 规则不符的价格固定制度的阻碍。① 此外，智利并未指出它作为发展中国家在当前情势下面临的额外具体障碍。这是一个仲裁员在评估实施措施是否需要更长期限时应当考虑的事项。作为发展中国家的智利，当前并不存在具体的困难，这与以前的仲裁形成了鲜明对比，在这些仲裁中，成员不仅仅指明了它们作为发展中国家的地位，而且也指明了拟议实施期限内存在"严重"（severe）或"紧急"（dire）的经济和金融形势。相比之下，投诉方阿根廷当前令人却步的金融危机放大了其负担的急迫性（acuteness）。因此，智利作为发展中国家可能实际上面临实施 DSU 建议和裁决中的困难，并且，只要与 WTO 不一致的价格固定制度得以维持，阿根廷作为发展中国家同样面临持续的困难。因此，在本案不同寻常的情况下，仲裁员不会因为"特别注意到"发展中国家利益而加长或缩短合理期限。② 从本案来看，仲裁员一般不会考虑由于发展中国家的一般身份而引起的实施 DSB 建议和裁决的困难，只会考虑那些发展中国家当前面临的宏观经济情势，例如"严重"或"紧急"的经济和金融形势。在争端双方都是发展中成员的情况下，仲裁员需要权衡合理期限对双方利益的影响后作出裁决。

在"哥伦比亚入港案"中，投诉方巴拿马获得了胜诉。在该案

---

① See, *Chile—Price Band System*（*Article 21. 3*），para. 55.
② See, *Chile—Price Band System*（*Article 21. 3*），para. 56.

合理期限仲裁中,被诉方哥伦比亚主张,DSU 第 21.2 条要求在确定合理实施期限时考虑哥伦比亚的发展中国家地位。提到以前的相关仲裁,哥伦比亚主张,第 21.2 条要求仲裁员"一般性忆及"(generally mindful)发展中国家在实施 DSB 建议和裁决时可能面临的困难,例如"严重的经济和金融问题"。哥伦比亚也忆及,在"智利价格固定制度案"的"不同寻常情况下",仲裁员既没有给予更长期限,也没有给予更短期限,因为实施成员未能证明它作为发展中国家正在面临的任何"具体障碍",并且投诉成员(也是一个发展中国家)当时正在经历"噩梦般的金融灾难"(daunting financial woes)。相比之下,在本案中,哥伦比亚主张,自己是一个"受到全球金融危机影响的发展中国家,正在持续地打击与走私有关的洗钱和贩毒活动",但没有任何证据表明,巴拿马目前正在经历"噩梦般的金融灾难"。① 巴拿马则主张,仲裁员在确定合理期限时不应考虑哥伦比亚的发展中国家地位。巴拿马强调说,尽管"智利价格固定制度案"仲裁员承认作为发展中国家的智利在实施 DSB 建议和裁决时可能面临障碍,但是,只要维持 WTO 不符措施,阿根廷同样面临"困难"。仲裁员因此决定不考虑智利的发展中国家地位。巴拿马主张,哥伦比亚未能证明,哥伦比亚正处于将会证明更长实施期限正当性的"急迫经济或金融"情势。② 仲裁员理解,哥伦比亚和巴拿马都请求仲裁员考虑他们各自的发展中国家地位。仲裁员认为,DSU 第 21.2 条指示仲裁员"特别注意"影响实施和投诉发展中国家成员的利益。如果实施成员和投诉成员都是发展中国家,DSU 第 21.2 条中规定的要求没有什么相关

---

① See,*Colombia—ports of entry*(*Article 21.3*),para.32.

② See,*id*,para.54.

性,除非一方成功证明,相比另一方,自己受到了与发展中国家地位有关的问题的更为严重影响。但仲裁员并不认为,哥伦比亚或巴拿马已经证明,他们作为发展中国家面临的挑战一方比另一方更为严重。据此,仲裁员决定不予考虑争端双方的发展中国家地位。[1]

(五)第三方发展中国家的利益

确定合理期限的仲裁员能否考虑第三方发展中国家的利益这一问题早在"欧共体香蕉案"合理期限仲裁中被提了出来。该案仲裁员提出了一个问题:其他发展中国家(特别是 ACP 香蕉生产国)的利益是否也受到了影响? 厄瓜多尔等国主张,由于它们正在请求实施与 WTO 相符的进口制度,它们的利益更为重要。[2] 仲裁员没有对该问题作出进一步探讨。

在欧共体为被诉方的两个案件中,欧共体积极主张仲裁员考虑第三方发展中国家的利益,并给予自己更长的实施期限。鉴于欧共体没有满足第 21.2 条中的举证责任要求,两案仲裁员均未处理欧共体的请求。但是,如果被诉方在后来的案件中证明了第三方发展中国家的利益受到了争议措施的影响,仲裁员将不得不直面是否在合理期限确定中考虑该第三方发展中国家利益的问题。

在"欧共体关税优惠案"中,欧共体建议,鉴于第 21.2 条和《医药安排》当前受益人(发展中国家)的利益,欧共体需要更长的实施期限。欧共体认为,第 21.2 条提到"发展中国家成员",而不仅仅是任何特定争端中的当事方。[3] 印度反对欧共体的方法,主

---

① See, *Colombia—ports of entry* (*Article 21.3*) , paras. 104–107.

② See, *EC—Bananas* (*Article 21.3*) , para. 16.

③ See, *EC—Preferences* (*Article 21.3*) , para. 58.

张就第 21.3(c)条仲裁而言,第 21.2 条义务仅与作为仲裁当事方的发展中国家有关。印度主张,当与上下文一起理解时,应根据第 21.2 条其利益的发展中国家成员是争端当事方,不是第三方或任何其他成员。此外,即使第 21.2 条提及所有发展中国家成员,印度主张,印度与并非医药安排受益人的所有其他发展中国家成员的利益在其 12 个受益人的利益发生冲突时将会优先。① 该案仲裁员注意到,以前的仲裁员裁定没有必要确定 DSU 第 21.2 条的精确边界。某些仲裁员在评估发展中国家实施成员面临的困难或者双方都是发展中国家的案件时考虑了这一条款。没有仲裁员确定第 21.2 条中的"发展中国家成员"在第 21.3(c)条背景下应被解释为包括非仲裁当事方的成员。仲裁员认为自己也没有必要在本案就这一问题作出裁决,因为关于这些发展中国家成员受到欧共体实施本案建议和裁决特别影响的精确方式以及该事实应该如何影响合理实施期限,欧共体没有提供满意的解释或证据。②

在"欧共体糖类案"中,被诉方欧共体再次主张,第 21.2 条不仅适用于作为投诉方或被诉方的发展中国家,也适用于所有其他发展中国家的利益。欧共体认为,"更短实施期限……将会对进口糖类的发展中国家造成不利影响。"关于欧共体主张的其他发展中国家的利益,仲裁员认为欧共体没有提交足够的证据,因此克制作出任何裁决。③

理论上看,第三方发展中国家利益会以两种不同方式影响合理期限的确定。第一,被诉方在实施 DSB 建议和裁决时需要对涉

---

① See, *EC—Preferences* (*Article 21.3*), para. 23.
② See, *EC—Preferences* (*Article 21.3*), para. 59.
③ See, *EC—Sugar* (*Article 21.3*), paras. 98–104.

及第三方利益的措施作出安排,这需要花费时间。第二,被诉方考虑到第三方利益,决定暂缓遵守 DSB 建议和裁决以迎合该第三方利益。第一种情况是实施 DSB 建议和裁决所必需的,因此不属于第21.2 条所指的情况。DSU 第21.2 条应当是指第二种情况。从 DSU 第21.2 条条文来看,被诉方似乎可以主动给予影响第三方发展中国家利益的事项特别注意。因此,第21.2 条仲裁员应该尊重被诉方的选择。在经济全球化背景下,上述结论依赖于对各个发展中国家成员利益的整体考虑,但该结论似乎违背了 WTO 争端解决机制的双边对抗性特征:争端方通常只能维护自己的利益,不得代表其他成员的利益。

（六）两份主席案文之建议

关于合理期限仲裁中发展中国家特殊和差别待遇的适用范围,两份主席案文也存有明显分歧:"2003 年主席案文"将其适用范围限定于被诉发展中国家,并区分一般发展中国家成员和最不发达国家成员分别作出了不同规定。"2008 年主席案文"则未限定发展中国家特殊和差别待遇的适用范围,要求仲裁员考虑发展中国家成员的特殊问题和利益。

五、禁止性补贴案件中合理期限的确定

在禁止性补贴案件中,专家组应当确定被诉方撤销补贴的期限,并将它作为其建议的一部分。由于专家组报告可被上诉,一个法律问题就是专家组确定的撤销补贴的期限能否被上诉? 或者,上诉机构能否审查专家组确定的撤销补贴的期限? 由于第21.3条仲裁裁决一裁终局,仲裁员确定的合理期限不能被上诉,一个推论就是禁止性补贴案件中由专家组确定的实施期限不能被上诉。但是,DSU 第17.6 条规定上诉限于专家组报告涉及的法律问题和专家组所作的法律解释,由于专家组确定的撤销补贴的期限是一个法律问题,因此专家组关于补贴撤销期限的裁定当然可被上诉,上诉机构也可以审查。在"巴西飞机案"中,上诉机构似乎认为可以审查这类上诉:"此种列明(指撤销期限)是上诉中的一个法律问题。但"没有任何理由扰乱专家组的建议(指'毫不延迟'在本案中意味着 90 天),因此巴西必须在 90 天内撤销根据争议措施给予区域航空器的出口补贴。"①因此,普通案件中的合理期限经由单独的仲裁程序来确定,但仲裁结果不能上诉;禁止性补贴案件中的补贴撤销期限由专家组来确定,但可以上诉。鉴于第 21.3 条仲裁程序是独立程序,并且仲裁时间比较长(45-90 天),即使是面对比禁止性补贴案件更为复杂的实施问题(仲裁员在不知晓实施方式的情况下裁决),该仲裁程序应能有效解决问题。另一方面,禁止性补贴案中的实施问题相对简单(撤销补贴即可),并且专家组的撤销期限建议可以上诉,因此也可以保证撤销期限合理正确。

在"澳大利亚汽车皮革案"中,澳大利亚主张,由于 DSU 下实施专家组决定的"通常"期限为 15 个月,以及出口补贴争端中的时限根据 SCM 协定第 4.12 条是普通争端时限的一半,因此 7 个半月是适当的。专家组拒绝了澳大利亚的主张。专家组认为,SCM 协定第 4.12 条明确规定,"除本条明确规定的时限外",DSU 规定的时限在出口补贴争端中应当减半。第 4.7 条规定应当"毫不延迟地"撤销补贴,并且规定专家组应当在其建议中列明撤销措施的期限,因此,撤销期限是"本条明确规定的"。此外,专家组并不相信 7 个半月可以被合理地描述为满足了必须毫不延迟地撤

---

① Appellate Body Report on *Brazil—Aircraft*, para. 194.

销补贴措施这一要求。①

　　从专家组的实践来看,尽管它们有时宣称在确定补贴撤销期限时考虑了一些因素,但分析非常少,基本上是一种武断的裁决。专家组几乎毫无例外地确定了 90 天的补贴撤销期限。在"澳大利亚汽车皮革案"中,专家组认为相关措施的性质以及关于实施的问题可能是相关的,"鉴于相关措施的性质,我们认为 90 天期限对于撤销相关措施是适当的。"②在"巴西飞机案"中,专家组认为,可能我们需要考虑该措施的性质以及实施该建议可能面临的困难。然而,关于什么样的步骤才会构成各种事实情况下的补贴"撤销"没有任何实践,我们认为,告诉巴西实施我们的建议需要什么样的步骤不是我们的权限。因此,考虑到该措施的性质以及实施我们的建议可能需要的程序,考虑到巴西"毫不延迟地"撤销其补贴的要求,我们得出结论,巴西应当在 90 天内撤销该补贴。③在"加拿大飞机案"中,专家组宣称,"考虑到实施我们的建议可能需要的程序以及加拿大'毫不延迟地'撤销其补贴的要求,我们得出结论,加拿大应当在 90 天内撤销补贴。"④就补贴撤销期限而言,"加拿大飞机第二案"专家组和"韩国商用船舶案"专家组使用了与"加拿大飞机案"专家组相同的用语。⑤ 在"美国陆地棉案"中,专家组的裁决更为武断:"我们列明的时限必须与'毫不延迟'撤销补贴这一要求相符。无论如何,这一时限不迟于……。"⑥在

----

　　① Panel of Report on *Australia—Aotumobile Leather*, para. 10. 6.

　　② Panel of Report on *Australia—Aotumobile Leather*, para. 10. 4, para. 10. 7.

　　③ Panel Report on *Brazil—Aircraft*, para. 8. 5.

　　④ Panel Report on *Canada—Aircraft*, para. 10. 4.

　　⑤ See, Panel Report on *Canada—Aircraft Credits and Guarantees*, para. 8. 4; Panel Report on *Korea—vessels*, para. 8. 5.

　　⑥ See, Panel Report on *US—Upland Cotton*, para. 8. 3(b).

"美国外国销售公司案"中,由于专家组建议的实施需要立法行动,考虑到美国财政年度的实际情况、本案可能被上诉以及毫不迟延的撤销要求,专家组确定美国撤销外国销售公司补贴的期限不迟于 2000 年 10 月 1 日,即美国下一财年开始之日。①

第三节　合理期限制度实践概况及其改革

WTO 合理期限制度总体上运转良好,在促进被诉方遵守和实施 DSB 建议和裁决方面发挥了一定作用。但是,对现有合理期限制度作必要的改进仍是可取的。特别地,如何确保仲裁员具有足够的仲裁时间但又不至于延长合理期限仲裁程序是一个重要问题。此外,也应当在合理期限确定方面加强发展中国家的特殊和差别待遇。

一、合理期限制度实践概况

(一)一般性案件中各种合理期限确定方式的使用频率分析

尽管第 21.3 条关于合理期限确定方式的结构安排似乎意味着一种优先次序,但(a)项从未适用过,(b)项和(c)项都得到了普遍适用。这是由 DSB 的决策方式决定的。根据 DSU 第2.4 条及 DSU 其他条款,如 DSU 有关条款没有明确提到反向协商一致决策方式,则 DSB 应协商一致作出决定。因此,被诉方提议的实施期限若要经 DSB 批准,则必须没有遭到投诉方的反对,在此背景下,投诉方与被诉方必须首先就被诉方提出的期限达成协议,否则很可能得不到 DSB 的批准。如此,当事

① Panel Report on *US—FSC*, paras. 8.6—8.8.

方还不如直接根据第21.3条(b)项达成协定,免去其他成员介入的不便。然而,DSB在2001年7月24日的会议上批准了美国延长先前由仲裁员在"美国版权法案"和"美国1916年法案"中确定的两项合理期限的提议。这些DSB批准可被视为隐含适用了第21.3条(a)项。

(二)第21.3(c)条合理期限仲裁实践概况

截至2011年6月底,第21.3(c)条仲裁员共作出了29个仲裁报告,这些报告共作出了25个合理期限仲裁裁决。由于争端双方在其他4个案件中达成了协议,仲裁员只发布了仲裁报告。根据福山雅治截至2008年3月底的一份统计,第21.3(c)条仲裁员确定的合理期限最短6个月,最长15个月零1周,平均期限约为11.83个月,后者仅比争端方根据DSU第21.3(b)条协议确定的期限长约2.5个月。除"欧共体香蕉案"之外,所有裁决确定的合理期限都短于被诉方请求的期限。在大多数案件中,被诉方或者实施了DSB建议,或者与投诉方就合理期限内的实施措施达成了协议。在其他案件中,被诉方宣称在合理期限内采取了实施DSB建议的措施,但争端方对于实施措施的存在性或一致性存有分歧。这些事实表明,第21.3条(c)仲裁整体上运转良好,支持被诉方迅速实施DSB建议的努力。①

从第21.3(c)条程序发起方来看,一般均为投诉方;在"欧共体荷尔蒙案"和"智利价格固定制度案"中,被诉方发起了第21.3(c)条程序;在"智利酒类税案"和"加拿大医药专利案"中,双方

---

① See, Yuka Fukunaga, *Securing Compliance through the WTO Dispute Settlement System:Implementation of DSB Recommendations*, Vol. 9, No. 2, JIEL, 2006, p. 401.

同意启动第 21.3(c)条程序。从仲裁人①来看,均由一名离任或在任上诉机构成员充当独任仲裁员裁决案件。这些充任第 21.3(c)条仲裁员的上诉机构成员以个人身份行事。② 由于上诉机构成员裁决案件一般均会与其他上诉机构成员讨论和协调③,这保证了第 21.3(c)条判例法的连贯性。④ 这一法律实践表明,由于合理期限仲裁裁决是终局性的,由上诉机构充任仲裁员弥补了临时仲裁员制度可能带来的不利之处。相比之下,第 22.6 条仲裁是临时性的,它要求尽可能诉诸原专家组。从仲裁时间来看,第 21.3(c)条仲裁通常并未在 DSU 规定的专家组或上诉机构报告通过后 90 天内完成。实际上,该截止期限仅在一个仲裁得以遵守,

----

① DSU 第 21.3(c)条脚注将"仲裁人"解释为一个人或一个小组。DSU 并未规定谁应当充任仲裁人。仲裁人由仲裁当事方协商确定;如果不能达成协议,则由 WTO 总干事指派仲裁人。

② 上诉机构成员出任第 21.3 条独任仲裁员的情况如下:James Bacchus 两次,John Lockhart 四次,A. V. Ganesans 三次,Claus-Dieter Ehlermann 三次,Yasuhei Taniguch 两次,Florentino Feliciano 三次,Julio Lacarte-Muro 四次,Said El-Naggar 两次以及 Christopher Beeby 一次。

③ 在"欧共体香蕉案"合理期限仲裁中,在接受总干事指派后,仲裁员 Said El-Naggar 明确向争端各方表示,作为上诉机构成员,自己将会根据集体会商(collegiality)实践与上诉机构其他成员进行磋商。仲裁员于 1997 年 12 月 19 日与上诉机构的其他成员进行了磋商。集体会商做法的确立极大地保证了合理期限仲裁实践的连贯性和高质量,尽管某些判例法已经历了巨大变化。See, *EC—Bananas(Article 21. 3)*,paras. 3-4.

④ 孟尼耶总结到,上诉机构的仲裁员已经通过一个又一个的裁决确立了非常一致和同类的案例法。自 1997 年 2 月 13 日 Lacarte 先生签署仅有一个段落的第一个裁决以来,这一判例法得到了相当大的发展和提炼。现在,即使最终决定(最后授予的合理期限的长短)属于仲裁员的裁量权,第 21.3 条裁决更像一个小型判决。See, Pierre Monnier, *The Time to Comply with an Adverse WTO Ruling: Promptness within Reason*,Vol. 35, No. 5,JWT,2001,p. 840. 第 21.3 条报告越来越长也反映了这一领域判例法的日益成熟。

即"欧共体香蕉案"第 21.3(c)条仲裁。这是因为,仲裁通常在专家组或上诉机构通过之后的一段时间内开启,在仲裁员指派和 90天到期日之间留给仲裁员太少的时间来完成仲裁。在每一案件中,争端方都达成了延长仲裁的协议。①

(三)禁止性补贴案件中合理实施期限的实践概况

在禁止性补贴案件中,专家组通常确定了 90 天的补贴撤销期限。② 在"美国外国销售公司案"中,专家组确定了一个固定期限:美国至迟从 2000 年 10 月 1 日起撤销补贴,而根据专家组的评估,如果本案上诉,则专家组和上诉机构报告至迟在 2000 年开春可被通过。③ 实施期限至少长达 6 个多月。在"美国陆地棉案"中,关于争议措施中的禁止性补贴,专家组要求美国在 DSB 通过专家组报告后 6 个月内或者 2005 年 7 月 1 日之前撤销,以较早者为准。④因此,在大多数涉及禁止性补贴的案件中,专家组建议应在 90 天内撤销补贴。然而,当实施需要立法行动时,专家组会建议更长的期限。例如,在"美国外国销售公司案"中,由于实施需要立法行动,专家组给予美国自预期的专家组报告发布时起大约 1 年时间,本质上给予美国国会一轮完整的立法会议来撤销受到禁止的外国

---

① Valerie Hughes, *Arbitration within the WTO*, in Federico Ortino and Ernst-Ulrich Petersmann(ed.), *The WTO Dispute Settlement System: 1995–2003*, Kluwer Law International,2004, p. 85.

② See, Panel Report on *Brazil—Aircraft*, para. 8.5; Panel Report on *Australia—Automobile Leather*, para. 10.7; Panel Report on *Canada—Aircraft*, para. 10.4; Panel Report on *Canada—Aircraft Credits and Guarantees*, para. 8.4; Panel Report on *Korea—vessels*, para. 8.5.

③ See, Panel Report on *US—FSC*, para. 8.8.

④ See, Panel Report on US—*Upland Cotton*, para. 8.3(b) and(c).

销售公司措施。①

二、合理期限制度改革建议及评述

(一)合理期限的精确性

由于仲裁员的职责仅限于确定合理期限,不能审查实施措施,因此仲裁员需要在不了解什么构成了实施措施的情况下确定合理期限。这对仲裁员确定精确的合理期限带来了困难。为了克服第21.3 条仲裁中的这些困难,一些学者主张,为使仲裁员能够推断出至少一种实施方式,并根据提议的实施方式确定更为精确的合理期限,专家组或上诉机构应被指示根据 DSU 第 19.1 条作出提议。但是,在每一案件中使提议成为一种要求会使专家组和上诉机构的负担过重,并会减损已经很好确立的原则:实施措施的选择是而且应当是被诉方的特权。② 是否需要进一步增强合理期限裁决的精确性是有疑问的。实际上,合理期限的确定并不纯粹是一种数学过程,它以更为灵活的方法得以管理。首先,第 21.3 条规定,当事方同意的合理期限优先于仲裁员的决定。当事方确实在大多数案件中达成了关于合理期限的协议。其次,DSB 承认,合理期限可以修改,无论是否存在仲裁员裁决,只要当事方同意这样做。第三,尽管确定的合理期限肯定是一种近似且正式的时间估计,但在合理期限到期后,被诉方有时继续努力实施,并且当事方通常继续磋商,以寻求 MAS。仲裁的有效性或所需的精确性应当

---

① WorldTradeLaw. net Dispute Settlement Commentary for Panel Report on *US—FSC*, p. 15.

② Yuka Fukunaga, *Securing Compliance through the WTO Dispute Settlement System:Implementation of DSB Recommendations*, Vol. 9, No. 2, JIEL, 2006, pp. 401 - 402.

根据实施所需的总体长期过程来评估。① 第 21.3 条仲裁的灵活方法也符合 WTO 争端解决机制的性质。合理期限的近似性质肯定会便利当事方解决争端的互动。严格且精确的合理期限并不会显著促进互动,因为实施涉及国内和国际政治过程。此外,尽管灵活方法可能导致实施拖延,但其他措施可以弥补拖延损失。②

(二)仲裁人的组成

第 21.3(c)条仲裁人通常由一名上诉机构成员担任。欧共体建议改变这一做法,当争端双方无法就仲裁员的选择达成一致意见时,仲裁人应从常设专家组名单中选取。③ 鉴于目前由上诉机构成员充任仲裁员的做法运转良好,没有必要作出欧共体建议的改革。

(三)合理期限仲裁程序的时限

第 21.3(c)条明确规定,仲裁员应在专家组或上诉机构报告通过后 90 天内确定合理期限。然而,在诉诸仲裁之前,该条允许当事方有 45 天时间来努力达成关于实施期限的协议。如果不成功的谈判消耗了 45 天时间,仲裁就只剩下了 45 天,这还要包括指派仲裁员的时间。因此,第 21.3 条仲裁程序最长为 90 天,最短则少于 45 天。实践中,有些案件的当事方在 45 天后仍未达成协议,转而诉诸第 21.3(c)条仲裁。鉴于仲裁期限所剩无几,许多案件

---

① See, Yuka Fukunaga, *Securing Compliance through the WTO Dispute Settlement System: Implementation of DSB Recommendations*, Vol. 9, No. 2, JIEL, 2006, pp. 402 - 403.

② See, Yuka Fukunaga, *Securing Compliance through the WTO Dispute Settlement System: Implementation of DSB Recommendations*, Vol. 9, No. 2, JIEL, 2006, p. 403.

③ Joost Pauwelyn, *Proposals for Reforms of Article 21 of the DSU*, in Federico Ortino and Ernst - Ulrich Petersmann (ed.), *The WTO Dispute Settlement System: 1995-2003*, Kluwer Law International, 2004, p. 59.

的当事方通过协议延长了仲裁期限。例如,在第一个第 21.3(c)条仲裁"日本酒类税案"中,报告于 1996 年 11 月 1 日通过,但该案直到 12 月 24 日(通过后 54 天)才提交仲裁。当事方同意延长 90 天仲裁期限两个星期。许多其他第 21.3(c)条仲裁中也授予了这类期限延长。① 如何确保第 21.3(c)条仲裁具有充足的时间而又不过分延长合理期限程序是 WTO 合理期限制度的改革重点之一。

　　韩国抱怨说,第 21.3(c)条仲裁经常超过了 DSU 规定的 90 天时间限制。韩国希望修改 DSU,以使争端方在专家组或上诉机构报告通过后立即开始合理期限谈判,而不仅仅是在通过之后的 30 天以后。韩国也建议,各成员应有权在专家组或上诉机构报告通过之后的 30 天以后请求总干事指派仲裁员。毫无疑问,韩国指控第 21.3(c)条仲裁并未遵守 90 天截止期限是正确的。Hughes 认为,考虑到仲裁员指派与仲裁裁决发布之间的平均天数为 57 天,韩国迫使较早指派仲裁员的方法具有某些优点。但是,韩国的建议对于合理期限本身没有任何影响,因为它仍然从专家组或上诉机构报告通过之日开始计算。换句话说,即使仲裁员较早发布了裁决,这并不会影响实施成员必须完成实施的截止期限,因为合理期限裁决的作出日期与合理期限本身没有任何关系。② 但是,考虑到实施成员一般会拖延实施(不是在专家组或上诉机构报告通过之后就立即着手实施,而是等待合理期限仲裁结果出来以后再

---

① 值得注意的是,在"欧共体香蕉案"中,争端方并未协议延长仲裁期限,导致本案仲裁员在极短的 15 天内作出了裁决。

② Valerie Hughes, *Arbitration within the WTO*, in Federico Ortino and Ernst-Ulrich Petersmann(ed.), *The WTO Dispute Settlement System:1995–2003*, Kluwer Law International, 2004, p. 85.

开始实施),并且现有 WTO 争端解决裁决执行机制不存在有效打击拖延实施以及制裁不遵守的手段,较早的合理期限裁决具有重要的实际意义,它会促进被诉方尽可能早地开始实施和完成实施。

"2003 年主席案文"对 DSU 第21.3 条作出了许多修改。① 首先,它规定各成员应在 DSB 建议和裁决通过后10 天内向 DSB 通知他们的实施意图,以替代目前的30 天。其次,"2003 年主席案文"允许争端方通过谈判协商确定合理期限,但谈判期限缩短为30 天。"2003 年主席案文"规定,从 DSB 建议和裁决通过后的第30 天开始,任何当事方可以请求仲裁。如果当事方在将有关事项提交仲裁后10 天内不能就仲裁员达成协议,每一当事方可以请求总干事指派仲裁员。总干事在与当事方磋商后应在这类请求提出后7 天内指派仲裁员,除非当事方另有约定。最后,"2003 年主席案文"要求仲裁员在被指派后50 天内向争端方发布裁决。② 因此,"2003 年主席案文"要求被诉方更早通知实施意图,缩短争端方就合理期限达成协议的时间,并对仲裁员的指派作出了明确规定,以便仲裁员更早开始仲裁。

"2003 年主席案文"改善了仲裁员完成工作的时限。根据当前规则,仲裁员应在专家组和/或上诉机构报告通过后90 天内确定合理期限。考虑到仲裁员通常在45 天过后才被指派,他们只有不到45 天的时间确定合理期限。根据主席的建议,仲裁员需要在被指派后50 天内确定合理期限。主席建议的新时间框架被认为

---

① 主席文本明确,"合理期限"用语应被理解为也指 SCM 协定第4.7 条和第7.9 条规定的时限。See,Special session of the Dispute settlement body, *Report by the Chairman to the Trade Negotiations Committee*,TN/DS/9,6 June 2003,p.10.

② See,Special session of the Dispute settlement body,*Report by the Chairman to the Trade Negotiations Committee*,TN/DS/9,6 June 2003,pp.9–10.

更具现实性,也更可能被仲裁员遵守。① 与现行仲裁程序相比,虽然仲裁员发布合理期限的法定时间略有延长(30+10+7+50=97天),但建议的程序保证了仲裁程序的及时开启,保证仲裁员拥有足够的时间来仲裁案件,同时也有利于仲裁员遵守时限规定,具有很大的可行性。"2008 年主席案文"未对合理期限仲裁程序做出任何修改。

(四)发展中国家特殊和差别待遇

印度曾经建议,依赖于实施是否需要修改法律条款,给予发展中国家的合理期限应在 15 个月至 24 个月。鉴于某些成员反对这一建议,该建议没有反映在"2003 年主席案文"中。② Virachai Plasai 认为,在合理期限确定方面,给予发展中国家某些灵活性的特殊制度是必要的。但是,适用于发展中国家的合理期限不应在 DSU 文本中预先确定,因为这会影响 WTO 争端解决机制的哲学:迅速遵守是最终目标。Virachai Plasai 建议,适用于发展中国家的特殊制度应向发展中国家提供灵活性,即考虑与发展中国家发展水平有关的情势,在根据现有第 21.3(c)条确定的合理期限之外增加额外期限。在确定是否允许额外期限时,仲裁员可以考虑国内法律程序之外的因素,可以要求仲裁员考虑与相关发展中国家发展目标和发展政策有关的情势。许多成员似乎也支持增强考虑

---

① See, Edwini Kessie, *The 'Early Harvest Negotiations' in 2003*, in Federico Ortino and Ernst – Ulrich Petersmann (ed.), *The WTO Dispute Settlement System: 1995–2003*, Kluwer Law International, 2004, p. 133.

② See, Edwini Kessie, *The 'Early Harvest Negotiations' in 2003*, in Federico Ortino and Ernst – Ulrich Petersmann (ed.), *The WTO Dispute Settlement System: 1995–2003*, Kluwer Law International, 2004, p. 133.

特殊情势的观念。① 鉴于现有仲裁实践只在发展中国家面临非常急迫的经济和金融困境时适用 DSU 第 21.2 条给予额外期限，Virachai Plasai 的建议较为合理。

"2003 年主席案文"呼吁对发展中国家面临的特殊问题和最不发达国家的特殊情势给予考虑。"2003 年主席案文"建议在第 21.3(c)条末尾增加两句话："如果相关成员是一发展中国家成员，仲裁员应适当考虑可能影响该成员能够实施 DSB 建议和裁决的时限的任何特殊问题(particular problems)。此外，如果相关成员是一最不发达国家成员，应当适当考虑这类国家面临的特殊情势(special situation)。"②该修改存在三个问题：第一，该修改只允许第 21.3(c)条仲裁员在确定合理期限时适当考虑被诉发展中国家成员或最不发达国家成员的利益，意味着禁止考虑作为投诉方或第三方的发展中国家的利益，这与现有实践不符；第二，发展中国家成员与最不发达国家成员的区分是否恰当，或者，"特殊问题"与"特殊情势"有何差别；第三，如何界定"特殊问题"和"特殊情势"？

"2008 年主席案文"建议在第 21.3(c)条末尾增加一个脚注："在确定这些具体情况时，仲裁员应当(shall)考虑发展中国家成员的特殊问题和利益。"现有合理期限仲裁实践通过适用第 21.2 条已基本做到了这一点，是否有必要专门增加注解值得考虑。值得注意的是，该注解使用了"特殊问题和利益"(实际上，"2008 年主席案文"在其他地方亦使用了这一术语)，而不是第 21.2 条中

① Valerie Hughes, *Arbitration within the WTO*, in Federico Ortino and Ernst-Ulrich Petersmann(ed.), *The WTO Dispute Settlement System:1995-2003*, Kluwer Law International,2004,p.43.

② See,Special session of the Dispute settlement body, *Report by the Chairman to the Trade Negotiations Committee*,TN/DS/9,6 June 2003,p.10.

的"利益",存在两个模糊之处:第一,"特殊问题和利益"与第
21.2 条意义上的"利益"在含义上有何区别;第二,"特殊"是否修
辞"利益",即"特殊问题和利益"是指"特殊问题"和"利益"还是
指"特殊问题"和"特殊利益"?

　　比较两份主席案文,可以发现,关于合理期限仲裁中特殊和差
别待遇原则的适用范围或者说第 21.3(c)条仲裁员是否可以考虑
除被诉发展中国家成员以外的其他类型发展中国家成员的利益,
WTO 各成员看法并不一致。

　　笔者认为,第 21.3(c)条仲裁员可在现有 DSU 法律框架下通
过宽松适用 DSU 第 21.2 条来给予发展中国家特殊和差别待遇,
对于"具体情况"解释可以更为宽松,例如考虑发展中国家的发展
目标和发展政策。此外,仲裁员还需要区分不同类型的案件,采取
不同的给予合理期限的方式,明确地给予发展中国家特殊和差别
待遇。对于发达国家诉发展中国家案件,可在确定合理期限之后
给予额外的期限;对于发展中国家诉发达国家案件,则应在仲裁一
开始就考虑发展中国家的特殊和差别待遇问题,并通过适当方式
予以体现;对于发展中国家诉发展中国家案件,则应在权衡争端双
方的具体情况后选择对策。

(五)加强合理期限内的磋商

　　DSU 现行文本没有规定争端双方在合理期限内的磋商问题。
"2003 年主席案文"规定删除了现有的第 5 款,增加一款规定:"在
合理期限内,每一争端方应当给予另一争端方的任何请求同情考
虑,以讨论可能的实施 DSB 建议和裁决的相互满意解决办法。"[1]

---

① See, Special session of the Dispute settlement body, *Report by the Chairman to the Trade Negotiations Committee*, TN/DS/9, 6 June 2003, p. 10.

"2008 年主席案文"第 21 条第 5 款(a)项规定:"合理期限中期过后,或者,如果相关成员根据第 3 款不拥有/不需要(have/need)一合理期限,第 3 款提及的 DSB 会议之后,如果争端一方请求,争端另一方应给予任何磋商请求善意的同情考虑,以达成相互满意的实施 DSB 建议和裁决的解决办法。请求磋商的一方应向 DSB 及相关理事会和委员会通知自己的请求。"

第三章　WTO 遵守复审制度

WTO 争端中的被诉方应在合理期限内积极实施 DSB 建议和裁决。然而,对于败诉方实施措施的存在性或 WTO 相符性,争端方可能存在争议。为了及时有效解决这类争端,DSU 设置了遵守复审制度,专门处理这类争端。遵守复审程序包括专家组程序和上诉机构程序,基本类似于普遍争端解决程序。由于遵守复审制度的设置目的、审查对象等方面存在不同,该制度在实际运行过程中也存在一些特殊法律问题。

第一节　遵守复审制度的基本问题

DSU 第 21.5 条规定,当对采取来遵守 DSB 建议和裁决的措施的存在性或者与涵盖协议的一致性存有分歧时,此类争端应当诉诸 WTO 争端解决程序加以解决,包括尽可能诉诸原专家组。专家组应在该事项提交给它后 90 天内发布报告。这一程序被称为"第 21.5 条程序"、"第 21.5 条遵守复审程序"、"遵守程序"、"遵守复审程序"、"复审程序"等等。审查第 21.5 条案件的专家组被称为"第 21.5 条专家组"、"遵守专家组"、"第 21.5 条遵守专家组"、"复审专家组"或"实施专家组"等等。根据该程序发布的报告被称为第 21.5 条报告。第 21.5 条遵守复审程序是 DSU 新引入的程序之一。

一、遵守复审程序的概念和特征

遵守复审程序是指 WTO 争端解决程序中用来审查被诉方实施措施的存在性或与 WTO 相关涵盖协定的相符性的程序。该程序具有如下特征：

第一，从时间或阶段上看，遵守复审程序位于磋商程序、专家组程序、上诉机构程序和合理期限仲裁程序之后报复仲裁程序之前，它是 WTO 整个争端解决程序不可或缺的一部分。

第二，从功能上看，遵守复审程序旨在客观评估被诉方实施措施的存在性或一致性，或者，旨在客观判断被诉方是否遵守了 DSB 建议和裁决。该程序对被诉方遵守状态的判断直接影响着后续程序的展开。如果上诉机构或第 21.5 条专家组裁决被诉方未能在合理期限内遵守 DSB 建议和裁决，投诉方可以开启补偿谈判或报复授权程序。

第三，从形式上看，尽管 DSU 第 21.5 条仅用一款规定遵守复审程序，但该程序包括完整的磋商程序、第 21.5 条专家组程序和上诉机构程序，类似于处理最初争端的相关程序。DSB 也应及时通过第 21.5 条专家组和上诉机构报告，通过规则仍是反向协商一致。第 21.5 条专家组应尽可能由原专家组构成。与原专家组程序相比，除审理期限和审查对象等不同外，其余方面几乎没有任何差别。原专家组通常应在 6 个月内发布报告，第 21.5 条专家组则应在 90 天内发布报告。原专家组主要审查最初争议措施的 WTO 相符性，第 21.5 条专家组则需审查采取来遵守 DSB 建议和裁决的措施的存在性或者与 WTO 相关涵盖协定的一致性。鉴于通常由熟悉争端的原专家组成员组成第 21.5 条专家组，更短的审限具有一定的合理性。

第四,从法律上看,鉴于 DSU 第 21.5 条要求"实施争端"的解决应诉诸"这些争端解决程序",因此,尽管 DSU 只用一款管理整个遵守复审程序,但遵守复审程序中出现的大多数法律问题都可以通过适用关于原磋商程序、专家组程序、上诉机构程序等的 DSU 条款加以解决。换言之,这些 DSU 条约通常都可以适用于遵守复审程序。尽管如此,第 21.5 条程序中仍会出现一些特殊法律问题,需要区别对待,采取不同的处理方法。

WTO 成立之前并不存在类似的遵守复审程序或具备遵守复审功能的程序。GATT 和《国际贸易组织宪章》中都没有此类程序。尽管 GATT 缔约方在 1979 年正式引入了专家组后续监督观念(idea of post‐panel surveillance),但那一机制并未规定独立复审。尽管专家组偶尔根据 GATT 第 23 条复审了采取来遵守在先建议和裁决的措施的存在性或一致性,但此类专家组很少被设立,而且并不根据任何特殊规则运作。[1] GATT 时期的"欧共体油籽案"[2]、"乌拉圭诉诸第 23 条案"[3]和"加拿大酒精饮料案"涉及专家组的复审。在"加拿大酒精饮料案"中,投诉方不是原争端的当事方,但主张被诉方"未能使专家组先前裁定为与 GATT 不一致的

---

[1]　See,Jason E. Kearns and Steve Charnovitz, *Adjudicating Compliance in the WTO:A Review of DSU* Article 21.5,Vol. 5,No. 2,JIEL,2002,p. 332.

[2]　Panel Report on *Follow‐up on the Panel Report on European Economic Community‐Payments and Subsidies Paid to Processors and Producers of Oilseeds and Related Animal‐Feed Proteins*,BISD 39S/91(not adopted).

[3]　Panel Report on *Uruguayan Recourse to Article XXIII*,adopted 3 March 1965,BISD 13S/35.

措施相符"。投诉方请求"加速程序"来处理这些措施。①

二、遵守复审程序的目标

第 21.5 条程序应当置于第 21 条和 DSU 其他条款的上下文中理解。第 21.5 条程序反映了 DSB 监督实施的三个基本目标：(1)促进被诉方迅速遵守 DSB 建议和裁决；(2)客观评估采取来遵守的任何措施；(3)增进多边贸易体制的安全性和可预期性。

(一)促进迅速遵守

DSU 第 21.1 条明确要求被诉方迅速遵守，第 21.5 条程序应当增进这一目标。第 21.5 条程序在两个根本的程序方面与原 WTO 争端解决程序不同。第一，原专家组名义上有 6 个月时间发布最终报告，而第 21.5 条专家组只有 90 天。第二，原 WTO 程序中的被告通常有权根据第 21.3 条获得合理实施期限，而第 21.5 条程序中不能获得此类"宽限期"。当 DSB 通过不利于被诉方的第 21.5 条报告后，投诉方可以径直请求授权中止减让。这两大根本特征可以保证第 21.5 条程序不至于过长，反映了第 21.1 条实现迅速遵守的目标。特别地，第 21.5 条程序阻止被诉方无限拖延和不受责罚。如果没有这一条款，被诉方可以用一项新的违反措施替代旧的违反措施。如果投诉方被要求就新的违反措施发起新的争端，无故拖延的政府可能会避免完全遵守。通过消除持续性逃避的可能性，第 21.5 条程序的加速性质增加了完全遵守的可

---

① See, Panel Report on *Canada – Import*, *Distribution and Sale of Certain Alcoholic Drinks by Provincial Marketing Agencies*, adopted 18 February 1992, BISD 39S/27, paras 3.1–3.4.

能性。①

第 21.5 条程序在通常的贸易争端解决程序中增加了额外程序,该程序可使被诉政府重新考虑自己的 WTO 违反。因此,第21.5 条程序也增加了迅速遵守的可能性。由于贸易报复威胁可以影响目标国的政治决策,第 21.5 条复审有助于说服被诉方的政府和私方主体,遵守需要更多努力。"巴西飞机案"表明了第 21.5 条程序给投诉方带来的好处。在该案中,加拿大选择不使用 DSB 授权的报复,而是寻求第二个第 21.5 条专家组来审查巴西采取的新措施。加拿大明显认为,相比报复行为,第二个第 21.5 条专家组将更易促进迅速遵守。②

(二)强化 DSB 监督中的客观评估

第 21.5 条程序是 DSU 监督中的客观评估机制,该程序有助于 DSB 实施监督。第 21 条标题为"对建议和裁决之实施的监督",第 21.6 条则规定了 DSB 的监督职责。如果缺乏独立的实施核实程序,DSB 将很难履行自己的监督职责。由于设置了第 21.5 条程序,自我宣称的遵守或不遵守将没有什么意义。与 DSB 设立的其他专家组一样,遵守专家组也应"对面前的事项作出客观评估,包括客观评估案件事实以及相关涵盖协定的适用性和相符性"。第 21.5 条为遵守专家组分派了三项客观评估任务。专家组必须确定争端方是否存在"分歧"、采取来遵守的措施是否"存在"以及这类措施是否与 WTO 规则相符。第 21.5 条专家组的客观裁决有助于 DSB 根据第 21.6 条实施监督、有助于 DSB 确定第 22.2

---

① See, Jason E. Kearns and Steve Charnovitz, *Adjudicating Compliance in the WTO: A Review of DSU* Article 21.5, Vol. 5, No. 2, JIEL, 2002, pp. 333-334.

② See, Jason E. Kearns and Steve Charnovitz, *Adjudicating Compliance in the WTO: A Review of DSU* Article 21.5, Vol. 5, No. 2, JIEL, 2002, p. 334.

条的条件(即被诉方未能使其措施相符)是否满足。通过增进遵守复审程序的客观性,第21.5 条将双边争端解决中的最好因索引入到多边遵守管理制度之中。①

(三)增强多边贸易体制的安全性和可预期性

第21.5 条程序有助于实现多边贸易体制的安全性和可预期性。WTO 建立之前,GATT 缔约方试图"自己证明"已经采取了遵守专家组裁决的措施,但投诉方通常持有不同意见。争端因此变得难以解决。投诉方不情愿发起全新的专家组程序,因为投诉方意识到,此种努力费时,并且可能不会导致争端方向前迈进一步。休德克解释到,GATT 后续程序的缺陷在于,执行依赖于投诉方的不懈努力。为了对被诉方施加压力,投诉方不得不努力使该问题列入 GATT 理事会议程,提出遵守要求,强烈要求其他政府支持该要求,最终威胁报复……投诉方的每一努力都被看作是不友好行为。因此,GATT 后续程序意味着相当大的不安全性和不可预期性。DSU 第21.5 条程序提供了再次诉诸 WTO 裁决机构的机会,增强了多边贸易体制的安全性和可预期性。第21.5 条程序再次确认了法治,提供了结束争端的机会。如果第21.5 条专家组得出结论,被诉方已经采取了遵守措施并且这些措施完全符合涵盖协定,那么可以重新确立法律和平。私人经济主体将不需要担心争端和可能的报复,投诉方和被诉方政府可以将 WTO 争端抛之脑后。②

---

① See,Jason E. Kearns and Steve Charnovitz, *Adjudicating Compliance in the WTO:A Review of DSU* Article 21.5,Vol.5,No.2,JIEL,2002,pp.334–336.

② See,Jason E. Kearns and Steve Charnovitz, *Adjudicating Compliance in the WTO:A Review of DSU* Article 21.5,Vol.5,No.2,JIEL,2002,pp.336–337.

但在"美国虾案"中,第21.5条专家组得出了令人吃惊的结论:"只要本报告裁决中的条件(特别是持续严肃的达成多边协议的善意努力)得以满足",美国的新措施就实现了遵守。专家组继续说到,如果"未来停止满足"这些条件,那么"原争端的任何投诉方都有权进一步诉诸 DSU 第21.5条。"上诉机构确认了上述结论。上诉机构还表明,成功的遵守甚至也可能导致后续的复审程序。有学者评论到,当相关 WTO 实体法律义务具有动态效果(例如善意谈判多边协议的义务)时,能够产生这类持续的管辖权。根据"美国虾案"的遵守复审裁决,马来西亚请求另一个第21.5条专家组的能力是开放性的,美国措施的 WTO 相符性"可以随时重新评估"。上述结果有损多边贸易体制的安全性和可预期性目标。[①]

三、遵守复审程序的适用范围

遵守复审程序的适用范围仍然不够清楚。由于 DSU 谈判者们起草 DSU 第21.5条时 GATT 体制下并不存在类似程序,DSU 第21.5条的范围模糊一点都不令人奇怪。[②] 从实践来看,遵守复审程序的适用范围问题在遵守复审第一案(即"厄欧香蕉案"遵守复审程序)中就产生了,后来的多个第21.5条案件也涉及这一问题。第21.5条专家组的权限范围问题是一个几乎在每一个案件

---

① See,Jason E. Kearns and Steve Charnovitz, *Adjudicating Compliance in the WTO:A Review of DSU* Article 21.5,Vol.5,No.2,JIEL,2002,p.337.

② 实际上,DSU 没有回答许多问题,包括遵守措施的定义、遵守措施是否需要同时遵守 WTO 涵盖协定以及原专家组和上诉机构报告、成员是否可以获得遵守第21.5条遵守专家组或上诉机构报告中裁决和建议的合理期限、诉诸第21.5条的次数有无限制等问题。

中都会出现的问题。

(一)遵守专家组的权限范围

在"欧共体香蕉案"中,欧共体主张,遵守专家组的权限范围限于 DSB 根据原专家组和上诉机构报告通过其建议和裁决时针对的"事项"。该案专家组拒绝了这一主张:第一,根据其权限范围,专家组被要求考虑厄瓜多尔提交给 DSB 的事项,而"该事项包括厄瓜多尔在其设立专家组的请求中列明的措施和请求";第二,第 21.5 条指示遵守专家组考虑"采取来遵守 DSB 建议和裁决的措施的存在性或与涵盖协定的一致性"。专家组因此认为,其权限范围涵盖厄瓜多尔提出的所有请求。①

在"澳大利亚沙丁鱼案"中,遵守专家组拒绝了以下主张:专家组的管辖权受到了原专家组并未处理一项请求的事实的限制。该专家组认为,其复审范围由第 21.5 条和遵守专家组的具体权限范围(包括设立专家组的请求中提到了涵盖协定的相关条款)加以界定。②

遵守专家组或上诉机构在许多遵守复审案件中确认,遵守复审程序原则上不涉及最初措施,而是关注采取来遵守的新措施。例如,在"加拿大飞机案"中,上诉机构认为,第 21.5 条程序并不关心 WTO 成员的任何最初措施,相反,第 21.5 条程序限于那些"采取来遵守 DSB 建议和裁决的措施"。但是,在进行第 21.5 条复审时,专家组并不限于从与最初措施有关的请求、主张和事实背景等角度来审查"采取来遵守的措施"。尽管这些请求、主张和事

---

① See, Panel Report on *EC—Bananas*(*Article 21.5 – Ecuador*), paras. 6.3 – 6.12.

② See, Panel Report on *Australia—Salmon*(*Article 21.5*), para. 7.10.

实背景在第 21.5 条程序中具有某种相关性,但原则上,第 21.5 条程序并不涉及最初措施,而是原专家组没有处理的新的不同措施。影响"采取来遵守的措施"的相关事实可能不同于与最初措施有关的相关事实。因此,与"采取来遵守的措施"有关的请求、主张和事实背景并不必然与原争端中涉及的请求、主张和事实背景一致。实际上,如果专家组限于从与最初措施有关的请求、主张和事实背景等角度来审查新措施,那么将会严重减损第 21.5 条预想的复审功能,因为第 21.5 条专家组将不能充分审查"采取来遵守的措施与涵盖协定的一致性",后者正是 DSU 第 21.5 条所要求的。① 上诉机构还认为,当问题涉及"采取来遵守的措施"的一致性时,第 21.5 条专家组的任务"审查整个新措施"。但是,专家组的审查不应超越就新措施与涵盖协定的一致性在 DSB 将该事项提交给专家组时已经提出的特定请求。②

综上分析,关于第 21.5 条专家组的权限范围:

第一,宏观而言,遵守专家组的权限范围由 DSU 第 21.5 条加以限定,即审查被诉方"采取来遵守 DSB 建议和裁决的措施的存在性或与涵盖协定的一致性"。需要考虑的一个问题是,遵守措施是否需要同时遵守 WTO 涵盖协定以及原专家组和上诉机构报告。参加第七届 WTO 年度大会的一位发言人从投诉方的角度考查了这一问题。该学者认为,投诉方旨在寻求实施争端的及时最终解决。因此,由于不遵守原专家组或上诉机构报告以及不遵守 WTO 涵盖协定本身而发起第 21.5 条程序,将会使投诉方获益。狭窄理解遵守专家组权限范围的后果是,投诉方发起原程序需要

---

① See, Appellate Body Report on *Canada—Aircraft* (*Article 21.5*), para. 41.

② See, Appellate Body Report on *US—Shrimp* (*Article 21.5*), para. 87.

基于相对宽泛的请求。对于投诉方特别是发展中国家而言,这意味着很重的负担,不允许投诉方寻求优先请求事项。某些与会者质疑该建议是否偏向于投诉方,至少该建议假设投诉方通常会善意行事。① 从 DSU 条文和上诉机构的裁决来看,被诉方采取来遵守的措施应当同时遵守 DSB 建议和裁决以及相关 WTO 涵盖协定。

第二,具体到个案,遵守专家组的权限范围由设立专家组的请求加以限定,专家组通常必须考虑设立专家组的请求中提到的所有事项。但专家组的审查不得超越投诉方的请求。

第三,专家组并不限于从与最初措施有关的请求、主张和事实背景等角度来审查"采取来遵守的措施"。第 21.5 条专家组原则上可以审查与"采取来遵守的措施"有关的任何请求、主张和事实背景。

(二)投诉方能够提出的请求和主张的范围

由于第 21.5 条专家组可以审查与"采取来遵守的措施"有关的任何请求、主张和事实背景,因此投诉方原则上可以提出与"采取来遵守的措施"有关的任何请求和主张。因此,第 21.5 条程序几乎是一个完整的程序,除审查对象不同外,与原专家组程序似乎没有多大区别。

(三)"采取来遵守的措施"的范围

根据上文分析,专家组的复审和投诉方的请求都围绕着"采取来遵守的措施"展开,因此,准确界定"采取来遵守的措施"的范围就成为一个核心问题。

---

① See, Isabelle Van Damme, *Seventh Annual WTO Conference: An Overview*, Vol. 11, No. 1, JIEL, 2008, p. 159.

1. 应由遵守专家组确定一项措施是否是"采取来遵守的措施"

在许多案件中,被诉方常常质疑投诉方在设立专家组的请求中列明的措施不是"采取来遵守的措施"。例如,在"澳大利亚沙丁鱼案"中,澳大利亚主张一项措施并未适当提交给专家组。澳大利亚认为,即使该措施通过设立专家组的请求包括进专家组的权限范围,该措施并不是"采取来遵守 DSB 建议和裁决的措施"。① 在之前的"澳大利亚汽车皮革案"遵守复审程序中,澳大利亚也提出了相同主张。② 但两个案件的专家组都拒绝了澳大利亚的主张。"澳大利亚沙丁鱼案"第 21.5 条专家组推理到,第21.5 条专家组不能完全任由实施成员确定一措施是否是"采取来遵守"的措施。③ "澳大利亚汽车皮革案"第 21.5 专家组注意到,一般来说,WTO 争端解决中的投诉成员确定了专家组面前的措施的范围。如果由被诉方确定,将会允许澳大利亚通过选择它将会通知或不通知 DSB 的措施来确定专家组的权限范围。④ "欧共体床上用品案"第 21.5 条专家组也得出了类似结论:很明显,应由专家组(而不是欧共体)确定印度在其设立专家组的请求中援引的措施是否是"采取来遵守的措施"并因此落入了本案的范围。确定欧共体采取的哪些措施是采取来遵守的措施并不是印度的权利。相反,这是一个必须由第 21.5 条专家组考虑的问题。⑤ 综上

---

① See, Panel Report on *Australia—Salmon* (*Article 21.5*), para. 7.10.

② See, Panel Report on *Australia—Automotive Leather* (*Article 21.5*), para. 6.1.

③ See, Panel Report on *Australia—Salmon* (*Article 21.5*), para. 7.10.

④ See, Panel Report on *Australia—Automotive Leather* (*Article 21.5*), para. 6.4.

⑤ See, Panel Report on *EC—Bed Linen* (*Article 21.5*), para. 6.15.

分析,应由专家组确定投诉方设立专家组的请求中列明的措施是否是"采取来遵守的措施"。但是,投诉方设立专家组的请求中列明的措施是专家组审查的前提。只有投诉方将有关措施列入设立专家组的请求中,该措施才有可能被专家组确定为"采取来遵守的措施"。从实践来看,投诉方的请求通常相当宽泛。

2. "采取来遵守的措施"的特性

在"加拿大飞机案"中,上诉机构认为,"采取来遵守的措施"是指一成员已经采取或者应该采取的、导致 DSB 建议和裁决遵守的措施。原则上,"采取来遵守的措施"与原争端中的争议措施并不相同。因此,通常应当存在两个独立的不同措施:最初措施导致了 DSB 建议和裁决,"采取来遵守的措施"应当实施这些建议和裁决。① 在"澳大利亚汽车皮革案"中,第 21.5 条专家组注意到,鉴于其引入时机和性质,争议措施(一项贷款)与澳大利亚为了回应本案 DSB 裁决而采取的步骤密不可分。② 根据"采取来遵守的措施"的通常含义,可以认为该词确立了狭窄的范围,仅仅涵盖被诉方采取的、具有遵守 DSB 建议和裁决意图的措施。然而,第 21.5 条专家组通常更为宽泛的方法,集中考查相关措施是否与 DSB 建议和裁决"密切联系"(inextricably linked)或者"明确关联"(clearly connected)。鲍威林主张,"采取来遵守的措施"可以宽泛到涵盖具有以下两个特征的措施:第一,在原专家组或上诉机构报告发布后采取;第二,处理相同争议事项。因此,时机选择和主题事项应当是决定性因素,而不是新措施是否有助于实现遵守或者

---

① See, Appellate Body Report on *Canada—Aircrafts* (*Article 21. 5*), para. 36.

② See, Panel Report on *Australia—Automotive Leather* (*Article 21. 5*), para. 6. 4.

恶化了当前形势。① 对于第 21.5 条程序进行过程中或者之前采取的、但又无法包括进设立专家组的请求中的措施,通常可由遵守专家组予以审查。例如,在"澳大利亚沙丁鱼案"中,第 21.5 条专家组审查了一项新的进口禁令,即使该禁令在第 21.5 条程序进行过程中得以制定。

(四)裁决终局性问题

根据实践,第 21.5 条专家组通常拒绝审查投诉方提出了与原措施有关的、在原程序中没有成功指控的请求。"美国虾案"第 21.5 条专家组注意到,在原上诉中,上诉机构裁定"第 609 节"可以根据第 20 条(g)项获得临时正当性。该第 21.5 条专家组认为,就(g)项而言,只要实施措施与上诉机构已经审查过的措施相同,专家组就不应得出与上诉机构不同的结论。因此,专家组没有重新审查"第 609 节"。② 上诉机构确认了专家组的这一方法。上诉机构提到 DSU 第 17.14 条,该款规定,DSB 应当通过上诉机构报告,争端当事方应当无条件接受已经通过的上诉机构报告。③ 在"欧共体床上用品案"专家组程序中,印度主张欧共体未能适当考虑反倾销协定意义上的可能会造成损害的"其它因素",但原专家组裁定印度没有证明表面案件。印度没有对这一裁定提出上诉。在该案的遵守复审程序中,印度主张第 21.5 条专家组可以重新审查印度在原专家组程序中没有成功指控的请求。该案第 21.5 条专家组拒绝了印度的这一主张。在该案中,印度的请求(1)在原

① See, Joost Pauwelyn, *Proposals for Reforms of Article 21 of the DSU*, in Federico Ortino and Ernst – Ulrich Petersmann (ed.), *The WTO Dispute Settlement System: 1995–2003*, Kluwer Law International, 2004, p. 57.

② See, Panel Report on *US—Shrimp*(*Article 21. 5*), para. 5. 39.

③ See, Appellate Body Report on *US—Shrimp*(*Article 21. 5*), para. 97.

专家组程序中提出并被拒绝,(2)未被上诉,(3)是 DSB 通过的报告的对象。因此,原专家组报告未被上诉的部分和处理上诉问题的上诉机构报告必须被看作是原争端的最终解决,当事方和第21.5 条遵守专家组在遵守复审程序中都必须如此对待。① 上诉机构同意该案专家组的上述结论。上诉机构认为,如果一项请求指控了一项并不是"采取来遵守"的措施,该请求就不能在第 21.5条程序中适当提出。印度在第 21.5 条专家组面前并未提出新请求,印度仅仅就与原措施完全相同的实施措施的一个方面重新提出了其在原专家组面前提出的相同请求。DSB 通过的包括进专家组报告的未上诉裁定必须被看作是对当事方间关于特定请求以及构成该请求之对象的措施之特定因素的争端的最终解决。②

　　被诉方也不得提出新证据和新主张要求第 21.5 条专家组审查其在原程序中没有获得成功的抗辩。在"美国赌博案"第 21.5条程序中,美国主张,就《州际赛马法》而言,它应当拥有另一次机会根据它将会提出的新证据和新主张来证明争议措施(该措施自最初程序以来并未得以修改)与 GATS 第 14 条前言一致。特别地,美国解释到,尽管它"在最初程序中并未证明这些措施满足了肯定性抗辩要求……但通过在遵守程序中提出新证据和新主张证明争议措施满足了 GATS 第 14 条前言的标准,美国已经遵守了DSB 建议和裁决。"③专家组拒绝了美国的这一主张。专家组认为,对于最初程序中的相同争议措施,是否满足了第 14 条前言要求的问题不能重新进行诉讼。

---

①　See, Panel Report on *EC—Bed Linen* (*Article 21. 5*) , paras. 6. 41–6. 48.

②　See, Appellate Body Report on *EC—Bed Linen* (*Article 21. 5*) , paras. 78–93.

③　See, Panel Report on *US—Gambling* (*Article 21. 5*) , para. 6. 4.

笔者持有以下观点:第一,已经通过的专家组报告和上诉机构报告具有终局效力,是对特定争端或请求的权威最终解决。当事方和第 21.5 条专家组都必须无条件接受。第二,基于 DSB 建议和裁决的终局效力,当事方不得在第 21.5 条程序中提出与已经具有终局效力的裁决有关的请求,第 21.5 条专家组也不得审查这类请求。这意味着,如果被诉方没有改变原措施,第 21.5 条专家组可以径直裁定被诉方没有遵守。如果实施措施改变了原措施的一部分,则第 21.5 条专家组可以审查与已经改变的部分有关的请求和主张,对于与没有改变的部分有关的请求和主张,应当拒绝审查。但目前的 DSU 条款和判例法并未完全澄清该如何区分争议措施的未改变部分与已改变部分。没有任何明显的检验标准能够对这一问题提供最终答案。一个专家组区分了争议措施的纯粹形式改变与影响该措施实质内容的改变,但这一区分是一个没有任何帮助的标准。上诉机构应当采用严格的形式主义方法。①

(五)实施措施的"存在性"

"澳大利亚沙丁鱼案"第 21.5 条专家组认为,当新制度列明了相关产品能够进入实施成员市场的所有要求和标准时,一项措施存在了。设置基本(而不是所有)新要求的"框架"规章不足以使新制度存在。在该案中,采取来遵守的措施的生效日在合理期限结束之后。因此,采取来遵守的措施在第 21.5 条意义上不存在或者将不会存在。②

---

① See,Isabelle Van Damme,*Seventh Annual WTO Conference:An Overview*,Vol. 11,No. 1,JIEL,2008,pp. 159–160.

② See,Panel Report on *Australia—Salmon*(*Article 21. 5*),paras. 7. 28–7. 30.

（六）小结

综上分析,遵守复审制度适用于投诉方提出的与"采取来遵守的措施"有关的所有请求和主张。投诉方设立专家组的请求是界定第 21.5 条专家组审查范围的基础,但应由专家组决定一项措施是否是"采取来遵守的措施"。专家组应当审查"采取来遵守的措施"的存在性或者与 WTO 涵盖协定的一致性。被诉方的实施措施不仅应当符合 DSB 建议和裁决,也应当符合 WTO 相关涵盖协定。从否定角度看,当事方不得在第 21.5 条程序中提出与原措施有关的没有成功的指控或抗辩。

第二节　遵守复审中的几个程序性法律问题

DSU 仅用一款规定了遵守复审程序,要求实施争端必须通过诉诸"这些争端解决程序"加以解决。尽管"这些争端解决程序"可以涵盖整个普通争端解决程序,DSU 关于磋商、专家组程序和上诉机构程序等的规定可以适用于第 21.5 条复审程序中出现的问题,但在某些具体程序事项上,仍然会出现一些特殊问题。本节探讨第 21.5 条遵守复审实践中出现的几个程序性法律问题。

一、投诉地位

第 21.5 条并未明确规定哪些成员能够质疑实施措施的存在性或与 WTO 涵盖协定的一致性。第 21.5 条仅仅要求实施争端通过诉诸第 21.5 条程序加以解决,没有提到谁能够发起第 21.5 条程序。

（一）投诉方具有当然的投诉地位

通常认为,投诉方在第21.5 条程序中具有投诉地位。[1] 从实践来看,除一个案件外,所有第21.5 条程序都由投诉方发起。实践也支持投诉方具有当然的投诉地位。

（二）被诉方的投诉地位问题

DSU 并未回答被诉方能否发起第21.5 条程序这一问题。在"欧共体香蕉案"中,面对美国的径直报复授权请求,欧共体发起了第21.5 条程序。第21.5 条专家组进行了审查,但并未作出任何裁决,因为它认为,即使被诉方欧共体能够发起第21.5 条程序,基于欧共体提交的书面文件也不能作出任何 WTO 相符裁决。该案第21.5 条专家组认为,他们"并未排除以此种方式使用第21.5 条的可能性,特别是当这类投诉的目的是审查实施措施的 WTO 相符性时。"[2]福山雅治认为,不应认为"欧共体香蕉案"是一种有意义的先例,表明被诉方可以发起第21.5 条程序。[3]

由于次序问题正在通过双边方式处理并且最终会在 DSU 中定型化,导致欧共体在"香蕉案"中发起第21.5 条程序的程序性异常情况不太可能再次发生。在缺乏报复威胁时,被诉政府将会满意于不使用第21.5 条专家组。因此,通常情况下被诉方没有使用第21.5 条程序的需要。但是,如果投诉方根据第22.6 条实施了报复,被诉政府发起第21.5 条程序的急迫需要就出现了。在 DSU 已经授权并且投诉方已经实施中止减让的情况下,如果被诉

---

[1]　Yuka Fukunaga, *Securing Compliance through the WTO Dispute Settlement System:Implementation of DSB Recommendations* ,Vol. 9 ,No. 2 ,JIEL,2006 ,p. 406.

[2]　See,Panel Report on *EC—Bananas(Article 21. 5-EC)* ,paras. 4. 14-4. 18.

[3]　Yuka Fukunaga, *Securing Compliance through the WTO Dispute Settlement System:Implementation of DSB Recommendations* ,Vol. 9 ,No. 2 ,JIEL,2006 ,p. 406.

方采取了新的实施措施而投诉方单方面认为该实施措施仍不充分且拒绝发起第 21.5 条程序,则被诉方发起第 21.5 条程序可能是保护自己的最佳手段。如果不诉诸第 21.5 条程序,被诉方将不得不发起新的针对报复措施的程序,那将是一种冗长且不确定的努力。由于争端的实质内容是原程序中的遵守,第 21.5 条专家组将比根据 DSU 第 6 条组成的新专家组更适合迅速裁决这一案件。

与被诉方投诉地位问题有关的一个程序性关注值得注意。在"欧共体香蕉案"第 21.5 条程序中,第三方日本注意到,该争端的程序情势产生了一种"异常现象",因为欧共体是该程序的唯一当事方。日本质疑专家组是否能够在这些情况下履行客观评估相关事项的职责。该案第 21.5 条专家组裁定,DSU 中没有任何条款授权专家组强迫一成员作为当事方参与专家组程序。科恩斯和查诺维茨认为,这一"异常现象"并不表明原被诉方不应被允许发起第 21.5 条程序。毕竟,成员从未被强迫参与任何 WTO 专家组程序。如果被诉政府决定不参与,专家组也会行事。相同原则适用于第 21.5 条程序。如果原投诉方决定不参与,专家组将会继续工作,根据提交的证据裁决案件。他们认为,被诉成员应当可以诉诸第 21.5 条程序,这与第 21 条的目的(包括贸易体制的安全性和可预期性)一致。第 21.5 条的用语宽泛地提到"分歧",因此可能已经允许此种防御性请求。①

休德克主张,第 21.5 条的用语似乎允许此类行动,因为文本并未指明发起方。忆及美国领导的支持裁决的各个政府二十年来一直努力确立使当事一方权利得以裁决的坚实权利(无论是否经

---

① Jason E. Kearns and Steve Charnovitz, *Adjudicating Compliance in the WTO: A Review of DSU Article 21.5*, Vol. 5, No. 2, JIEL, 2002, pp. 342–343.

由对方的同意),GATT 争端解决的传统肯定支持这样一种结果。最后,允许被诉政府尽可能快地解决遵守争端以有时间在截止期限之前纠正可能的错误,这是非常有意义的。同样地,无论被诉方何时希望主张进一步的矫正措施以消除已经生效的报复,允许被诉方发起复审程序是有意义的。① 休德克也指出了被诉方发起遵守复审程序可能存在的问题。首先,通过在遵守截止期限结束之后很久才主张遵守,并接着反对报复,直至迟到的 90 天遵守复审已进行完毕,被诉方可能滥用这一程序,作为拖延的工具。其次,被诉方可能在报复生效之前使用自我发起的复审提出关于第二次矫正措施的第二轮复审程序。对这一拖延问题的回答不是禁止自我发起诉讼,而是设置防止使用它们拖延报复程序的规则。无论何时实施了新的矫正措施,WTO 程序应当允许遵守主张得以裁决,但该程序必须规定,如果在最初的遵守截止期限结束之后提出遵守主张,此种遵守主张提出的太晚,以至于不能阻止第 22.6 条报复程序。如果在报复生效之后数月内才引入矫正措施,报复仍应有效,直到作出了最终的遵守裁决。这一规则也适用于截止期限与报复之间的 60 天内引入的矫正措施。②

不同观点认为,被诉方总是没有发起第 21.5 条程序的需要。福山雅治认为,如果被诉方宣称自己实施了 DSB 建议,投诉方不

---

① Robert E. Hudec, *Broadening the Scope of Remedies in WTO Dispute Settlement*, in Friedl Weiss(ed.), *Improving WTO Dispute Settlement Procedures: Issues &Lessons from the Practice of Other International Courts and Tribunals*, Cameron, London,2000, p. 398.

② See, Robert E. Hudec, *Broadening the Scope of Remedies in WTO Dispute Settlement*, in Friedl Weiss(ed.), *Improving WTO Dispute Settlement Procedures: Issues &Lessons from the Practice of Other International Courts and Tribunals*, Cameron, London,2000, p. 399.

诉诸第21.5条程序而根据 DSU 第22.6条请求中止授权的正当性是有疑问的。在 WTO 中,成员措施应被推定为与 WTO 协议相符,除非它们在争端解决机制中被裁定并非如此。相同原则适用于实施措施,即被诉方善意采取的实施措施应被推定为与 DSU 建议和 WTO 协议相符。根据这一推定,当被诉方声称已经实施了 DSB 建议,投诉方应当首先诉诸第21.5条复审。尽管 DSU 文本不一定澄清了第21.5条与第22条的次序,普遍实践是投诉方克制在第21.5条程序完成之前寻求中止授权,或者当事方同意,第21.5条程序应当优先于第22.6条程序,无论 DSU 中规定的时间限制如何。这些事实意味着,WTO 成员根本上假定投诉方在不诉诸第21.5条程序的情况下寻求中止授权是不正当的。另一方面,尽管主张中止授权后采取的新实施措施需要全新的第21.5条复审是可行的,但被诉方是否需要发起第21.5条程序是有疑问的。就中止授权后的阶段而言,DSU 第22.8条规定,中止仅应适用至违反措施已被消除或解决方案已经达成之时。此外,被诉方善意采取的实施措施应被推定为与 DSU 建议和 WTO 协议相符。因此,除非投诉方反对新实施措施的存在性或一致性并发起第21.5条程序,无论何时被诉方采取了宣称实施 DSB 建议的措施,中止应被自动终止。只有当第21.5条复审证明被诉方未能实施 DSB 建议时,中止才应被继续。否则,没有根据的中止应被视为违反了 WTO 协议。总之,由于投诉方没有使用第21.5条程序的需要,似乎没有必要赋予被诉方发起第21.5条程序的权利。①

---

① See, Yuka Fukunaga, *Securing Compliance through the WTO Dispute Settlement System: Implementation of DSB Recommendations*, Vol. 9, No. 2, JIEL, 2006, pp. 407 – 408.

被诉方可否发起第21.5条程序问题主要与报复程序联系在一起。通常,当被诉方声称遵守时,投诉方应当诉诸第21.5条程序后才能请求报复授权。如果被诉方在报复生效之后引入了新的实施措施,并主张遵守,则投诉方不得继续实施报复措施,必须立即停止。投诉方仍应诉诸第21.5条程序,待不遵守裁决出来后再实施报复措施。无疑,被诉方可能反复实施新的措施并主张遵守,从而可能拖延报复程序。这一问题的解决方案是引入追溯性报复概念,利益丧失或减损数额从合理期限结束之日起计算,消除免费搭车期间;如果已经实施了报复,则从报复中止日起算。另一配套规则是确立报复中止制度,规定如果被诉方声称遵守,则投诉方应当立即中止报复;如果投诉方不寻求第21.5条程序并获得不遵守裁决,则报复应当终止;如果投诉方寻求了第21.5条程序并获得了不遵守裁决,则可以恢复报复。DSU第22.8条并未明确报复措施的终止或中止问题。总之,如果完善相应配套规则和制度,被诉方似乎没有诉诸第21.5条程序的需要。

(三)原争端第三方或非当事方的投诉地位问题

与投诉地位有关的另一个重要问题是,最初争端的第三方或非当事方是否有权发起第21.5条程序。例如,在实施DSB建议方面具有制度性利益的第三方或非当事方成员可能试图发起第21.5条程序。目前没有任何WTO第21.5条专家组处理过这类案件。科恩斯和查诺维茨认为,如果实施措施丧失或减损了第三方或非当事方成员利益,这些当事方明显有权请求设立全新的专家组,但它们通常倾向于发起加速的第21.5条程序,第21.5条专家组已经熟悉了争端的实质内容。DSU似乎预想了原程序非当事方成员发起第21.5条程序的可能性。第21.5条管理与采取来遵守的措施有关的"分歧",没有对该分歧的当事方成员施加任何

明确限制。第 21 条一般性承认,"所有成员"在实施方面具有利
益。例如,第 21.1 条承认所有 WTO 成员得益于迅速遵守,第
21.6 条规定"任何成员"可以在 DSB 会议上提出实施问题。反对
给予非当事方投诉地位的一种主张是,第 21.5 程序是原程序的
延伸,因此应当限于原当事方。然而,该原则并不适用于第三方。
第 21.5 条专家组经常给予原程序中的非第三方成员第三方地位。
因此,当采取来遵守的措施导致的违反侵害了原争端非当事方权
利时,DSU 可以允许该非当事方援引第 21.5 条。① 福山雅治认
为,DSB 文本可能留下了这一可能性。但是,鉴于 WTO 争端解决
机制的对抗性质(也就是投诉方在决定何时以及如何说服被诉方
实施 DSB 建议方面起到主导作用),向利益未受最初措施丧失或
减损的第三方或非当事方提供投诉地位是反常的。实际上,第
21.5 条程序的结果通常反映在投诉方与被诉方的互动中,DSB 建
议的实施通常通过这些双边互动来实现。第三方或非当事方成员
的干预可能会不利影响争端方间的互动,也会不利影响实现 DSB
建议实施的过程。此外,DSU 允许任何成员在 DSB 会议上提出实
施问题,或者作为第三方或非当事方参与第 21.5 条程序。因此,
没有任何可行的理由允许最初程序的第三方或非当事方发起第
21.5 条程序。实施措施侵害非当事方的事项应当作为新的案件
进行审查,而不是在第 21.5 条下审查。②

　　综上分析,就第 21.5 条程序而言,投诉方具有当然的投诉地

---

　　① Jason E. Kearns and Steve Charnovitz,*Adjudicating Compliance in the WTO:A Review of DSU Article 21.5*,Vol. 5,No. 2,JIEL,2002,pp. 343–344.

　　② Yuka Fukunaga, *Securing Compliance through the WTO Dispute Settlement System:Implementation of DSB Recommendations*,Vol. 9,No. 2,JIEL,2006,p. 409.

位,被诉方和原争端第三方或非当事方通常都不应具有投诉地位。

二、磋商要求

进入第21.5条程序通常无须磋商。① 在"墨西哥 HFCS 案"遵守复审程序中,第三方欧共体质疑这一做法。欧共体主张,第21.5条规定,遵守专家组将根据"这些争端解决程序"行事,而"这些程序"包括 DSU 的磋商要求。当事方不能省略第4条中的磋商要求。欧共体也注意到,DSU 第6.2条要求请求设立专家组的成员在其请求中陈述是否进行了磋商。关于 DSU 中一般性的磋商义务是否适用于第21.5条遵守复审,上诉机构没有表明态度。上诉机构认为,"缺乏事先磋商并不是一个会剥夺专家组处理特定事项之权力的缺陷。"第6.2条中陈述"是否已经进行了磋商"的要求并不是一项磋商要求。相反,第6.2条预想了以下可能性:专家组可以有效设立,而不需要事先经历磋商。因此,如果被诉方没有明确及时反对投诉方未能请求或进行磋商,被诉方应视为已经同意了磋商的缺失,放弃了本来可能享有的磋商权利。②

三、遵守专家组的组成和指派问题

DSU 第21.5条要求"尽可能求助原专家组"。截至2011年6月底第21.5条专家组共发布了29个遵守专家组报告,其中15个遵守专家组由原专家组成员构成,并且主席和成员均未发生改变;

---

① David Palmeter & Petros C. Mavroidis, *Dispute Settlement in the World Trade Organization: Practice and Procedure*, Second edition, Cambridge University Press, 2004, p. 255.

② See, Appellate Body Report on *Mexico—HFCS* (*Article 21. 5*), paras. 62–65.

其余 14 个遵守专家组成员构成发生了改变。① 遵守专家组发生改变的原因包括：

第一，退休或离职，不能继续提供服务。在"美加软木反倾销案"中，2005 年 6 月 3 日确定的遵守专家组由原专家组成员组成。2005 年 8 月 3 日，由于专家组主席 Harsha Singh 被任命为 WTO 秘书处副总干事，Singh 辞去了专家组主席一职。加拿大后来请求总干事根据第 8.7 条指派主席的替代人选。2005 年 8 月 26 日，总干事指派了新的专家组主席。② 在"美日零处理案"中，原争端专家组主席 Unterhalter 由于被 DSB 指派为上诉机构成员而无法充任遵守专家组成员，总干事指派了另一名专家。

---

① 13 个遵守专家组组成成员发生变化的情况是："加拿大奶制品案"专家组的原主席是 Tommy Koh，成员为 Alvarez 和 Petersmann；"加拿大奶制品案"第一个和第二个遵守专家组的主席是 Petersmann，成员为 Alvarez、Palecka。报告给出的理由是，主席不能提供服务，争端方就专家组新成员达成协议。"智利价格固定制度案"专家组的一个成员变化，但报告没有给出任何解释。"欧共体香蕉案"专家组原主席是 Harbinson，成员为 Anderson、Haberli；第二个遵守专家组的主席是 Haberli，成员为 Anderson 和张玉卿。美国和厄瓜多尔都请求总干事根据第 8.7 条确定遵守专家组的组成。更换专家组成员的理由是 Harbinson 退休。"欧共体床上用品案"专家组的一个成员变化。理由是一个原专家组成员不能提供服务，争端方就替代专家达成了协议。"墨西哥 HFCS 案"专家组的一个成员变化。理由是一个原专家组成员不能参与本程序，争端方就新专家达成了协议。"美国陆地棉案"专家组的主席和一个成员均换人。报告没有解释更换的根本原因，争端方存在分歧，最终请求总干事确定遵守专家组的组成。"美国 FSC 案"第二个遵守复审程序的专家组主席发生变化，但报告没有解释原因。"美国赌博案"遵守复审程序更换了主席和一个成员，理由是主席和一个成员不能服务。争端方就替代人选达成了协议。"美加软木反补贴案"专家组的一个成员变化，但报告没有给出任何解释。"美加软木反倾销案"专家组的主席发生变化，原因是主席被指派为 WTO 副总干事，无法继续履行专家组职责。在"美欧零处理案"中，所有专家组成员都被更换。在"美日零处理案"中，专家组主席发生了变化，原因是主席被指派为上诉机构成员。

② See, Panel Report on *US—Lumber Final AD* (*Article* 21.5), paras. 1.3~1.6.1

第二,争端方的策略行为。实践中出现的一个问题是,争端方有时反对原专家组成员中的第三方或争端方的国民充任遵守专家组成员。根据 DSU 第 8.3 条,政府为争端方或为第 10.2 条规定的第三方的成员的国民不得在与该争端有关的专家组中任职,除非争端方另有议定。根据 DSU 第 21.5 条的规定,应当尽可能求助原专家组。实践中,原专家组包括了争端方或第三方成员的国民,但由于争端方或第三方的这些专家组成员作出了不利于争端一方的裁决,在后来的遵守专家组成员选择上,该方有时会反对争端方或第三方的这些国民担任遵守专家组的成员。

在"美国陆地棉案"中,原专家组包括了两名第三方的国民。这两个专家在原程序中作出了不利于美国的裁决。在遵守复审程序中,美国拒绝重新指派这两个专家作为遵守专家组成员。巴西反对美国的这一决定。巴西认为,美国反对重新指派两名原专家以构成遵守专家组的决定是不幸的,并形成了"令人不安的先例"。尽管他们确实是第三方的国民,但巴西认为真正的原因是,这两个专家在原程序中作出了不利于美国的裁决。巴西认为,美国经常接受原专家作为 DSU 第 21.5 条遵守程序中的专家,并且美国在本案中并未反对提名他们作为原专家组成员以及作为 DSU 第 22.6 条仲裁员。对巴西而言,DSU 第 8.3 条需要根据第 21.5 条进行解释。巴西主张,美国在本案中的行为将会鼓励其他成员在未来拒绝第三方的国民作为遵守专家组成员进行服务。巴西警告说,这对于 DSU 的有效运作是不利的。美国拒绝了巴西的陈述,主张该陈述包括了许多不准确的事实。美国引用了 DSU 第 8.3 条后主张,除非争端方另有议定,第三方成员的国民不应充任涉及该争端的专家组成员。美国认为,第三方的国民不能充任第 21.5 条专家组成员的问题并不是新问题。美国提到两个案件:

"软木第四案"(DS257)和"智利价格固定制度案"(DS207)。美国指出,这些案件的四个当事方(美国、加拿大、智利和阿根廷)都进行合作以替代作为专家组成员的第三方的国民。但在本案中,巴西拒绝美国的合作努力。在美国看来,本案中真正的制度性问题是,总干事在根据DSU第8.7条行使自己指派专家组成员的裁量权时能否不予考虑DSU(特别是规定第三方的国民不能充任专家组成员的第8.3条)规定的争端解决程序。巴西和美国最终请求总干事根据DSU第8.7条确定专家组的组成。

类似问题发生在"美欧零处理案"中。在原程序中,根据争端方依据DSU第8.3条达成的协议,原专家组包括了争端方的国民。在设立第21.5条专家组时,原专家组中的两名成员不能继续提供服务。在后来的专家组组建程序中,美国撤回了根据第8.3条达成的协议,拒绝(剩下的)争端方的国民继续提供服务。由于争端方不能就遵守专家组的组成达成协议,总干事指派了三名新的专家组成员。欧共体对此提出了异议。欧共体认为,遵守专家组没有根据DSU第8.3条和第21.5条适当组成。尽管欧共体"不得不"接受三名新专家的指派以使程序继续向前,欧共体抗议该指派与DSU不符。实体方面,欧共体主张,根据DSU第8.3条和第21.5条,当原争端的专家可以在第21.5条中程序中服务时,他们不能由争端一方从专家组中单边排除。根据DSU第8.3条的原协议在争端程序的任何阶段都不能被撤回,包括遵守专家组阶段。欧共体在第8.6条中发现了其对第8.3条解释的上下文支持。根据第8.6条,除非具有"有说服力的"理由,争端方不能反对专家组成员。欧共体认为,当争端方已经同意一名专家作为争端的专家组成员服务时,该专家的国籍就不能构成排除该专家的"有说服力的"理由。欧共体也从DSU的目的和宗旨(包括,通过独立专家导致的有约束力专家组报告迅速有效解决争端)方面发现了对其主张的支持。欧共体主张,专家组拥有内在的管辖权,有义务依职权对其组成的适当性作出裁决。欧共体请求专家组裁定,本案专家组的组成与 DSU 第 21.5 条和第 8.3 条不符。美国认为,欧共体的请求并不属于专家组的权限范围,因为它不是欧共体在本案中提交给 DSB 的"事项",该请求也不涉及欧共体第 21.5 条专家组请求中指明的措施。总之,美国质疑欧共体的请求是否属于专家组的权限范围。

综上所述,欧共体主张专家组组建程序中违反了 DSU 第 8.3 条和第 21.5 条,本专家组没有适当组建。如果专家组同意欧共体的观点(专家组可以对自己的组成作出裁决)以及欧共体关于实体问题的主张,专家组不得不得出结论,专家组不具有审查本案其他欧共体请求的管辖权。欧共体的请求和主张提出了专家组可否对专家组组建的适当性或者与 DSU 的相符性作出裁决的问题。专家组认为,投诉方在本案中提出这一问题是令人吃惊的。但无论如何,专家组认为自己不需要全面处理这一问题。专家组注意到,本专家组由 WTO 总干事根据 DSU 第 8.7 条组建。专家组认为,欧共体未能指出任何 DSU 条款,专家组也不知道任何条款赋予专家组对 WTO 总干事适用 DSU 条款的行为作出裁决的权力。第 8.7 条明确,无论何时争端方间存有分歧,组建专家组的最终权力在 WTO 总干事手中。因此,专家组克制对欧共体与总干事组建本专家组有关的请求的实质问题作出裁决。

"美国陆地棉案"和"美欧零处理案"表明,争端方试图控制遵守专家组的组成程序,试图将作出不利于本方裁决的专家组成员从遵守专家组中剔除出去,即使总干事组建的新专家组具有不确定性。

四、中期报告问题

遵守专家组通常向争端方发布中期报告,并由争端方作出评论。这与原程序中的中期报告做法并无多大不同。但在"美国赌博案"中,中期报告的机密性成为了一个问题。

在"美国赌博案"中,专家组注意到以下"关注":专家组程序的机密性被违反了。在这方面,专家组解释到,"在向争端方分发中期报告的四个小时内,新闻媒体对'保密的'中期报告的结果进行了报道",点名提到 USTR 一位发言人确认有关裁决不利于美国,并对中期报告的内容进行了评论。美国向专家组确信,美国不是透密的来源。美国主张,"美国收到了关于这些结果的许多新闻媒体调查,表明泄漏来源是日内瓦","美国仅仅为了对泄漏作出回应才作出了回应"。专家组注意到,美国的 insinuation 是严重的,因为它们可能意味着,专家组或 WTO 秘书处违反了中期报告的机密性要求。专家组希望强有力的主张,专家组或秘书处从未这样做。关于美国仅仅为了回应报告泄漏而作出评论的主张,专家组认为,在此种情况下,鉴于有关中期报告的机密性要求,即使这类评论也是不适当的。

五、举证责任

与普通专家组程序一样,在第 21.5 条复审中,主张特定事实的一方有责任证明该事实,主张肯定性请求或抗辩的一方有责任确立该抗辩。因此,原则上应由投诉方指控被诉方没有遵守 DSB 建议和裁决。在"巴西飞机案"第 21.5 条程序中,巴西主张,对争议计划作出的改变使该计划有资格获得 SCM 协定关于出口补贴的一般性禁令的豁免。由于设计新措施是为了遵守 WTO 要求,应当推定该措施的相符性,应由提出质疑的一方确立相反主张。上诉机构不同意巴西的观点。上诉机构认为,一项措施被采取来遵守 DSB 建议和裁决的事实并未改变举证责任分配。主张肯定性抗辩的一方有责任在第 21.5 条复审中证明抗辩的适当性,正如普通专家组程序那样。①

六、上诉权

当争端方对于败诉方的实施措施的存在性或一致性存在分歧时,DSU 第 21.5 条详细规定了遵守专家组的一些问题,例如尽可能求助原专家组、专家组的裁决时限等。对于遵守专家组报告能否被上诉,DSU 第 21.5 条未作明确规定。一般认为,第 21.5 条程序不仅包括专家组程序,也包括上诉机构程序。因此,对于遵守专家组的报告,争端方可以提起上诉。理由如下:

第一,从 DSU 第 21.5 条的条文来看,虽然没有明确提及上诉机构程序,但其有关用语似乎表明第 21.5 条程序包括上诉机构程序。该条第一句写到,"如果……存有分歧,则此争端也应通过求助这些争端解决程序加以确定,包括尽可能求助原专家组。"该用语中的"这些争端解决程序"未被进一步界定,但它应当是指一般争端解决程序。"尽可能求助原专家组"是因为原专家组对于特定案件更为熟悉,有利于迅速审结案件。上诉机构不存在类似问题。因此,"尽可能求助原专家组"不能理解为"这些争端解决程序"仅指专家组程序。DSU 第 21.5 条中没有任何用语表明遵守

---

① See, Appellate Body Report on *Brazil—Aircraft* (*Article 21.5*), para. 66.

专家组决定不能被提起上诉。①

第二,从 DSU 第 17.1 条和第 17.6 条的规定来看,上诉机构将会审查对专家组案件的上诉,并且上诉限于专家组报告中的法律问题以及专家组发展的法律解释,但 DSU 没有施加任何进一步的限制。② 因此,所有专家组案件(无论是最初专家组案件,还是第 21.5 条案件)都能够被上诉。③ Rhodes 认为,争端方通常根据DSU 第 17.4 条享有上诉专家组报告的权利。第 21.5 条似乎允许上诉遵守专家组报告。相比之下,第 22.7 条明确规定第 22.6 条仲裁员报告不能上诉。④

第三,从现有 WTO 争端解决实践来看,DSU 在第 21.5 条与第22 条的关系问题上规定不清,多数遵守案件与第 22 条争端纠缠在一起,争端方通常就有关程序达成一揽子解决方案。在大多数案件中,争端方通过达成协议允许相互上诉;另一些案件中则未规定上诉。截至 2011 年 6 月底,上诉机构已经审结了 18 起第 21.5条上诉案件。因此,实践支持 WTO 成员在遵守案件中的上诉权。

七、第三方权利

(一)第三方获得书面陈述的权利

是否参与原争端解决程序不影响第 21.5 条程序中的第三方

---

① Petros C. Mavroidis, *Remedies in the WTO Legal System: Between a Rock and a Hard Place*, Vol. 11, No. 4, *EJIL*, 2000, p. 794.

② DSU 第 17.1 条规定,上诉机构应当审理对专家组案件的上诉。

③ Petros C. Mavroidis, *Remedies in the WTO Legal System: Between a Rock and a Hard Place*, Vol. 11, No. 4, *EJIL*, 2000, p. 794.

④ See, Sylvia A. Rhodes, *The Article 21.5/22 Problem: Clarification Through Bilateral Agreements?*, Vol. 3, No. 3, *JIEL*, 2000, p. 554.

参与,任何非争端当事方都可以作为第三方参与第 21.5 条程序。① 实践中的一个主要问题是第三方是否有权获得争端方向专家组提交的所有书面陈述。在许多遵守专家组面前,欧共体都提出了这一问题。就原专家组程序中的第三方权利而言,DSU 第 10.3 条规定,第三方应当获得争端当事方在第一次专家组会议上的所有书面陈述(第一次书面陈述)。这意味着,第三方不能获得通常在第二次专家组会议上由争端方提交的反驳书面陈述 (rebuttal submission,即第二次书面陈述)。然而,由于 DSU 只给予了遵守程序较短的时间,第 21.5 条专家组通常只与争端方举行了一次会议。每一当事方在会议举行前提交最初书面陈述和反驳书面陈述。

一些第 21.5 条专家组认为第三方只能获得遵守复审程序中的第一次书面陈述。在"澳大利亚汽车皮革案"遵守复审程序中,专家组的工作程序允许与争端方举行一次会议,并规定第三方只能获得争端方的第一次书面陈述,不能获得反驳书面陈述。该案专家组不同意欧共体的反对,推理到,如果专家组决定与争端方举行两次会议,第三方也只有权获得第一次书面陈述。专家组在本遵守程序中的做法符合前述惯常做法。② "澳大利亚沙丁鱼案"第 21.5 条专家组几乎在同时得出了相同结论。③ "美国外国销售公司案"第 21.5 条专家组也得出了相同结论。尽管第 10.3 条并未

① See, Joost Pauwelyn, *Proposals for Reforms of Article 21 of the DSU*, in Federico Ortino and Ernst – Ulrich Petersmann (ed.), *The WTO Dispute Settlement System: 1995–2003*, Kluwer Law International, 2004, p. 56.

② See, Panel Report on *Australia—Automotive Leather* (*Article 21.5*), paras. 3.7–3.9.

③ See, Panel Report on *Australia—Salmon* (*Article 21.5*), para. 7.5.

明确处理第三方获得争端方书面陈述的范围问题,"美国外国销售公司案"第21.5条专家组认为,该条款"必须被理解为将第三方在这些程序中的权利限于只能获得第一次书面陈述。"①然而,"加拿大奶制品案"第21.5条专家组得出了不同结论。尽管专家组工作程序最初仅允许第三方获得第一次书面陈述,但该专家组接受了欧共体的请求并修改了工作程序。②

(二)口头听证中的消极观察员地位

在"美国虾案"遵守复审上诉程序中,专家组程序中的第三方厄瓜多尔没有提交第三方参与书面申请,但仍请求上诉机构允许其作为"消极观察员"参加口头听证。在与当事方和其他第三方磋商后,上诉机构允许厄瓜多尔以此种身份参加口头听证。③

八、提议权

通常认为,第21.5条专家组可以作出关于如何实施新的 DSB 建议和裁决的提议。一般应当鼓励第21.5条专家组作出关于如何实施新的 DSB 建议和裁决的提议。关于第21.5条程序中的提议权问题,参见第二章关于 WTO 争端解决执行对象的有关论述。

专家组和上诉机构应当适当处理投诉方的提议请求。在"美国 OCTG 日落复审案"第21.5条专家组程序中,阿根廷请求专家组根据第19.1条作出提议,美国"应该通过终止适用于阿根廷 OCTG 的反倾销税令来实施其建议"。专家组拒绝了阿根廷的请求,认为"在本诉讼背景下,专家组没有发现任何特别理由来作出

---

① See,Panel Report on *US—FSC*(*Article 21. 5*),para. 6. 3.

② See,Panel Report on *Canada—Diary*(*Article 21. 5*),para. 2. 32.

③ See,Appellate Body Report on *US—Shrimp*(*Article 21. 5*),footnote. 16.

提议"。阿根廷对此提起了上诉,指控专家组驳回其请求的方式过于概要,专家组的行为与其在"DSU 第 11 条和第 12.7 条下的职责"不符。阿根廷主张,专家组违反了第 11 条,因为专家组没有"合理考虑"阿根廷的请求,未能"客观评估美国已经两次违反了第 11.3 条义务这一事实。"阿根廷还主张,专家组违反了其在第 12.7 条下的义务,即专家组"应说明第 19.1 条在本案背景下的适用性,应对拒绝阿根廷请求提供基本理由"。此外,阿根廷请求"上诉机构行使其在第 19.1 条下的权力,自己作出一项提议,美国应该撤销适用于阿根廷 OCTG 的反倾销税令。"①上诉机构第一次考虑了专家组对提议问题的处理。上诉机构注意到,尽管专家组的解释十分简要,但它足以表明,专家组已经考虑了阿根廷的请求,并且,鉴于作出提议的权力的裁量性质,专家组拒绝行使该裁量权。上诉机构进一步解释到,当审查专家组的不行使裁量权决定时,必须牢记第 19.1 条下作出提议的权力的裁量性质。上诉机构认为,提议权的裁量性质并未豁免专家组不考虑当事方为支持此种请求而提出的主张。专家组更为明确地详述自己为什么拒绝行使作出提议的裁量权本来更为可取。但上诉机构最终得出结论,这并不意味着专家组对其裁量权的行使是不适当的。②上诉机构也处理了阿根廷的提议请求。上诉机构注意到,DSU 第 19.1 条和第 21.3 条表明,可能存在替代性的实施手段,原则上应由实施成员作出有关选择。上诉机构进一步注意到,"在裁定日落复审与《反倾销协定》第 11.3 条和第 11.4 条不符的案件中,DSB 建

---

① See,Appellate Body Report on *US—OCTG Sunset Reviews* (Article 21.5) , paras. 177-180.

② See, *ibid* , para. 183.

议和裁决的实施会产生许多制度性问题",阿根廷请求也暗示了这些复杂的问题。这些问题超出了当事方在本上诉中提出的问题的范围,上诉机构不应该在考虑第 19.1 条提议权背景下解决这些问题。因此,上诉机构拒绝了阿根廷的提议请求。①

上诉机构在该案中明确了提议权的裁量性质,但上诉机构又期望专家组详细考虑提议请求方的有关主张,说明拒绝作出提议的理由。上诉机构在本案中详述了拒绝作出提议的理由,意在起到带头作用。然而,对于专家组而言,考虑提议请求方的有关主张、说明拒绝作出提议的理由并非易事。因此,上诉机构的审查标准相对而言比较宽松。本案也表明,提议权往往涉及一系列复杂的制度性问题,处理不当会引发争议。从本案来看,说明拒绝作出提议的理由的一个积极意义在于揭示出有关问题,促使 WTO 各成员积极考虑并加以解决。

九、遵守复审程序与报复仲裁程序的关系

遵守复审程序与报复仲裁程序间的关系问题被称为次序问题,该问题在"欧共体香蕉案"中凸显出来。在该案中,由于认为欧共体在合理期限结束后仍未遵守 DSB 建议和裁决,美国径直要求 DSU 授权报复,而欧共体则认为美国应当首先诉诸第 21.5 条程序。美国认为,WTO 成员无论何时对被诉方实施其义务的方式感到不满意,它可以自动地请求实施反措施的授权,甚至不需要遵守专家组关于实施行动不充分的事前裁定。美国还认为,除非接受只有一个合理实施期限,否则 WTO 胜诉成员将会被剥夺采取反措施的权利,因为根据第 22.6 条,WTO 胜诉成员需要在合理期

---

① See, *ibid*, para. 184.

限结束后 30 天内请求采取反措施的授权。欧共体则认为,除非遵守专家组事先确定实施行动不充分,WTO 裁决机构不能合法满足反措施授权请求。在欧共体看来,第 21.5 条与第 22.6 条程序之间存在先后次序。结果,在欧共体对美国的报复授权请求发起第 22.6 条程序的同时,欧共体请求设立遵守专家组就欧共体是否实施了 DSB 建议和裁决作出决定。同时,"欧共体香蕉案"另一投诉方厄瓜多尔也请求设立遵守专家组。相同人员履行了第 22.6 条仲裁员职责和第 21.5 条遵守专家组职责。第 22.6 条仲裁员拒绝了欧共体中止第 22.6 条程序的请求,隐含接受了美国的主张,DSU 现有条款不能确立第 21.5 条与第 22.6 条之间的先后次序。"欧共体香蕉案"第 22.6 条仲裁和第 21.5 条遵守程序的结果呈现出奇怪的矛盾景象:相同人员在 1999 年 4 月 9 日发布了第 22.6 条仲裁裁决,在 1999 年 4 月 12 日(三天以后)发布了第 21.5 条遵守专家组裁决,裁定欧共体实施行动是不充分的。仲裁员首先接受了美国采取反措施的请求,之后才确立此种授权是正当的,因为欧共体未能使其措施相符。相同人员的这些裁定引起了广泛批评。[①] 在"美欧某些产品案"中,专家组为了协调第 21.5 条程序和第 23.2(a)条的要求与第 22.6 条程序,采取了一种完全不同的路径:专家组承认报复授权之前需要多边决定,但同时认为第 22.6 条仲裁员可以履行多边决定职责,试图将多边决定与及时报复请求协调起来。但这一方法遭到了学者们的猛烈批评。[②] 在后来的

---

① See,Petros C. Mavroidis, *Remedies in the WTO Legal System:Between a Rock and a Hard Place*,Vol. 11,No. 4,EJIL,2000,pp. 795–797.

② See,Petros C. Mavroidis, *Remedies in the WTO Legal System:Between a Rock and a Hard Place*,Vol. 11,No. 4,EJIL,2000,pp. 797–798.

争端解决实践中,争端方大都通过达成临时协议解决次序问题。

第三节　遵守复审程序实践概况及其改革

遵守复审程序总体上运行良好,特别是遵守专家组程序。上诉程序虽然也发挥了一定作用,但往往被败诉一方滥用。本节首先总结分析了遵守复审程序的实践概况,其次分析了遵守复审程序的作用,最后探讨遵守复审程序的改革问题。

一、遵守复审程序实践概况及分析

(一)遵守复审程序实践概况

截至 2011 年 6 月底,第 21.5 条专家组共作出了 29 个报告,上诉机构共作出了 28 个第 21.5 条报告。从第 21.5 条程序发起方来看,只有一个案件由被诉方发起,其余案件均由投诉方发起。第 21.5 条专家组共作出了 27 个裁决(在欧共体自己发起第 21.5 条程序的"香蕉案"中,专家组未作任何裁决;在"美国 DRAMS 案"中,美国和韩国达成了协议,专家组分发了报告,但未作任何裁决)。在作出专家组或上诉机构裁决的 27 个案件中,除 4 个案件("巴西飞机第二案"、"美国虾案"、"加拿大奶制品案"和"美国软木 ITC 调查案")外,其余 23 个案件中的实施措施均被裁定为不完全符合涵盖协议要求,被诉方未能充分遵守或实施 DSB 建议和裁决。

(二)遵守复审程序实践概况分析

投诉方没有滥用第 21.5 条程序。从作出裁决的 27 个案件来看,第 21.5 条专家组和上诉机构在大多数案件中裁定被诉方未能实现充分遵守。这些案件表明,当寻求设立第 21.5 条专家组时,投诉方通常有着很好的理由。投诉方并未使被诉方面临不正当的法律指控。

被诉方常常滥用第21.5条上诉程序。在第21.5条专家组裁决被诉方不遵守或不完全遵守的23个案件中,被诉方在13个案件中提起了上诉,上诉机构在11个案件中没有支持被诉方的上诉。被诉方仅在"加拿大奶制品案"中获得了成功。然而,上诉机构仅仅是因为缺乏有关事实信息没有完成分析,后来的"加拿大奶制品第二案"裁决被诉方加拿大没有遵守。因此,被诉方的上诉全部不是因为有着良好的理由,拖延动机十分明显。被诉方滥用第21.5条上诉程序已经成为遵守复审程序中的主要问题之一。

从涉案争端来看,第21.5条程序涉及的争端通常是 WTO 中难以解决的争端。比较典型的是"欧共体香蕉案",共涉及多达8个第21.5条程序。其他案件如"美国外国销售公司案"、"美加软木系列争端案"、"巴西加拿大飞机系列争端案"等等。毫无疑问,第21.5条程序为这些案件的解决提供了缓冲时间,当然也为被诉方的拖延提供了机会。第21.5条程序有成为被诉方拖延战术的危险。在某些案件中,即使被诉方没有采取任何实施措施,被诉方仍然不赞同投诉方的未遵守指控,从而迫使投诉方发起第21.5条程序,例如"美国赌博案"。

第21.5条程序中的另一突出问题是被诉方反复修改措施,迫使投诉方多次诉诸遵守复审程序,例如"巴西飞机案"、"加拿大奶制品案"、"美国外国销售公司案"、"欧共体香蕉案"等。尽管诉诸第21.5条程序有助于进一步澄清各成员在 WTO 协定下的义务,有助于最终解决争端方间的争端,但许多成员在 DSB 中表达了如下观点:第21.5条程序有被某些成员滥用的危险。这些成员不是使其措施完全与 DSB 建议和裁决相符,相反,这些成员可能实施并未矫正早先立法或措施中与 WTO 不符的所有方面的立法或措施。

遵守复审程序中的上诉制度仍然有着积极意义。在第 21.5 条专家组作出裁决的 27 个案件中，共有 19 个案件被上诉，上诉率超过 70%。这些被上诉的案件大多由被诉方发起，共有 13 个案件。被诉方仅在"加拿大奶制品案"中获得了成功，上诉机构纠正了专家组的法律错误。投诉方上诉了 10 个案件。① 投诉方提出上诉，均是因为第 21.5 条专家组裁决被诉方遵守或者部分遵守。对于投诉方提出上诉的部分案件，上诉机构在"加拿大飞机案"和"美国软木 ITC 调查案"中推翻了第 21.5 条专家组的部分裁决，但未完成分析；在"美国虾案"中支持了第 21.5 条专家组的遵守裁决；在"欧共体床上用品案"和"美国软木反倾销案"中推翻了第 21.5 条专家组的遵守裁决，裁决不遵守；在"美国 OCTG（阿根廷）案"中部分推翻了专家组的裁决。这一分析表明，投诉方的上诉基本上是适当的，也表明专家组的裁决存在一定问题和上诉审查的价值所在。

二、遵守复审程序的作用

评估遵守复审程序实际作用的参考标准是第 21.5 条程序是否促进了 DSB 建议和裁决的实施以及争端的迅速友好解决。但这一评估是困难的，很难证明。第 21.5 条程序的作用可从两个方面来理解：事前功能和事后功能。从事前功能来看，第 21.5 条遵守程序的存在可能在一定程度上促进了被诉方的遵守。尽管这一点无法证明，但由于第 21.5 条程序可作

---

① 双方均提起上诉的案件共有 4 个。

为一种透明度机制存在,投诉方可使被诉方的持续不遵守行为大白于天下,这应能对被诉方产生一定压力。因此,遵守复审程序应能在促进被诉方的遵守方面起到一定的事前激励作用。从事后功能来看,应当分析那些被裁决为不遵守的案件是如何发展的,需要分析第21.5条不遵守裁决是否促进了这些案件的积极迅速解决。另一方面,也必须考虑没有第21.5条程序时有关案件会如何发展。这是难以证明的,因为很难预知当第21.5条程序不存在时有关案件将会如何发展。例如,如果没有第21.5条程序,如果直接进入报复程序,有可能促进迅速解决争端。此外,第21.5条遵守程序仅仅是被诉方遵守决定的一个因素,如果其他因素在遵守决定中发挥了作用,很难判断第21.5条程序是否起到了促进遵守的作用。

实证考查似乎非常困难,但仍可从第21.5条遵守复审实践中得出某些试探性结论。例如,从目前来看,被诉方上诉的拖延动机似乎非常明显。因此,可以认为第21.5条程序便利了被诉方的拖延,使其拖延披上了合法外衣。另一方面,第21.5条遵守复审程序确实解决了争端方的有关法律分歧,具有一定积极意义。典型案例是第21.5条专家组或上诉机构裁决被诉方遵守的案件,例如"美国虾案"和"巴西飞机第二案"。这两个案件有效驱散了投诉方的怀疑。上诉机构在许多案件中也推翻了第21.5条专家组的有关裁决,对于有关判例法的发展具有重要意义。

从学界观点来看,科恩斯和查诺维茨认为第21.5条程序发挥了作用。福山雅治认为,在专家组或上诉机构裁决不遵守的大多数案件中,当事方或者在通过第21.5条报告之后最终达成了MAS,或者被诉方撤销的违反措施。第21.5条复审的结果似乎促进了相关当事方的互动,有助于便利 DSB 建议的实施。①

遵守复审程序保证了程序公平,进一步促进了国际贸易争端解决中的法治,增强了多边贸易体制的安全性和可预期性。从实践来看,遵守复审程序的上述积极意义似乎牺牲了实体公平,导致被诉方利用第21.5条程序进行合法的拖延。但应当注意到,进入第21.5条程序的案件都是复杂并且难以解决的贸易争端,即使没有第21.5条程序,迅速有效解决争端的可能性也很小。第21.5条程序通过再次提供关注焦点、增进透明度和施加多边压力等能够改变国际国内政治平衡,从而可能加速争端的有效解决。

三、遵守复审程序的改革问题

(一)次序问题

如果争端方对于被诉方实施措施的存在性或一致性存有分歧,"2003年主席案文"明确要求在请求补偿谈判或请求报复授权之前诉诸遵守复审程序。② 在 DSU 改革谈判过程中,鉴于达成最终协定遥遥无期,以日本为首的一组国家试图就次序问题获得一项协议。他们提出了一项文件草案(称为"Suzuki 文本")供西雅图的部长们考虑。然而,尽管该草案在各个代表团中获得了广泛支持,但它未获通过。西雅图部长级会议之后,日本和其他一些支

---

① Yuka Fukunaga, *Securing Compliance through the WTO Dispute Settlement System:Implementation of DSB Recommendations*, Vol. 9, No. 2, JIEL, 2006, p. 405; Jason E. Kearns and Steve Charnovitz, *Adjudicating Compliance in the WTO:A Review of DSU Article 21. 5*, Vol. 5, No. 2, JIEL, 2002, pp. 338–339.

② See, paragraph 2(c) of article 22, Special session of the Dispute settlement body, *Report by the Chairman to the Trade Negotiations Committee*, TN/DS/9, 6 June 2003, p. 13.

持"Suzuki 文本"的国家再次提交了他们的建议,作为根据《建立 WTO 马拉喀什协定》第 10 条对 DSU 第 21 条和第 22 条的正式修改。尽管 2000 年和 2001 年进行了密集的非正式磋商,但各成员仍未达成协议。日本和其他国家动议的失败可以归因于就次序问题找到正式解决办法的急迫需要的下降。自从"欧共体香蕉案"以来,争端方通过双边安排处理了这一问题,并且通常运作相当好。还应注意到,GATT/WTO 成员长期以来偏爱不修改他们缔结的协议文本。他们常常偏爱通过"决议或谅解"澄清模糊的条款。另一个原因是某些成员反对部门协定(sectoral agreement)。尽管 WTO 各成员明确承认 DSU 谈判是独立的并且与其他谈判无关,但是,即使 DSU 谈判没有作为单一承诺的一部分,某些成员仍然将争端解决谈判视为更广泛谈判的一部分。正是由于这一原因,多哈会议的部长们没有通过泰国和菲律宾提出的修改 DSU 的建议;这些建议由这些国家重新提交给 DSB 特别会议。①

(二)磋商要求

DSU 第 21.5 条没有提到磋商要求,但磋商程序是重要的,因为 WTO 的第一个十年已经表明,磋商通常能够导致相互接受的解决办法。欧共体建议,应在请求遵守专家组之前进行磋商。根据欧共体的建议,争端方应在提出遵守专家组请求之日起 20 天内进行磋商,专家组仅能在这类磋商结束后设立。②

---

① See, Edwini Kessie, The ' Early Harvest Negotiations ' in 2003, in Federico Ortino and Ernst – Ulrich Petersmann (ed.), The WTO Dispute Settlement System: 1995–2003, Kluwer Law International, 2004, pp. 117–119.

② See, Virachai Plasai, Compliance and Remedies against Non–Compliance under the WTO System: towards a More Balanced Regime for All Members, ICTSD, Issue Pager No. 3, June 2007, p. 10.

　　某些成员认为,由于当事方在最初请求设立专家组之前会举行磋商并因此被告知了案件的所有相关事实,磋商是没有必要的。此外,将磋商作为设立专家组的先决条件将会延缓遵守程序,减损争端解决机制的一个根本目标,即迅速解决当事方间的争端。另一些成员认为,由于新措施可能不同于最初受到指控的措施,举行磋商是必要的。"2003 年主席案文"建议删除现有的第 21.5 条,增加一个新条文第 21 条之二,专门处理遵守争端。关于磋商要求,由于不能作出选择,"2003 年主席案文"提供了两种选择以供各成员考虑。① 依赖于各成员的选择,投诉方可在以下情况下请求磋商或请求设立专家组:(1)相关成员已陈述自己不需要合理期限来遵守 DSB 建议和裁决;(2)相关成员已经向 DSB 提交自己遵守了 DSB 建议和裁决的通知;(3)合理期限到期日之前 20 天;(4)相关成员采取了遵守 DSB 建议和裁决的措施,但该措施与涵盖协定不符。② "2003 年主席案文"还规定了磋商时限要求。如果投诉方请求磋商,被诉成员应在收到磋商请求后 10 天内对磋商请求作出回应,并应在磋商请求发布之日起 20 天内善意地进行磋商。在 20 天期限结束之后,投诉成员可以请求设立专家组,该专家组应由原专家组成员组成。③ 按照"2003 年主席案文"的设想,一般情况下最迟在合理期限到期时投诉方可以请求设立遵守专家

　　① See,Edwini Kessie, *The 'Early Harvest Negotiations' in 2003*, in Federico Ortino and Ernst – Ulrich Petersmann (ed.), *The WTO Dispute Settlement System*: *1995–2003*, Kluwer Law International, 2004, p. 135.

　　② See,Edwini Kessie, *The 'Early Harvest Negotiations' in 2003*, in Federico Ortino and Ernst – Ulrich Petersmann (ed.), *The WTO Dispute Settlement System*: *1995–2003*, Kluwer Law International, 2004, p. 135.

　　③ *Ibid.*

组。在一般案件中,磋商时限为自收到磋商请求之日起 60 天,而在遵守案件中,磋商时限仅为自收到磋商请求之日起 20 天,大大缩短了磋商时间。Virachai Plasai 建议,应当鼓励 WTO 各成员寻求关于遵守的相互接受的解决办法。因此,在将任何事项提交遵守专家组之前,应使磋商成为一种强制性要求。①

"2008 年主席案文"第 21.5(c)(i)条规定:"本款程序并不要求投诉方在请求设立专家组之前根据第 4 条请求磋商。"因此,对于遵守复审程序而言,投诉方可以不经磋商而直接请求设立遵守专家组。

(三)"一次拒绝权"

根据当前 WTO 实践,如果投诉方第一次在 DSB 会议上请求设立专家组,被诉方有权拒绝该请求,第一次设立专家组的请求一般不会导致 DSB 决定设立专家组。但是,一旦投诉方在下一次 DSB 会议上再次提出设立专家组的请求,DSB 将自动设立专家组,除非 DSB 协商一致不设立专家组。总之,被诉方对于设立专家组的请求享有"一次拒绝权"。"2003 年主席案文"否认了第 21.5 条程序中被诉方的"一次拒绝权",规定 DSB 应在设立专家组的请求首次出现在议程上的 DSB 会议上设立遵守专家组,除非 DSB 协商一致不设立专家组。如果投诉方提出召集 DSB 会议的请求,应在提出请求后 15 日内召开 DSB 会议,但应至少提前 10 天发布通知。② "2008 年主席案文"也明确否定了被诉方的"一次

---

① See, Virachai Plasai, *Compliance and Remedies against Non-Compliance under the WTO System: towards a More Balanced Regime for All Members*, ICTSD, Issue Pager No. 3, June 2007, p. 10.

② See, paragraph5 of article 21bis, Special session of the Dispute settlement body, *Report by the Chairman to the Trade Negotiations Committee*, TN/DS/9, 6 June 2003, p. 12.

拒绝权"："在投诉方提出设立专家组的请求的第一次 DSB 会议上，DSB 应设立专家组，除非 DSB 协商一致不设立。"

（四）上诉审查期限

遵守复审程序是一加速程序。DSU 第 21.5 条明确规定了专家组审查的期限，即遵守专家组在事项提交给自己后 90 天内提交报告，大大短于普通程序中的 6 个月通常期限。第 21.5 条上诉审查仍然维持了第 17 条中的通常上诉程序时限框架，即争端方通知上诉决定后 60 天，并有可能延长 30 天。因此，第 21.5 条遵守复审程序最长可以持续 180 天，时间相当长。这会导致并不打算实施 DSB 建议和裁决的 WTO 成员利用遵守复审程序，作为拖延案件的一种策略。鉴于现有上诉实践已经强烈表明了被诉方提出上诉的拖延动机，DSU 应当适当缩短上诉审查期限。Virachai Plasai 认为，各成员应当避免遵守程序被用来"购买时间"的情势。一种可行改进与时间框架有关。如果上诉程序能够加速，遵守复审程序可以进一步缩短。具体而言，遵守复审程序中的上诉审查时限限于 30 天，在特殊情况下可以延长 30 天。① 但"2003 年主席案文"明确规定，遵守复审程序中的上诉审查应当遵守 DSU 第 17 条，也就是关于普通上诉程序的有关要求。②

（五）拓宽遵守复审程序的适用范围

鉴于遵守复审程序的加速性质，许多 WTO 成员建议拓宽第

---

① See, Virachai Plasai, *Compliance and Remedies against Non-Compliance under the WTO System: towards a More Balanced Regime for All Members*, ICTSD, Issue Pager No. 3, June 2007, p. 10.

② See, paragraph 8 of article 21bis, Special session of the Dispute settlement body, *Report by the Chairman to the Trade Negotiations Committee*, TN/DS/9, 6 June 2003, p. 12.

21.5 条程序的适用范围,以解决 WTO 争端解决中的特定问题。韩国建议由遵守专家组确定丧失或减损数额。欧共体建议拓宽第 21.5 条程序以包括关于终止或降低制裁的请求以及关于被诉方是否"没有遵守根据第 3.6 条通知的 MAS 条件"的分歧。鲍威林建议适用第 21.5 条加速程序解决类似于美国"零处理"做法的反复违反或者针对相同违反的其他成员的后来投诉。①

（六）其他澄清或改革

1. 设立遵守专家组请求的具体性

"2003 年主席案文"要求投诉方在其请求中指明相关具体措施、提供足以明确提出问题的投诉法律依据概要。如果投诉方请求设立非标准权限专家组,书面请求应当包括特殊权限的建议文本。除非争端方在遵守专家组设立后 5 天内就特殊权限达成协议,否则遵守专家组应具有标准权限。② "2008 年主席案文"未涉及这一问题。

2. 遵守专家组的组成

DSU 现有文本提及"尽可能诉诸原专家组"。"2003 年主席案文"规定:"遵守专家组应由原专家组成员组成。如果原专家组任何成员不能提供服务,在与争端方磋商后,总干事应在遵守专家组设立后 7 天内指派一名替代成员,除非争端双方请求总干事不这么做。""2008 年主席案文"规定:"该事项应提交原专家组。如果不能利用原专家组的任何成员,除非争端方另有议定,总干事应在专家组设立后 7 天内与争端方磋商后指派一名替代成员。"因

---

① See, Joost Pauwelyn, *Proposals for Reforms of Article 21 of the DSU*, in Federico Ortino and Ernst – Ulrich Petersmann (ed.), *The WTO Dispute Settlement System: 1995–2003*, Kluwer Law International, 2004, pp. 58–59.

② See, paragraph 4 of article 21bis, *ibid*, p. 12.

此,相比现有 DSU 文本的"尽可能"义务,两份主席案文明确规定了诉诸原专家组的义务,并进一步规定了原专家组成员不能提供服务情况下由总干事指派替代成员的程序和时限。

3. 遵守专家组审查期限

DSU 现有文本要求遵守专家组在事项提交后的 90 天内散发报告,"2003 年主席案文"略有改动,要求在设立遵守专家组后 90 天内散发报告。[1] "2008 年主席案文"第 21.5(c)(iii)条亦有相同规定:"专家组应在设立后 90 天内发布其报告。如果专家组认为自己无法在该时限内发布报告,其应书面通知 DSB 延迟的原因以及其将会发布报告的预计期限。"

4. 一次合理期限

根据"2003 年主席案文"的规定,即使遵守专家组或上诉机构裁决被诉方未能遵守 DSB 建议和裁决,被诉方也不能获得第二个合理期限。[2] "2008 年主席案文"第 21.5(c)(iv)条规定:"如果 DSB 裁定采取来遵守的一项措施并不存在或者与涵盖协定不相符,相关成员不应拥有额外的、遵守 DSB 建议和裁决的合理期限。"

总体而言,WTO 各成员对主席的建议感到满意,但某些成员认为某些方面需要进一步的思考,包括应否使磋商成为强制要求以及当事方是否有权上诉遵守专家组报告。[3]

---

[1] See, paragraph 6 of article 21bis, *ibid*, p. 12.

[2] See, paragraph 9 of article 21bis, Special session of the Dispute settlement body, *Report by the Chairman to the Trade Negotiations Committee*, TN/DS/9, 6 June 2003, p. 12.

[3] See, Edwini Kessie, *The 'Early Harvest Negotiations' in 2003*, in Federico Ortino and Ernst – Ulrich Petersmann (ed.), *The WTO Dispute Settlement System: 1995–2003*, Kluwer Law International, 2004, p. 135.

第四章 WTO 补偿制度

WTO 允许被诉方通过向投诉方提供补偿暂时性偏离 WTO 义务。WTO 补偿不同于一般国际法中的赔偿,它不具有补救性质。WTO 补偿通常采取贸易补偿形式,但也可采取金钱补偿。WTO 实践中很少使用补偿。改革 WTO 补偿制度已经成为 DSU 改革谈判和学界的热门话题。本章研究 WTO 补偿制度有关问题。

第一节 WTO 补偿制度的基本问题

如果被诉方不能在合理期限内实施 DSB 建议,DSU 第 22.1 条允许被诉方向投诉方提供补偿暂时性偏离 WTO 义务。补偿是自愿的,并且如果被诉方授予补偿,该补偿应当符合有关涵盖协定。WTO 补偿机制向争端方提供了谈判补偿暂时解决争端的机会。本节探讨 WTO 补偿制度的几个基本问题。

一、WTO 补偿的概念和特征

WTO 补偿是指,当被诉方在合理期限结束后仍然无法实施 DSB 建议和裁决时,被诉方给予投诉方的贸易减让等形式的补偿。WTO 补偿具有如下特征:

第一,暂时性。根据 DSU 第 22.1 条,补偿属于 DSB 建议和裁决未在合理期限内得以实施情况下的临时性措施。这意味着:第一,被诉方不应通过提供补偿长期不遵守 DSB 建议和裁决;第二,一旦被诉方充分实施了 DSB 建议和裁决,被诉方即可立即终止补偿措施。

第二,自愿性。根据 DSU 第 22.1 条,补偿是自愿的。因此,被诉方有权决定是否通过给予投诉方补偿暂时解决争端,被诉方没有义务提供补偿。但是,如果投诉方请求谈判补偿,被诉方应在不迟于合理期限期满前与投诉方进行谈判,以期达成相互接受的补偿。如果在合理期限结束后 20 天内未能成功谈判补偿,则投诉方可以请求 DSB 授权报复。补偿谈判的最短期限只有 20 天。当然,被诉方也可以主动提出给予投诉方补偿。

第三,合法性。WTO 补偿的合法性是指,被诉方给予投诉方的补偿应当与 WTO 相关涵盖协定一致,不得违反 WTO 相关涵盖协定的要求。尽管"与涵盖协定一致"的确切含义并不十分清楚,但通常认为,WTO 补偿应当满足最惠国待遇义务的要求。因此,被诉方给予投诉方的补偿通常应在最惠国基础上提供给其他 WTO 成员。关于 DSU 第 22 条中的补偿是否应该满足非歧视性要求,学界存在分歧。休德克主张,除某些例外,GATT/WTO 规则应被解释要求所有恒久性贸易措施(例如 GATT 第 28 条的解决办法)以 MFN 为基础,但允许非恒久性措施的歧视性。① 根据这一区分,由于 DSU 第 22 条中的补偿是临时性的,因此这类补偿可以

---

① See, Robert E. Hudec, *Broadening the Scope of Remedies in WTO Dispute Settlement*, in Friedl Weiss(ed.), *Improving WTO Dispute Settlement Procedures: Issues &Lessons from the Practice of Other International Courts and Tribunals*, Cameron, London,2000, p. 391, footnote. 39.

歧视方式授予。实际上,DSU 第 22 条中的中止减让是临时性措施,只允许投诉方对被诉方采取报复措施,因此是歧视性的。此外,在 MFN 基础上授予货币补偿管理上比较困难。另一种观点认为,WTO 补偿应当符合 MFN 原则。此种观点认为,关于第 22 条中补偿的歧视性问题,DSU 条文似乎是清楚的。根据 DSU 第 22.1 条,如果授予补偿,补偿应当与涵盖协定相符。因此,补偿应当基于 MFN 授予。DSU 谈判史确认了这一点。在乌拉圭回合谈判中,普遍认为,相比中止减让权,如果适用补偿,补偿应当以 MFN 为基础,并且"旨在恢复所有缔约方权利义务间的适当平衡。"① WTO 案例法也倾向于支持 WTO 体制下补偿的非歧视性。在"欧共体禽类案"中,上诉机构裁定,产生于根据 GATT 第 28 条授予的补偿的新利益或减让受 GATT 非歧视规则的约束。由于不存在明显的理由在货币补偿与其他形式的补偿之间作出区分,DSU 谈判史、相关条款以及上诉机构对 GATT 相应条款的解释表明,无论以货币还是其他形式授予,必须根据 WTO 非歧视原则管理补偿。有学者认为,美国在"版权法案"中仅仅向欧共体提供货币补偿违反了最惠国原则。② 不同观点认为,当货币补偿仅仅支付给投诉方时,由于其他 WTO 成员也有权根据 WTO 争端解决程序主张货币补偿,其他 WTO 成员并未受到不同待遇。但是,当提到关税补偿时,很难接受这一主张。普遍认为,关税补偿的授予必须以 MFN

---

① MTN. GNG/NG13/W/30, Negotiating Group on Dispute Settlement, Dispute Settlement Proposal, 10 October 1988 and MTN. GNG/NG13/W/32, Negotiating Group on Dispute Settlement, *Compensation in the context of GATT Dispute Settlement Rules and Procedures*, Note by the Secretariat, 14 July 1989.

② Bernard O'Connor and Margareta Djordjevic, *Practical Aspects of Monetary Compensation: The US-Copyright Case*, Vo. 8, No. 1, JIEL, 2005.

为基础。

第四，优先性。WTO 补偿的优先性是指，相对于贸易报复，成员应当优先寻求达成补偿安排。通常认为，补偿是比报复更优的临时性安排，应当优先考虑 WTO 补偿。从经济角度看，关税减让形式的补偿就是贸易自由化。关税减让促进了被诉国、投诉国、甚至是出口进口壁垒已被降低的产品的第三国经济福利。即使进口争议产品或同类产品的某些第三国可能会遭受贸易条件损失，世界整体福利将会变得更好。相比之下，贸易报复导致贸易缩减，使投诉方、被诉方和世界整体福利变差。

第五，形式多样性。尽管 DSU 中并未说明补偿的类型，但一般理解为贸易补偿，即由被诉方作出新的减让或承诺。唐克雷迪认为，WTO 法中不存在任何金融补偿。补偿可以是减让或其他义务形式，但它从来不是货币性质的。[①] 布朗克斯和布鲁克认为，在传统的 GATT 或 WTO 意义上，补偿一般被理解为不是指金融补偿。相反，它意味着不遵守国通常将在另一产品类别提供额外的贸易减让(例如关税减让)，只要它未能使 WTO 不合法措施遵守WTO 涵盖协议。[②] 格雷恩认为，WTO 中的补偿通常被认为是更大市场准入形式的减让，而不是货币补偿。[③] 然而，DSU 也没有任何用语排除其他形式的补偿，包括金融补偿。有学者认为，根据现有

[①]　See, Antonello Tancredi, *EC Practice in the WTO: How Wide is the 'Scope for Manoeuvre'?*, Vol. 15, No. 5, EJIL, 2004, p. 956.

[②]　See, Marco Bronkers and Naboth Van Den Broek, *Financial Compensation in the WTO: Improving the Remedies of WTO Dispute Settlement*, Vol. 8, No. 1, JIEL, 2005, p. 107.

[③]　Patricio Grané, *Remedies under WTO Law*, Vol. 4, No. 4, JIEL, 2001, footnote. 10.

WTO 体制,被诉方可以向投诉方支付货币损害赔偿。DSU 规定,争端当事方可以达成任何"相互接受的补偿",不论其形式如何。因此,如果当事方同意,投诉方可以从被诉方那里获得货币支付。① 实际上,美国和欧共体在"版权法案"中就达成了货币补偿协议。

二、WTO 补偿的性质

传统上,WTO 背景下的"补偿"一词并非指赔偿由于不符措施而遭受的贸易损失,而是指贸易减让的重新平衡。②补偿无论从福利经济学还是从政治经济学角度看都具有一定意义。从福利经济学角度看,补偿通过增加投诉方产品的市场准入改善了投诉方国内福利,总体上增加了被诉方国内福利,因此增强了世界整体福利。对于投诉方而言,通过补偿已被违反措施侵害的国内福利实现了经济福利的重新平衡。从政治经济学角度看,违反措施降低了投诉方政府的政治福利,但被诉方提供补偿可以增强投诉方的政治福利,因为新增加的出口机会导致某些出口利益集团支持政府。补偿因此也可以实现政府福利的重新平衡。

补偿也可被视为一种执行机制。如果成功达成补偿谈判,随着被诉方逐渐开放国内市场,进口竞争产业会面临进口压力,从而会游说被诉方撤销违反措施以撤回补偿。这些进口竞争产业施加的压力会改变国内政治均衡,使之偏向支持遵守 DSB 建议和裁决

---

① Won-Mog Choi, *To Comply or Not to Comply? —Non-implementation Problems in the WTO Dispute Settlement System*, Vol. 41, No. 5, JWT, 2007, p. 1065.
② Bernard O'Connor, Bernard O'Connor, *Remedies in the World Trade Organization Dispute Settlement System—The Bananas and Hormones Cases*, Vol. 38, No. 2, JWT, 2004, p. 256.

的一方。因此,补偿有助于执行 DSB 建议和裁决,可视为一种执行机制。

补偿也可被视为一种暂时性便利有效违反的机制。如果被诉方国内政治压力过大,允许被诉方通过提供补偿的暂时性偏离可以便利被诉方的暂时性有效违反。

WTO 补偿应是败诉方因各种原因不能及时履行停止违反行为义务的一种暂时性替代选择。遵守 WTO 相关首要义务的次级义务并未解除,相反,此种次级义务一直存在,直到败诉方履行首要义务,实施了 DSB 建议和裁决。实际上,正是由于此种次级义务的持续存在,才有持续补偿之义务。因此,补偿不是购买"不履行"的手段。

WTO 补偿性质上不是补救。补救是为了救济过去已经发生的损害。WTO 补偿不同,它针对正在发生的损害,允许损害继续发生,但对受害国提供一种替代补偿方式,目标在于利益平衡。一旦致损原因停止,补偿也就丧失了基础。这一分析表明,WTO 中的补偿与一般国际法中的赔偿存在重大差别:前者是不履行首要义务的一种替代选择。在一般国际法中,首要义务是必须履行的,不应允许不履行而提供替代性补偿。赔偿性质上是一种补救,旨在弥补过去的损害。

三、WTO 补偿与报复之比较

第一,补偿一般提供了更大的贸易开放机会,有利于促进贸易自由化,增进社会整体福利;相反,报复缩减贸易额,降低社会整体福利,违背了 WTO 追求贸易自由化的基本精神。

第二,补偿是自愿的,被诉方可以选择提供补偿,也可以选择承受投诉方报复;报复具有强制性,一旦被诉方在合理期限过后既不遵守 DSB 建议和裁决又不提供补偿,投诉方就有权采取报复措施。

第三,补偿通常必须满足非歧视性要求,而报复只针对被诉方实施,具有明显的歧视性特征。

第四,由于补偿掌握在被诉方手中,补偿由被诉方控制,是否提供补偿以及是否继续提供补偿由被诉方决定。相比之下,报复由投诉方实施和控制,是否报复、如何报复、是否终止报复等都由投诉方作出决定。

总之,补偿与报复的本质差异在于,补偿是自愿的,而报复则是强制性的;但它们有着类似的目标,即鼓励迅速遵守并暂时性恢复投诉方与被投诉方间相互义务的平衡以及维护多边贸易体制的不可侵犯性。①

四、WTO 补偿与 DASR 赔偿之比较

WTO 补偿与 DASR 中的赔偿的英文均为"compensation",但二者有着本质区别。下表列明了 DASR 与 DSU 在法律救济结构上的异同。② 从表中可以看出,WTO 补偿与 DASR 赔偿具有以下几个方面的不同:

第一,性质不同。赔偿是 DASR 规定的三大补救措施之一,性质上属于 DASR 意义上的基本法律救济。WTO 补偿不属于 DSU

---

① Bernard O'Connor, *Remedies in the World Trade Organization Dispute Settlement System——The Bananas and Hormones Cases*, Vol. 38, No. 2, JWT, 2004, p. 257.

② 贝格威尔认为,WTO/DSU 利用了"遵守—补偿—报复"救济体制。See, Kyle Bagwell, *Remedies in the WTO: an Economic Perspective*, January 9, 2007, p. 11. 但这一观点仍未准确揭示三者之间的内在关系。

中的基本法律救济,而是在被诉方不实施基本救济时允许被诉方采取的临时性措施。

第二,目的不同。DASR 赔偿旨在对国际不当行为已经造成的损害进行修复。WTO 补偿旨在对被诉方的持续不遵守行为提供临时正当性。

第三,基础不同。WTO 补偿的理论基础是恢复 WTO 成员间的权利义务平衡。DASR 赔偿的理论基础是赔偿违法行为造成的损失。

第四,程度不同。DASR 要求国际不当行为者提供充分赔偿,WTO 补偿通常由争端方谈判确定,一般等于 WTO 不符措施导致的丧失或减损。

DASR 与 DSU 法律救济结构之比较

救济类型		一般国际法中的救济制度	备注	WTO 救济制度	备注
基本救济的内容	首要救济	停止国际不当行为保证不得再犯	基本要求	相符	基本且唯一的救济
	补救	恢复原状 赔偿 道歉	充分补救。具有一定的顺序性	无	没有任何补救措施,WTO 救济具有前瞻性
基本救济的执行		反措施	临时性措施,需满足比例性原则	补偿	临时性措施
				中止减让或其它义务	临时性措施,中止减让或其它义务的水平等同于利益丧失或减损的水平

五、贸易补偿与金融补偿

DSU 并未明确 WTO 补偿应该采取何种形式,实践中已经出现了两种类型的补偿:贸易补偿和金融补偿。

贸易补偿是指被诉方在合理期限过后仍未使其不符措施与 WTO 相符的情况下降低自己针对投诉方产品的关税。贸易补偿具有相比贸易报复的许多优势。首先,贸易补偿创造了贸易。其次,所有 WTO 成员都可以利用贸易补偿,即使实践中很难达成补偿协议。再次,贸易补偿不会恶化投诉方已经蒙受的损害,除被诉方国内生产商面临更大进口竞争外,贸易补偿不会导致任何无辜受害者。最后,贸易补偿可能具有更高的遵守激励效果。投诉方可能倾向于主张,被诉方降低的关税水平应当充分反映丧失或减损水平。而在报复情形下,投诉方可能不太愿意提高关税以反映全部丧失或减损水平,因为报复导致了内部效率损失。从实践角度看,贸易补偿暂时创造的贸易价值可能高于报复暂时导致的贸易损失价值。因此,贸易补偿可能会形成更高的遵守激励效果。①

金融补偿是指被诉方在合理期限过后仍未使其不符措施与 WTO 相符的情况下对投诉方支付的一定数额金钱。相比贸易报复,金融补偿并未缩减贸易;所有 WTO 成员原则上都可以利用金融补偿;金融补偿也没有恶化对投诉方已经造成的损害。金融补偿也具有相比贸易补偿的某些优势。首先,即使支付数额的计算仍应参照丧失或减损水平,金融补偿可能具有更高的遵守激励效

---

① See, Arwel Davies, *Reviewing dispute settlement at the World Trade Organization: a time to reconsider the role/s of compensation?* Vol. 5, No. 1, World Trade Review(WTR), 2006, p. 40.

果。这是因为,相比对关税水平作出调整,支付特定数额的金钱更能使被诉方感到刺痛。然而,更高遵守激励效果的负面影响在于,各成员更不情愿就金融补偿达成协议。其次,金融补偿可以分发给遭受 WTO 违反侵害的私人实体。金融补偿具有一定的补救性质。①

第二节　WTO 体制下的补偿实践

尽管补偿是一种优于报复的暂时性平息争端的方法,但 WTO 实践中很少达成补偿安排。本节首先分析了 WTO 补偿较少使用的原因,其次分析了 WTO 补偿实践的典型案例"美国版权法案"。

一、WTO 体制下补偿实践概况以及补偿较少使用的原因

(一)WTO 体制下的补偿实践

截至 2011 年 6 月底,争端方仅在五个案件中②达成了补偿案安排:"日本酒类税案"、"土耳其纺织品案"、"美国版权法案"、"欧共体荷尔蒙案"和"美国陆地棉案"。在前两个案件中,当事方同意贸易减让作为补偿;在"美国版权法案"中,当事方就货币补偿达成了协议;在"欧共体荷尔蒙案"中,欧共体承诺增加自美国和加拿大进口的非荷尔蒙牛肉进口配额,美国和加拿大则承诺降低报复水平或中止报复;在"美国陆地棉案"中,美国承诺向巴西

---

① See, *ibid*, p. 40.

② 这一数字仅仅包括通知给 DSB 的补偿例子。贝格威尔注意到,补偿选择的使用非常少见,尽管当事方可能达成了并未正式通知 WTO 的补偿。See, Kyle Bagwell, *Remedies in the WTO: an Economic Perspective*, January 9, 2007, pp. 11–12.

提供资金援助,而巴西则承诺不采取包括知识产权报复在内的报复措施。总体而言,尽管补偿是一种具有较少贸易扭曲性的措施,并应优先于报复,但当事方很少就补偿达成协议,相反,投诉方常常选择诉诸报复。

1. "日本酒类税案"

本案合理期限于 1998 年 2 月 1 日到期。根据日本与投诉方之间达成的协议,为了使日本获得更长实施期限以修改酒类税法,日本同意自 1998 年 4 月 1 日起就有关商品分阶段消除关税。

2. "土耳其纺织品案"

DSB 于 1999 年 11 月 19 日通过了上诉机构报告和经上诉机构报告修改的专家组报告。2000 年 1 月 7 日,争端方通知 DSB,他们已就合理期限达成了协议,即于 2001 年 2 月 19 日到期。根据达成的协议,土耳其应当克制施加更具贸易限制性的、针对印度纺织品和服装的限制,应当就某些特定纺织品和服装产品增加印度的配额规模,并且,就消除或修改影响该协议适用产品的数量限制而言,不得给予印度相比任何其他国家的较低待遇。2001 年 7 月 6 日,争端方通知 DSB,他们已就土耳其的 DSB 建议和裁决实施问题达成了相互接受的解决办法。根据该协议,土耳其:(1) 从 2001 年 6 月 30 日或本协议签署日起,消除适用于印度纺织品类别 24 和类别 27 的数量限制;(2) 自 2001 年 9 月 30 日起,根据本协议附件描述的适用税率削减关税;(3) 努力实现 DSB 建议和裁决的更早遵守。根据协议,直至土耳其消除自 1996 年 1 月 1 日以来针对印度纺织品和服装产品类别 19 适用的所有数量限制,补偿一直有效。在 2001 年 12 月 18 日的 DSB 会议上,印度陈述到,土耳其没有通知作为实施程序一部分而进行的关税削减。因此,土耳其只向投诉方印度提供了贸易补偿:首先是增加配额,其次是消除数量限制并给予歧视性的关税削减。土耳其提供补偿的部门是纺织品和服装,与违反措施的适用对象相同。土耳其的补偿期限不固定,直到完全履行 DSB 建议和裁决。

3. "美国版权法案"

本案合理期限于 2001 年 12 月 31 日到期。由于美国未能在合理期限内遵守本案 DSB 建议和裁决,美国和欧共体于 2002 年 3 月达成了一项安排。美国同意在 2004 年年底修改其法律以遵守 DSB 建议和裁决,同时,美国同意每年向欧共体支付 1,219,900 欧元①,以补偿 2002~2004 年欧共体版权持有人因美国版权法第 110 (5)节而遭受的损失。澳大利亚等国后来在 WTO 中质疑该补偿安排的歧视性质。

4. "欧共体荷尔蒙案"

"欧共体荷尔蒙案"一直悬而未决。由于欧共体未能在合理期限内实施 DSB 建议和裁决,美国和加拿大自 1999 年以来一直对欧共体实施贸易报复。2009 年 5 月 13 日,欧共体与美国签署了一项暂时性解决荷尔蒙争端的谅解备忘录。根据该安排,自 2009 年 8 月 3 日起,欧共体承诺提供额外的高质量非荷尔蒙牛肉免税配额,头三年每年 20000 吨,第四年开始增至 45000 吨。在头三年里,美国将维持现有的已经降低报复水平的制裁,但承诺不会实施新的轮换报复。美国将在第四年消除所有制裁。由于许多 WTO 成员在农业委员会和 DSB 中对欧共体补偿的歧视性表达了严重关注,欧共体表示该配额将会在非歧视基础上适用。2011 年 5 月 27 日,鉴于欧盟正在实施该份谅解备忘录,鉴于根据谅解备

---

① 该数额等于欧共体版权持有人由于美国版权法第 110(5)节而遭受的损失数额,由争端方同意的第 25.3 条仲裁确定。

忘录的第二阶段也可能成功实施,为了鼓励欧盟和美国根据谅解备忘录的继续合作,USTR 决定中止与"欧共体荷尔蒙案"有关的针对欧盟产品的报复。但是,USTR 将会继续监督欧盟实施谅解备忘录的情况以及影响美国牛肉进入欧盟市场的其他发展。美国保留再次针对欧盟产品采取报复措施的权利。[1]

2011 年 3 月 17 日,欧盟与加拿大也达成了关于荷尔蒙案的谅解备忘录。根据这份谅解备忘录,补偿分为三个阶段:第一阶段,欧盟增加加拿大高质量牛肉的免税进口配额,增加 1500 公吨,加拿大则中止对于某些欧盟产品采取的报复措施;第二阶段,欧盟进一步增加加拿大高质量牛肉的免税进口配额,增加至 3200 公吨,加拿大继续中止报复措施;如果进入第三阶段,欧盟维持第二阶段的 3200 公吨免税进口配额,加拿大则终止报复措施。[2]

5."美国陆地棉案"

在"美国陆地棉案"中,2010 年 4 月 6 日,也就是巴西拟实施报复措施(总额为 8.3 亿美元,其中货物贸易报复为 5.91 亿美元,知识产权报复为 2.39 亿美元)的前一天,巴西和美国口头达成了一项临时性协议。巴西承诺暂缓实施报复措施,而美国作出三项承诺:第一,修改出口贷款担保计划;第二,对巴西棉花产业设立总额为 1.473 亿美元的技术援助基金(数额等于营销贷款计划和反周期贷款计划给予美国棉花生产商的补贴,期限截止下一份农业法案通过或者美巴双方达成了相互满意的解决办法,以较早者为准);第三,评估巴西新鲜牛肉能否进口,将会宣布巴西圣卡塔琳

---

① See,Federal Register / Vol. 76,No. 103 / Friday,May 27,2011 / Notices.

② WT/DS48/26,22 March 2011.

娜州为无口蹄疫区,以允许巴西肉类出口。① 表面上看,美国作出的第二项和第三项承诺都违反了 DSU 第 22.1 条中的补偿最惠国要求。据巴西媒体报道,马里总统于 2010 年 4 月 8 日会见了巴西总统卢拉,感谢他在"美国陆地棉案"中所做的贡献。同时,巴西驻 WTO 大使于同日会见了非洲棉花四国,并告知,1.473 亿美元基金的一部分将会进入使非洲棉花四国获益的共同计划。非洲棉花四国希望是现金,而巴西棉花生产商希望设立自己的组织管理基金。② 因此,第二项承诺似乎可以满足补偿的最惠国要求。但是,美国所作第二项承诺可能构成了 SCM 意义的一项补贴。SCM 协定意义上的"政府或公共机构"可否指另一成员政府并不清楚,但 1.473 亿美元的补偿可以视为美国给予巴西政府,再由巴西政府给予国内生产商。如此,政府或公共机构资助条件可以满足。这类直接支付肯定也满足了"授予利益"要求。问题在于,"技术援助"名义下的直接支付可否归于不可诉补贴而免受 WTO 规则约束?无论如何,如此大量的直接支付肯定提升了巴西棉花产业的国际竞争力,损害了其他棉花生产国的利益。

　　正式协议直到 2010 年 4 月 21 日才达成。美国与巴西签署的谅解备忘录拟设立与巴西棉花部门的技术援助和能力建设有关的基金。根据该谅解备忘录,基金也可用于与下列国家棉花部门的国际合作有关的活动:撒哈拉非洲以南国家、MERCOSUR 成员及联系成员、海地或者争端双方可能同意的任何其他发展中国家。

---

　　①　SEWELL CHAN, *US and Brazil Reach Agreement on Cotton Dispute*, The New York Times, April 6, 2010.

　　②　See, http://worldtradelaw. typepad. com/ielpblog/2010/04/settlements-in-cotton-and-the-chinese-currency-disputes. html.

巴西则宣布,至少 60 天内不会采取反措施。①

　　然而,美国政府动用资金以向巴西支付补偿将会面临诸多国内约束。2011 年 6 月 17 日,美国众议院批准了众议员 Ron Kind 和 Jeff Flake 提出的一项修正案,禁止使用拨款法案中的资金向巴西棉花机构提供支付:行政当局去年与巴西达成了一项交易,每年支付巴西 1.47 亿美元;巴西则承诺不实施报复,美国可以继续补贴美国棉农。两位众议员主张,这是恶意使用纳税人的钱。某些立法者强烈反对停止支付,因为这会导致贸易战;但是,真正的解决办法在于使美国棉花政策遵守 WTO 规则。②2011 年 6 月 19 日,巴西表示,如果美国国会拒绝根据美巴协议继续提供支付,巴西将会对美国进口采取措施,包括针对知识产权采取措施。③

　　在"欧共体荷尔蒙案"和"美国陆地棉案"中,被诉方均是迫于投诉方的报复或报复威胁才与之达成补偿协议的。尤其是,在"美国陆地棉案"中,巴西根据已经制定好的授权知识产权报复措施的国内法打算实施报复,对于美国产生了巨大压力。一旦巴西成功实施知识产权报复,势必导致其他 WTO 成员纷纷效仿,将会对美国等发达国家的知识产权持有人的利益造成巨大威胁。迫于国内外压力,美国与巴西达成了补偿协议。本案补偿协议相比前几个案件中的贸易补偿或金钱补偿安排有很大不同:由美国提供资金,美国和巴西共同设立棉花产业技术援助和能力建设基金,对

　　① See, http://www. ustr. gov/about – us/press – office/press – releases/2010/april/us–brazil–agree–memorandum–understanding–part–path–f.

　　② See, http://www. cato–at–liberty. org/good–news–on–cotton/.

　　③ See, http://www. marketwatch. com/story/brazil – to – retaliate – if – us – ends–cotton–payments–2011–06–18? reflink＝MW_news_stmp.

于巴西及部分 WTO 成员棉花产业进行扶持。这不仅明确了补偿资金的具体用途,而且可能会对没有得益于该基金的 WTO 成员的棉花产业产生不利影响。

(二)WTO 体制下补偿较少使用的原因

WTO 体制下较少使用补偿,主要原因有:

第一,补偿具有自愿性,是否给予补偿依赖于被诉方的同意。能否成功达成补偿安排取决于争端方的相对政治经济能力和谈判能力。

第二,关于适当的补偿水平,DSU 并未提供一种及时的仲裁决定。

第三,达成的任何补偿必需遵守涵盖协议的要求,包括最惠国待遇要求。这意味着第三国也可以向被诉方出口更多产品,因此,与优惠基础上提供的准入程度相比,投诉方将会要求更大程度的准入。这往往导致投诉方与被诉方难以达成协议。

第四,由于补偿掌控在被诉方手中,被诉方将会对程序获得更大的控制。在补偿被授予的情况下,一旦有关政策得以进一步改革,被诉方会中止补偿,无须等待投诉方根据 DSU 第 21.5 条采取的任何进一步行动的结果。① 相比之下,已经实施报复的投诉方可以对被诉方施加持续压力,直到败诉方向第 21.5 条仲裁员证实,替代措施符合 WTO 相关涵盖协定并得以令人满意地实施。因此,投诉方可能倾向于实施报复。

---

① Bernard O'Connor, Bernard O'Connor, *Remedies in the World Trade Organization Dispute Settlement System—The Bananas and Hormones Cases*, Vol. 38, No. 2, JWT, 2004, pp. 256–257.

二、WTO 补偿实践典型案例"美国版权法案"评述

（一）"美国版权法案"补偿实践概况

"美国版权法案"的基本案情是：由《1998 年公平音乐许可法》修改的《美国版权法》第 110(5)(B)节允许不超过特定规模（2000-3750 平方米）或者满足某些设备要求的酒吧、商店和饭店等商业场所可以播放收音机和电视音乐，无须向表演艺术家支付任何许可费用。由于爱尔兰音乐在美国很受欢迎，爱尔兰音乐制作人的利益遭到了该法的侵害。欧共体于是在 WTO 中指控该法违反了 TRIPS 协议有关规定。① WTO 专家组裁决《美国版权法》第 110(5)(B)节提供的豁免与美国的 TRIPS 义务不符。

2000 年 7 月 27 日，DSB 通过了该案专家组报告。2001 年 1 月 15 日，WTO 确定了美国实施 DSB 建议和裁决的期限，即美国需要在 2001 年 7 月 27 日之前修改其版权立法。但美国未能如期修改立法。2001 年 7 月，美国和欧共体同意根据 DSU 第 25 条进行仲裁，以确定因《美国版权法》第 110(5)节而使欧共体利益丧失或减损的水平。双方同意，该仲裁将不会包括第三方。2001 年 11 月 9 日，仲裁小组确定欧共体利益丧失或减损的水平为每年 1,219,900 欧元。与此同时，DSB 根据美国的请求决定将合理期限延长至 2001 年 12 月 31 日。然而，美国仍然没有如期实施 DSB 建

---

① 爱尔兰音乐权利组织（Irish Music Rights Organization, IMRO）直接推动了欧共体发起 WTO 投诉。IMRO 根据《贸易壁垒条例》发起了一项投诉。IMRO 指称，鉴于爱尔兰音乐和音乐家在美国的流行，它认为自美国流向爱尔兰的许可费汇款非常低。根据 IMRO 的投诉，欧共体决定指控《美国版权法》第 110(5)节构想的某些豁免，这些豁免允许在某些集体场所播放爱尔兰音乐而无须向 IMRO 支付许可费。

议和裁决。2002 年 1 月 1 日,欧共体请求 DSB 授权中止减让或其它义务,中止减让或其它义务水平为第 25.2 条仲裁小组确定的水平。但美国反对欧共体提出的中止义务水平。美国也主张,第 22.3 条中的原则和程序未被遵循。2002 年 3 月,美国和欧共体达成了一项安排。美国同意在 2004 年年底修改其法律以遵守 DSB 建议和裁决。同时,美国贸易代表(United States Trade Representative,USTR)建议美国行政当局寻求美国国会的授权和资助,以使它能够资助为了欧共体音乐创作人利益的计划和活动。欧共体和美国同意,支付数额将是第 25 条仲裁小组在 2001 年 11 月 9 日确定的数额,即每年 1,219,900 欧元。《2002 年贸易法案》进行了国会授权。以此为基础,欧共体和美国最终形成了一项协议,补偿将适用 3 年(2002 年、2003 年和 2004 年)。① 根据协议,三年总金额(3,649,700 欧元)将会一次性付清。《2002 年贸易法案》授权向欧洲基金组织 GESAC 直接支付。2003 年 9 月,美国进行了支付。根据《相互满意的暂时性安排通知》,支付将作为本争端的一项相互满意的暂时性安排,即自 2001 年 12 月 31 日开始的三年期限。如果这一期限结束之前的 45 天内未解决争端,双方需要进行磋商,以达成最终解决办法。

(二)"美国版权法案"补偿实践评述

本案补偿实践创下了多个"第一":它不仅是 TRIPS 领域的第一个补偿案例,而且也是 GATT/WTO 历史上的第一个金钱补偿实践案例;它第一次直接向私人进行了金钱支付;从程序法角度看,它是第一个根据 DSU 第 25 条进行仲裁的案件。

---

① 欧共体之所以选定三年期限,是因为它不想让美国认为自己能永远拖延遵守。同时,美国似乎只需要三年时间来改变国会权力平衡。

1. 货币补偿在 TRIPS 背景下是可行的

欧共体和美国认为 DSU 第 22 条中"相互接受的补偿"包括货币补偿。传统上，GATT/WTO 体制下的补偿一般被理解为提供关税减让，或者更一般性地，提供更多市场准入机会。很少有人会把补偿与金钱联系起来。但 WTO 范围的拓展改变了这一情况。对于贸易而言，贸易机会可能是成员关注的焦点所在（尽管目前也存在质疑），因此当违反有关协议撤销减让时通过补偿提供更多的贸易机会就可以了，即恢复减让平衡。但这一方法在 TRIPS 协议背景下是难以适用的，因为成员关注的并不是贸易机会，相反，直接的金钱利益几乎是唯一焦点。本案表明，通用型补偿方法并不一定适合 WTO 的所有领域。奥康纳指出，从 DSU 第 22 条的条文来看，它只提到补偿，并未明确补偿应当采取何种形式。诚然，在贸易领域补偿通常指给予新的减让，但在知识产权领域是否必须如此值得考虑。从本案来看，欧共体和美国认为 DSU 第 22 条中的"相互接受的补偿"包括货币补偿。①

2. 直接向私人主体支付金钱补偿在 TRIPS 背景下是可行的

本案中的金钱补偿向私人组织（GESAC）进行了支付，而不是支付给欧共体。这似乎将私人利益推向了 WTO 前台。传统上，GATT/WTO 体制不直接涉及私人利益；私人利益通过本国政府要求他国政府停止违反行为得到一定程度的维护。但政府在 WTO 下获得的补偿不能补偿受害的私人，它仅能补偿政府，因为出口产

---

① Bernard O'Connor, *Remedies in the World Trade Organization Dispute Settlement System—The Bananas and Hormones Cases*, Vol. 38, No. 2, JWT, 2004, p. 259.

业获得了更多贸易机会。本案的关键意义在于,它不仅在裁决中直接计算私人的纯收入,而且向私人进行了直接支付。这意味着TRIPS 协议背景下受害私人可以在 WTO 中获得全额补偿,尽管只是前瞻性的。这与贸易背景下受害私人不能获得任何救济形成了鲜明对比。值得思考的是,金钱补偿以及向私人补偿是否可以适用于贸易领域?

3. TRIPS 领域的补偿可以具有歧视性

根据 DSU 第 22.1 条,补偿应当与有关涵盖协定一致。通常认为,WTO 补偿应当满足最惠国待遇要求。本案中,美国仅仅向欧共体支付了金钱补偿,违反了最惠国待遇。澳大利亚政府表达了对美国和欧共体达成的补偿安排的明显歧视性质的关注。关于知识产权领域的补偿是否需要满足非歧视性要求,学界存有不同观点。

4. 补偿不是遵守的替代方法

本案表明,补偿不是遵守的替代方法。该补偿仅仅是临时措施,将会导致 2004 年的完全遵守。从本案来看,美国和欧共体并不打算将补偿作为遵守的替代性措施。

5. 利用第 25 条仲裁确定利益丧失或减损水平有助于争端方解决争端

本案是第一个也是唯一一个提交 DSU 第 25 条仲裁程序的案件。本仲裁的主题是确定欧共体的利益丧失或减损水平。这类裁决通常应根据 DSU 第 22.6 条进行。本案中,欧共体和美国同意在不太具有对抗性的第 25 条程序背景下解决这一问题。正如美国所说,"争端方希望,丧失或减损水平的确定将会便利它们努力找到积极的相互接受方案,包括补偿。"欧盟前贸易专员拉米(Lamy,现为 WTO 总干事)也持有类似观点,"根据 DSU 第 25 条进行本程序符合欧盟以专业和有效方式管理贸易争端的决定。由于没用采取对抗性方法,我们开始了旨在补偿欧洲音乐家(直到美国版权法得以修改)的建设性对话。"①从最终结果来看,仲裁裁决确实便利了美国和欧共体通过补偿暂时平息了争端。当前,一些国家或学者建议较早确定利益丧失或减损水平,或者建议将第22.6 条程序适用于补偿。本案似乎支持这些改革建议。如果WTO 成员在 DSU 改革谈判中不能达成关于较早确定利益丧失或减损水平的协议,期望通过补偿解决争端的当事方可以考虑利用第 25 条仲裁程序。②

第三节　WTO 补偿制度改革建议及评述

相比报复,WTO 补偿是一种比较好的执行机制,但实践中败诉方很少提供补偿。即使提供补偿,通常也没有遵循 MFN

---

① See,WorldTradeLaw. net Dispute Settlement Commentary for *US—Section 110 (5)* (*Article 21. 5*) ,p. 9.

② 第 25 条仲裁具有如下特点:第一,它是争端解决的替代手段;第二,诉诸仲裁需经各方同意,由各方议定仲裁程序;第三,其他成员经仲裁各方同意方可参与仲裁程序,具有保密性;第四,仲裁裁决对各方具有约束力;第五,DSU 对仲裁施加了很少的多边程序控制,它仅仅要求诉诸仲裁的协议尽早通知给各成员、仲裁裁决通知 DSU 和有关理事会或委员会并且任何成员可在此类机构中提出与之有关的任何问题。DSU 第 21 条和第 22 条必要修改后应适用于仲裁裁决。第 25 条仲裁程序体现了更多的双边控制特征。但仲裁小组可以起到一定的多边控制作用。该案仲裁小组认为,在对诉诸仲裁缺乏多边控制时,仲裁小组有责任确保仲裁根据管理 WTO 体制的规则和原则进行。特别地,仲裁小组认为第 25 条仲裁不应被用来规避 DSU 第 22.6 条的规定。See, *US—Copyrights* (*Article 25*) ,para. 2. 1 and footnote. 22.

要求。补偿的较少使用已经引起了许多 WTO 成员的不满。①
如何改革 WTO 补偿机制目前已成为一个热门话题。本节旨在分
析评述改革 WTO 补偿机制的各种建议。

　　比较一致的看法是,应当鼓励补偿的使用。但如何鼓励补偿
的使用,学者们提出了不同的建议。无论何种建议,一个重要考虑
就是可操作性问题。鼓励使用补偿也可能会产生一种担忧:补偿
可能被用作缺乏适当实施的借口,并将败诉方的不实施恒久化。
但 DSU 第 22.1 条明确规定,补偿是一种暂时性措施,当事方需要
继续互动以寻求 DSB 建议的实施。

　　改革 WTO 补偿机制的建议可以分为以下几种类型:便利争
端方达成补偿安排的建议、增强补偿的强制性的建议、金融补偿建
议和追溯性补偿建议。

一、便利争端方达成补偿安排的建议

(一)引入较早确定丧失或减损水平的机制或引入补偿仲裁程序

　　为了便利补偿谈判,一些成员或学者建议引入较早确定丧失
或减损水平的机制。根据 DSU 现有规定,只有请求中止减让并触
发第 22.6 条仲裁后,争端当事方才会知道丧失或减损水平。换句

---

　　① Arwel Davies 注意到,许多 WTO 成员对 WTO 救济的当前运行情况感到
不满。WTO 各成员特别注意到,在实施期限结束后仍然持续违反的情况下,使用
或威胁使用中止减让已经成为最通常使用的重新平衡和遵守激励工具。投诉国
家的中止减让恶化了对自己已经造成的损害,并且发达国家比发展中国家更易利
用中止减让。这类考虑提出了一个问题,某种形式的补偿是否应该与中止减让一
起发挥作用或者是否应该替代中止减让? See, Arwel Davies, *Reviewing dispute
settlement at the World Trade Organization: a time to reconsider the role/s of
compensation?* Vol. 5, No. 1, WTR, 2006, pp. 31–32.

话说,谈判补偿的唯一要素只有在请求报复授权后才能知晓。为了便利补偿谈判,一种选择是在请求中止减让之前允许投诉方获得关于丧失或减损水平的独立 WTO 裁决。

根据设计,较早确定丧失或减损水平的仲裁可在以下两种情况下发生:(1)合理期限结束前,不遵守方表明它将不会遵守 DSB 建议和裁决,并且投诉方请求关于丧失或减损水平的仲裁;(2)合理期限结束之后,双方同意没有实施或者第 21.5 条遵守专家组完成了工作并且裁定被诉方没有遵守其 WTO 义务。在就补偿没有达成协定的情况下,如果投诉方最终请求授权中止减让,第 22.6 条仲裁仍可以发生,但仲裁员的任务仅限于核实投诉方提出的中止减让水平是否等同于丧失或减损水平以及(或)是否遵守了交叉报复规则。由于这些活动不会耗费大量时间,因此第 22.6 条仲裁中赢得的时间可被用来较早地确定丧失和减损水平。[1] 厄瓜多尔则建议可在确定合理期限之时确定丧失或减损水平。[2]

便利补偿谈判的一种方式是引入补偿仲裁程序。福山雅治建议,可对现有补偿机制进行某些改进,以使补偿成为一种更为可行的选择。引入类似于第 22.6 条程序的仲裁程序来确定投诉方所遭受的利益丧失或减损数额是有用的。仲裁员裁决将会对当事方在适当补偿水平上达成协议提供指导。从实践来看,"美国版权法案"当事方同意根据第 25.2 条进行仲裁,以确定丧失或减损水平。在该案中,当事方基于仲裁员的裁决达成了补偿协议。该案

---

① See, Bernard O'Connor, *Remedies in the World Trade Organization Dispute Settlement System—The Bananas and Hormones Cases*, Vol. 38, No. 2, JWT, 2004, pp. 262–263.

② TN/DS/W/26, 26 November 2002.

表明,仲裁程序在促进达成补偿协议方面是有效的。① 第 25 条仲裁可以成为当前的一种现实选择。

此外,即使当事方仍然未能达成补偿安排,投诉方寻求中止减让授权,第 22.6 条仲裁程序也会缩短,甚至没有必要,因为已经知晓了丧失或减损水平。②

"2003 年主席案文"建议在第 21.1 条后增加一款作为第 21.1 条之二,专门规定较早确定丧失或减损水平的机制。根据第 21.1 条之二,在 DSB 通过建议和裁决至提交本条第 2 款所指中止减让或其它义务的授权请求之前的任何时候,争端方可以协商提交仲裁,以确定不符措施造成的丧失或减损水平。如果争端方对于相关成员没有实施 DSB 建议和裁决不存在分歧,投诉方可在合理期限结束后的任何时候请求此类仲裁。如果已经发起了遵守复审程序,投诉方只能在通过遵守专家组报告(以及关于遵守的上诉机构报告)后提出这类仲裁。如果在提出仲裁请求后设立遵守专家组,那么仲裁程序应当中止,直到通过遵守专家组报告(以及关于遵守的上诉机构报告)。这类仲裁应尽可能由原专家组进行。如果原专家组任何成员无法提供服务并且争端方对于替代成员无法达成协议,经任何一方请求,在与仲裁双方磋商后,总干事应在该事项提交仲裁后 7 天内指派一名替代成员。在提出这类仲裁请求后 45 天内,仲裁人应当完成仲裁,并向各成员发布仲裁裁决。仲裁裁决具有终局性,争端方应当接受裁决,并可作为报复仲裁程序

---

① See, Yuka Fukunaga, *Securing Compliance through the WTO Dispute Settlement System: Implementation of DSB Recommendations*, Vol. 9, No. 2, JIEL, 2006, pp. 413 – 414.

② See, Won-Mog Choi, *To Comply or Not to Comply? —Non-implementation Problems in the WTO Dispute Settlement System*, Vol. 41, No. 5, JWT, 2007, p. 1068.

下的丧失或减损水平。① "2008 年主席案文"没有涉及这一问题。

（二）构建 MFN 规则的补偿例外

一些学者和国家主张构建 MFN 规则补偿例外，以便利争端方达成补偿安排。例如，厄瓜多尔和墨西哥支持以下观念：被诉方可以提供一揽子不会影响其他成员在相关协定项下利益的贸易利益或其他形式的补偿。对于发展中国家而言，为了允许补偿，可以暂时豁免 MFN 条款。② 根据这一建议，原则上不应允许 MFN 规则的补偿例外，但当涉及发展中国家时，可以暂时豁免 MFN 义务。

WTO 补偿的 MFN 要求符合 WTO 的自由贸易目标，也能够促使被诉方遵守。WTO 补偿具有溢出效应，也就是说，投诉方与被诉方谈判的补偿安排由于要在 MFN 基础上适用，将会对其他WTO 成员带来贸易利益。如果投诉方与被诉方达成补偿安排，其他 WTO 成员将会根据 MFN 规则主张相同数额的关税减让和市场准入。因此，这一更为广泛的贸易自由化过程有助于增进 WTO的自由贸易目标，也能够对促使被诉方遵守施加真正的杠杆效应。但 MFN 要求也存在着严重不足。第一，MFN 要求是 WTO 补偿较少使用的主要原因之一。由于担心给予投诉方的补偿要在 MFN基础上给予所有其他 WTO 成员，被诉方的最佳选择是拒绝给予投诉方补偿，容忍仅仅等同于丧失或减损数额的投诉方报复。因此，MFN 要求直接阻碍了 WTO 补偿制度作用的发挥，使执行程序顺利进入报复阶段，导致违背贸易自由化目标的报复成为常态。第二，WTO 补偿制度与 MFN 要求有着不可调和的内在矛盾，MFN

---

① See,paragraph 1bis of article 22,Special session of the Dispute settlement body,*Report by the Chairman to the Trade Negotiations Committee*, TN/DS/9,6 June 2003,p.13.

② TN/DS/W/9,8 July 2002 and TN/DS/W/23,4 November 2002.

要求对于被诉方而言也是不公平的。伊斯拉姆认为,在 MFN 基础上授予补偿的宽泛方法会导致一个法律问题。DSU 并未规定应该如何确定补偿的具体数额,而是留给当事方通过谈判或者提交有约束力的仲裁加以确定。但当事方和仲裁都不能随意设定补偿数额。第 22 条下的补偿是针对胜诉方或受害方由于被诉方的WTO 不符贸易措施而蒙受的丧失和减损的救济。因此,确定的补偿数额应当等于(不能大于)丧失和减损水平。尽管 DSU 第 22 条并未明确提及这一限制,但该条的中止条款明确规定了这一要求。由于补偿和中止都是针对 WTO 义务违反的救济,与中止一样,补偿不能超越违反的程度。因此,不应根据 MFN 规则要求被诉方将给予投诉方的关税减让延伸到所有其他 WTO 成员。否则,被诉方需要向所有 WTO 成员授予更大的市场准入,但其他 WTO 成员并未向被诉方提供任何互惠的更大市场准入。这意味着,被诉方授予的贸易利益总额将会远大于它通过 WTO 不符贸易措施和后来的 DSB 建议和裁决不遵守行为所造成的丧失和减损数额。对于被诉方而言,这是不公平的,被诉方在此种情况下需要适当法律保护。在许多 WTO 成员支持或反对强制性补偿建议的决策中,这一法律保护是一项重要考虑因素。①

　　我们倾向于支持构建 MFN 规则的补偿例外。首先,被诉方仅仅给予投诉方补偿并不是为了歧视其他成员,而是暂时无法遵守DSB 建议和裁决情况下的权宜之计。因此,WTO 补偿所导致的歧视性只会是一种小概率事件。WTO 成员通过补偿制度进行歧视

---

　　① See, M. Rafiqul Islam, *Recent EU Trade Sanctions on the US to Induce Compliance with the WTO ruling in the Foreign Sales Corporations Case: Its Policy Contradiction Revisited*, Vol. 38, No. 3, JWT, 2004, pp. 484–485.

的可能性微乎其微。其次,尽管歧视性补偿安排侵害了其他 WTO 成员的贸易利益是客观存在的,但此种侵害的影响有限,因为补偿是一种临时性措施。另一方面,歧视性补偿安排会导致更多被诉方愿意通过提供补偿暂时性解决争端,这会带来相比贸易报复的贸易自由化利益。再次,目前的几个成功补偿案件都是歧视性的。可见,被诉方只会接受歧视性的补偿安排。MFN 规则实际上导致WTO 补偿制度形同虚设。最后,至少就知识产权协议而言可以允许补偿的歧视性,因为歧视性补偿安排基本上不会侵害其他成员的知识产权利益。

　　构建 MFN 规则的补偿例外完全符合 MFN 规则的起源和发展史。伊斯拉姆认为,过去在 GATT 形成之时及其运转过程中,国际经济关系的运行边界和全球贸易伙伴富于洞见的思维使 MFN 例外的创设成为必要:历史原因形成的地区(例如英联邦和法国联盟)优惠待遇得以维持、关税同盟和自由贸易区成员可以相互给予优惠待遇、20 世纪 60 年代中期授予发展中国家优惠待遇的普遍优惠制成为 MFN 规则的例外等等。如果乌拉圭之前的情势能够获得例外,乌拉圭回合之后的情势也能够获得例外。这些持续改革不应被视为侵蚀 MFN 规则,而应视为发展了 MFN 规则,以迎合国际贸易群体变化着的需要。①

　　"2003 年和 2008 年主席案文"都没有涉及 MFN 规则的补偿例外问题。我们认为,DSU 第 22.1 条要求补偿协议遵守 MFN 义务,这阻碍了补偿制度作用的发挥。虽然贸易补偿需要遵守 MFN

　　① See, M. Rafiqul Islam, *Recent EU Trade Sanctions on the US to Induce Compliance with the WTO ruling in the Foreign Sales Corporations Case: Its Policy Contradiction Revisited*, Vol. 38, No. 3, JWT, 2004, pp. 485–486.

要求,但金融补偿可以免除 MFN 要求。虽然歧视性贸易补偿由于损害了其他 WTO 成员利益而需要满足 MFN 要求,但歧视性金钱补偿并不具有损害其他 WTO 成员的效果。如果仍然坚持 MFN 要求,实际上相当于投诉方耗费大量精力(时间、金钱、对两国关系的影响等)而使其他国家享有"免费午餐"。

(三)加强补偿谈判中的援助

伊斯拉姆认为,诉诸 DSB 已经成为发达成员获取发展中成员更大市场准入的常用手段。人力资源的缺乏和法律支持的不足已经并将继续导致许多发展中国家谈判不太适当的救济。与发展中国家的能力赤字问题隔离开来解决遵守问题可能会导致复杂问题的简单解决。通过提供技术、金融、法律和其他相关援助的能力建设对于克服发展中国家面临的专业、国内资源等困难是必要的。DSU 中仅仅存在针对专家组程序的有限援助条款。伊斯拉姆建议,WTO 法律服务应当延伸,以涵盖发展中国家的补偿谈判和仲裁。[①]

(四)重视补偿谈判,补偿应当存在于遵守受到质疑的各个阶段

从现实来看,贸易补偿目前不是贸易制裁适用前的现实选择。DSU 第 22.2 条仅仅给予 20 天时间(合理期限结束后起算)来结束补偿谈判,时间比较紧迫。厄瓜多尔意识到了这一问题,建议,谈判一揽子补偿的可能性应当存在于遵守受到质疑的各个阶段,补偿是充分遵守前达成解决办法的最适当手段。[②]

---

① M. Rafiqul Islam, *Recent EU Trade Sanctions on the US to Induce Compliance with the WTO ruling in the Foreign Sales Corporations Case: Its Policy Contradiction Revisited*, Vol. 38, No. 3, JWT, 2004, p. 484.

② See, TN/DS/W/9, 8 July 2002.

"2003 年主席案文"规定了投诉方请求与被诉方进行补偿谈判的时限或条件。"2003 年主席案文"第 22.2 条规定,投诉方可在以下情况下请求补偿谈判:(1)被诉方未能根据修改后的第 21.3 条向 DSB 通知它将实施 DSB 建议和裁决的意图;(2)被诉方未能根据修改后的第 21.6 条(c)项在规定时限内提交关于被诉方已经遵守的通知;(3)遵守专家组或上诉机构得出结论,被诉方未能实施 DSB 建议和裁决,并且 DSB 通过了遵守专家组或上诉机构报告。①

关于补偿谈判开始的时间,DSU 规定,争端方应在合理期限结束前开始补偿谈判。"2008 年主席案文"建议,如果相关成员未能立即或在合理期限内实现遵守,经投诉方请求,相关成员应在这类请求提出后 10 天内与投诉方进行谈判,以达成相互接受的补偿。关于补偿谈判的时限,现有规则是明确的:如果合理期限结束后 20 天内争端方未能达成补偿协议,则投诉方可以请求报复。因此,补偿谈判的时限为合理期限结束后 20 天。"2008 年主席案文"则未规定补偿谈判的时限,而是将补偿谈判与请求报复视为并列关系,规定只要补偿谈判不成功,投诉方即可在一定条件下请求 DSB 授权报复。

二、增强补偿强制性的建议

鉴于贸易报复措施的诸多缺陷以及补偿措施的很少使用,一些学者和 WTO 成员提出了强制性补偿建议。例如,厄瓜多尔建

---

① See, paragraph 2(a) of article 22, Special session of the Dispute settlement body, *Report by the Chairman to the Trade Negotiations Committee*, TN/DS/9, 6 June 2003, pp. 13–14.

议,当通过第21.5条遵守专家组报告时,DSB 可以作出决定,被诉方有义务补偿投诉方。① 伊斯拉姆认为,可使第22条下的补偿成为一种最终的和强制性的救济,以消除后续的报复性反措施。为了便利引入强制性补偿制度,伊斯拉姆提出从以下方面改革第22条的内容:第一,使补偿具有强制性质,由当事方在既定时间框架内谈判确定或者在谈判不成功时由 WTO 仲裁员确定补偿;第二,构建 MFN 原则的补偿例外;第三,向发展中国家提供补偿谈判和仲裁的援助;第四,引入追溯性救济;第五,引入金融补偿;第六,引入补偿仲裁机制;第七,采取一定集体行动,使被诉方蒙羞。② 鲍威林认为,从长期来看,补偿不仅有益于胜诉方,而且也有益于被诉方和所有 WTO 成员。为什么不使补偿成为强制性的,正如反措施目前的情况那样? 无须当事双方的同意,DSB 可以自动地批准某些数量的补偿请求,并采取败诉方授予的改进市场准入形式。如果就请求的补偿数量发生争议,可以利用类似于反措施情况下的有约束力仲裁。此外,仍可维持目前的反措施(它旨在促使遵守而不是补偿)制度。③

(一)强制性补偿的优点

首先,补偿具有相比贸易报复的优点。强制性补偿建议旨在回应自愿性补偿所导致的补偿较少使用而报复频繁使用这一现

---

① See,TN/DS/W/9,8 July 2002.

② See, M. Rafiqul Islam, *Recent EU Trade Sanctions on the US to Induce Compliance with the WTO ruling in the Foreign Sales Corporations Case:Its Policy Contradiction Revisited*,Vol. 38,No. 3,JWT,2004,pp. 481–487.

③ See,Joost Pauwelyn,*Enforcement and Countermeasures in the WTO:Rules are Rules—Toward a more Collective Approach*,Vol. 94,American Journal of International Law,April 2000,pp. 345–346.

象,根本依据是补偿是一种较好的执行手段。

其次,强制性补偿制度能够鼓励更多使用补偿。强制性补偿从根本上改变了补偿的自愿性质,对被诉方施加了提供补偿的法律义务。WTO 现有补偿机制只提供了一种暂时偏离 WTO 义务的选择,没有对被诉方施加补偿义务。尽管提供补偿仍然主要依赖于被诉方,法律义务的存在会对被诉方施加一定压力,从而可能鼓励争端方更多使用补偿。

(二)反对引入强制性补偿的观点

许多学者反对在 WTO 体制中引入强制性补偿制度。例如,福山雅治主张,强制性补偿不是一种有效的选择,不应当引入到 WTO 争端解决机制中。[①] 反对论者提出的主要理由有:

第一,强制性补偿会引发主权问题。由于强制性补偿会导致投诉方单方面决定应该自由化被诉方的哪些经济部门或经济部门的一部分,因此会引发主权问题。

第二,强制性补偿不具有可操作性。如何使 WTO 补偿具有强制性是该建议面临的一个主要问题。败诉方不一定会遵守一项补偿命令。如果命令补偿采取在某些部门消减关税的形式,这些部门内可能受到影响的国内生产者就会强烈反对关税消减。败诉方可能发现几乎不可能从这些生产者那里获得关于补偿的同意。此外,如果败诉方不遵守补偿命令,投诉方没有任何手段强迫败诉方进行补偿。毕竟,补偿的有效性取决于败诉方的自愿给予。因

---

① Yuka Fukunaga, *Securing Compliance through the WTO Dispute Settlement System: Implementation of DSB Recommendations*, Vol. 9, No. 2, JIEL, 2006, p. 412.

此,强制性补偿可能不是一种可行且有效的选择。①

第三,强制性补偿仍然没有对投诉方受到损害的生产商提供救济。由于投诉方获得贸易补偿的部门与受到损害的部门不同,因此对于受到损害的投诉方生产商而言,被诉方提供的贸易补偿不能提供任何救济。

第四,强制性补偿可能扭曲寻求解决争端的当事方间的有效互动。强制性补偿忽略了以下事实:并不是每一投诉方都会寻求补偿。如果在投诉方没有提出请求的情况下自动授予补偿,那么,当事方将很难实现争端的灵活解决。并且,即使采取尊重方法(也就是,只要投诉方请求补偿,补偿就会自动授予),强制性补偿仍可能挫败投诉方(特别是发展中国家当事方)与被诉方进行互动以促进 DSB 建议实施的努力。发展中国家可能倾向于请求并获得补偿,而不是强烈要求被诉方实施 DSB 建议。鉴于 WTO 争端解决机制的成员驱动性质,对投诉方提供容易的解决办法可能并不可取。②

(三)增强补偿强制性的具体建议

如何使补偿具有强制性是该建议面临的一个主要困难,可从以下几个方面着手,增强补偿的强制性:

第一,构建 MFN 规则的补偿例外。构建 MFN 规则的补偿例外是支持或反对强制性补偿制度的 WTO 成员作出决策时的一项重要考虑因素。如果继续坚持当前关于补偿的 MFN 要求,WTO成员很难同意引入强制性补偿制度。

---

① See, Yuka Fukunaga, *Securing Compliance through the WTO Dispute Settlement System: Implementation of DSB Recommendations*, Vol. 9, No. 2, JIEL, 2006, p. 412.

② Ibid, p. 413.

第二,引入预先承诺的或然性自由化(pre‑committed contingent liberalization)或者预先授权的贸易补偿(pre‑authorized trade compensation)制度。劳伦斯提出了或然性自由化承诺(contingent liberation commitments,CLCs)建议。作为下一轮谈判的一部分,各成员将会主动指定它们未能遵守 DSB 建议时自由化的部门或补偿的方法。出价被接受的成员将不会面临报复,相反,当它们未能及时遵守 DSB 建议和裁决时,这些承诺将被激活。①

在 WTO 体制下,补偿不是一种强制性选择。鉴于补偿往往要获得被诉方的同意,补偿也很难成为一种强制性选择。但是,强制性补偿概念的提出仍然具有一定意义:第一,它使被诉方负担了提供补偿或者善意进行补偿谈判的义务,如果被诉方不遵守这一义务,将会对其声誉造成不利影响,因此它客观上会鼓励谈判,增加补偿谈判的可能性;第二,它鼓励 WTO 成员、学者等研究使贸易补偿成为强制性的方法。

值得注意的是,"2003 年主席案文"规定了投诉方提出补偿谈判请求后争端双方的权利义务,包括:(1)如果投诉方提出补偿磋商请求,被诉方应当与投诉方进行磋商。在投诉方提出磋商请求后 30 天内,投诉方不得请求 DSB 授权报复。(2)在提出补偿磋商请求后 30(或 20)天内,被诉方应当/应该向另一成员提出关于相互接受的贸易或其他补偿的建议,并考虑到投诉方在这些磋商过程中提出的任何在先请求。如果被诉方未能在提出磋商请求后 20 天内提出这类建议,投诉方可请求 DSB 授权报复。(3)如果投诉方是发展中国家成员,建议应该考虑与措施适用以及与措施对

---

① See, Robert Z. Lawrence, *Crimes and Punishments? An analysis of retaliation under the WTO*, 2003. 6. 25, p. 10.

该发展中国家成员贸易之影响有关的所有相关情势。在此种情况下,补偿的适当形式也应该是一项重要考虑因素。

2003 年 5 月 28 日案文详细规定的补偿谈判程序存在一个前提性问题:DSU 是否有必要干预或指导争端方如何进行谈判。换言之,对于争端方如何进行谈判,DSU 是否需要施加多边控制?如果需要,介入程度多深为宜? 2008 年 7 月 18 日案文没有涉及补偿谈判程序的细节问题。

三、引入货币补偿或金融补偿的建议

发展中国家和一些学者提出了在 WTO 争端解决机制中引入货币或金融补偿机制的建议,受到了广泛关注和争论。①

(一)关于金融补偿机制的理论争议

1. 金融补偿机制的优点

金融补偿的支持者们提出:

第一,相比贸易报复,货币补偿不会对受害国施加任何成本,有效解决了贸易报复"搬起石头砸自己的脚"这一问题。

第二,货币补偿可被用来直接补偿受到不符贸易措施损害

①　相关论文可参见: Bernard O'Connor, *Remedies in the World Trade Organization Dispute Settlement System——The Bananas and Hormones Cases*, Vol. 38 , No. 2 , JWT, 2004; M. Rafiqul Islam, *Recent EU Trade Sanctions on the US to Induce Compliance with the WTO ruling in the Foreign Sales Corporations Case* :*Its Policy Contradiction Revisited*, Vol. 38 , No. 3 , JWT, 2004; Marco Bronkers and Naboth Van Den Broek, *Financial Compensation in the WTO*:*Improving the Remedies of WTO Dispute Settlement*, Vol. 8, No. 1 , JIEL, 2005; Bernard O'Connor and Margareta Djordjevic, *Practical Aspects of Monetary Compensation*:*The US-Copyright Case*, Vo. 8 , No. 1 , JIEL, 2005; William F. Davey, *The Sutherland Report on Dispute Settlement*:*a Comment*, Vol. 8 , No. 2 , JIEL, 2005.

的出口集团,这有效解决了私人层面的不公平问题。鲍威林主张,为了确保蒙受 WTO 不符措施损害的部门或产业能够实际得益于补偿,可以强迫败诉成员支付等同于所造成损害的金钱。①

第三,能够设计出弱化 WTO 各成员间实力不对称的机制。戴维提出,鉴于 WTO 成员间罚金支付能力的不对称性,罚金数额可以与该成员的经济规模联系起来,也可以是一种能够最小化针对穷国歧视的移动标尺。②

第四,相比在大多数不相关部门中止减让和取消贸易壁垒的补偿,金融补偿不仅具有更多的经济意义,而且它也易于监督以及为较弱 WTO 成员获取。③

第五,货币补偿不会引起败诉方国内生产者的怨恨,而这些生产者可能反对他们产业内的任何关税消减以补偿不相关产业内的违反。因此,败诉方政府会发现达成货币补偿协议相比达成关税消减协议相对容易。此外,在获益于货币补偿而不是关税消减形式的补偿时,投诉方将会享有更多的灵活性。例如,投诉方可以选择向实际受到违反措施侵害的经济主体简单分配这些货币补偿,也可以将这些钱投资于一项重建受害产业的政府计划。当投诉方

---

①　See, Joost Pauwelyn, *Enforcement and Countermeasures in the WTO: Rules are Rules—Toward a more Collective Approach*, Vol. 94, American Journal of International Law, April 2000, p. 346.

②　See, William Davey, *Implementation Problems in the WTO Dispute Settlement System: The. US Experience*, 1 June 2004.

③　Joost Pauwelyn, *Enforcement and Countermeasures in the WTO: Rules are Rules—Toward a more Collective Approach*, Vol. 94, American Journal of International Law, 2000, p. 346.

是一个发展中国家时,货币补偿可能受到特别偏爱。①

第六,货币补偿允许提供非最惠国补偿。如果补偿采取关税消减形式,它应当与 MFN 原则一致。这一规则的基本依据是:歧视性贸易政策将会扭曲贸易、增加交易成本并减损多边贸易体制的安全性和可预期性。但相同政策原因不适用于货币补偿。与特定进口或出口交易无关的货币补偿既未扭曲贸易,也未增加交易成本。似乎没有任何原因能够成功反驳非最惠国货币补偿。② 货币补偿的另一个潜在优势是,这种形式的补偿可以限制第三方外部性的范围。贸易补偿的一种潜在限制是它必须以 MFN 为基础。货币补偿可以在双边基础上进行。由于投诉方政府独自获得了补偿行动所带来的利益,有着货币补偿特征的争端解决机制可以更好地鼓励违反政府与投诉政府谈判相互接受的补偿。③ 因此,货币补偿更有利于争端的迅速解决,能够鼓励争端方更多使用 WTO 补偿机制。

第七,相比贸易补偿,货币补偿可能是更为有效地实现政府间福利转移的工具。国内政府可以通过削减国内关税(贸易补偿)或者允许更高的外国关税(报复)向外国政府转移福利。在每种情况下,转移通过贸易条件的变化进行。然而,关税变化也会改变本地价格,导致国内无效率。因此,原则上可以偏爱货币转移。但是,正如塞克斯正确提出的,政府面临着预算限制,可能需要税收

---

① Yuka Fukunaga, *Securing Compliance through the WTO Dispute Settlement System:Implementation of DSB Recommendations*, Vol. 9, No. 2, JIEL, 2006, pp 414 – 415.

② Yuka Fukunaga, *Securing Compliance through the WTO Dispute Settlement System:Implementation of DSB Recommendations*, Vol. 9, No. 2, JIEL, 2006, p 415.

③ See, Kyle Bagwell, *Remedies in the WTO:an Economic Perspective*, January 9, 2007, pp. 15–16.

来资助这类货币补偿,而税收的使用又会导致对经济的扭曲。[①]因此,尽管使用货币补偿可以最有效率地在政府间转移福利,这一优势可能低于人们的通常想象。[②]

2. 金融补偿机制的不足

金融补偿的反对论者主要提出了如下观点:

第一,货币补偿难以执行。拒绝遵守 DSB 建议和裁决的政府也可能拒绝提供货币补偿。这一担忧是真实的,并且表明,对争端解决机制作出任何改变以使货币补偿具有强制性是不明智的。更为明智的方法是遵循现有争端解决机制,规定,如果被诉政府不提供可以接受的(货币或贸易)补偿,该政府将可能面临报复。如果货币补偿相对于贸易补偿对争端方更具吸引力,即使违反国可能偏爱相对于贸易补偿的报复,违反国政府有时也可能偏爱相对于报复的货币补偿。如果相比报复而言货币补偿以更为有效的方式便利了重新平衡,将会改善争端解决机制运行的货币补偿的更多使用就是可能的。[③] 本质上,货币补偿提供了一种相对于贸易补偿更具吸引力的补偿方法,最终仍然由报复或报复威胁支撑。因此,尽管报复可以便利大国间货币补偿的执行,但在小国赢得针对大国争端的情况下,报复威胁可能就没有什么说服力了。小国投诉方可能没有足够的力量从大国贸易伙伴那里获得货币补偿。因此,带有货币补偿特征的争端解决机制仍然无法解决公平问题,因

---

① 塞克斯关于货币补偿资金来源的假设可能是不真实的,但 WTO 不能干预被诉方如何获得货币补偿资金。在"美国版权法案"中,美国的补偿资金来源于国会的授权,换言之,来自国家税收。

② See, Kyle Bagwell, *Remedies in the WTO: an Economic Perspective*, January 9, 2007, p.15

③ See, Kyle Bagwell, *Remedies in the WTO: an Economic Perspective*, January 9, 2007, p.16.

为该机制主要提供了只有大国投诉方才可享有的利益。①

　　Limao 和 Saggi 比较了国际贸易协定执行中的关税报复与金融补偿制度。研究表明,就损害发生时授予受害方补偿而言,货币罚金比关税更有效率。然而,由于罚金必须由违反国支付,罚金制度也面临执行问题。如果罚金的支付最终仍由报复性关税威胁支撑,那么相比现有体制,它们就不会产生一种更为合作的结果。他们提出,保证金交换可作为一种执行机制。相比以报复性关税为基础的体制,这些工具能够改善执行,但只有当不对称规模的国家之间交换保证金时才会如此。在某些情况下,提出了金融补偿问题的小国不会提交任何保证金或者支付任何罚金。②

　　第二,货币补偿制度的主要假设是站不住脚的。尼兹里比详细分析了货币补偿建议的有关假设及其不足之处。在他看来,货币补偿能够填补报复所造成的激励漏洞(incentive gap)的观念隐含采用了一种友善的关于成员国行为动机的观点,至少在国际贸易争端领域如此。这类观点假定,成员国内的政治家们将会有动力作出必要的再分配调整,会正确地惩罚引起 WTO 承诺违反的国内集团,并回报受到该违反影响的集团。某些评论家相信,违反国政府会不遗余力地找出游说采取不符贸易措施的保护主义集团,并使它们为自己的错误行为支付货币罚金。通常,投诉国的政治家们将会正确识别受到该不符贸易措施侵害的出口集团,并对它们授予已经从违反国获得的适当金钱。实际上,这些改革家假定,政治家们将会努力创设适当的激励机制,使货币补偿相比占主

---

　　① See, Kyle Bagwell, *Remedies in the WTO: an Economic Perspective*, January 9, 2007, p. 17.

　　② See, Nuno Limo and Kamal Saggi, *Tariff Retaliation versus Financial Compensation in the Enforcement of International Trade Agreements*, July 2005.

导地位的报复机制更加符合激励要求（more incentive compatible）。① 这些假设的问题在于，它们不仅没能把握国际贸易中成员国行为的政治现实，它们似乎也与 WTO 当前制度的逻辑存在内在矛盾。如果假设国家在国际贸易偏好方面是公共导向的，为什么这些国家需要一项争端解决计划来解决贸易分歧呢？例如，如果美国或欧共体的政治家们主要回应了消费者偏好，它们很可能会单边降低贸易壁垒，而不会等待 WTO 决定的惩罚性推动。实际上，如果这类乐观主义观点准确描述了成员国行为，对整个贸易制裁计划的任何分析都是多余的。② 此外，即使某些改革支持者并不必然相信成员国政府的行为通常是公共导向的，但它们的建议通常假设，这些政府应该如此。然而，人们不禁要问，为什么成员国的政治家们会有动力通过这类与它们的偏好不符的改革？③

第三，从现实角度看，货币补偿制度可能达不到预期效果。从违反国角度看，该国政治家们可能会从任何来源获得补偿资金。实际上，如果假定政治家们是自利的，从最为弱小和脆弱的集团获得补偿资金是有意义的。从投诉国角度看，该国政治家们可能会将获得的补偿资金分配给政治上最为显赫的集团。因此，违反国被迫支付补偿资金的集团很可能不是导致违反的保护主义者，而

---

① See, Jide Nzelibe, *The Case Against Reforming the WTO's Enforcement Mechanism*, April 2, 2007, p. 8.

② See, Jide Nzelibe, *The Case Against Reforming the WTO's Enforcement Mechanism*, April 2, 2007, p. 9.

③ See, Jide Nzelibe, *The Case Against Reforming the WTO's Enforcement Mechanism*, April 2, 2007, p. 9.

胜诉国获得补偿资金的集团很可能不是受到不符贸易措施损害的出口集团。① 因此,货币补偿制度可能达不到预期的惩罚被诉方肇事者并补偿投诉方受害者的目标。

第四,货币补偿制度可能不会防止或挫败不符贸易措施,并有可能消除双边报复机制中预防或挫败不符贸易措施的内在动力机制。在双边报复制度下,违反国的政治家们不能保证报复不会影响政治上显赫的集团,因为报复对象由胜诉国选择,他们没有任何选择。实际上,可能受到报复直接影响的、政治上显赫的唯一集团是胜诉国的出口商、消费者和保护主义集团以及违反国的目标出口商。当然,违反国的保护主义集团也会受到它们可能面临的、期望撤销不符措施的出口集团的政治压力的间接影响。整体而言,受到报复影响的利益集团相当有限,因此更易于衡量惩罚救济,并使少数政治主体获益。由于仅仅影响很小范围的生产商集团,双边报复更可能针对政治上显赫的特定集团,也最有可能阻止政治家们实施不符贸易措施。从制度设计的角度看,投诉国获益于双边报复的最强大选民通常是受到不符贸易措施影响的出口集团,而违反国可能受到报复影响的集团是最强大的出口集团。违反国的出口集团接着能够对政治家们施加政治压力,要求消除不符贸易措施。② 因此,双边报复制度能够有效防止或挫败不符贸易措施。货币损害赔偿制度将会去除这一仔细设计的机制。投诉国的利益集团将会为从 WTO 诉讼中获得的金钱展开竞争。违反国的利益集团将会为避免授予给投诉国的任何货币损害赔偿的冲击展

---

① See, Jide Nzelibe, *The Case Against Reforming the WTO's Enforcement Mechanism*, April 2,2007, p. 21.

② See, Jide Nzelibe, *The Case Against Reforming the WTO's Enforcement Mechanism*, April 2,2007, pp. 21–22.

开类似竞争。因此,从挫败不符贸易措施的角度,货币损害赔偿没有鼓励成员国内部化违反的成本,而是可能鼓励政治家们从事更次优的行为。[①]

第五,货币补偿在产生遵守激励方面不如报复有效。崔元睦主张,货币罚金的财政来源必然是成员政府的一般性收入,国内消费者在反对罚金和支持遵守专家组裁决方面没有任何利益。相比之下,在报复情形下,受到报复的集团非常具体,它们在遵守方面的利益更为直接和重要。很明显,这些集团将会游说它们的国家遵守专家组建议。因此,就产生遵守激励而言,货币罚金并不优于报复。[②]

第六,货币补偿的可获得性可能会显著增加 WTO 争端诉讼的社会成本。授权货币损害赔偿可能会导致特定国家集团(即最不发达国家)诉讼需求的上升,但它们却不能内部化过量诉讼的社会成本。首先,WTO 对所有成员提供了一种公共物品。但是,与大多数公共物品一样,国际贸易合作也会遭遇免费搭车问题。在 WTO 争端解决机制的特殊背景下,免费搭车问题表现为,某些当事方提出了诉讼请求,但并不必然考虑它们的诉讼对国际贸易体制造成的可能社会成本。其次,在某种背景下,私人执行和社会执行的不同目标可能会产生从社会角度看不必要的诉讼水平。一旦在 WTO 争端解决机制中引入了货币损害赔偿的可能性,诉讼的私人利益与社会利益之间的分歧可能会显著增大。在国际贸易

[①] See, Jide Nzelibe, *The Case Against Reforming the WTO's Enforcement Mechanism*, April 2, 2007, p. 22.

[②] See, Won-Mog Choi, *To Comply or Not to Comply? —Non-implementation Problems in the WTO Dispute Settlement System*, Vol. 41, No. 5, JWT, 2007, p. 1066.

背景下,从社会角度看,最优的诉讼水平应当最小化国家违反
WTO 义务的动机。但是,随着货币损害赔偿的引入,成员国很有
可能从诉讼中获得与增加的遵守导致的社会利益根本无关的利
益。由于现金可以选择性支付,成员国政治家们从货币损害赔偿
中获得利益的方式很有可能与国际贸易壁垒的降低没有什么关
系。因此,发起诉讼的成员国的动机通常是获得针对蒙受的损害
的货币救济,不一定是威慑违反国违反它们的国际贸易义务。更
为重要的是,由于单个成员国没有什么动力考虑以下因素,诉讼就
会伴随着显著的成本:货币补偿对外交谈判的扰乱、对贸易和非贸
易问题全球合作具有的可能政治影响。在产生许多国际贸易争端
的敏感政治环境中,由于货币损害赔偿的吸引力而日益成为诉讼
目标的国家也可能更有动机进行"回应"(slap back),以挫败其他
潜在的原告。总之,货币损害赔偿的可获得性可能会鼓励成员国
更加集中于诉讼的对抗机制,牺牲了其他合作方法,不论争议标的
如何。所有这些可能结果可能会对世界贸易体制产生显著的社会
成本。由于货币补偿机制的引入,投诉方提起诉讼的动机可能会
发生改变,而改变了的动机会引起投诉方行为方面的变化,而这可
能会对 WTO 体制造成不利影响。①

　　第七,引入金融补偿会使一些大国通过金钱支付"购买"不遵
守,引发一系列问题。崔元睦认为,如果货币罚金成为处理不实施
情势的通常方式,大国可能会经常使用特定数量的金钱购买他们
的国际义务违反。这可能会造成一种新型的国际重商主义,即允
许强大的美国议员和政治家们迎合自己选民的特殊需要。在某种

---

① See, Jide Nzelibe, *The Case Against Reforming the WTO's Enforcement Mechanism*, April 2,2007,pp. 26-29.

情况下,美国实际上不会支付任何罚金:美国向国际援助捐赠了巨额金钱,因此能够用罚金支付替代现有援助。结果,获得美国援助的发展中国家发现自己更难实现针对美国的争端解决裁决的充分实施。美国和欧盟也可以选择抵消针对彼此的不同货币支付。例如,美国不遵守"外国销售公司案"裁决可与欧共体不遵守"荷尔蒙案"新裁决抵消。上述各种可能性很可能会形成一种非法性(illegality)或货币支付氛围,致使未来的遵守更加困难。这明显会破坏 WTO 体制的完整性,使小国处于更加不利地位。①

第八,损害赔偿额难以计算。有学者主张,货币补偿是不可行的,因为补偿难以计算。但这一问题似乎并不是难以逾越的。第 22.6 条仲裁小组必须评估利益丧失或减损水平。原则上,可以使用相同的丧失或减损计算方法计算货币补偿的水平。"美国版权法案"第 25 条仲裁小组已经运用了第 22.6 条报复仲裁的相关判例法。相比之下,货币补偿水平计算更为容易,因为在贸易补偿仲裁中,仲裁小组除计算利益丧失或减损水平外,还可能需要评估报复措施是否导致了等同于丧失或计算水平的贸易效果。②

第九,被诉方向投诉方作出的排他性支付违反了最惠国待遇义务,可能会招致其他成员的指控。实际上,澳大利亚就曾多次反对"美国在版权法案"中向欧共体支付的金钱。此外,如果该笔金钱补偿支付给特定产业集团,利益受到该支付不利影响的成员可

---

① See, Won-Mog Choi, *To Comply or Not to Comply? —Non-implementation Problems in the WTO Dispute Settlement System*, Vol. 41, No. 5, JWT, 2007, p. 1066.

② See, Kyle Bagwell, *Remedies in the WTO: an Economic Perspective*, January 9, 2007, p. 16. 从目前实践来看,仲裁小组没有讨论报复措施的贸易效果问题。

能会提出与补贴和反补贴措施有关的某些问题。①

　　3. 金融补偿机制的可行性

　　货币补偿机制的一个突出问题是执行,因为支付货币补偿需要被诉方采取行动。但是,在 WTO 中引入货币补偿机制具有一定的可能性。第一,"美国版权法案"中美欧提供了关于 WTO 体制下货币补偿的成功实践。第二,近年来许多双边或区域贸易协定将货币补偿作为一种救济方法。美国晚近缔结的许多自由贸易协定包括了货币罚金救济。例如,美国—智利、美国—新加坡和美国—澳大利亚自由贸易协定允许不遵守方在面临报复时选择向投诉方支付年度货币补偿。支付数额由双方协商确定;如果不能达成协议,支付额将是仲裁确定的或者投诉方提出的丧失或减损数额的一半。如果败诉方没有支付补偿,投诉方有权报复。② 第三,国家经常根据投资协定向私人支付货币补偿。

　　4. 关于金融补偿机制的评述

　　从经济角度看,货币补偿相比成本高昂的报复更有效率。但从政治角度看,货币补偿可能达不到各种预期效果,例如惩罚 WTO 违反的"肇事者"、补偿 WTO 违反的受害者、改善遵守激励等等。货币补偿也可能会带来一系列问题,例如增加社会成本、形成非法性或不遵守氛围、恶化小国状况、形成新型国际重商主义等等。此外,货币补偿也面临着一系列技术性难题,例如货币补偿的执行问题、货币补偿额的计算问题等等。

---

　　① See, Won-Mog Choi, *To Comply or Not to Comply？ —Non-implementation Problems in the WTO Dispute Settlement System*, Vol. 41, No. 5, JWT, 2007, pp. 1066 - 1067.

　　② Won-Mog Choi, *To Comply or Not to Comply？ —Non-implementation Problems in the WTO Dispute Settlement System*, Vol. 41, No. 5, JWT, 2007, p. 1065.

分析货币补偿机制需要更广泛的视角。例如,如果 WTO 义务是双边性质的,如果 WTO 救济的目标是补偿受害国,那么货币补偿具有积极意义。由于遵守不再是必须实现的目标,货币补偿在政治方面遇到的一系列问题就可以不必考虑。

(二)金融补偿制度的具体设计

1. 追溯性问题

遵循 GATT/WTO 实践,此种金钱补偿不需要追溯性适用,也就是不需要补偿过去的损害。金钱补偿旨在补偿正在发生的违反行为所造成的损失,不涵盖已经停止或完全的行为造成的损失。

2. 特殊和差别待遇问题

普遍认为发展中国家可以要求发达国家被诉方提供货币补偿,至于发达国家可否要求货币补偿,仍在讨论之中。艾勒曼主张,相比改变一项法规,支付货币补偿的义务可能更为容易。但是,对于有能力"购买"不履行的富国而言,货币补偿不能成为"免除义务的便捷方式"。货币补偿仅应适用于胜诉方事实上不能通过采取报复措施产生足够压力的情形。也就是说,支付货币补偿的义务仅应为了发展中国家利益。[1] 戴维认为,尽管采用提供货币补偿的机制明显会对赢得针对富裕国家案件的发展中国家产生利益,有必要确定发达国家是否也有权要求货币补偿。没有任何理由不让发达国家针对其他发达国家援引货币补偿,毕竟中止减让通常也不符合采取措施的国家的利益。但是,应当给予发达国

---

[1]　See, Claus-Dieter Ehlermann, *Reflections on the Process of Clarification and improvement of the DSU*, in Federico Ortino and Ernst-Ulrich Petersmann (ed.) , *The WTO Dispute Settlement System:1995-2003*, Kluwer Law International, 2004, p. 112.

家要求发展中国家支付货币补偿的选择以替代报复权行使吗?①
如果该权利仅限于发展中国家,将会使达成关于该权利的协议更
加困难,因为将会出现关于如何界定"发展中国家"地位②的长期
争论。解决"发展中国家"定义问题的解决办法之一是允许被诉
方作出选择,也就是被诉方有权选择其地位。这将导致发展中国
家被诉方的处境不比现在差,它们将会受到中止减让约束,但它们
有权选择支付某些补偿来避免中止减让或其它义务。但是,这将
会使胜诉的发展中国家投诉方处于和目前相同的境况,因为富国
被诉方可能会选择不支付补偿,接受不太可能实施的无效制裁。
这种方案不能令人满意。戴维提出根据人均 GDP 数额确定货币
补偿额的大小。根据设计,当人均 GDP 等于或大于基于购买力平
价的特定数额(例如 2 万美元)时,最初补偿水平等于丧失和减损
水平;如果人均 GDP 低于该数额,则相应缩减补偿额。例如,如果
丧失和减损数额是 100 万美元,那么人均 GDP 超过 2 万美元的国
家将会被要求支付 100 万美元,而所有其他国家只需支付 100 万
美元的一个百分比——该百分比根据该国人均 GDP 相对于 2 万
美元的比例设定。例如,如果人均 GDP 只有 1 万美元,那么补偿
数额为 50 万美元。这一方法承认支付能力的差别,避免了所有发
展中国家(从非常穷的发展中国家到相对富裕的发展中国家)同
等受益的情形。该方法具有一定的复杂性,但它能够避免关于

---

① 截至目前,报复没有针对任何发展中国家。

② GATT/WTO 通常并未界定发展中国家。传统上,"发展中国家"地位由相
关成员自己宣布。但是,如果该地位决定了货币补偿请求权的存在,某些成员就
会坚持要求更为精确的"发展中国家"地位定义。

"发展中国家"地位界定的长期争论。①

3. 货币补偿额的计算问题

货币补偿额应当等同于投诉方的利益丧失或减损数额,如何计算投诉方的利益丧失或减损数额是一个关键问题。许多学者反对货币补偿制度的一个重要理由就是无法计算精确的货币补偿额。然而,尽管利益丧失或减损额的计算问题需要更多理论和实践思考,但与设定该数额相联系的困难并不是货币补偿建议中的特殊问题。② 在报复仲裁背景下,第 22.6 条仲裁小组已在 8 个案件中成功裁决了利益丧失或减损数额,即使这些裁决并非没有受到指责。

4. 诉讼成本问题

诉讼成本也是一个需要考虑的问题。萨瑟兰报告考虑了败诉方向胜诉方支付诉讼成本的问题。报告似乎假定,支付诉讼成本是所有败诉方的义务,而不仅仅是"发达国家"败诉方的义务,因为报告担心该要求可能会挫败贫穷国家在案件结果不明了时发起案件,即使它们有着合理主张。但是,诉讼成本条款可以完全根据 S&D 进行设计,只有富国败诉方有义务支付诉讼成本。另一种解决办法类似于戴维提出的货币补偿计算方法,制定统一适用的规则,但因人均 GDP 的不同,败诉"发展中国家"只需支付诉讼成本的一部分。这一方法可能会使关于诉讼成本的总体建议在政治上

---

① See, William F. Davey, *The Sutherland Report on Dispute Settlement*: a *Comment*, Vol. 8, No. 2, JIEL, 2005, p. 323.

② See, William F. Davey, *The Sutherland Report on Dispute Settlement*: a *Comment*, Vol. 8, No. 2, JIEL, 2005, p. 324.

更为可行。① "2003 年主席案文"新增第 28 条处理诉讼成本问题。该条规定,各成员应当自行负担根据本谅解所发起程序中的成本。然而,经争端各方(或争端一方)请求,并考虑到案件的具体情况、所涉各方的各自条件以及发展中国家成员的特殊和差别待遇,专家组或上诉机构可以决定授予特定数额的诉讼成本。如果专家组或上诉机构决定授予这类成本,它们应受 DSB 决定所确定原则的指导。② "2003 年主席案文"虽然引入了诉讼成本分摊制度,但将裁量权和决定权留给了 WTO 裁决机构和权力机构:WTO 裁决机构虽然享有裁量权,但 DSB 可以通过作出决定影响WTO 裁决机构。

5. 货币补偿的选择性质

在 WTO 争端解决机制中引入货币补偿提供了一种额外补偿选择。应当注意补偿的灵活性质。补偿应在协商基础上给予,应由当事方确定是否达成补偿协议,补偿数额是多少以及采取何种补偿形式。尽管为了促进关于补偿的谈判明确提供许多补偿选择是可取的,但补偿数额和形式不是一个能够通过法律解释加以最终确定的事项,应由当事方对这些事项作出决定。③

6. 货币补偿的国内分配

在政府对政府进行赔偿的所有国际请求中都存在国内分配问题。遵循外交保护原则,经验方法应当是,除非特定规则作出规

① See, William F. Davey, *The Sutherland Report on Dispute Settlement: a Comment*, Vol. 8, No. 2, JIEL, 2005, p. 324.

② See, article 28, Special session of the Dispute settlement body, *Report by the Chairman to the Trade Negotiations Committee*, TN/DS/9, 6 June 2003, p. 13.

③ See, Yuka Fukunaga, *Securing Compliance through the WTO Dispute Settlement System: Implementation of DSB Recommendations*, Vol. 9, No. 2, JIEL, 2006, p. 415.

定,应由接受方政府决定如何重新分配赔偿。

(三)使金融补偿更具可操作性的建议

即使金融补偿成为投诉方的一项权利,但被诉方仍可决定是否现实支付。金融补偿制度的主要问题之一是该制度的实施。为了使金融补偿具有可操作性,有学者提出了预先授权的或然性金融承诺(pre‐authorized contingent financial commitment, PCFC)建议。根据 PCFC,多哈回合谈判中的各个成员应当承诺每年向 WTO 支付特定数额的金钱。此种出价将会与争端解决机制相联系,并作为多哈回合谈判的一部分。如果成员后来被 DSB 裁定违反 WTO 义务且未能遵守,胜诉方不是获得报复授权,而是被授权每年从不遵守成员的 PCFC 中收回等同于丧失和减损水平数额的金钱,直到被诉方遵守为止。PCFC 应当每十年审查一次,以使那些没有不实施 DSB 裁决和建议的成员被给予五年暂时性的不支付宽限期。就每一成员应承诺的数额而言,应当根据各成员的经济规模以及该成员在 WTO 最初十年被 DSB 裁定违反 WTO 义务的平均频率进行谈判。因此,经济规模越大、违反频率越高,谈判者请求的数额越高。PCFC 体制更为有效,同时又不损害 WTO 的本质特征。它具有如下优点:WTO 体制可免受允许前瞻性贸易限制性措施以反对 DSB 建议和裁决不实施的指控;由于政府面临损失其 PCFC 的压力,将会增加遵守激励;可以避免通过报复伤害无辜"旁观者";可以避免小国实施报复时面临的困难;PCFC 体制也会增进支撑多边贸易体制的安全性和可预期性目标;与允许在与违反无关的部门报复不同,PCFC 允许政府对直接涉及违反的公司施加压力,以中止 WTO 不符措施;PCFC 也有助于多边贸易谈判进展,因为发展中国家持续的、参与争端解决的金融援助需要将会消失;这部分资源将会被投资于其他重要领域,例如农业、补贴和反补贴措施。① 该建议具有可操作性、效率性、有效性，但能否获得成员的支持，值得观望。

（四）"2008 年主席案文"试图引入货币补偿制度

"2003 年主席案文"没有明确提到货币补偿制度。"2003 年主席案文"试图具体化补偿的类型。与现有文本提及"相互接受的补偿"不同，"2003 年主席案文"提到"相互接受的贸易或其它补偿"。考虑到 GATT/WTO 多边贸易体制下的补偿通常指贸易补偿，"2003 年主席案文"表面上似乎限制了补偿的类型，但实质上回应了关于补偿类型（特别是金融补偿）的讨论，为在 WTO 体制中引入金融补偿预留了空间。

"2008 年主席案文"则强调给予发展中国家成员金钱补偿，建议在 DSU 第 22.1 条后增加一句："除非另行议定，给予发展中国家的补偿将会是金钱性质的。"同时，该句脚注规定："该句不损及发达国家获得金钱补偿（如果达成了协议）的可能性。"该脚注实际上明确承认了金钱补偿的合法地位。

四、追溯性补偿建议

许多学者和一些发展中国家主张引入追溯性补偿。鉴于 WTO 各成员目前几乎一致抵制追溯性救济概念，在 WTO 体制中引入追溯性补偿十分困难。值得注意的是，"2008 年主席案文"规定被诉方需对于合理期限内投诉方蒙受的丧失或减损进行补偿，这引入了追溯性救济因素。

---

① Ngangjoh H. Yenkong, *World Trade Organization Dispute Settlement Retaliatory Regime at the Tenth Anniversary of the Organization: Reshaping the "last Resort" Against Non-compliance*, JWT, 40(2), 2006, pp. 381–383.

五、补偿谈判程序与报复程序的关系

关于补偿谈判程序与报复程序的关系,DSU 规则是明确的:如果合理期限结束后 20 天内争端方未能达成补偿协议,则投诉方可以请求报复。换言之,投诉方只能在合理期限结束之日起的 20 天以后发动报复程序。因此,DSU 视二者为连续关系。

2003 年 5 月 28 日案文建议删除现有第 22.2 条,以新的条款取代之。根据(a)项规定,在以下情形之后的任何时间,投诉方可以请求相关成员进行磋商以达成相互接受的贸易或其他补偿,或者根据第 22 条第 6 款请求 DSB 授权对相关成员中止涵盖协定下的减让或其他义务:(i)相关成员并未根据第 21.3 条向 DSB 通知自己打算实施 DSB 建议和裁决;(ii)相关成员在规定期限内并未根据第 21.6(c)条提交已遵守通知;(iii)第 21 条之二下的遵守专家组报告(如果上诉,上诉机构报告)得出结论,相关成员未能使其已被裁定为与涵盖协定不符的与之相符或者未能遵守 DSB 建议和裁决,并且 DSB 已经通过了这类报告。因此,"2003 年主席案文"将补偿谈判程序与报复程序视为平行关系,允许投诉方做出选择。

根据"2008 年主席案文"的规定,只要投诉方与被诉方未能达成满意的补偿,就允许投诉方在被诉方未按时通知实施意图、被诉方在合理期限结束时未通知已遵守(或无合理期限时未通知已遵守)、第 21.5 条程序确认未遵守等情况下发起报复程序。

六、补偿协议及其实施的多边监督

"2003 年主席案文"明确规定了补偿协议及其实施的多边监

督机制:"如果争端方达成了关于相互接受的贸易或其他补偿的协议,争端方应当将这类协议的文本通知 DSB。如果相关成员在适用补偿协议时采取了措施,则也应通知 DSB。"2008 年 7 月 18 日案文没有规定补偿协议及其实施的多边监督问题。笔者认为对其施加多边监督还是很必要的:第一,防止通过补偿规避义务,特别是第 22.1 条明确要求补偿应与涵盖协定相符,包括与 MFN 义务相符;第二,了解跟踪有关案件的进展情况。然而,可以通过扩大解释第 3.6 条中的"相互同意的解决办法"要求争端方将有关补偿协议通知 DSB。

　　总体上看,"2003 年主席案文"对补偿制度进行了多方面的程序性改进,旨在加强现有补偿制度。例如,主席案文引入了较早确定利益丧失或减损水平以便利补偿谈判的机制,明确了投诉方请求补偿谈判的时限或条件,规定了补偿谈判请求提出后争端双方的权利义务(特别地,"2003 年主席案文"试图对补偿协议加强监督)等。"2003 年主席案文"也要求给予发展中国家特殊和差别待遇。然而,对于一些重要实体问题,"2003 年主席案文"并没有涉及:(1)主席案文没有涉及追溯性补偿问题;(2)虽然提到"贸易或其他补偿",但没有明确金融补偿,主席案文似乎旨在预留空间由WTO 各成员通过实践发展和形成金融补偿制度;(3)仍然强调补偿应当满足最惠国待遇原则。相比之下,"2008 年主席案文"对于WTO 补偿制度的改革较小,包括三个方面:(1)明确了货币补偿问题;(2)修改了补偿谈判开始的时间;(3)将补偿与报复的现有连续关系改为并行关系。

第五章　WTO 报复制度（一）

如果被诉方在合理期限结束后仍未遵守 DSB 建议和裁决,并且又未提供补偿,DSU 允许投诉方针对被诉方采取报复措施。WTO 报复旨在促使被诉方遵守 DSB 建议和裁决。截至目前,WTO 争端解决中已经出现了一些关于 WTO 报复制度的法律实践。第五章和第六章旨在根据这些法律实践探讨 WTO 报复制度的运行状况、WTO 报复制度有关判例法的发展情况、WTO 报复实践中面临的主要问题以及对 WTO 报复制度的可能改进之处。

第一节　WTO 报复制度的基本问题

作为回应被诉方在合理期限结束后拒不实施 DSB 建议又不提供相应补偿的最后一招,DSU 第 22.2 条授权投诉方对被诉方中止减让或其他义务。中止减让或其他义务是分散化国际法体制中由被诉方自行执行国际条约义务的一种合法手段,是人们通常所称的"WTO 报复或贸易报复"。本节探讨 WTO 报复制度的有关基本问题。

一、WTO 报复的概念和法律特征

WTO 报复是指在被诉方持续不遵守 DSB 建议和裁决并且拒

绝提供补偿的情况下由 WTO 争端解决机构根据 WTO 有关条款授权投诉方针对被诉方采取的中止减让或其他义务。在一般性案件①中,DSU 第 22.2 条规定投诉方可以请求 DSB 授权等同于利益丧失或减损水平的中止减让或其它义务;在禁止性补贴案件中,SCM 协定第 4.10 条规定 DSB 可以授权投诉方采取适当(appropriate)反措施;在可诉补贴案件中,SCM 协定第 7.9 条规定 DSB 可以授权投诉方采取与确定存在的不利影响的程度和性质相称的(commensurate)反措施;在不可诉补贴案件中,SCM 协定第 9.4 条规定补贴与反补贴措施委员可以授权提出请求的成员采取与确定存在的不利影响的程序和性质相称的适当反措施。因此,WTO 报复包括中止减让或其它义务、适当反措施、相称反措施和相称的适当反措施四类,分别适用于不同类型的案件。WTO 报复具有如下法律特征②:

第一,报复是 WTO 体制下针对持续不遵守行为的最后一招。持续不遵守是指被诉方在合理期限结束后仍然拒绝遵守 DSB 建议和裁决。根据 DSU 有关规定,如果被诉方在合理期限结束后仍未遵守,被诉方与投诉方可以谈判补偿。如果谈判成功,则被诉方可以通过向投诉方提供补偿暂时偏离 WTO 义务。然而,如果不能就补偿达成协议,并且被诉方继续不遵守,则投诉方可请求 DSB

---

① 对于补贴案件(特别是禁止性补贴案件),WTO 相关协定采取了一系列不同于适用于其他类型案件的法律制度。在本章中,一般性案件概念意在排除补贴案件。禁止性补贴案件中的反措施问题将在本章第三节中作专门探讨。同时,一般性案件概念也排除了非违反案件和情势之诉案件。

② 安德森认为,贸易报复具有五大经济特征:等同概念、内生的非正义性、反事实选择、损害赔偿计算覆盖的范围有限与交叉报复。See, Kym Anderson, *Peculiarities of retaliation in WTO dispute settlement*, Vol. 1, No. 2, WTR, 2002.

授权报复。但投诉方在 WTO 体制下可以采取的救济措施仅此而已。WTO 没有提供其他针对持续不遵守的救济措施。

第二,WTO 报复是投诉方采取的受到多边控制的反措施。WTO 报复本质上是由投诉方采取的反措施,但 WTO 对此种反措施的采取施加了多边控制。首先,WTO 报复是"投诉方"采取的反措施。尽管集体报复或可交易报复受到了发展中国家或学界的广泛关注和研究,但就目前而言,WTO 报复只能由投诉方采取,第三方或其他 WTO 成员都不能采取报复措施。如果其他 WTO 成员认为自己也受到了损害,必须单独发起争端解决程序。其次,WTO 报复是由投诉方采取的"反措施"。为了回应持续不遵守DSB 建议和裁决的行为,投诉方不仅可以采取还报措施,也可以采取本来会违反 WTO 法的反措施。WTO 报复性质上是本来会违反 WTO 法的单边措施,但由于该措施的实施是为了回应持续不遵守行为,该措施获得了正当性。最后,WTO 报复是受到了"多边控制"的反措施。[①] 在习惯国际法上,国家享有自行采取反措施的权利,但这一权利极易被滥用。正是由于 GATT 体制下的单边措施盛行,DSU 加强了对单边报复的多边控制,主要体现在:(1)时间控制。根据第 22.1 条的规定,只有在合理期限结束且争端方没

[①]　根据一般国际法,由于还报措施并未违反 WTO 法,例如撤销一项援助,因此不需要对还报措施施加多边控制。但是,WTO 法禁止任何类型的单边措施,包括还报措施。在"欧共体商用船舶案"中,专家组认为:专家组裁定受到指控的 TDM 规章没有违反任何 WTO 协议实体条款,但 EC 行为违反了DSU 第 23 条有关规定。这一裁定意义重大,它将受害成员针对 WTO 违反行为的还报措施纳入 WTO 管辖范畴,对还报措施的采取施加了多边控制。对于发展中国家而言,这意味着,如果发达成员由于发展中国家违反 WTO 协定而采取了还报行为(例如撤销一项发展援助),则发展中国家可以诉诸 WTO争端解决机制。

有达成补偿安排时,投诉方才可以寻求报复;(2)程序限制。采取报复必须获得 DSB 的授权;(3)量的限制。根据 DSU 第22.4 条,报复水平应等同于利益丧失或减损水平,如果当事方就报复水平发生争议,则可通过仲裁解决争端;(4)交叉报复限制;(5)对报复实施的持续性多边监督。

第三,WTO 报复是一项临时性措施。根据 DSU 第22.1 条,补偿和报复都是被诉方在合理期限过后不遵守 DSB 建议和裁决情况下的临时措施。补偿和报复都不优于完全实施 DSB 建议和裁决。DSU 第22.8 条进一步强调,WTO 报复应是临时性的,只能维持至被诉措施已经取消、被诉方提供了解决办法或者双方已经达成了相互满意的解决办法。因此,WTO 报复不能替代完全遵守 DSB 建议和裁决,只是提供了一种临时偏离 WTO 义务的机会。

第四,WTO 报复具有双边特征。WTO 报复由投诉方针对被诉方采取,具有明显的一对一双边特征。报复或威胁报复的效果最终取决于投诉方与被诉方之间的实力对比关系。报复的效果还依赖于报复方对被诉方作出承诺的多少。

二、WTO 报复的性质、目标和作用

（一）报复权是 WTO 各成员享有的受到一定限制的应有权利

WTO 是一分权式执行体制:它既没有任何依职权的投诉,也没有任何多边制裁。① WTO 报复并不是为了追求 WTO 共同体利益而由 WTO 使之生效的垂直执行,而是经 WTO 授权

---

① Petros C. Mavroidis,*Remedies in the WTO Legal System:Between a Rock and a Hard Place*,Vol. 11,No. 4,EJIL,2000,p. 807.

的受害成员的水平执行。因此,WTO 报复权是分散化国际体制下投诉方享有的应有权利。鉴于反措施是习惯国际法上的一项权利并且易于滥用,WTO 施加了多边控制。从这个角度看,反措施并非是 WTO 授予的,而是内生于国家的。WTO 仅仅是施加了多边程序控制,以防止反措施滥用和单边主义盛行。

（二）WTO 报复的目标是促使遵守

从报复仲裁实践来看,各个仲裁小组都认为 WTO 报复的目标是促使遵守(induce compliance),不是针对被诉方的惩罚行动。大多数学者也认为 WTO 报复的目标是促使遵守。例如,鲍威林认为,WTO 目前的反措施制度旨在促使遵守,而不是补偿。[1] 又如,格兹尼认为,这些暂时性措施的采用是为了促使违反成员的遵守。[2]杰克逊研究了 GATT 和国际贸易组织的准备性工作后得出结论:"起草人明显认为,GATT 第 23 条将会在实现 GATT 义务遵守方面起到重要作用。"伊斯拉姆多次提到反措施旨在促使被诉方遵守。[3] 当然,学界关于 WTO 报复的目标仍有不同观点,例如重新平衡论、惩罚论和补偿论等等。

1. WTO 报复促使遵守的基本原理

WTO 报复促使遵守的基本原理在于:它假定一方所受损失正

---

[1]　Joost Pauwelyn, *Enforcement and Countermeasures in the WTO*: *Rules are Rules——Toward a more Collective Approach*, Vol. 94, American Journal of International Law, 2000, p. 346.

[2]　See, Tarcisio Gazzini, *The Legal Nature of WTO Obligations and the Consequences of their Violation*, Vol. 17, No. 4, EJIL, 2006, pp. 737–738.

[3]　See, M. Rafiqul Islam, *Recent EU Trade Sanctions on the US to Induce Compliance with the WTO ruling in the Foreign Sales Corporations Case*: *Its Policy Contradiction Revisited*, Vol. 38, No. 3, JWT, 2004, p. 471–473.

是另一方所获利益,违反使本方获得利益,这一利益正好大致等于
受害方的损失。WTO 报复措施具有类似效果。从政治经济学角
度看,WTO 报复损害了被诉方国内的有关出口利益集团,这些出
口利益集团就会对被诉方政府施加压力,从而促使被诉方政府改
变行为,努力遵守 DSB 建议和裁决。

2. 影响报复效果的主要因素

报复的力量或强度主要取决于被报复方对报复方的依赖程
度:如果依赖程度过高(例如,发展中国家生产的特定产品可能对
特定发达国家的出口依赖很高或者说没有什么出口多样性;或者,
发达国家知识产权持有人在发展中国家具有很大利益,对于发展
中国家提供的知识产权保护依赖很深),则有利于报复方,会产生
很强的报复效果;如果依赖程度很低(例如,发达国家对特定发展
中国家的货物出口或者发展中国家在发达国家的知识产权保护利
益),则不利于报复方,产生的报复效果较弱。依赖程度不仅取决
于报复方对被报复方作出承诺的多少,而且也取决于被报复方的
出口多样性。

3. 正确理解"促使遵守"

在一般国际法上,反措施仅仅是促使责任国遵守停止国际
不当行为的义务和补救义务,而不是确保责任国遵守停止和补
救义务。换句话说,反措施仅仅促进了责任国遵守停止和补救
义务,并不必然会导致遵守的结果。实际上,国家是否遵守停
止和补救义务取决于多种因素,因案件不同而不同,并且什么
样以及何种程度的反措施才能确保遵守是未知的,因此人们无
法准确地预测反措施的结果。正因如此,"确保遵守"这一结
果标准是不合适的,实际上是没有标准,完全取决于个人判
断。反措施仅仅具有促进功能,是一种遵守诱因,它的形式和

程度应由其他标准来衡量,而不应根据反措施的目标来衡量。① 将 WTO 报复的目标理解为"确保遵守"的一个后果是,一些学者主张加大报复力度来改善报复的确保遵守效果。

(三)WTO 报复的主要作用

1. 促使被诉方遵守 DSB 建议和裁决

通常,被诉方国内的保护主义集团导致了被诉方的 WTO 违反,使投诉方国内的出口集团蒙受损害。在投诉方出口集团的压力下,投诉方发起了 WTO 投诉,并在被诉方持续不遵守的情况下请求 DSB 授权报复,最终可能会针对与导致最初违反的保护主义集团无关的被诉方相关出口集团实施报复措施。一旦投诉方实施报复措施,被诉方受到报复措施不利影响的相关集团就会对政府施加压力,要求撤销或修改争议措施,从而导致投诉方取消针对它们采取的报复措施。总之,WTO 报复的基本原理在于通过报复措施剥夺被诉方通过违反措施已经获得的政治利益,从而促使被诉方遵守 WTO 义务。

如果投诉方与被诉方经济规模相差不大,双边报复制度具有相当的有效性。通常,受到争议措施不利影响的投诉方出口集团会要求针对被诉方能够施加较大政治影响的相关出口集团实施报复,也就是尽量使报复措施对被诉方政府造成更多损害。如果被

---

① Thomas Jurgensen 主张根据报复的目标来解释"丧失或减损水平"。他认为,假定促使遵守的目标与 DSU 第 22.4 条中的"等同要求"之间存在冲突是不正确的。"等同要求"的目标是确保报复水平"等同于""丧失或减损的水平"。但是,这并不意味着"丧失或减损水平"不能根据"促使遵守"目标来进行解释。Thomas Jurgensen, *Crime and Punishment：Retaliation under the World Trade Organization Dispute Settlement System*, Vol. 39, No. 2, JWT, 2005, p. 328. 此种观点实际上将促使遵守理解为确保遵守,是不恰当的。

诉方受到报复措施不利影响的相关出口集团能够施加足够的政治压力,报复将会变得十分有效。

2. 促进贸易自由化,增进经济福利

从经济角度看,WTO 报复通常意味着"搬起石头砸自己的脚"。短期来看,报复措施提高了贸易壁垒水平,通常导致投诉方整体福利受损。但是,如果报复措施能够有效促使或预防遵守,将会为投诉方带来利益。如果报复威胁是可信的,将会鼓励相关当事方作出更多的自由化承诺,也会有效预防违反行为的发生。因此,WTO 报复制度具有促进贸易自由化、增进经济福利的潜能。

三、WTO 报复的实施条件与限制

在分散化多边贸易体制中,WTO 规则及 DSB 建议和裁决的执行最终依赖于 WTO 各成员的力量,通常是由受到损害一方采取报复措施强制违反方遵守 WTO 规则或者 DSB 建议和裁决。DSU 对投诉方实施报复措施设置了诸多条件。

(一)实施 WTO 报复的实体条件

根据 DSU,只有当被诉方在合理期限过后拒不遵守 DSB 建议和裁决并且又没能与投诉方达成补偿安排时,投诉方才有权请求 DSB 授权报复。这意味着:第一,合理期限过后被诉方的不符措施继续存在。如果被诉措施已经失效或者被诉方撤销或修改被诉措施并使之与 WTO 相符,那么 WTO 报复就失去了存在的理由,应当立即停止。第二,被诉方没有提供补偿。一旦被诉方提供补偿,争端方就对争端达成了暂时性解决,投诉方不得再行采取报复措施。补偿与报复不得同时使用。

(二)实施 WTO 报复的程序条件

根据 DSU,投诉方实施 WTO 报复需要满足如下几项程序

条件:

第一,争端方对被诉方在合理期限结束后的不遵守行为没有异议或者经由第 21.5 条遵守复审程序确定被诉方没有遵守。换言之,如果合理期限过后被诉方反对投诉方的不遵守指控,投诉方只得诉诸第 21.5 条遵守复审程序,不得径直请求 DSB 授权报复。

第二,投诉方须与被诉方进行补偿谈判。只有当谈判未获成功时,投诉方才能请求 DSB 授权报复。

第三,投诉方只能在 DSB 授权之后采取报复措施。投诉方首先得请求 DSB 授权报复,如果没有遭到被诉方反对,投诉方通常可以获得 DSB 报复授权。如果被诉方反对投诉方的报复请求,则被诉方有权诉诸第 22.6 条报复仲裁程序,投诉方须等待第 22.6 条仲裁小组的裁决结果和 DSB 依据裁决结果的授权。

(三) 对 WTO 报复之实施的限制

DSU 对 WTO 报复的实施施加了多种限制。首先是报复水平限制。在一般性案件中,报复水平应等同于投诉方遭受的利益丧失或减损水平。在禁止性补贴案件中,投诉方可以采取适当反措施;在可诉补贴和不可诉补贴案件中,投诉方可以采取与损害相当的反措施。其次是交叉报复限制。投诉方首先得在相同部门采取报复。只有相同部门内的报复不可行或无效,投诉方才可以进行跨部门报复。只有相同协定内的报复不可行或无效并且情势足够严重,投诉方才可以进行跨协定报复。最后,根据 WTO 实践,投诉方的报复对象一般仅限于报复清单中已经列明的产品类别、服务部门或知识产权类型。然而,投诉方可以列出十分宽泛的清单,并且 DSU 并未限制报复的形式。

四、WTO 报复制度历史沿革

为了更为深入地理解 WTO 报复制度,有必要比较 WTO 报复制度与 GATT 报复制度,也有必要考查 WTO 报复制度的谈判史。

(一)GATT 报复制度及其实践概况

GATT1947 第 23 条第 2 款管理 GATT 报复制度。该款允许缔约方全体"授权一个或多个缔约方对任何其他缔约方中止他们确定的适合于特定情势的减让或其他义务。"由于 GATT 缔约方全体根据协商一致原则行事,因此,报复只有经过被报复方的同意才会被授权。在 GATT 的 47 年历史中,缔约方全体仅仅授予了一次报复。在 1953 年的"美国奶制品进口限制案"中,由于美国未能遵守该案工作组裁决,GATT 理事会授权荷兰对美国进行报复。负责评估拟议报复"适当性"的工作组最终降低了荷兰提出的报复性配额数量,即从 15000 吨降低到 12000 吨。但是,该数字没有经过任何系统的计算,而是经争端方同意得到的一个折中数字。该工作组承认,精确设定合理的报复措施存在着内在的困难。休德克注意到,该数字实际上来自工作组主席调解的非正式折中。

此后,缔约方全体没有详细讨论过 GATT 第 23 条第 2 款管理报复水平的原则,直到 1998 年。由于美国未能遵守"美国超级基金案"裁决,欧共体在该年寻求报复授权。GATT 理事会关于欧共体报复授权请求的讨论揭示出 GATT 缔约方关于这些问题的普遍观点。GATT 秘书处法律咨询官认为,GATT 第 23 条第 2 款中的"适合于特定情势的适当"标准应当与第 19 条和第 28 条中包含的"实质上等同减让"标准区分开来。前者的用语"更宽泛,意味着根据第 23 条计算报复措施时有着相比第 19 条或第 28 条更大的自由。"

（二）WTO 报复制度谈判史

在乌拉圭回合的 WTO 争端解决机制谈判中，主要问题是被诉方对于专家组报告通过的否决权是应该维持还是应当消除。乌拉圭回合谈判者最终选择了自动的、有约束力的争端解决机制，没有给否决权留任何机会。但是，在谈判的早期阶段，如何处理不遵守一项自动通过的专家组报告的相关问题没有成为详细审查的对象。少数国家表达了关于报复制度的观点。美国倾向于支持维持 GATT 第 23 条中的"适合于特定情势的适当"标准，但也注意到，"有必要通过指南以帮助仲裁专家组评估贸易损害。"欧共体注意到，"如果报复授权请求被认为与蒙受的损害程度一致"，应当批准该请求。加拿大注意到，有关适当性的任何决定应当审查"未能实施所导致的丧失或减损数额"。墨西哥建议，报复数额应由上诉机构确定，考虑到争端的性质，他们能够"确认或修改数额"。在非违反案件中，"中止的程度应当以'实质上等同减让'概念为基础。换言之，根据特定情势，中止可以高于实质上等同减让标准。"

随着 1990 年 9 月 21 日秘书处草案文本的发布，关于报复的不同观点走到台前（come to the forefront）。该草案列出了关于报复水平计算的四种可能方案：第一，仲裁员应当确定拟议报复措施在贸易效果上是否是过量的（excessive in their trade effects）。这一方案允许各成员选择采用"与蒙受的损害相称"标准，还是选择"适合于特定情势的适当"标准。第二，仲裁员应当确定"中止涵盖的贸易数额是否实质上等同于丧失或减损"。第三，仲裁员应当"审查可能受到拟议中止影响的贸易数额及其与违反措施造成的丧失或减损数额之间的关系"。第四，GATT 理事会应当批准它"确定适合于特定情势的适当"报复。该选择并未预想报复的自动批准。

1990 年 11 月 26 日的布鲁塞尔草案文本并未解决专家组报告是否会自动通过的问题,但该文本支持评估报复适当性的宽松的"适合于特定情势的适当"标准:"理事会授权或者仲裁确定的中止减让或其他义务涵盖的贸易数额应当是特定情势下适当的。"

1991 年 12 月 20 日,GATT 总干事邓克尔发布了著名的邓克尔草案文本。乌拉圭回合谈判者接受了该文本的绝大部分建议。因此,邓克尔草案文本的起源对于理解目前的 WTO 报复制度至关重要。该草案文本规定了有约束力的争端解决机制以及自动的报复授权机制。与之前没有约束力的 GATT 体制相比,这一发展显著增强了条约义务的可执行性。然而,邓克尔文本也包含了许多限制 WTO 条约义务可执行性的特征。首先,邓克尔文本提出以"等同"标准评估比例性:"理事会授权或仲裁确定的中止减让或其他义务水平应当等同于丧失或减损水平。"该标准大大严于 GATT 第 23 条或布鲁塞尔文本中的标准,最终也成为 DSU 中的标准。其次,邓克尔文本包含了针对交叉报复的某些限制,这些限制最终也被纳入 DSU 第 22.3 条之中。

(三)关于 WTO 报复制度谈判史的评论

邓克尔文本在某种程度上是有矛盾的。一方面,通过创设自动的、有约束力的争端解决机制,它显著增强了 WTO 条约义务的可执行性。另一方面,它又对报复的形式和强度施加了更为严格的限制,这些限制弱化了单个 WTO 成员执行条约义务的能力。与 WTO 协定的许多方面一样,邓克尔文本的结构可能反映了不同力量之间的折中。

交叉报复的限制说。对特定实体义务不满意的国家可能

寻求限制这些义务的可执行性。这一现象可以解释最终成为
DSU 第 22.3 条的对交叉报复的限制。限制说的逻辑是：WTO
成员本应具有任意报复（即可中止任何 WTO 义务，交叉报复）
的权利，交叉报复制度就在一定程度上限制了 WTO 成员的这
类权利。例如，邓克尔文本将知识产权和服务义务并入到有约
束力的争端解决中。这一发展有利于发达国家，他们是 TRIPS
协定和 GATS 纪律的需求者。当然，这一发展不利于发展中国
家，他们在整个乌拉圭回合谈判过程中抵制这两套规则。可能
的情况是，DSU 第 22.3 条源自发展中国家限制这些纪律可执
行性的努力。由于发展中国家在发达国家不太可能拥有知识
产权或服务利益，发达国家限于这些领域的报复对于相关发展
中国家只具有相当有限的影响。

　　交叉报复的确认说。当然也可以解释说，谈判第 22.3 条是为
了确认，交易报复是允许的。该主张的假设是：WTO 各成员本来
只应在同部门进行报复。在发展中国家违反 TRIPS 或 GATS 义务
的情况下，发达国家可以在发展中国家具有重要利益的货物贸易
领域进行报复。因此，发达国家支持引入交叉报复。另一方面，从
实践来看，在发达国家违反货物贸易多边协定的情况下，发展中国
家也可以在发达国家具有重要利益的服务或知识产权领域进行
报复。

　　类似地，发达国家也努力最小化乌拉圭回合一揽子中对其利
益不利的各领域的影响。禁止裁决追溯性救济是在美国的要求下
一种挫败执行的设计。美国试图最小化反倾销措施之约束效果的
影响。通过仅仅允许 DSU 项下的前瞻性救济，美国能够确保，自
己不需要返还不合法征收的反倾销税。集体报复的缺乏也可被视
为一种设计，以将执行力量集中在发达国家手中。

从 DSU 可以明显看出,DSU 是体现了鼓励执行的设计(自动争端解决与报复,禁止仲裁员监督报复措施的性质)与挫败执行的设计(评估报复强度时严格的等同要求、对报复形式的限制、缺乏追溯性救济和集体报复)的混合体。这一结构反映了国家间关于 WTO 义务应当执行的程度的根本分歧。人们肯定没有达成一致,遵守应在所有情况下发生;许多发展中国家本应不情愿支持该原则,考虑到普遍存在的下列观念:知识产权义务违背了他们的利益。

第二节　WTO 报复的限度

在一般性案件中,DSU 第 22.4 条要求中止减让或其它义务的水平等同于投诉方利益丧失或减损的水平。本节探讨一般性案件中报复的等同标准,并根据相关 WTO 实践①考查利益丧失或减损的计算问题。

---

①　主要基于六个第 22.6 条报复裁决("欧共体香蕉案"、"欧共体荷尔蒙案"、"美国 1916 年法案"、"美国伯德修正案"、"美国赌博案"和"美国陆地棉案")和一个第 25 条仲裁裁决("美国版权法案")。需要指出的是,"美国陆地棉案"涉案措施可以分为禁止性补贴和可诉补贴两大类,在第 22.6 条报复仲裁程序中,巴西分别针对美国的禁止性补贴和可诉补贴提出了报复请求,仲裁小组也分别针对美国的禁止性补贴和可诉补贴作出了单独的报复裁决(针对禁止性补贴的报告为 WT/DS267/ARB/1,针对可诉补贴的报告为 WT/DS267/ARB/2),裁决的报复数额分别为 1.474 亿美元和 1.473 亿美元。针对禁止性补贴的报复裁决将在本章第三节加以讨论。针对可诉补贴的报复裁决虽然与 DSU 第 22.4 条中的"等同"要求没有什么关系,但在计算可诉补贴的不利影响时,实际上也是在计算巴西由于美国可诉补贴措施而蒙受的利益丧失或减损。因此,"美国陆地棉案"中针对可诉补贴的报复裁决放在本节加以研究。

一、一般性案件中报复的限度

(一)GATT 体制下的"适当"标准及其解释

GATT1947 第 23.2 条规定,如缔约方全体认为情势足够严重而有理由采取行动,则可授权一个或多个缔约方对任何其他一个或多个缔约方中止适用它们认为在这一情势下适当的(appropriate in the circumstances)、本协定项下的减让或义务。据此,GATT 体制采用了"适当"报复标准。这一标准是模糊的,除提到"这一情势下"外,没有提到其他参考因素。尽管 GATT 体制下的适当标准被杰克逊等人解释得相当宽泛①,但 GATT 实践表明适当标准主要是指撤回等同减让。在 GATT 时期唯一适用该规定的"荷兰对美国中止义务案"中,工作组认为,荷兰政府预想的措施的适当性应当从两个角度进行考虑:第一,在本案情势下,拟议措施性质上是否适当;第二,考虑到蒙受的减损,拟议数量限制的程度是否合理。② 该工作组认为,需要满足的标准是报复数额等

---

① 杰克逊指出,"appropriate in the circumstances"一词并不仅仅限于"补偿性"矫正,而是宽泛到足以被用作严厉制裁的依据。例如,如果缔约方全体确定"适当",所有其他缔约方可对名声不好的违法缔约方中止所有减让,实际上将该成员驱逐出 GATT。1988 年,GATT 总干事的一名咨询官同意这一观点。他注意到第 19 条(保障措施)下的报复与第 28 条(减让表的修改)限于"等同"减让,认为第 23 条的用语更为宽泛,这意味着在根据第 23 条计算报复性措施时可以有着相比第 19 或第 28 条更为宽泛的余地。副总干事支持这一观点,认为第 23 条第 2 款与第 28 条不同,没有提到等同减让。See, Palmeter D. , Stanimir A. A. , *Inducing Compliance in WTO Dispute Settlement*, in Daniel. L. M. Kennedy and James. D. Southwick(ed.), *Political Economy of International Trade Law*: *Essays in Honor of Robert E. Hudec*, Cambridge University Press, 2002, pp. 647–648.

② Report of the working party on *Netherlands Action under Article XXIII*: 2 *to Suspend Obligations to the United States*, adopted on 8 November 1952, BISD 1S/62.

同于"蒙受的减损"水平。

　　此外,在一缔约方根据 GATT 相关条款修改关税减让表或采取保障措施的情况下,如果相关缔约方不能就补偿问题达成协议,GATT1947 使用"实质上等同"标准来描述利益受损方撤回或中止减让的可允许程度。①

　　(二)WTO 体制下的等同标准及其解释

　　1. WTO 体制下的等同标准取代了 GATT 体制下的适当标准

　　与 GATT 体制下的模糊标准相比,WTO 体制采用了明确的"等同"标准。DSU 第 22.4 条明确规定,DSB 授予的中止减让或其他义务的水平应当等同于利益丧失或减损水平。因此,在一般性案件中,等同标准取代了 GATT 第 23 条中的适当标准。

　　2. 等同标准与适当标准之比较

　　从法律上看,GATT 体制下的适当标准较为宽松,WTO 体制下的等同标准比适当标准严格。例如,"美欧香蕉案"第 22.6 条仲裁小组认为,"适当"一词的通常含义表明了拟议中止水平与丧失或减损水平之间某种程度的关系,但"等同"一词意味着拟议中止水平与丧失或减损水平之间更高程度的对应性、相同性或者更为严格的平衡。因此,与 GATT1947 下的适当审查标准相比,等同基准反映了根据 DSU 第 22.7 条行事的仲裁小组的更为严格审查标准。② 但从实践来看,适当标准与等同标准并无多大差异。

　　3. 等同标准与一般国际法中的比例性标准之比较

---

　　① 参见 GATT1947 第 18 条第 7 款 b 项和第 21 款、第 28 条第 3 款(b)项和第 4 款(d)项以及 GATT1947 第 19 条第 3 款(a)项。

　　② See, *EC—Bananas(Article 22. 6-US)*, para. 6. 5.

等同标准符合 DASR 中对反措施限度施加限制的比例性要求①,它是 DASR 中比例性要求的首要标准"损害"标准的直接体现。但是,二者存在一些区别。DASR 的用语是"与所遭受的损害相称",似乎意味着比"等同"更宽松的标准。另一方面,DASR 比例性要求的其他两项标准(违反行为的严重性和权利标准)在DSU 中没有体现。

4. 等同标准的具体含义

尽管 WTO 报复的法律标准非常明确,但该法律标准的具体含义却十分模糊,至少包括以下几个需要明确的法律问题:

(1)数量上等同与性质上等同

"等同"仅指数量上的等同②,还是也可仅指性质上的等同③,抑或是指性质上和数量上的双重等同④? 从第 22.6 条仲裁实践来看,一般认为仅指数量上的等同,仲裁小组不太情愿采用性质类方法。

在"美国 1916 年法案"报复仲裁中,为了免去量化利益丧失或减损的困难,欧共体请求 DSB 授权由欧共体实施专门针对美国的所谓"镜像立法",即主要与美国 1916 年法相同、但在某些方面又没有它严格的欧共体立法。鉴于欧共体建议的方法不考虑"镜像立法"的贸易效果,可被称为性质类等同方法。仲裁小组拒绝了欧共体请求。仲裁小组提出了两点反驳主张:第一,相同措施在不同情况下可能具有不同效果;第二,DSU 第 22.7 条第一句禁止

---

　　① DASR 第 51 条规定:反措施必须与所遭受的损害相称,并应考虑国际不当行为的严重程度和有关权利。
　　② 满足数量上的等同即可视为满足了等同要求。
　　③ 满足性质上的等同即可视为满足了等同要求。
　　④ 同时满足数量上和性质上的等同才满足了等同要求。

他们审查"拟于中止减让或其他义务的性质",这一条款禁止仲裁小组为了确保"镜像立法"与 WTO 不符措施的性质等同对它进行详细审查。一些学者对仲裁小组的做法提出了质疑。豪斯和斯泰格尔认为,仲裁小组的等同观念窄于 DSU 第 22.4 条文本以及关于反措施的一般国际法法理中的等同含义。斯伯曼认为,仲裁小组对欧共体请求的拒绝标志着 WTO 判例法的低点。仲裁小组的两项主张一项是循环的,另一项是轻率的。然而,仍可以从政治经济学角度解释仲裁小组的裁决。① 笔者认为,等同不仅仅指数量上的等同性,而且也包括性质上的等同性(双重等同标准)。换言之,等同首先意味着性质上的等同性,然后才是数量上的等同性。就一般性违反而言,争议措施导致了投诉方的贸易缩减,投诉方有权采取的报复措施是中止等同于贸易缩减额的减让或其它义务,具体形式通常为对一定数额(等同于贸易缩减额)的被诉方进口增加一定百分比(例如 100%)的关税。可以认为,这类报复措施性质上等同于违反措施,数量上(报复措施的贸易效果)也等同于(绝大多数情况下是低于)违反措施的贸易效果。就立法违反而

---

① 斯伯曼认为,仲裁小组不考虑性质类措施(根本上是不考虑 1916 年法的一般性影响)可能是受到了隐藏的政治经济学基本原理的驱使:不应允许增加贸易壁垒但又未形成国内遵守选民的中止。与 1916 年法一样,"镜像立法"适用于来自美国的所有进口,但每一美国出口商仅仅会遭受很小的期望损害。因此,每一出口商没有什么动力进行游说活动,要求撤销 1916 年法,并要求撤销 EC 镜像立法。某些一般性的、具有广泛会员的商业协会可能会克服这一集体行动困难,但由于受到禁止性关税打击的某些产品的出口团体(可能使他们陷入破产)很小,他们不太可能乐此不疲地进行游说活动。因此,EC 镜像立法不太可能实现撤销 1916 年法的结果,但却对贸易增加了不确定的额外负担。See, Holger Spamann, *The Myth of 'rebalancing' retaliation in WTO Dispute Settlement Practice*, Vol. 9, No. 1, JIEL, 2006, pp. 64–65.

言,鉴于立法的贸易效果难以衡量,拟议报复性立法在性质上必须满足等同性要求,而且该立法的适用范围和频率必须严格加以控制,以满足数量上的等同性要求。

(2)年度等同与总额等同

所谓年度等同是指每年实施的报复水平与正在遭受的年度利益丧失或减损水平间的等同性。从形式上看,比较的基础以年为单位,一年内的报复在数额上等同于计算出的利益丧失或减损水平,即年度报复水平(s)=年度利益丧失或减损水平(b)。所谓总额等同是指报复实施日至结束日这段时间实施的报复总额与投诉方从合理期限结束日到报复结束日这段时间遭受的利益丧失或减损总额等同。以 N 代表报复的实施期限,n 代表合理期限结束日至报复开始日这段期限,则总额等同意味着:s×N=b×(n+N)。

总额等同观念基于以下假设:被诉方必须在合理期限结束时遵守 DSB 建议和裁决,合理期限结束后的持续不遵守行为必须付出代价。总额等同意味着某种程度的追溯性报复或追溯性利益丧失或减损概念。从促使被诉方迅速遵守、打击免费拖延角度看,总额等同概念要优于年度等同概念。然而,总额等同报复中存在一个明显的缺陷,由于无法得知被诉方何时会撤销 WTO 不符措施,因此无从知晓实施报复的总期限(N),从而也就无法确定每年的报复水平(s)。一种替代性方法是,头一年或头几年的报复水平除等同于年度丧失或减损水平 b 外,还可以考虑提高该报复水平,以涵盖合理期限结束日至报复实施日投诉方所蒙受的利益丧失或减损数额(即 b×n)。此后,年度报复水平应该等同于年度利益丧失或减损水平。

从实践来看,第22.6条仲裁小组通常只计算出了年度丧失或减损数额并据此裁决年度报复数额。报复的年度数额只可能近似等同于年度丧失或减损数额,因为经济环境会发生变化,投诉方的利益丧失或减损不可能一成不变。报复成员在实施报复时也往往忽略了合理期限结束之日至报复实施之日蒙受的丧失或减损数额。

(3)固定报复水平与可变报复水平

在大多数报复请求中,投诉方都请求 DSB 授权一个固定的年度报复数额。"欧共体香蕉案"、"欧共体荷尔蒙案"、"美国版权法案"、"巴西飞机案"、"加拿大飞机案"、"美国外国销售公司案"和"美国赌博案"中的投诉方均请求了固定报复数额。但在"美国1916 年法案"中,欧共体请求通过制定镜像立法进行报复。在"美国伯德修正案"中,欧共体请求的报复额等同于美国每年支付给国内生产商的持续性抵偿额。美国主张,DSU 第 22.4 条和第22.6 条要求投诉方提出具体的固定数量水平。两个仲裁小组拒绝了美国的主张。"美国 1916 年法案"仲裁小组认为,1916 年法本身违反了欧共体权利,该法的每一次适用都增加了欧共体蒙受的丧失或减损水平。"美国伯德修正案"仲裁小组认为,美国每年支付的持续性抵偿额都在发生变化,因此固定的报复数额在经济上不科学。此外,仲裁小组还认为,可变报复数额更容易促使美国遵守。实际上,随着经济条件的不断变化,不符措施对投诉方造成的丧失或减损每年都在变化,因此,投诉方每年蒙受的丧失或减损数额是变化着的,可变报复数额更可能保证等同要求。但是,推测未来的丧失或减损变化是困难的,仲裁小组通常只裁决出了合理期限结束那一年的丧失或减损水平,并作为今后各年报复的数额。争端方基本上没有纠缠这一问题。

5. 等同具体标准确定的实践考查

从目前的报复裁决实践来看,各个仲裁小组选择了各不相同的"利益丧失或减损"概念。

（1）贸易损失标准

贸易损失标准是仲裁小组偏爱的标准。贸易损失是指投诉方生产商或出口商由于被诉方措施而导致的贸易额的减少。"欧共体荷尔蒙案"、"欧共体香蕉案"、"美国伯德修正案"、"美国赌博案"等裁决都采用了贸易损失标准。

（2）经济利益损失标准

"美国 1916 年法案"报复裁决和"美国版权法案"第 25 条裁决都采用了直接利润损失法。违反措施所导致的利益丧失或减损被界定为对投诉方私人的不利经济影响，或者投诉方私人遭受的直接损失。在"美国 1916 年法案"仲裁中，损失是指相关法院判决引起的金钱损失（包括三倍赔偿金和诉讼成本）或者强制性协议下的金钱支付；在"美国版权法案"中，损失是指欧共体知识产权持有人因该立法而蒙受的许可费损失，即应收取而被该法豁免的许可费用。在"美国陆地棉案"中，关于该案可诉补贴措施对于巴西利益造成的不利影响，仲裁小组接受了巴西的观点，考虑了巴西由于下列原因导致的实际棉花生产的收入损失：美国可诉补贴措施抑制了世界棉花价格。也就是说，如果没有美国的可诉补贴措施，世界棉花价格本应更高，巴西棉花销售将会赚到更多的利润，因此，仲裁小组这里也采取了直接利润损失标准。"美国版权法案"和"美国陆地棉案"涉及利润损失，也就是本来可以赚到更多钱而没有赚到；"美国 1916 年法案"则涉及额外支付所导致的损失。

（3）抽象的权利或遥远的利益不予考虑

抽象的权利不是 WTO 法意义上的利益。"美国伯德修正案"仲裁小组认为，根据 GATT1994 第 23 条，利益丧失或减损是违反一项权利的"结果",这意味着,违反不应与丧失或减损本身混淆起来。相反,违反是利益丧失或减损的起因。换句话说,权利授予了利益(例如,可预期的竞争条件),但它们本身不是 GATT1994 第23 条和 DSU 意义上的利益。① 因此,纯粹的抽象权利不是 WTO 法意义上的利益,仅仅权利受到侵害但无任何实际后果并不意味着利益丧失或减损。

在"美国 1916 年法案"中,欧共体主张 1916 年法最具破坏性的效果是该法对欧洲公司商业行为的"冷冻效应"。仲裁小组认为,关于 1916 年法威慑效应或冷冻效应的任何请求都太具推测性,过于遥远。仲裁小组认为不可能量化冷冻效应,因此仲裁小组在计算欧共体丧失或减损水平时不会包括 1916 年法的冷冻效应。②

(4)现有实践评价

从现有实践来看,确定等同具体标准的关键是利益丧失或减损概念。利益丧失或减损概念在不同案件背景下具有不同意义。

第一,利益丧失或减损概念经历了一个发展过程,目前仍在发展之中。在这方面,争端方的观点非常重要,直接影响着仲裁小组的裁决。

第二,利益丧失或减损通常不包括抽象的权利、预期利益或其他遥远的利益,直接贸易或经济利益是仲裁小组重点考查的对象。

第三,计算报复水平背景下采取的利益丧失或减损概念与确定 WTO 违反背景下的丧失或减损概念存在一定程度的不一致性。根据第 22 条确定丧失或减损水平是独立于根据第 3.8 条确

---

① See, *US—Byrd*(*Article 22.6-EC*),para.3.32.
② See,*US—1916 Act*(*Article22.6*),paras.5.64-72.

立丧失或减损存在的法律程序。WTO 协定权利违反与该违反丧失或减损的利益之间没有任何相似之处。尽管违反产生了丧失或减损推定,但违反并不是一种丧失或减损。

(三)报复等同性的理论基础

关于报复的等同性特征,一些学者提出自己的理论解释。这里接受的解释是休德克提出的理论,也就是"基于重商主义观念的最优压力理论"。休德克主张,抽象的恢复平衡是没有意义的,WTO 报复的目标在于促使遵守。通常而言,越高程度的报复越有可能导致违反国遵守。但是,由于普通大众仍然受到重商主义观念的影响,因此他们可以接受等同的报复;一旦报复超出等同水平,他们就会感到受到了惩罚或制裁,产生反感情绪,抵制 DSB 建议和裁决甚至 WTO,从而不利于 DSB 建议和裁决的实施。从这个意义上讲,等同要求提供了一种保障,有效防止了可能产生反感情绪的过量报复,它可以被视为保证产生最优压力。[1] 其他解释如重新平衡论(又可分为福利经济学解释和政治经济学解释)、法理解释[2]等。

二、WTO 体制下利益丧失或减损计算中的若干法律问题

根据 DSU 第 22.4 条,报复水平应当等同于利益丧失或减损

---

① See, Robert E. Hudec, *Broadening the Scope of Remedies in WTO Dispute Settlement*, in Friedl Weiss(ed.), *Improving WTO Dispute Settlement Procedures: Issues &Lessons from the Practice of Other International Courts and Tribunals*, Cameron, London, 2000, pp. 389-390.

② WTO 报复的等同性要求体现了最为原始的"以牙还牙,以眼还眼"特征。从法理的角度看,受害方剥夺的加害方利益不应超过本方遭受的损害,这体现了一种比例性原则。过量的利益剥夺将会产生惩罚,将会产生还报复,如此下去将会导致恶性循环。

水平。因此,利益丧失或减损的计算就显得格外重要。WTO 目前已经作出了 6 个关于利益丧失或减损计算的裁决。这些裁决基本上形成了关于利益丧失或减损计算的判例法,但也引起了相当大的争议。

(一)计算方法概要

从报复仲裁实践来看,为了评估利益丧失或减损水平,仲裁小组采取的基本计算方法是:首先计算反事实假设情况下每年本来应该发生的贸易额或收入,其次计算出每年实际发生的贸易额或收入,最后将二者相减后得出每年的贸易额或收入损失,即年度丧失或减损水平。实践中,争议较大的是计算的第一步,包括如何选择反事实假设以及如何计算反事实假设情况下本应发生的贸易额或收入。这一方法主要适用于进口限制类措施导致利益丧失或减损的情形,用于计算进口限制导致的直接贸易额损失,包括货物贸易和服务贸易损失。"欧共体香蕉案"、"欧共体荷尔蒙案"、"美国赌博案"仲裁小组采用了这一计算方法。该方法也可以适用于知识产权保护缺乏所导致的直接收入损失,例如"美国版权法案"仲裁小组就采用了这一方法。"美国伯德修正案"和"美国 1916 年法案"采取了不同计算方法。"美国伯德修正案"采用了进口替代法计算补贴的进口抑制效果。"美国 1916 年法案"则采取了计算直接经济损失的方法。案件类型以及丧失或减损的利益的性质会影响仲裁小组的计算方法选择。

(二)反事实假设的选择问题

反事实假设(counterfactuals)是指,在计算投诉方利益丧失或减损的过程中为了计算投诉方本应发生的贸易额而假设的一种与 WTO 相关涵盖协定或者 DSB 建议和裁决相符的事实情形。鉴于不同反事实假设将会产生不同的最终结果,因此,反事实假设对于

DSB 最终授予的报复水平有着至关重要的影响。

反事实假设选择正确与否的基本衡量标准是相符标准。与 WTO 涵盖协定或 DSB 建议和裁决不符的反事实假设必然是不正确的。符合相符标准的反事实假设通常不止一个,而是有多个。例如,在"美国赌博案"中,美国可以通过完全禁止或完全开放所有远程赌博和博彩服务或者向安提瓜开放赛马远程赌博和博彩服务等三种方式来遵守 DSB 建议和裁决。但是,仲裁小组通常只能选择一个反事实假设。因此,反事实假设选择的核心问题是如何在符合相符标准的多种反事实假设中选择一种假设作为计算的起点。根据报复仲裁实践,反事实假设应该准确反映投诉方被丧失或减损的利益的性质和范围,也应该反映特定案件中的"可行或合理"遵守情形。同时,应由被诉方证明投诉方提出的反事实假设没有满足相关要求。被诉方享有的 DSB 建议和裁决实施方式选择权和促使被诉方遵守的目标对于评估投诉方选择的反事实假设是否可行或合理通常没有什么影响。关于反事实假设选择的这些判例法是恰当的,它实质上是要求仲裁小组客观评估争端方根据 WTO 相关涵盖协定可以合理期望获得的利益。这些判例法也会赋予专家组或上诉机构在最初案件中作出的"提议"一定程度的法律意义。例如,如果专家组提议被诉方撤销反倾销措施,并认为这是被诉方唯一可行的遵守 DSB 建议和裁决的方式,或者如"美国伯德修正案"专家组所说,"尽管可能存在许多方法使美国能够使伯德法相符,但专家组发现很难想出任何方法比撤销伯德法更为适当和/或有效",那么,仲裁小组就很难拒绝投诉方基于专家组"提议"而提出的反事实假设,因为它们是唯一可行或者最合理的遵守情形。

(三)基准日的选择问题

无论是反事实假设,还是计算丧失或减损,都涉及基准日的选择问题。对于反事实假设而言,需要确定哪一时间点上被诉方应该遵守了 DSB 建议和裁决。对于计算潜在贸易额和实际贸易额而言,需要确定起算的起始日期。从仲裁实践来看,各个仲裁小组通常将合理期限结束之日作为基准日。

(四)关于利益丧失或减损计算的 WTO 实践

1. 贸易或收入差额法

"欧共体香蕉案"和"欧共体荷尔蒙案"报复裁决以及"美国版权法案"第 25 条仲裁都采用了贸易或收入差额方法计算利益丧失或减损。例如,在"美国版权法案"第 25 条仲裁中,仲裁小组为了计算欧共体蒙受的丧失或减损数额,采用了如下计算方法:首先计算出反事实假设背景下欧共体音乐版权人本应收取的许可费,其次计算出欧共体音乐版权人实际收取的许可费,最后将二者相减得出欧共体音乐版权人的收入损失,也就是欧共体利益丧失或减损数额。

2. 进口替代法

"美国伯德修正案"仲裁小组采用了贸易效果比较基准,但在计算贸易效果的方法上采取了进口替代法,并引入了经济模型。该案的基本案情是:美国于 2000 年 10 月通过了《持续性倾销与补贴抵偿法》(即所谓"伯德修正案",或称"伯德法"),它规定向美国国内生产商分配对进口征收的反倾销或者反补贴税(即"持续性倾销与补贴抵偿",Continued dumping and subsidy offset,CDSO)。专家组和上诉机构均裁定"美国伯德修正案"违反了 GATT1994、反倾销协定和 SCM 协定。在该案报复仲裁中,仲裁小组偏离了过去的第 22.6 条仲裁实践,要求当事方提供经济模型。① 在这些模型中,CDSO 被简单假设为一种国内补贴。计算进口下降的具体公式是 $\eta \times S \times R$,其中 η 指替代弹性,即国内产业每使用 1 美元 CDSO 能够替代的进口数额(即进口下降额),也就是 CDSO 的贸易效果、DSU 意义上的利益丧失或减损;S 指 CDSO 总额,因此,$\eta \times S$ 即为 CDSO 引起的所有受影响方利益丧失或减损的总额;R 指"进口渗透率",R 等于所有进口总值/所有国内装船总值。除此之外,仲裁小组还考虑另一项因素:国内产业并不是将所有 CDSO 用于降低国内产品价格,只是按照特定比例(α)将 CDSO 用于降价。为此,仲裁小组引入了传递率概念,指用于降价的 CDSO 数额占 CDSO 总额的比例,用 α 表示(α=用于降价的 CDSO 数额/CDSO 总额)。因此,利益丧失或减损数额等于 $\alpha \times \eta \times S \times R$。虽然计算公式十分清楚简单,但却很难获得准确的数据。CDSO 数额 S 和进口渗透率 R 相对容易获得,但传递率 α 和替代弹性 η 却很难获得。就传递率而言,仲裁小组采取了将请求方主张与被诉方主张折中的方法:美国曾经提到 25% 可能是一种合理传递率,而请求方始终坚持 100% 的传递率,仲裁小组采取了将这两个数字平均的方法,即采取了 62.5% 的传递率。但仲裁小组的这一做法没有任何根据。最终,仲裁小组确定的每一投诉方的丧失或减损数额为上一年对该投诉方进口征收的反倾销或反补贴税总额(也就是根据"伯德修正案"支付的 CDSO 总额,计算公式中的 S)乘以一个系数(也就是 $\alpha \times \eta \times R$),即 0.5 个 CDSO。② 这与禁止性补贴案件

---

① 当事双方最初都避开了建模问题。

② 美国目前仍未撤销伯德法案。在十一个投诉方中,其中三个投诉方与美国达成了谅解,EC 和日本对美国采取了报复措施,其余国家虽然获得了报复授权(获得第 22.6 条裁决后,巴西没有请求 DSB 授权报复),但却至今没有采取报复措施。

中等同于补贴数额的裁决明显不同。

3. 直接损失法:1916 年法案报复裁决

该案基本事实是:美国于 1916 年制定的一项法规(即所谓的"1916 年法"),宣布以显著低于母国或第三国市场价值(加上运费和进口至美国而引起的关税)的价格在美国进行销售并且意在损害美国现有或幼稚国内产业的行为是不合法的。该法规定了刑事制裁和受害美国企业获得三倍损害赔偿金及诉讼成本的民事诉讼权利。欧共体和日本在 WTO 争端解决机制中指控了美国的这一立法。专家组和上诉机构都裁定该法违反了多个 WTO 协定条款,其中最为重要的是该法规定了 WTO 协议并不允许的反倾销救济。"1916 年法"在贸易实践中发挥了什么作用并不清楚。仲裁小组作出裁决时从未发生过刑事指控,并且针对进口商的民事判决非常少见,2003 年才出现了第一个三倍损害赔偿判决(针对一家日本公司)。在该法下没有出现一个针对欧共体进口商的判决。但是,欧共体和日本指出了欧洲和日本出口商由于诉讼威胁而被迫签订的大量协议。欧共体和日本提到该法对进口商商业行为的冻结效应。问题在于该法的这些效果非常难以度量。冻结效应尤其如此(特别是考虑到该法已经存在了 80 多年)。强制性解决方案下的转移支付同样存在计算难问题,因为这些解决方案的美国当事方一般性反对披露他们的条件,包括进口商同意支付的金钱数量。①

在该案报复裁决中,欧共体主张,丧失或减损水平必须参照一WTO 成员在相关协议下直接或间接享有的利益来确定,后者不仅

---

① See, Holger Spamann, *The Myth of 'rebalancing' retaliation in WTO Dispute Settlement Practice*, JIEL 9(1), 2006, p 61.

包括金钱损失,而且也包括"1916 年法"的威慑效果。但是,由于不能证明冻结效应、私人解决方案下的支付、已经支付的三倍损害赔偿及诉讼成本(实际上,目前没有任何判决针对欧共体公司)的任何具体数额,欧共体仅仅获得了潜在中止义务和减让的授权。换言之,只要根据该法作出的、针对欧共体出口商的未来判决或欧共体出口商根据该法接受的解决方案披露了欧共体出口商需要支付的数额,欧共体就可在该数额限度内对美国实施报复措施。因此,欧共体的中止减让和义务授权请求实际上被完全拒绝。该案仲裁小组既没有考虑"1916 年法"的冻结效应,也没有考虑那些没有披露具体支付数额的判决或解决方案的不利影响。它仅仅考虑了欧共体未来可以明确知晓具体数额的直接利润损失,没有考虑"1916 年法"的贸易影响。该案裁决实际上导致欧共体在 1916 年法案中不能采取任何报复措施。

三、关于利益丧失或减损计算问题的总体评价

(一)WTO 体制下报复仲裁实践的总体情况

在 GATT 历史上,缔约方全体只在一个案件中批准了报复。1952 年,GATT 缔约方全体授权荷兰对美国进行报复。但荷兰拒绝行使这一授权,因为实施该措施将会损害荷兰。截至 2011 年 6 月底,32 个案件①中的投诉方请求过报复授权,DSB 在 17 个案件中授权被诉方进行报复。第 22.6 条仲裁小组共发布了 19 个裁决。如以争议事项为基础,则投诉方共在 19 个争端中请求过报复授权,第 22.6 条仲裁裁决数量为 9 个,DSB 在 7 个案件中授权报复。

---

① 这一数字以单个投诉及报复请求为基础。

关于利益丧失或减损数额计算的判例法目前处于发展阶段。从 WTO 法的发展角度看,利益丧失或减损的计算相当复杂,WTO案例法处于萌芽状态,因此仲裁质量普遍不高。首先是缺乏对计算结果的分析,早期案件尤其如此。其次,无论是计算模型的选取、反事实假设,还是有关数据的处理,都缺乏科学性,仲裁小组给出的理由并不令人信服。

(二)许多问题需要进一步澄清和改善

1."苹果对橘子"问题

就"丧失或减损"概念而言,所指内容并非具有单一含义,而是包括多种含义。在报复仲裁实践中,"丧失或减损"可以指损失的贸易或营业额、损失的利润等等。实践中,仲裁小组有时在计算中将不相称的价值加总到一起。例如,"欧共体香蕉案"仲裁小组没有注意到利润与营业额之间的不同,在损害的度量中将利润价值(也就是未能获得香蕉进口许可证所导致的配额租损失)增加到营业额价值(损失的香蕉进口份额和分销服务)之中。"欧共体香蕉案"报复仲裁中的另一个"苹果对橘子"问题是加总并比较了服务与货物的贸易价值。但服务贸易价值与货物贸易价值可能描述了非常不同的经济现实。就货物而言,贸易通常意味着有形资产从出口国领土向进口国领土的移动,以及货币从进口国向出口国的相应转移。就服务而言,贸易可能仅仅意味着进口国领土内出口国服务提供者分支机构的营业额,因此,进口国与出口国之间可能并没有资金和货物的流动。在"欧共体香蕉案"第 22.6 条仲裁中,由于美国贸易公司至少部分通过其欧共体分支机构运营,正是此种情形。

随着 WTO 管辖范围的扩大,WTO 利益(丧失或减损)已经呈现出多元化趋势。在传统的关税和配额之外,贸易效果比较基准可能会遇到许多困难。然而,尽管仲裁小组可能意识到了 WTO 利益的多元化趋势,但仲裁小组没有作出积极的回应。如何回应 WTO 利益多元化对第 22.6 条仲裁实践带来的挑战,就成为一个亟待解决的问题。

2. "损失的贸易"与"受影响贸易"

在报复仲裁实践中,仲裁小组往往宣称采取贸易效果比较基准。但对于"丧失和减损"与"中止减让或其它义务",仲裁小组通常采取了不同的"贸易效果"定义。就"丧失和减损"的定义而言,贸易效果指"损失的贸易",或称"对相关进口价值的影响"。就中止减让或其它义务的定义而言,贸易效果指"受影响贸易(affected trade)",或称"报复针对的进口总价值"。仲裁小组的这一做法导致了不对称性,即用"损失的贸易"定义丧失和减损,用"受影响贸易"定义中止减让或其它义务。"对相关进口价值的影响"描述了一项贸易措施的影响(损失的贸易),而"报复针对的进口总价值"描述了一项贸易措施的适用范围(受影响贸易)。损失的贸易通常①显著低于受影响贸易。仲裁小组不对称定义的后果是制度性地偏向于支持中止减让或其它义务水平低于损失和减损水平。②

3. 计算结果的武断性及缺乏说明问题

从当前实践来看,计算过程和计算结果具有武断性。在分析

---

① 就中止减让或其它义务而言,仲裁小组方法仅仅指出受影响贸易额应等同于损失的贸易额,然而,仲裁小组并未指出投诉方可以采取何种报复措施。不同的报复措施会对受到报复的贸易产生不同影响。如果采取禁止性报复措施,那么由于报复措施导致的贸易损失就等同于损失的贸易额;相反,如果是非禁止性措施(例如非禁止性关税、外国生产商可以规避的 NTBs 等等),那么由于报复措施导致的贸易损失就会低于损失的贸易额。

② See, Holger Spamann, *The Myth of ' rebalancing' retaliation in WTO Dispute Settlement Practice*, Vol. 9, No. 1, JIEL, 2006, pp. 45–46.

了各个案件的最终裁决结果后,斯伯曼得出结论,仲裁小组似乎在弥合投诉方和被诉方请求之间的差异,即对二者的请求数额予以平均并稍作调整后作出最终裁决。①

计算结果的武断性伴随着对计算过程和计算结果缺乏详细说明。从第 22.6 条仲裁报告来看,一个重大缺陷是对计算出最终结果的过程缺乏明确分析和陈述,早期案件更是如此。例如,"欧共体香蕉案"仲裁小组花了 40 多页阐述计算的一些先决问题,但关于计算过程仅仅陈述到:"我们的任务可简化为就(a)欧共体香蕉市场上零售服务贸易中的美国份额(b)美国被分配的、可以产生配额租的香蕉进口许可份额而言计算出两种情形下(与 WTO 相符的进口许可分配 VS 与 WTO 不符的进口许可分配)的差异。使用被提供的关于美国市场份额的各种数据,考虑到我们对现有配额分配的了解以及在我们选择的与 WTO 相符的反事实假设下我们估计将会出现的情况,我们确定丧失和减损的水平为每年191.4 亿美元。"②但仲裁小组对这一数字是如何获得的则缺乏解释。休德克对此做法不以为然,他认为,对计算结果缺乏科学解释并不重要,只要该决定"看起来足够客观,能够说服两个国家中的相关听众,中立的仲裁小组已经作出了关于等同性的客观评估。"③

---

① See, Holger Spamann, *The Myth of 'rebalancing' retaliation in WTO Dispute Settlement Practice*, Vol. 9, No. 1, JIEL, 2006.

② See, *EC—Bananas(Article 22.6-US)*, para 7.8.

③ See, Robert E. Hudec, *Broadening the Scope of Remedies in WTO Dispute Settlement*, in Friedl Weiss(ed.), *Improving WTO Dispute Settlement Procedures: Issues &Lessons from the Practice of Other International Courts and Tribunals*, Cameron, London, 2000, p. 391.

（三）经济全球化导致利益丧失或减损计算更为复杂

经济全球化的一个后果是，服务和思想在世界经济与贸易中日益重要，并已成为 WTO 管辖的对象。相比只管辖货物贸易的 GATT 体制，上述现象导致 WTO 体制下贸易损害或者等同贸易报复的衡量更加复杂化。在涉及服务和 TRIPS 的情况下，识别争端中的国家利益就很困难。例如，一国的 WTO 不符政策措施不仅缩减了另一国的服务出口，而且也限制了第三国的货物（另一国的服务附加在该货物上）出口。经济全球化的另一个方面是跨国公司的增加。如果跨国公司的产品生产流程大部分在国外并且生产特定产品涉及多个国家，WTO 争端解决程序将会引起一个问题。根据 WTO 原产地规则，如果该跨国公司产品的生产不在母国内，则应根据该产品生产所涉国家的国内原产地规则确定原产地。如果多个国家都主张是该产品的原产地，这些国家都有权在 WTO 中捍卫自己的利益。限制该产品贸易的政策措施对各个国家造成的利益丧失或减损的衡量将会变得十分复杂。

第三节　禁止性补贴案件中的反措施法律问题

一、"适当反措施"观念

"适当反措施"不同于 DSU 第 22.4 条中的"等同性"中止减让或其它义务。① 二者唯一不同之处似乎在于报复程度的限制标准。DSU 第 22.4 条要求投诉方采取的报复措施"等同于"丧失或减损水平，而 SCM 协定允许投诉方采取"适当"反措施，法律标准

---

① 反措施涵盖中止减让或其它义务。See, *Brazil—Aircraft*（Article 22.6），para. 3.29.

相对宽松一些。相比一般性案件,禁止性补贴案件中比较特殊的法律问题在于如何判断反措施水平的适当性。

(一)"反措施"释义

"美国外国销售公司案"仲裁小组第一次对"反措施"一词作出了解释。该案仲裁小组在引用了"反措施"一词的字典定义后认为,"反措施"一词的通常含义包括旨在抵消争议措施(有效地使出口补贴归于无效)或者抵消争议措施对受影响方效果的措施,或者包括二者。①

(二)反措施的目标是促使遵守

鉴于反措施针对不遵守采取,因此反措施旨在促使或确保遵守 DSB 建议和裁决。由于 SCM 协定第4.7条仅仅要求 DSB 建议补贴成员毫不迟延地撤销补贴,SCM 协定第4.10条的目标是促使被诉方迅速遵守 DSB 撤销补贴的建议。因此,在评估反措施的适当性时必须考虑以下事实:被诉方必须撤销争议补贴,反措施应该促使被诉方毫不迟延地撤销禁止性补贴这一最终目标。换言之,反措施促使遵守的目标会影响反措施的适当性评估。② 在"加拿大飞机案"中,仲裁小组将反措施的目标作为评估反措施适当性的一项参考标准,将其作为调整根据补贴数额计算出来的反措施水平的关键因素。③

(三)反措施的限度:"适当反措施"

根据第22.6条仲裁小组有关裁决,以下几点值得注意:第一,SCM 协定脚注9将"适当"一词解释为"不是不成比例",而不是"比

---

① See, *US—FSC*(*Article 22.6*), paras. 5.4—5.6.

② See, *US—FSC*(*Article 22.6*), paras. 5.51—5.60.

③ See, *Canada—Aircraft*(*Article 22.6*), paras. 3.47—3.48 and 3.103—3.107.

例性"标准。这一标准低于"比例性"标准,可能会允许更大数额的反措施。高于"比例性"标准的反措施仍然可能符合"不是不成比例"标准。例如,如果"比例性"要求的具体参照标准是遭受的损害(例如 100 万美元利润损失),那么 105 万美元的反措施数额就没有满足"比例性"标准,但是,105 万美元的反措施数额相对于遭受的损失而言可能不算是不成比例的。当然,请求 500 万或 1000 万美元的反措施数额不仅没有满足"比例性"标准,也没有满足"不是不成比例"标准。值得注意的是,关于反措施的比例性要求,国际法委员会经过多年努力并于 1996 年一读通过的 DASR 采取了"不是不成比例"的否定性措辞,而 2001 年二读通过的 DASR 则采用了"与……相称"的肯定性措辞。1993 年年底已经完成的 SCM 协定采取了否定性措辞,很可能是参照了国际法委员会的工作。第二,脚注 9 意味着,补贴受到禁止的事实是一项加重因素,而不是减轻因素。第三,在评估反措施的适当性时,可以考虑违反的严重性。

(四)评估反措施适当性的参照标准

1. 补贴数额

补贴数额方法由于简便易行,受到了各个仲裁小组的偏爱。"美国外国销售公司案"、"巴西飞机案"、"加拿大飞机案"和"美国陆地棉案"均采用补贴数额方法确定适当反措施的数额。

补贴数额通常等于受益人获得的利益。在通过低息贷款提供禁止性补贴的情况下,补贴数额不是指低息贷款总额,而是指该低息贷款授予的利益,即相比市场利率的贷款,该贷款提供了多少实际利益。这一方法符合补贴的一个构成要件:财政资助必须授予了利益。①与其他类型案件中报复水平的计算相比,禁止性补贴案

---

① See, *Canada—Aircraft*(*Article 22. 6*),paras. 3. 52–3. 64.

中反措施水平的计算也没有变得更好。截至目前,仲裁小组在这些案件中甚至没有尝试过"重新平衡"或将损害水平与中止水平等同。在负责确定"适当反措施"的各个仲裁小组眼中,可以使用各种基准,例如损失的利润、损失的贸易或者补贴数额,但这些标准都未构成上限。仲裁小组似乎接受了投诉方提出的无论什么样的标准,只要这些标准被正确衡量。其结果是导致了 WTO 最大的几个报复裁决:"巴西飞机案"3.442 亿加元、"加拿大飞机案"2.478 亿美元以及"美国外国销售公司案"40.43 亿美元。① "美国陆地棉案"仲裁小组针对涉案的禁止性补贴措施裁决的报复数额也高达 1.474 亿美元。②

2. 贸易效果

在"美国外国销售公司案"报复仲裁中,欧共体主张,它提出的反措施数额相当于补贴的价值,该数额在 SCM 协定第 4.10 条意义上是适当的。欧共体还认为这一方法是保守的。美国不同意欧共体的主张,认为欧共体提出的反措施数额是不适当的,因为该数额相对于不符措施对欧共体的贸易影响是不成比例的。该案仲裁小组认为,SCM 协定第 4.10 条构成了 DSU 第 1.2 条意义上的"特殊或附加规则",用语也不同于 DSU 第 22.4 条,因此二者并不必然具有相同的外延。据此,"适当反措施数额"不一定必然要求等同于"利益丧失或减损水平"。③ 该仲裁小组裁定,SCM 协定第 4.10 条并未先验排除考虑争议措施的贸易影响,但贸易影响并不

---

①　Holger Spamann, *The Myth of 'rebalancing' retaliation in WTO Dispute Settlement Practice*, Vol. 9, No. 1, JIEL, 2006, pp. 73-74.

②　See, WT/DS267/ARB/1.

③　See, *US—FSC (Article 22.6)*, paras. 5.44-5.50.

是唯一的评估标准。投诉成员至少有权采取将会抵消持续性不合法措施对其造成的损害后果的反措施。然而,这并不要求贸易效果是确认反措施适当性时的有效标准。相关条款也不能被解释为将评估限于这一标准。成员可以采取相对于最初不当行为的严重性以及确保撤销禁止性出口补贴之目标并非不成比例的反措施,以恢复该不当行为扰乱的权利义务平衡。[①] "加拿大飞机案"仲裁小组也认为,基于贸易效果或竞争性损害的反措施原则上符合SCM 协定第4.10 条。[②] 因此,在禁止性补贴案件中,根据补贴数额和贸易效果计算出来的反措施数额都是适当的。相比补贴数额方法的简便易行,禁止性补贴背景下的贸易效果衡量会涉及更为复杂的经济问题。[③]

3. 其他参照标准

在"加拿大飞机案"中,虽然仲裁小组认为巴西提出的贸易效果方法并无不当,但他们裁定巴西适用该方法的有关假设是站不住脚的,因此巴西提出的方法并不具有适当性。该仲裁小组进一步根据五种参照标准考查了适用巴西方法计算出来的结果的适当性:类似争端中授予的反措施水平、投诉方自被诉方进口的货物价值、违反的严重性、促使遵守的需要以及是否明显过量标准的相关性。[④]

---

① See, *US—FSC*(*Article 22. 6*), paras. 5. 28–5. 43.

② See, *Canada—Aircraft*(*Article 22. 6*), para. 3. 20.

③ 在"加拿大飞机案"中,鉴于补贴的贸易影响远大于补贴数额,投诉方巴西请求的反措施数额基于补贴的贸易影响。但仲裁小组认为巴西在计算贸易影响时的有关假设是站不住脚的,因此没有考虑巴西提出的贸易效果方法。

④ See, *Canada—Aircraft*(*Article 22. 6*), paras. 3. 15–3. 50.

（五）小结

针对持续授予禁止性补贴的反措施虽然性质上也是针对被诉方中止减让或其它义务,但 SCM 第 4.10 条对于反措施施加了相比一般性案件中的"等同"报复较为宽松的"适当性"法律约束。反措施旨在抵消授予的补贴对补贴方产生的利益或者抵制该补贴对投诉方的贸易影响,或者包括二者。反措施的目标是为了促使被诉方迅速撤销争议补贴措施。"适当的"一词本身不能解决反措施适当性的评估问题,但脚注 9 提供了有限的指导:鉴于补贴受到禁止的事实,反措施不应是不成比例的。补贴受到禁止的事实被仲裁小组解释一项加重因素,在评估反措施的适当性时应当考虑被诉方违反的严重性。根据上述判例法,在评估反措施适当性应予考虑的因素主要包括促使遵守的目标和违反的严重性,但其他因素有时也会发挥一定作用。从操作层面上看,补贴数额和贸易影响额都可以作为评估反措施适当性的参照标准。无论如何,尽管 SCM 协定第 4.10 条赋予了仲裁小组评估反措施适当性时的很大裁量权,但其裁决的"反措施应当适合于特定案件"。

二、适当反措施数额确定中的几个法律问题

(一)反措施数额的调整问题

一般情况下,仲裁小组裁决的反措施数额等于授予的补贴数额。但"加拿大飞机案"仲裁小组对这一数额进行了调整,即在补贴数额基础上增加了 20%。该案仲裁小组认为,尽管将自己的反措施水平裁决建立在补贴数量基础上是更为适当的,但这一事实并不意味着我们需要将反措施的水平限于那一数量。仲裁小组可以在考虑有关因素后对那一数量进行调整,以确定适当的反措施水平。该案涉及的上调或下调因素包括:自卫、善意行为、反措施

的"促使遵守"功能、打击"hit and run"行为、补贴的潜在不成比例影响。①

自卫。加拿大提出自卫主张作为要求仲裁小组降低反措施水平的一个理由。加拿大认为,加拿大的补贴是为了回应巴西 Embraer 公司低于市场的报价行为。该案仲裁小组驳回了加拿大的这一请求:"加拿大补贴性质上仍然是一项本身受到禁止的出口补贴……接受加拿大建议与 DSU 第 23 条相悖。加拿大不能把法律武器掌握在自己手中。"②

善意行为。加拿大在该案中还提出了善意主张,认为可以善意地相信,其实施的补贴符合 SCM 协定附件 I 示例性清单(k)项的要求。仲裁小组认为,在 WTO 争端解决案件中,大多数被诉方都会善意地主张自己相信争议措施与 WTO 协议相关条款相符,这很可能是真实的。但是,一旦此类措施被裁定违反了 WTO 义务,就针对该违反的救济而言,这些当事方应当没有权利因为该违反是善意的就享受到特殊待遇。如果仲裁小组考虑被诉方为了下调目的而指称的善意,几乎所有 SCM 第 4.10 条案件都需要此种调整,这肯定是不能接受的。③

促使遵守功能。首先,纯粹的不遵守 DSB 建议和裁决并不是证明更高反措施水平正当性的"加重因素",相反,根据 DSU 第 22.1 条和 SCM 协定第 4.10 条,不遵守是证明采取反措施正当性的适当事件。其次,考虑到特定案件的事实,不遵守可能成为一项"加重因素"。在"加拿大飞机案"报复仲裁中,仲裁小组曾询问加

---

① See, *Canada—Aircraft* (*Article 22.6*), paras. 3.91–3.122.

② See, *Canada—Aircraft* (*Article 22.6*), paras. 3.93–3.98.

③ See, *Canada—Aircraft* (*Article 22.6*), para. 3.99.

拿大是否实际上不打算遵守 DSB 建议,加拿大确认将会尊重自己授予资助的合同承诺。仲裁小组因此认为加拿大现在并不打算撤销争议补贴。基于这一事实,仲裁小组认为,更高的反措施水平将会是必要的和适当的。①

预防功能或威慑功能。巴西提出,鉴于加拿大补贴融资计划的存在,更高水平的反措施会防止加拿大今后适用这些计划,防止加拿大的"hit and run"行为。仲裁小组没有支持巴西的这一主张。仲裁小组主要提出了两点理由:第一,反措施仅能针对已被裁定违反的措施,因此不能针对尚未实施的措施;第二,接受巴西的请求将会漠视传统的强制性与裁量性立法区分所导致的法律后果。②

补贴的潜在不成比例贸易影响。巴西提出,在高度竞争的市场上,利率基准方面的很小差异就足以赢得合同。仲裁小组认为,在高度竞争的市场中,如果导致制造商赢得合同,很小的利率差异就会导致不成比例的贸易影响。在某些这类案件中,等同于补贴数额的反措施可能不足以促使遵守。但是,鉴于仲裁小组在考虑促使遵守的需要后已经作出了调整,仲裁小组决定不作进一步的调整。③ 从该案裁决来看,促使遵守似乎是唯一合理的调整因素。该案仲裁小组通过增加一定比例的报复额回应了加拿大强硬的不遵守态度。

(二)集体反措施与反措施数额的分配问题

在禁止性补贴案件中,SCM 协定现有规定允许每一成员对补

---

① See, *Canada—Aircraft*(*Article 22. 6*), paras. 3. 103–3. 107.
② See, *Canada—Aircraft*(*Article 22. 6*), paras. 3. 108–3. 113.
③ See, *Canada—Aircraft*(*Article 22. 6*), paras. 3. 114–3. 118.

贴成员采取反措施。根据 WTO 实践,反措施水平应当以补贴数额为基础。这样,在多个甚至所有 WTO 成员都要求采取反措施时,该如何处理? 如果先前只有一个成员投诉,并获准采取相当于补贴数额的反措施,后来又有成员投诉,又该如何处理?

在"美国外国销售公司案"中,美国认为反措施数额应当与受补贴影响的贸易的欧共体世界市场份额成比例,即等于补贴估计价值的 26.8% 。但仲裁小组拒绝了美国的这一主张,授权欧共体采取大致等同于美国不合法授予的补贴总价值的反措施,即 40 多亿美元。美国对仲裁小组的决定提出了严厉批评。在"巴西飞机案"中,仲裁小组认为他们"可以根据投诉方在相关产品中的比例在投诉方之间分配适当反措施的数额。"当在不同时间授权投诉方采取反措施时,问题更为复杂。"美国外国销售公司案"明显承认了此种可能性。该案仲裁小组评论到,该裁定"并不影响其他投诉方后来请求,并且如果是正当的,根据 SCM 协定第 4.10 条获得采取适当反措施授权的权利。"[1]格兹尼认为,如果发生这种情况,仲裁小组需要调整先前裁决中作出的评估,以降低已经授权的、当时认为是适当的反措施水平。这对于确保修改后的反措施以及那些在当前程序中授予的反措施是必要的,将会有效促使被诉方遵守 DSB 建议和裁决。[2] 因此,仲裁小组将作出两项重大调整:第一,需要调整即将授予的反措施总额,以使它们有效促使遵守。很显然,由于先前的反措施仍然没有促使被诉方遵守,仲裁小组必须增加即将授予的反措施总额。这一现象正好说明了反措施

---

① See, *US—FSC*(*Article 22.6*),para. 6.63.

② Tarcisio Gazzini,*The Legal Nature of WTO Obligations and the Consequences of their Violation*,Vol. 17,No. 4,EJIL,2006,p. 741.

数额目标参考标准的荒谬性。人们事前无法确定为保证100%遵守需要多大量的反措施,即使确定一个数额,实践也可能证明不足量;因此必须重新确定数额,有可能周而复始,仍然无法实现目标。另一方面,如果没有新的投诉方,则将事实上接受仲裁小组不正确确定的反措施数额。由于目标的实现是多种因素的结果,具有不确定性,因此比例性的目的方法应予抛弃。第二,仲裁小组需要对新确定的反措施总额在先前投诉方与后续投诉方之间予以重新分配。且不论分配方法的科学性,此种分配一定会扰乱先前投诉方的正常贸易状况。因为重新分配必然意味着降低先前投诉方的反措施数额,这会扰乱已经形成的贸易关系,增加不确定性因素。一旦出现新的投诉方,先前投诉方就需要在没有任何国内准备的情况下撤销某些贸易壁垒,这无疑会影响有关私人的预期。国际法委员会采取的以比例性原则为主方法可以解决多方报复问题。

第四节　WTO 交叉报复制度

一、WTO 交叉报复制度概述

WTO 管辖的领域包括三大块:货物贸易、服务贸易和知识产权保护。首先需要解决的一个问题是可否交叉报复,即一个部门或协议内的违反可否在另一部门或协议实施报复。DASR 并未解决这一问题。它既未解决一条约体系内的违反可否通过中止实施另一条约体系内的义务来实施反措施的问题,也未解决一条约体系特定领域的违反可否通过中止该条约体系内另一领域的义务来实施反措施的问题。理论上看,国际法是一个整体概念。即使国际法体系由多个子体系构成,但它们都是整个国际法体系不可分割的一部分。因此,无论违反何种国际法义务,理论上应该可以通过在国际法的任何领域中止义务来实施反措施。然而,目前的国际法实践似乎并不支持此种方法。国际法日益呈现出碎片化趋势,国际社会各个领域均形成自己相对独立的国际法子体系。除适用一般国际法的一些制度(最为典型的是适用 VCLT 条约解释规则)外,这些国际法子体系在诸多法律问题上均有着自己独特的规则,包括国家责任规则。因此,反措施限于特定国际法子体系内部似乎是一种通行的选择。WTO 更进一步,对于 WTO 法律体系内反措施的实施亦施加了限制。根据 DSU 第 22.3 条,WTO 报复的实施应当遵循一定原则,只有符合一定条件才能实施交叉报复。根据规定,投诉方应先在义务被违反的部门实施报复(即平行报复)。① 如果相同部门的报复不可行(not practicable)或没有效果(effective),则可在同一协定下的其他部门实施报复(即跨部门报复)。② 如果在同一协定下的其他部门实施报复仍然不可行或没有效果,且情势足够严重,则可寻求在另一协定下实施报复(即跨协定报复)。③ 此外,第 22.3 条(d)项还要求,投诉方在适用平行报复、跨部门报复和跨协定报复时应该考虑:(i)专家组或上诉机构裁定存在违反或其它丧失或减损的部门或协定项下的贸易,以及这类贸易对投诉方的重要性;(ii)与利益丧失或减损相关的更广泛经济因素以及中止减让或其它义务的更广泛经济后果。DSU 第 22.3 条还规定,所有货物是一个部门;对于服务,部门是指《服务部门分类清单》所指的 11 个主要部门;对于知识产权,部门是指 TRIPS 协定第二部分第 1-7 节所涵盖的某类知识产权,或指

---

① DSU 第 22.3 条(a)项。
② DSU 第 22.3 条(b)项。
③ DSU 第 22.3 条(d)项。

第三部分或第四部分下的义务。所谓协定,是指货物贸易多边协定(包括诸边贸易协定,只要有关争端方是这些协定的参加方)、GATS 和 TRIPS 协定。

交叉报复条款最初由工业国家提出,允许它们在 GATT 下实施贸易报复,以制裁 TRIPS 或 GATS 违反。交叉报复条款通过时遭到了发展中国家的强烈反对。① 但"厄欧香蕉案"报复裁决实践表明了发达国家始料不及的情势:厄瓜多尔请求终止 GATS 和 TRIPS 义务,作为对欧共体不实施 DSB 建议和裁决的报复。因此,交叉报复是一把双刃剑,在增加发达国家便利的同时,也为发展中国家提供了有力的报复武器。交叉报复可被视为某种类型的特殊和差别待遇条款,因为它允许发展中国家在更有能力实施报复的部门(例如知识产权)交叉报复。② 发达国家与发展中国家之间的实力不对等现状以及 WTO 当前实践似乎支持这一看法。

二、WTO 交叉报复的法律实践

如前所述,投诉方原则上应在已被裁定违反的相同部门实施报复,只有满足一定条件才能实施交叉报复。交叉报复是"一项例外,不能成为一项规则"。③ 截至目前,发展中国家共在三个案件中请求并获得了交叉报复授权。

---

① See, Robert E. Hudec, *The Adequacy of WTO Dispute Settlement Remedies*, in Bernard Hoekman, Aaditya Mattoo and Philip English, *Development, Trade and the WTO*, Washington, D. C. , World Bank, 2002, p. 89.

② Virachai Plasai, *Compliance and Remedies against Non-Compliance under the WTO System: towards a More Balanced Regime for All Members*, ICTSD, Issue Pager No. 3, June 2007, p. 44.

③ See, *EC—Bananas (Article 22. 6-US)*, para 3. 7.

（一）"厄欧香蕉案"

在"厄欧香蕉案"中，厄瓜多尔请求根据 GATS 和 TRIPS 进行报复。厄瓜多尔认为，贸易报复"既不可行，也没有效果"：与对工业国家被诉方的伤害相比，贸易报复更多伤害了发展中国家；贸易报复太小，不能对工业国家产生任何有意义的伤害。仲裁小组首先解释了"可行的"一词。该词被解释为包括报复是否伤害了发展中国家本身的这一因素。仲裁小组裁定，增加了工业投入品成本的报复不是可行的，但增加了消费品价格的报复是可行的。仲裁小组接着解释了"效果"一词，认为"效果"标准包括报复是否会对被诉国产生有意义的政治影响这一问题。仲裁小组最后裁决厄瓜多尔可以实施交叉报复，但首先须对最终消费品实施贸易报复。厄瓜多尔后来获得了 DSB 报复授权，但是，由于厄瓜多尔与欧共体达成了一项安排，厄瓜多尔没有实施该报复授权。

（二）"美国赌博案"

在"美国赌博案"中，美国违反了 GATS 有关条款。投诉方安提瓜只请求了 TRIPS 报复。仲裁小组支持了安提瓜的 TRIPS 报复请求，裁定安提瓜可只中止 TRIPS 协定项下的义务，报复数额为 2100 万美元。仲裁报告发布后，安提瓜没有根据 DSU 第 22.7 条再次请求 DSB 授权报复。但是，一家安提瓜公司（Zookz）主张，根据 WTO 报复裁决，自己被允许侵犯美国的知识产权权利。该公司据此设立了提供音乐和电影下载服务的网站，以非常低的价格提供这些服务。Zookz 公司在主页上声称，Zookz 依据安提瓜与美国之间的报复裁决相关内容进行经营，并且是唯一的能够合法向其会员提供数字娱乐的网站。

（三）"美国陆地棉案"

"美国陆地棉案"专家组、遵守专家组和上诉机构的两次报告不仅裁定美国违反了可诉补贴规则,也裁定美国违反了禁止性补贴规则。巴西分别针对美国的禁止性补贴和可诉补贴提出了报复请求,数额为 30 亿美元(WT/DS267/21)和 10.37亿美元(WT/DS267/26)。巴西提出拟中止 GATT1994、GATS和 TRIPS 协定下的义务。仲裁小组也分别针对美国的禁止性补贴和可诉补贴作出了单独的报复裁决,裁决的报复数额分别为 1.474 亿美元(针对 2006 年,WT/DS267/ARB/1)和 1.473亿美元(WT/DS267/ARB/2)。关于交叉报复,仲裁小组裁定,巴西只能在报复数额超过门槛数额时才能采取交叉报复措施。2009 年 11 月 9 日,DSB 授权巴西可对美国进行报复。在巴西报复特别是 TRIPS 报复的威胁下,美国与巴西达成了一项协议。

特别值得一提的是,为了使知识产权报复具备国内合法性和可操作性,为了增强知识产权报复威胁的可信度,巴西专门制定了关于 DSB 授权后国内实施知识产权报复的程序。

三、关于交叉报复的主要判例法

（一）交叉报复请求的具体性问题

在"厄欧香蕉案"报复仲裁中,厄瓜多尔在其报复请求中陈述到,它"保留有在 GATT1994 框架下中止减让或其它义务的权利,只要这些中止可以可行和有效的方式适用。"仲裁小组认为厄瓜多尔的中止权利保留请求不够具体,不符合第 22 条中的正当程序要求,并因此将其权限范围解释为仅仅涵盖那些与 WTO 协定具体部门有关的请求。仲裁小组特别指出,厄瓜多尔的中止权利保留请求与其跨部门或跨协定报复请求之间存在"某种程度的不一致性",因为该请求首先意味着,相同部门内的中止是可行和有效的。① 仲裁小组的解释大大限制了厄瓜多尔实施报复时的灵活性。随着厄瓜多尔国内条件的变化,以前不可行和无效的相同部门报复可能会变得可行和有效,从而导致厄瓜多尔有条件实施相同部门报复。

(二)跨部门交叉报复的条件

根据 DSU 第 22.3 条,跨部门交叉报复需要满足"可行性"和"有效性"标准。"厄欧香蕉案"仲裁小组详细分析了"可行性"和"有效性"标准的含义。第一,审查替代性中止的"可行性"涉及该替代选择是否可资实际利用的问题,以及特定案件中是否适合使用的问题。第二,"有效性"标准旨在赋予投诉方下列权力:确保中止的影响很强且具有预期效果,即促使被诉方在合理期限内遵守 DSB 裁决。第三,投诉方考虑相同部门或相同协定内替代性中止的可行性和有效性无须导致以下结论:该替代性中止既不可行也不有效,换言之,满足其中一个标准即可。第四,这些标准应当结合 DSU 第 22.3 条 d 项(i)和(ii)中的因素加以理解。② 根据"厄欧香蕉案"和"美国赌博案"报复裁决,第 22.3 条 d 项要求投诉方考虑以下因素:第一,相关部门的所有贸易以及该贸易对投诉方的重要性;第二,与投诉方利益丧失或减损有关的"更广泛经济因素";第三,报复对被诉方和投诉方的"更广泛经济后果"。第 22.3 条 d 项对投诉方施加了义务仅限于考虑有关因素,没有提出更进一步的要求。这意味着,投诉方只需对这些因素进行形式主

---

① See, *EC—Bananas*(*Article22. 6–Ecuador*), para. 29.
② See, *EC—Bananas*(*Article22. 6–Ecuador*), paras. 70–79.

义的审查,而不需要得出某种具体结论。但从善意的角度看,投诉方的审查应当得出进一步支持而不是反对交叉报复的结论或理由。因此,可以认为该项对投诉方施加了合理推理或说明的义务。

(三)跨协定交叉报复的条件

关于适用跨协定交叉报复,"美国赌博案"仲裁小组认为应当满足两项累积性要求:第一,投诉方认为就相同协定的其他部门中止减让或其它义务不可行或无效;第二,投诉方认为情势"足够严重"。此外,投诉方也必须考虑 DSU 第 22.3 条(d)项中列举的各种因素。① 关于如何理解"情势足够严重",第 22.3(c)条文本没有提供任何明确指导。仲裁小组通常参照第 22.3 条(d)项中的因素来评估情势是否足够严重。"厄欧香蕉案"仲裁小组认为,争端方之间有利于被诉方的不对等性可被用来支持情势足够严重的主张。通过适用第 22.3 条(d)项,该案仲裁小组给予 WTO 不符措施影响的贸易比例以及这类贸易对于请求方的重要性特别注意。在该案中,请求方是一个发展中国家,并且相比被诉成员,这类贸易对于请求方而言更为重要。与"厄欧香蕉案"第 22.6 条仲裁小组一样,"美国赌博案"仲裁小组认为,根据(d)项应当考虑的因素可以提供某些上下文指导。因此,在确定情势"足够严重"背景下,相关贸易及其对投诉方的重要性、与投诉方有关的更广泛经济因素以及拟议中止对争端方的更广泛经济后果可能是相关的。此外,仲裁小组认为,与"情势"有关的决定的这一方面必然要逐案进行评估,相关情势可能因案件不同而不同。无论如何,这些情势应该"足够严重",只有当情势达到了某种程度或水平的重要性

---

① See, *US—Gambling*(*Article 22.6*), paras. 4.69–4.70.

时,才能认为它们是"足够严重的"。①

四、增强交叉报复的可能性

关于交叉报复,WTO 各成员持有不同观点。例如,墨西哥建议消除交叉报复制度。印度则建议,如果投诉方是发展中国家并且被诉方是发达国家,应使交叉报复更易使用。② 有学者认为,交叉报复是一种有用的针对不遵守的救济,应予维持。WTO 各成员有着各不相同的货物和服务贸易方式,因此,一成员在相同部门或相同协定内进行报复并不总是可行。但是,"欧共体香蕉案"仲裁小组适用第 22.3 条的方式可能导致交叉报复更难使用。例如,通过保留中止 GATT1994 项下减让或其它义务的权利,厄瓜多尔被裁定制造了"某种程度的与其跨协定报复请求的不一致性"。仲裁小组裁定,如果允许厄瓜多尔的保留,将首先意味着相同部门内的中止是可行和有效的。此外,仲裁小组是否有必要通过联系(c)项中的"情势足够严重"与(d)项中的"这类贸易的重要性"和"更广泛经济后果"来解释(c)项是有疑问的。(c)项下的跨协定中止以及(a)项和(b)项下的相同部门或跨部门中止都必须考虑后两个因素,但"情势足够严重"这一条件仅仅适用于(c)项。鉴于交叉报复可使小经济体成员克服报复实施方面的可信性问题,应使交叉报复更易使用。③ "厄欧香蕉案"仲裁小组注意到,在中

---

① See, *US—Gambling*(*Article 22. 6*),paras. 4. 107-4. 108.

② See, Virachai Plasai, *Compliance and Remedies against Non-Compliance under the WTO System:towards a More Balanced Regime for All Members*, ICTSD, Issue Pager No. 3, June 2007, p. 35.

③ See, Virachai Plasai, *Compliance and Remedies against Non-Compliance under the WTO System:towards a More Balanced Regime for All Members*, ICTSD, Issue Pager No. 3, June 2007, pp. 36-37.

止减让或其它义务背景下,如果在相同部门或相同涵盖协定内针对丧失和减损的总额实施 DSB 授权的中止并不现实或者不可行,某些成员可能会面临困难。在此种情况下,允许相同部门内的中止仅仅包括一部分丧失和减损、丧失或减损的剩余数额成为另一部门或另一涵盖协定项下报复的对象是有用的。该案仲裁小组提到了这一解决办法,但它们似乎认为,目前的 DSU 文本并不允许这类解决办法。因此,为了在这方面增强交叉报复的可能性,可能需要修改 DSB 文本。①

有学者认为,交叉报复可以成为小经济体成员增加执行力量的工具。当实施 DSB 授权的报复时,发展中国家特别需要有能力产生可信威胁。增强发展中国家执行力量的一种途径是,对于发展中国家放松授予交叉报复的条件。例如,当发展中国家投诉方胜诉时,该发展中国家应能够无须满足第 22.3 条规定的条件就能获得跨部门和跨协定报复授权。第 22.6 条仲裁小组应推定发展中国家在报复背景下面临困难,由它们在相同部门或相同协定内针对丧失或减损水平总额实施 DSB 授权的报复不可行或无效。发展中国家也应被豁免第 22.3 条(c)项的"情势足够严重"要求。作为一项规则,应允许发展中国家在情势许可时针对丧失或减损的一部分在相同部门或相同协定内实施报复,同时,丧失或减损的剩余部分成为跨部门或跨协定中止的对象。②

---

① See, Virachai Plasai, *Compliance and Remedies against Non-Compliance under the WTO System: towards a More Balanced Regime for All Members*, ICTSD, Issue Pager No. 3, June 2007, p. 37.

② See, Virachai Plasai, *Compliance and Remedies against Non-Compliance under the WTO System: towards a More Balanced Regime for All Members*, ICTSD, Issue Pager No. 3, June 2007, p. 45.

不应高估交叉报复对于发展中国家的意义。很难将交叉报复授权转化为促使被诉方遵守的有效压力。"欧共体香蕉案"和"美国赌博案"都是极好的例子。尽管厄瓜多尔获得了报复授权,但厄瓜多尔从未实际实施报复。安提瓜甚至在报复裁决作出之后没有寻求获得 DSB 报复授权。然而,知识产权交叉报复威胁在促进被诉方遵守 DSB 建议和裁决方面似乎已经发挥了巨大作用。在"欧共体香蕉案"中,欧共体在 DSB 授权报复后与厄瓜多尔达成了协议;在"美国陆地棉案"中,在巴西报复(尤其是知识产权交叉报复)的威胁下,美国与巴西达成了一项补偿安排。

五、"2008 年主席案文"关于交叉报复制度的改革建议

"2003 年主席案文"没有触及 DSU 交叉报复制度的改革问题。"2008 年主席案文"补充了第 22.3 条之二,规定了发展中国家的特殊和差别待遇:"尽管有第 3 款之规定,在发展中国家成员与发达国家成员之间的争端中,发展中国家成员应有权寻求中止任何协定项下任何部门中的减让或其他义务授权。"因此,"2008 年主席案文"试图豁免发展中国家在采取报复措施时遵守交叉报复要求的义务。鉴于知识产权报复对于发达国家的强大震慑作用,该条款将会导致一种更为平衡的多边贸易体制,是发展中国家成员必须坚持纳入最终文本的一个关键条款。

第六章　WTO 报复制度(二)

第一节　WTO 报复仲裁中的若干程序性法律问题

WTO 报复仲裁程序与普通诉讼程序的最大不同在于,该程序的最终目的不是裁决谁败诉,而是要获得一个合理报复数额。这一特征导致报复仲裁程序中的一些程序性法律问题具有特殊性。另一方面,DSU 条款没有处理报复仲裁程序中出现的一些具体问题,例如举证责任、第三方权利等等。这些问题都由仲裁小组在实践中予以解决。

一、报复仲裁程序的概念和特征

WTO 报复仲裁程序是指,在被诉方对投诉方的报复请求存在异议的情况下,被诉方根据 DSU 第 22.6 条发起的由仲裁小组确定该报复水平是否等同于投诉方利益丧失或减损水平以及报复请求是否满足了交叉报复要求的程序。该程序具有如下特征:

第一,WTO 报复仲裁程序主要审查投诉方报复请求是否符合 DSU 的有关要求,包括两个方面:报复水平的等同性以及报复请求是否遵守了交叉报复要求。

第二,一裁终局,当事方无上诉权。裁决一经发布即可生效,无须 DSB 通过。

第三,尽管 DSU 规定仲裁人可由原专家组构成仲裁小组或总干事指派仲裁员,但实践表明,除少数更换外①,所有报复仲裁均由原专家组成员组成仲裁小组。DSU 第 22 条第 6 款和第 7 款脚注均将"仲裁人"(arbitrator)解释为一个人或一个小组。② 但从 DSU 第 22.7 条脚注用语③来看,由原专家组成员充任仲裁人似乎是受到偏好的选择。由原专家组成员担任仲裁员可加速裁决,因为他们更熟悉案情。不利之处在于他们可能仍然沿袭了专家组阶段(以及遵守复审阶段)中的可能错误。第 22.6 条程序中由原专家组担任仲裁员的做法与第 21.3 条仲裁程序中由现任或卸任上诉机构成员担任仲裁员的做法形成了强烈对比。总体而言,合理期限仲裁裁决质量要高于报复仲裁裁决质量。鉴于由原专家组担任仲裁员可能出现错误,可以有两种选择:第一,改变由原专家组担任仲裁员的做法,由现任或卸任上诉机构成员担任仲裁员;第二,设置上诉审查程序。④

第四,报复仲裁程序的最终目标不是裁决哪一方败诉,而是要获得一个合理报复数额。这一特征导致报复仲裁程序中的一些程

---

① "巴西飞机案"、"加拿大飞机案"、"欧共体香蕉案"、"欧共体荷尔蒙案"、"美国外国销售公司案"和"美国伯德修正案"由原专家组成员担任仲裁员。在"美国 1916 年法案"中,由原专家组更换一名人员后组成了仲裁小组。在"美国陆地棉案"中,只有一名原专家组成员参与了第 22.6 条报复仲裁。在裁决丧失或减损水平的"美国版权法案"中,一名原专家组成员担任了仲裁员。

② 在第 22.6 条仲裁报告中,大写头字母 A 的"Arbitrator"指仲裁小组,而"arbitrator"指单个仲裁员。

③ DSU 第 22.7 条脚注规定:"仲裁人"一词应解释为一个人或一个小组,或者指以仲裁员身份提供服务的原专家组成员。

④ 墨西哥建议专家组在中期审议后应争端方请求确定丧失或减损水平,并且关于丧失或减损水平的裁决可由争端方提起上诉。See,TN/DS/W/40.

序性法律问题具有特殊性。

二、报复请求的具体性标准

第 22.2 条下的中止减让或其它义务请求与第 22.6 条下的提交仲裁请求服务于与 DSU 第 6.2 条设立专家组的请求类似的正当程序目标。因此,DSU 第 6.2 条下的正当程序标准对于第 22.2 条和第 22.6 条请求都是相关的。具体而言,一项第 22.2 条请求至少应当列明中止的具体水平和中止针对的协议和部门。中止请求的产品范围、中止的类型和程度越精确越好。然而,仲裁小组允许投诉方列明宽泛的报复产品清单。

仲裁小组已经裁定,关于丧失或减损额外数额的迟延补充请求和主张与第 22.2 条请求的最低限度具体性要求不符,因为它们不是 DSB 早先提交仲裁的事项的一部分。但这并不妨碍争端方后来在仲裁程序中提交关于计算方法的文件。请求方仅仅陈述自己"保留中止涵盖协定项下减让的权利"但却没有任何其它精确信息也不能满足请求的具体性要求。

根据第 22.2 条寻求中止减让的投诉方不需要精确表明自己寻求授权中止的具体义务,请求方仅仅指明寻求授权的涵盖协定就足够了,投诉方也没有必要在请求中列明数字或货币数额。例如,在"美国 1916 年法案"中,欧共体请求授权采取"镜像立法",即针对美国进口采取与 1916 年法类似的规章或立法。在"美国伯德修正案"中,欧共体请求的报复数额基于美国每年根据伯德修正案支付给国内生产商的抵偿支付。这两个请求都被视为足以满足第 22.2 条的具体性标准。

三、第 22.6 条仲裁小组的职责

根据 DSU 第 22.7 条,仲裁小组的职责包括:(i)确定请求的中止减让或其它义务水平是否等同于丧失或减损水平;(ii)确定跨部门和/或跨协议中止减让或其它义务是否遵循了 DSU 第 22.3 条中的原则或程序。从第 22.6 条仲裁实践来看,仲裁小组的主要任务包括以下三个方面:第一,确定拟议报复水平是否等同于利益丧失或减损水平;第二,如果不等同,仲裁小组需要确定利益丧失或减损水平;第三,跨部门或跨协定交叉报复请求是否符合 DSU 第 22.3 条中的原则和程序。此外,根据 DSU 第 22.7 条,仲裁小组不应审查拟中止减让或其他义务的性质。

在禁止性补贴案件中,仲裁小组的职责基本与此类似:第一,确定投诉方提出的反措施水平是否适当;第二,如果不适当,则应当确定适当的反措施数额;第三,确定投诉方提出的反措施是否遵循了交叉报复的条件。

如果投诉方根据 DSU 第 22 条和 SCM 协定都提出了报复请求,那么仲裁小组的权限就包括一般性案件中的权限和禁止性补贴案件中的权限。然而,鉴于根据 SCM 协定第 4.10 条通常可以授予较大数额的报复请求,仲裁小组一般会先根据 SCM 协定第 4.10 条进行审查。如果认为投诉方提出的反措施不适当,则继续根据 DSU 第 22.4 条进行审查,以确定报复数额的适当性或等同性。①

---

① 在“美国外国销售公司案”中,美国措施不仅违反了 SCM 协定,也违反了 GATT1994 或农业协定。欧共体的反措施授权请求(40.43 亿美元)基于 SCM 协定和 DSU。如果仲裁小组判定,根据 SCM 协定第 4.11 条的适当补偿数额低于请求的数额,欧共体认为仲裁小组有必要考虑根据 DSU 第 22.7 条是否需要授予额外数量的中止减让,特别是就 GATT1994 第 3 条第 4 款违反而言。美国认为,欧共体

四、WTO 报复仲裁程序中的举证责任

鉴于确立反事实假设的困难以及所涉及的复杂经济问题,举证责任问题十分重要。由于 DSU 中并不存在关于举证责任的条款,举证责任判例法由 WTO 裁决机构在实践中予以发展。秉承 WTO 裁决机构的一般做法,在第 22.6 条仲裁实践中,举证责任原则上由第 22.6 条程序的发起方(也就是被诉方)承担。但投诉方也承担了一定的责任。根据报复仲裁实践,仲裁小组遵循了如下几条规则:

第一,举证责任原则上由被诉方承担。一旦被诉方举出足以提出表面案件的证据和主张,举证责任就转移到投诉方。如果投诉方不能举出足够的证据和主张反驳该推定,投诉方就会败诉。如果所有主张仍然相持不下,负有最初举证责任的一方(即被诉方)就会败诉。

第二,声称特定事实的一方需要证明该事实的存在。

第三,所有当事方都有义务作成证据,并在向仲裁小组提交证据方面进行合作。该义务不同于举证责任,但在报复仲裁程序中至关重要。该义务解释了仲裁小组为什么要求投诉方解释其报复请求以及提交"方法文件"描述如何得到了所请求的报复水平,即

请求的中止减让数额不符合 SCM 协定第 4.10 条,因为建议的反措施在该条款意义上不是"适当的",中止减让数额也不符合 DSU 第 22.4 条,因为它没有"等同于丧失或减损水平"。仲裁小组决定首先审查欧共体提出的反措施在 SCM 协定第 4.10 条意义上是否是适当的。如果必要,仲裁小组将会继续审查欧共体请求的中止减让水平是否符合 DSU 第 22.4 条。鉴于仲裁小组裁决欧共体提出的反措施水平在 SCM 协定第 4.10 条意义上是适当的,仲裁小组认为不需要处理针对 GATT1994 第 3 条第 4 款违反中止减让或其它义务的问题。See, *US—FSC(Article 22.6)*, paras. 2.4– 2.6, 7.1.

使被诉方承担最初举证责任。此外,对于一方单独掌握的必要信息,根据该义务,该方应提交这些必要信息,以帮助仲裁小组履行职责。①

第四,当争端方的中止等同水平评估都不适当时,仲裁小组不得不作出自己的评估。

上述规则不仅适用于报复水平的确定,而且也适用于交叉报复请求。禁止性补贴案件中的举证责任规则与此基本类似,基本要求是由被诉方证明投诉方提出的反措施是不"适当的"。

五、WTO 报复仲裁程序中的第三方权利问题

DSU 中没有任何具体条款处理报复仲裁程序中的第三方权利问题。从实践来看,仲裁小组在个案基础上考虑有关因素后基于所享有的裁量权决定是否赋予相关 WTO 成员第三方权利。仲裁小组考虑的因素主要有:争端方的观点、相关报复仲裁程序对请求方权利的影响、允许第三方参与对争端方权利的影响。总体来看,如果争端方表示反对,仲裁小组似乎倾向于拒绝给予第三方权利。

在"美欧香蕉案"报复仲裁中,仲裁小组拒绝了厄瓜多尔的第三方权利请求,但仅仅陈述到,厄瓜多尔的权利不会受到影响。②在"欧共体荷尔蒙案"中,美国和加拿大均请求成为对方为投诉方的报复仲裁程序中的第三方。仲裁小组接受了美国和加拿大的请求。仲裁小组认为:第一,仲裁小组享有根据正当程序原则对 DSU 尚未处理的程序事项作出决定的裁量权,而 DSU 并未处理报

---

① See, *Canada—Aircraft* (*Article 22. 6*), para. 2. 8.

② See, *EC—Bananas* (*Article 22. 6 –US*), para. 2. 8.

复仲裁程序中的第三方参与问题;第二,美国和加拿大的权利在两个仲裁程序中可能受到影响;第三,欧共体并未表明,第三方参与如何能够侵害其权利。欧共体也没有提出任何具体主张表明,第三方权利将会实质性损害欧共体的利益或正当程序权利。[1] 在"巴西飞机案"中,已经作为第三方参与了该案第 21.5 条程序的澳大利亚请求成为本案报复仲裁程序的第三方,该案仲裁小组拒绝了澳大利亚的这一请求。仲裁小组考虑了争端方表达的观点以及 DSU 并未处理第 22 条下的第三方地位问题,并且认为,本程序不会影响澳大利亚的权利。仲裁小组认为本案不同于"欧共体香蕉案"和"欧共体荷尔蒙案"报复仲裁。就争议出口融资计划而言,澳大利亚从未发起针对巴西的争端解决程序。此外,澳大利亚从未使仲裁小组注意到可能会受到本裁决影响的、澳大利亚在 WTO 协定下的任何利益或任何权利。[2] 在"美国赌博案"报复仲裁中,欧共体请求成为该程序的第三方,仲裁小组拒绝了欧共体的请求。仲裁小组首先注意到,与专家组一样,第 22.6 条仲裁小组"通常享有根据正当程序原则处理特定案件中产生的、但尚未被明确管理的具体情势。"同时,仲裁小组认为,在此种情况下,仲裁小组应当特别注意争端方的观点。在本案中,关于是否应该接受欧共体,争端方间并不存在合意。仲裁小组认为应当给予这一考虑适当的权衡。其次,在以前的第 22.6 条仲裁中,仲裁小组仅仅授予了一次第三方权利。在"欧共体荷尔蒙案"中,在投诉方分别为美国和加拿大的第 22.6 条仲裁中,加拿大和美国均被授予了第

---

[1]　See, *EC—Hormones* (*Article 22.6 – US*), para. 7; *EC—Hormones* (*Article 22.6 – Canada*), para. 7.

[2]　See, *Brazil—Aircraft* (*Article 22.6*), paras. 2.4–2.6.

三方地位。仲裁小组认为该案情势非常特殊。最后,欧共体主张,它在这些程序中的实质性利益基于以下事实:该仲裁可能影响欧共体在 GATS 第 21.1(b)条程序中的利益,该程序与美国"其他娱乐服务"具体承诺的修改有关。仲裁小组认为,其权限由第 22.7 条界定,第 22.7 条决定不会不利影响欧共体在另一程序中的权利。①

由于仲裁小组不太情愿给予其他 WTO 成员第 22.6 条仲裁程序中的第三方地位,日本在"美欧归零法案"报复仲裁中采取了新的策略:日本向 DSB 而不是仲裁小组请求作为第三方参与该案的第 22.6 条仲裁程序。② 美国对此提出了反对。美国认为,日本从未向仲裁小组请求作为第三方参与仲裁。因此,仲裁小组未被要求采取任何行动,仲裁小组也没有理由对日本的文件作出回应。美国注意到,在过去的仲裁中,寻求作为第三方参与仲裁程序的 WTO 成员直接向仲裁小组提出请求。例如,厄瓜多尔在"美欧香蕉案"、欧共体在"美国赌博案"中采取了这一方法。日本肯定注意到这些过去的事件,但日本选择不遵循该方法,而是致函 DSB 主席。欧盟提到 DSU 第 10 条寻求解释日本的做法。但美国认为日本并未提到该条款,实际上日本也没有提到过任何 DSU 条款。此外,欧盟依赖第 10 条也是不正确的。首先,这与第 10 条的文本相矛盾。第 10 条并不适用于第 22.6 条仲裁。第 10 条只提到专家组程序,从未提到第 22.6 条仲裁,更不用说在这类程序中授予第三方权利。第 22.6 条仲裁明显不是专家组程序。同样明显的

---

① See, *US—Gambling* (*Article 22.6*) , paras. 2. 30–2. 31.

② 在本案中,日本于 2010 年 2 月 26 日向 DSB 主席致信说,日本"对于仲裁中的事项具有实质利益",日本"希望作为第三方参与仲裁"。

是,DSB 从未设立第 22.6 条仲裁小组,也没有通过仲裁小组的裁决。因此,第 10 条并不适用于第 22.6 条仲裁。其次,没有任何WTO 成员曾经主张,存在作为第三方参与第 22.6 条仲裁的任何DSU 权利。欧盟此前的立场是,仲裁小组具有允许第三方参与仲裁的裁量权,而非 DSU 授予了这类权利。例如,在欧共体请求加入"美国赌博案"仲裁的请求中,欧共体承认 DSU 中缺乏关于第22 条中第三方地位的条款,并要求仲裁小组根据裁量权"授予欧共体第三方地位"。这一历史确认了前面的文本分析。最后,当DSU 允许 WTO 成员第三方权利时,DSU 包含了明确的条款。这就是分别适用于专家组和上诉机构程序的第 10.2 条和第 17.4条。相反,DSU 第 22.6 条没有包含关于第三方参与的任何条款。美国得出结论,日本向 DSB 致函并未将第三方参与仲裁问题提交给仲裁小组。DSU 第 10 条也没有规定参与第 22.6 条仲裁的任何权利。因此,仲裁小组没有任何理由修改《工作程序》以允许日本作为第三方参与本案仲裁。①

　　DSU 第 22 条缺乏关于第三方地位的条款,这导致不同仲裁小组以不同方式处理仲裁程序中的第三方权利问题。案例法表明,为了获得第三方地位,请求方必须证明自己的权利受到了影响。然而,WTO 成员仍然无法知晓后来的仲裁小组将会根据何种标准以及如何确定请求方的权利是否受到了影响。鉴于解释方面的上述模糊性,第 22.6 条程序中的第三方权利问题需要加以澄清。如

---

　　① See, United States - Laws, Regulations and Methodology for Calculating Dumping Margins ("Zeroing"); Arbitration under Article 22.6 of the DSU (WT/DS294), Comments by the United States on Japan's Communication to the Dispute Settlement Body March 11,2010.

果第 22.6 条规定了第三方权利,第三方将有机会对计算丧失或减损水平的原则、法律问题和方法作出评论。在多方投诉案件中,第22.6 条程序中的每一投诉方都会面临类似的事实情况。如果不知道每一其他程序如何进行,共同投诉方可能处于不利地位,因为每一案件中的相同被诉方有机会接触每一第 22.6 条程序中的必要信息,而每一投诉方仅仅了解与自己有关的程序。例如,"厄欧香蕉案"报复仲裁中的欧共体似乎根据美国提出的方法评估了厄瓜多尔提出的方法。这对于厄瓜多尔是不公平的,因为厄瓜多尔不是"美欧香蕉案"报复仲裁中的第三方,无法接触美国提交的方法文件。如果没有关于第三方权利明确范围的条款,第 22.6 条实践可能进一步变化。在"美国伯德修正案"报复仲裁中,仲裁小组在其裁决中甚至没有讨论第三方权利问题。仲裁小组报告说,仲裁小组举行了一个共同的、适用于所有投诉方的实体听证会,所有出席的当事方都可以对每一其他当事方的回答作出评论。仲裁小组给予所有投诉方单个决定,这些决定的实质内容本质上是相同的。①

在报复仲裁程序扩展第三方权利可以促进发展中国家的能力建设。大多数发展中国家缺乏关于第 22.6 条仲裁的知识和经验,因为它们几乎没有参与这类程序,但这类程序解释了关于报复的DSU 条款,形成了相关判例法。关于第 22.6 条仲裁能力建设的一种途径是向发展中国家提供通过作为第三方参与报复裁决程序获得信息以及亲身经历的机会。第三方权利可以依赖于以下条件:

---

① See, Virachai Plasai, *Compliance and Remedies against Non-Compliance under the WTO System: towards a More Balanced Regime for All Members*, ICTSD, Issue Pager No. 3, June 2007, pp. 39—40.

相关方必须从一开始就作为原第三方参与案件,或者是共同投诉方。第三方应有机会获得争端方提交的书面文件,应能够参加实质性会议并有机会表达自己的观点。当发展中国家是多方投诉案件中的胜诉投诉方时,第三方地位可能特别有用。作为第三方,相关发展中国家至少能够知晓其他共同投诉方的第 22.6 条仲裁程序进行到何种程度。对于可能影响自己利益的事项,它们能够作出评论,交换观点。这有助于相关发展中国家更好地管理并积极参与自己的第 22.6 条程序。① 笔者支持在 DSU 第 22 条中引入关于第三方地位的条款。遗憾的是,两份主席案文都没有涉及报复仲裁程序中的第三方权利问题。

六、两份主席案文关于 WTO 报复仲裁程序的改革建议

（一）DSU 现有规定

DSU 第 22.6 条规定:"……然而,如果相关成员反对拟议中止水平,或者,在投诉方根据第 3(b)或(c)款请求授权中止减让或其他义务的情况下,相关成员主张没有遵循第 3 款所列原则和程序,则该事项应提交仲裁。此类仲裁如能请到原来的专家组成员,则应由该专家组解决,或者由总干事任命的仲裁员解决,并且这类仲裁应在该合理期限结束后 60 天内完成。仲裁过程中不得中止减让或其他义务。"根据该条款注释,"仲裁员"是指一个人或一个小组。

（二）"2003 年主席案文"

根据"2003 年主席案文"第 22.6 条(b)项及其注释,应由原

---

① See, Virachai Plasai, *Compliance and Remedies against Non-Compliance under the WTO System: towards a More Balanced Regime for All Members*, ICTSD, Issue Pager No. 3, June 2007, p. 42.

专家组进行报复仲裁。如果原专家组任何成员无法提供服务并且争端方对于替代成员无法达成协议,经任何一方请求,在与仲裁双方磋商后,总干事应在该事项提交仲裁后 7 天内指派一名替代成员。仲裁员应在事项提交仲裁后 60 天内发布仲裁裁决。然而,如果针对相同措施进行了第 22.1 条之二仲裁程序(即较早确定丧失或减损水平的仲裁),仲裁裁决应在事项提交仲裁后 30 天内发布仲裁裁决。仲裁过程中投诉方不得中止减让或其它义务。

(三)"2008 年主席案文"

根据"2008 年主席案文"第 22.6 条(b)项,应由原专家组进行报复仲裁。如果原专家组任何成员无法提供服务,除非争端双方另行议定,则应由总干事在与争端方磋商后指派一名替代成员。仲裁应在仲裁员指派后 60 天内完成。投诉方在仲裁过程中不得中止减让或其它义务。

"2008 年主席案文"试图在报复仲裁程序中引入上诉程序。根据案文第 22.7 条,仲裁员发布仲裁裁决后 30 天内,争端任何一方可以对裁决中包含的任何法律问题以及仲裁员所作的法律解释提起上诉。第 17 条第 1 款、第 5 款、第 10—14 款经适当修改后应当适用于这类上诉。如果上诉机构推翻或修改了仲裁员的法律裁决,仲裁员应立即继续自己的工作,重新审查其裁决,以确保仲裁裁决与上诉机构的任何裁定和结论相符。对于上诉机构裁定和结论对仲裁裁决的影响,经请求,仲裁员应给予争端方提交书面和口头陈述的机会。

(四)比较与评析

两份主席案文根据现有实践,明确规定只能由原专家组进行仲裁,删除了由总干事指派独任仲裁员进行报复仲裁这一情况。

两份主席案文改善了报复仲裁时限制度,旨在保证仲裁小组有足够时间进行仲裁。根据 DSU 现有文本,仲裁人应在合理期限结束后 60 天内完成仲裁。由于投诉方仅能在合理期限结束之日起 20 天后请求报复,加上被诉方的反对以及 DSB 将报复事项提交仲裁等需要一段时间,仲裁小组实际进行仲裁的时间大大短于 40 天。如果争端方就被诉方实施措施发生争议,那么合理期限结束后 60 天内完成仲裁几乎变得不可能。两份主席案文改善了这一状况。两份主席案文都规定,仲裁人应在仲裁事项提交仲裁后 60 天内发布裁决。不同的是,由于"2003 年主席案文"引入了较早确定丧失或减损水平的机制,其还规定,如果对相同措施已经进行第 22.1 条之二项下的仲裁程序(即进行了补偿仲裁),仲裁人应在仲裁事项提交仲裁后 30 天内发布裁决。[①]

就原专家组缺席情况下总干事指派仲裁员而言,"2003 年主席案文"允许争端方协议替代仲裁员,只有在协议选择不成功时,才由总干事指派。"2008 年主席案文"则直接规定由总干事指派替代仲裁员,不允许争端方协议选择仲裁员。但是,"2008 年主席案文"没有明确总干事派替代仲裁员的时限,稍显遗憾。

"2008 年主席案文"打算在报复仲裁程序中引入上诉审查程序。该问题以前没被讨论过,仍然需要进一步探讨。从报复仲裁实践来看,报复仲裁裁决的质量并不高,有关判例法也相当不一致。各成员可能意识到这一点,继而要求上诉机构介入进行一定的控制。报复仲裁程序中引入上诉阶段除导致时限延长外,还需要考虑一个法律问题:仲裁裁决何时生效?依据"2008 年主席案文",由于争端任何一方可在仲裁裁决发布后 30 天内就裁决中包含的法律问题提出上诉,仲裁裁决在发布后 30 天尚未生效。如果

---

① See, Paragraph 6(b) of article 22, *ibid*.

30 天已过而无上诉,则仲裁裁决生效。如果存在上诉,仲裁员根据上诉机构裁决作出的二次裁决应立即生效。

第二节　WTO 报复实施的若干法律问题

投诉方必须在获得 DSB 报复授权的情况下才能实施报复。除报复水平需与利益丧失或减损水平等同外,投诉方实施报复还需满足交叉报复要求。本节谈判 WTO 报复实施的若干法律问题。

一、WTO 报复授权程序若干法律问题

(一)投诉方发起报复授权程序的条件

DSU 第 22.6 条规定:"如果合理期限结束后 20 天内未能达成满意的补偿,援引争端解决程序的任何当事方都可以请求 DSB 授权针对相关成员中止适用涵盖协定项下的减让或其他义务。"为了解决次序问题,两份主席案文都对投诉方发起报复授权程序的条件作出了一些修改。

两份主席案文之规定基本相同。根据"2003 年主席案文",在以下三种情形下,投诉方可以选择请求补偿谈判,也可以直接请求 DSB 授权报复:(1)被诉方未能根据修改后的第 21.3 条向 DSB 通知它将实施 DSB 建议和裁决的意图;(2)被诉方未能根据修改后的第 21.6 条(c)项在规定时限内提交关于被诉方已经遵守的通知;(3)遵守专家组或上诉机构得出结论,被诉方未能实施 DSB 建议和裁决,并且 DSB 通过了遵守专家组或上诉机构报告。因此,"2003 年主席案文"改变了目前的强制补偿谈判程序,取而代之于选择性补偿谈判程序。但是,如果投诉方已经请求与被诉方进行

补偿谈判,则需要优先遵守补偿谈判规则。一旦投诉方发起补偿谈判程序,则在一定期限内不得发起报复程序。如果补偿谈判失败,投诉方可发起报复程序。此外,无论是请求补偿谈判,还是请求报复授权,如果争端方对于被诉方实施措施的存在性或一致性存有分歧,争端方应当首先诉诸遵守复审程序。这一要求很好地解决了次序问题。

"2008 年主席案文"规定:"在以下情况下,投诉方可以请求 DSB 授权对相关成员中止适用涵盖协定项下的减让或其他义务:(a)在第21.3 条第一句的时限内,相关成员并未通知 DSB 自己打算遵守 DSB 建议和裁决;(b)合理期限结束时相关成员并未通知 DSB,自己已经遵守了 DSB 建议和裁决,或者,在第21.3 条所指的 DSB 会议上,相关成员根据第21.3 条并不拥有一合理期限;(c)投诉方已经诉诸了第21.5 条程序,并且 DSB 裁定采取来遵守的措施并不存在或与涵盖协定不符,或者该成员仍未能遵守 DSB 建议和裁决。"

相比 2003 年 5 月 28 日案文,2008 年 7 月 18 日案文增加了一种情形:被诉方根据第21.3 条并不拥有一合理期限。但该规定实际意义不大,因为每一个被诉方总会要求一合理期限,并且总会获得一合理期限。此外,相关成员未在规定时限内通知实施意图的情况也几乎不会发生。

(二)DSB 报复授权程序

投诉方获得 DSB 报复授权分为两种情况:第一,如果被诉方不反对投诉方提出的报复请求,则投诉方提出一次请求就可以获得 DSB 的报复授权;第二,如果被诉方反对投诉方提出的报复请求,则投诉方须在第 22.6 条报复仲裁报告发布后再次向 DSB 提出报复授权请求,并由 DSB 进行报复授权。从实践来看,第一种情况从未发生过。

　　根据 DSU 之规定,如果被诉方不反对投诉方提出的报复请求,DSB 应在合理期限结束后 30 天内给予投诉方报复授权,除非 DSB 协商一致拒绝投诉方的报复授权请求。DSB 得在例会上进行报复授权。这一报复授权程序存在以下不足之处:第一,如果存在第 21.5 条程序,则 DSB 肯定无法在 30 天给予投诉方报复授权。第二,与 DSB 会议制度存在着不协调之处。DSU 第 22.6 条要求 DSB 在合理期限结束后 30 天内授权报复,但 DSB 会期安排不一定会满足这一条件。

　　为了解决这两个问题,"2003 年主席案文"提出以下修改建议:第一,"2003 年主席案文"特别规定,DSB 应为报复授权之目的专门召开会议。具体规定为,经投诉方请求,应在提出请求后不迟于 15 天内为授权报复之目的召开一次 DSB 会议,除非投诉方请求可在更晚时候召开该会议。案文还规定,除非 DSB 通过了遵守报告,否则,DSB 不应考虑投诉方的报复授权请求。[①] 第二,"2003 年主席案文"改变了 DSB 授权报复的时限。"2003 年主席案文"规定,如果投诉方请求报复授权,除非 DSB 协商一致拒绝报复请求或者被诉方反对报复请求,DSB 应在投诉方请求第一次出现在 DSB 议程的会议上授权报复。如果投诉方为了授权报复而请求召开 DSB 建议,DSB 应在召开会议请求提出后 15 天内召开会议,并且 DSB 应至少提前 10 天发出会议通知。[②] "2008 年主席案文"

[①]　See, Paragraph 2 ter (b) of Article 22, Special session of the Dispute settlement body, *Report by the Chairman to the Trade Negotiations Committee*, TN/DS/9, 6 June 2003, p. 14.

[②]　See, Paragraph 6(a) of Article 22, Special session of the Dispute settlement body, *Report by the Chairman to the Trade Negotiations Committee*, TN/DS/9, 6 June 2003, p. 15.

删除了合理期限结束后 30 天内由 DSB 授权报复的规定,而是规定投诉方发起报复授权程序的条件成就以后,DSB 经请求应当授权中止减让或其它义务,除非 DSB 协商一致决定拒绝该请求或者被诉方反对投诉方提出的报复授权请求。但是,对于会期安排,"2008 年主席案文"没有做出明确规定。

　　报复裁决作出后,DSU 现有文本关于报复授权程序的规定十分模糊。DSU 第 22.7 条最后一句要求仲裁人迅速将报复裁决通知 DSB。经投诉方请求,并且该请求符合仲裁裁决,DSB 应当授权报复,除非 DSB 经协商一致决定拒绝该请求。"2003 年主席案文"详细规定了报复裁决作出后 DSB 授权报复的程序。根据案文第 22.7 条(b)项,报复裁决发布后,投诉方可在任何时候向 DSB 请求授权报复。投诉方应在报复请求中列明拟议报复的指示性清单。该清单无损投诉方确定最后可能中止的具体减让或其它义务的权利。如果报复请求符合报复裁决,DSB 应当授权报复,除非 DSB 经协商一致决定拒绝该请求。① "2008 年主席案文"未对第 22.7 条的这部分规定作出任何修改。

二、WTO 报复的追溯性问题

(一)追溯性报复概述

　　报复的追溯性是指,投诉方在实际实施报复时不仅可以考虑正在蒙受的丧失或减损,而且也可以考虑报复实施日之前特定时间内蒙受的丧失或减损,并在实际实施的报复额中包括这两部分丧失或减损。针对报复实施日之前特定期限内蒙受的丧失或减损而采取的报复具有追溯性质。追溯性报复概念的基本假设是,被

---

① See, Paragraph 7(b) of Article 22, *ibid.*

诉方应对特定时间内已经发生的不法行为承担责任。追溯性报复的实质是对已经发生的不法行为实施报复。它与前瞻性报复不同,后者针对正在发生的不法行为。追溯性报复可以促进被诉方迅速遵守,因为如果没有追溯性报复,被诉方可能会在特定时间段内懈怠遵守。

(二)报复追溯性的范围

报复追溯性的范围是指投诉方可以针对哪段时间内的不法行为实施报复。秉承 WTO 法的前瞻性救济精神,牢记合理期限的免费宽限期性质,投诉方对于合理期限结束之前蒙受的丧失或减损数额不得追溯性实施报复。但是,从合理期限结束到投诉方实际实施报复之日仍有很长一段时间(期间可能经历遵守复审程序、补偿谈判和报复请求、仲裁与授权程序等)。理论上讲,投诉方可对这段时间内蒙受的丧失或减损实施追溯性报复。

(三)追溯性报复的实施问题

根据现有报复水平仲裁实践,报复水平是指年度报复水平。DSU 要求年度报复水平应等同于投诉方的年度丧失或减损总额。现有 WTO 实践没有适用追溯性报复概念。WTO 现行判例法允许一定范围内的追溯性报复,但如何实施追溯性报复值得探讨。首先需要计算出合理期限结束日至报复实际实施日这段时间内投诉方蒙受的丧失或减损,其次应在实际实施报复时包括前面计算出来的丧失或减损,一般可在报复的第一年或头几年包括丧失或减损的追溯性数额。

三、报复产品清单特定化问题

(一)报复请求的基本要求

"欧共体香蕉案"仲裁小组认为,报复申请与根据 DSU 第 6.2

条设立专家组的申请一样,必须符合"正当程序"要求,即申请等于正式通知被诉方报复事宜,并使被诉方有机会予以回应。"欧共体荷尔蒙案"仲裁小组认为,一项报复申请至少应当满足两项基本要求:第一,根据 DSU 第 22.4 条,申请必须列明中止减让或其它义务的具体水平;第二,按照 DSU 第 22.3 条,该项申请应当明确中止减让或其它义务所涉及的具体协定或部门。① 这表明,在授权请求中没有必要明确规定会被实施报复的具体产品类别。

(二)报复产品清单特定化问题

在货物贸易领域,关于报复申请是否应该列明拟议中止所涉及的具体产品清单,投诉方与被诉方往往持有不同观点。DSU 没有明确要求 WTO 各成员在其报复申请中列明拟议报复所涉及的产品清单。然而,"欧共体香蕉案"仲裁小组显然认为报复申请中必须包括具体产品清单。该案仲裁小组指出,"作为申请中止义务的申请方美国,必须明确对哪些产品实施贸易报复,这样仲裁小组根据美国对这些产品年进口额乘以美国拟中止义务计算出美国报复水平。"报复申请中列明产品清单,在仲裁小组看来是必要的,因为这样可以将报复行动限制在产品清单范围以内。然而,由于 DSU 本身对此没有明确要求,仲裁小组关于报复申请必须列明拟议报复所涉及的产品清单的做法,可能被指为于法无据。

由于"欧共体香蕉案"仲裁小组要求投诉方列明报复的产品清单范围,"欧共体荷尔蒙案"中的投诉方美国和加拿大采取了宽泛列举目标产品的方法,致使所列产品的贸易价值远远超过了它们各自拟议中止的水平。美国和加拿大此举的意图是,通过列明目标产品清单满足"香蕉案"第 22.6 条仲裁小组所裁定的在报复申请中列明

---

① See, *EC—Hormones*(*Article 22.6*), para.16.

报复所涉及的具体产品清单之要求,同时,通过宽泛列举报复的目标产品清单,又保留有在这些目标产品中选择将会受到实际报复的具体产品清单。欧共体对此提出了异议,要求美国和加拿大在仲裁小组确定它们各自的利益丧失或减损水平后,必须将报复目标产品的贸易价值水平等同于利益丧失或减损水平,即要求美国和加拿大在仲裁程序中就列明将会实际实施报复的目标产品,而不是由美国和加拿大以后在宽泛的目标产品清单中选择报复的目标产品。仲裁小组不同意欧共体的看法,因为 DSU 并未对申请方施加此种要求。美国和加拿大可以从该清单中自由选择产品。但仲裁小组明确指出,美国和加拿大嗣后的贸易报复产品范围必须限定在它们已经列明的宽泛报复目标产品清单范围之内,而且中止关税减让产品的贸易价值不得超过仲裁小组确定的报复水平。

综上分析,就报复申请应否以及如何列明报复目标产品清单问题而言,当前仲裁实践所施加的基本要求是:投诉方应该在其报复申请中列明报复的目标产品清单,但可以宽泛列举目标产品,目标产品的贸易价值不需要低于或等同于利益丧失或减损水平。然而,一旦投诉方列明了目标产品清单,虽然投诉方仍然可以在其宽泛列举的目标产品清单中选择实际报复所针对的具体产品,但投诉方不得突破该目标产品清单。笔者认为,DSU 第 22 条并未要求投诉方列明报复的目标产品清单,"欧共体香蕉案"第 22.6 条仲裁小组对投诉方施加的在报复申请中列明报复目标产品清单的要求超出该条的文本。"欧共体荷尔蒙案"仲裁小组通过允许投诉方宽泛列举目标产品清单的方式对此作出了回应,实质上抵消了"欧共体香蕉案"第 22.6 条仲裁小组对投诉方施加的要求。因为,宽泛的列举实际上意味着投诉方可以不受限制地列举报复的潜在目标产品,例如将所有货物产品作为报复的潜在目标产品列入目标产品清单。一言以蔽之,宽泛的列举意味着无须列举。

关于列明或不列明报复产品清单对报复效果的影响,存有不同观点。一种观点认为,列明报复产品清单能够增强报复效果,促进被诉方迅速遵守。例如,帕尔米特和马弗鲁第斯认为,各成员出于非常实际的原因使用产品清单:列明潜在的目标产品起到了通知被诉方某些私人部门的作用,它们可能需要为使其他私人部门获益的不遵守措施"买单"。该通知可能会对被诉方产生使其措施相符和完全避免中止的内部压力。① 然而,不列明报复的目标产品清单会使被诉方更多私人部门面临其产品被报复的风险,从而也会产生很高的报复压力。定期更改报复产品清单的传送带报复的目的就是为了导致被诉方更多私人部门对政府施加压力,从而促进被诉方的遵守。从投诉方的角度看,报复除应当起到促使被诉方遵守的效果外,也必须考虑报复对本方的各种影响。保留根据本方具体情势选择报复产品的自由对于投诉方而言可能是必要的,它允许投诉方衡量各种因素后自由选择对本方损害较小但对被诉方影响较大的产品进行报复。由于投诉方在作出报复决定时考虑的各种因素会随时间变化而变化,投诉方就必须具有随时修改报复目标产品的自由。但是,较早确定报复目标产品清单符合私人部门的利益,有助于它们根据合理预期行事。因此,较早确定报复目标产品清单有助于增强报复的可预期性,增强相关各方行为的安全性,符合 WTO 多边贸易体制的目标。

---

① See, David Palmeter & Petros C. Mavroidis, *Dispute Settlement in the World Trade Organization: Practice and Procedure*, Second edition, Cambridge University Press, 2004, p. 268.

（三）"2003 年主席案文"的改革建议

根据 2003 年 5 月 28 日案文第 22 条第 2 款之三,投诉方在请求报复授权时应一并提交其打算中止减让或其他义务的指示性清单。但该清单不损及该成员就其最终可能中止的减让或其它义务作出决定。虽然没有明确指出,但投诉方最终中止的减让或其它义务不应超过指示性清单,否则该款第一句之规定将失去意义。从实践来看,投诉方可以提交尽可能广泛的指示性清单,以便于今后选择合适的报复手段或对象。对于报复仲裁程序后投诉方的第二次报复授权请求,"2003 年主席案文"亦有类似规定。"2008 年主席案文"未涉及这一问题。

四、如何确保报复的等同性问题

从目前的第 22.6 条仲裁实践来看,仲裁小组和争端方一般都将重点放在了"利益丧失或减损"水平的确定方面,忽略或不愿考虑报复的实际效果是否等同于裁决的报复水平。

（一）WTO 相关法律实践

"厄欧香蕉案"仲裁小组认为,其在 DSU 第 22.6 条和第 22.7 条下的权限限于评估厄瓜多尔在相关货物和服务部门实际和潜在的贸易和贸易机会损失。因此,报复请求方没有义务明确表明其将如何确保中止的等同性。"美国 1916 年法案"仲裁小组第一次提到了报复措施的"贸易或经济效果",但仲裁小组这样做是为了反驳欧共体镜像立法的"性质类方法"。在"美国赌博案"第 22.6 条仲裁中,美国请求仲裁小组要求安提瓜明确它将如何确保中止减让或其它义务不会超过仲裁小组裁决的丧失或减损水平。美国认为,如果安提瓜不提供这一信息,仲裁小组将不可能确定中止减让水平与丧失和减损水平之间的等同性,仲裁小组因此就不应该允许安提瓜中止 TRIPS 义务。安提瓜则不同意美国的观点:第一,仲裁小组对安提瓜施加美国请求的要求不属于仲裁小组的 DSU 第 22.7 条权限范围;第二,之前的 DSU 第 22 条仲裁已经确立,投诉方不需要明确它打算中止哪一“义务”,确定这一点也不是仲裁小组的职责。仲裁小组基本支持了安提瓜的主张。仲裁小组认为,其权限并不允许他们考虑拟中止的义务的“性质”,因为根据 DSU 第 22.7 条,仲裁小组不应审查拟中止减让或其他义务的性质。这意味着,仲裁小组不能质疑投诉方选择的拟中止的具体义务。仲裁小组必须根据丧失或减损水平评估拟中止减让的水平而不是其形式。同时,为了实施中止而选择的形式应当确保适用中止时将会尊重等同要求。形式应当透明,足以允许评估中止水平是否超过了丧失水平。与针对货物征收更高进口关税相比,中止 TRIPS 协定义务可能涉及更为复杂的实施手段,对受中止影响的权利的价值评估也可能更为复杂。此外,当美国认为安提瓜中止减让或其他义务的水平超过了丧失或减损水平时,美国可以诉诸适当争端解决程序。此外,因此仲裁小组的分析仅限于审查拟中止的水平,不应延伸到考虑拟中止减让或其他义务的性质。

(二)现有报复实践的等同性评估

DSU 并未对投诉方实施报复的方式作出明确规定,理论上投诉方可以采取 WTO 协议并不禁止的所有方式,例如提高关税、施加配额限制等等。从实践来看,投诉方均采用了提高关税的形式。这些关税所适用的贸易总额构成了报复额。显然,投诉方的报复措施通常不会导致完全禁止这些产品的进口,被诉方损失的贸易额会小于受到报复措施影响的贸易额。由于投诉方利益丧失或减损采取了损失的贸易额标准,因此报复的影响通常小于投诉方的利益丧失或减损。因此,现有报复实践肯定遵守了第 22.4 条中的等同性要求。

　　(三)报复不等同争议的质疑程序

　　从仲裁实践来看,各个仲裁小组往往只作出了丧失或减损水平裁决,没有考虑将会实际实施的报复如何与裁决数额等同这一问题。但是,如果被诉方与投诉方就实际实施的报复数额是否等同于 DSB 授权的报复数额发生争议,该如何处理呢?"美国赌博案"第 22.6 条仲裁小组仅仅提到"可以诉诸适当争端解决程序",并未指明具体的程序。这类争端可由原仲裁小组予以裁决。

五、WTO 报复的中止或终止问题

　　根据 DSU 第 22.8 条,中止减让或其它义务应是临时性的,当被诉方取消了(remove)已被裁定为与涵盖协定不符的措施、必须实施建议或裁决的成员对利益的丧失或减损已经提供了解决办法以及双方已经达成了相互满意的解决办法时,投诉方应当立即停止中止减让或其它义务。① 该款表明,在 WTO 报复持续过程中,被诉方仍可采取各种补救方法(取消不符措施、对利益的丧失或减损提供解决办法、与被诉方达成相互满意的解决办法),以使投诉方终止报复。本质上,最后一种方法属于谈判协商范畴,一旦达成相互满意的解决办法,投诉方一般就会终止报复。前两种方法属于被诉方的主动补救,投诉方是否愿意终止报复取决于其判断。由于争端方对于被诉方是否取消了不符措施、对于被诉方对利益

---

　　① DASR 第 53 条也处理了反措施的终止问题:只要责任国已遵守第二部分下与国际不当行为有关的义务,应尽快终止反措施。与 DSU 第 22.8 条一样,该款仅仅规定了实体性的终止义务,没有处理可能出现一些程序性问题。

丧失或减损提供的解决办法是否足以解决了争端等存在争议,因此还需要有一套程序和制度解决 WTO 报复持续实施中可能会出现的一些问题。

(一)"取消不一致措施"的含义

根据 DSU 第 19.1 条,被诉方的实施义务在于"使被裁定为与涵盖协定不一致的措施相符"。第 22.8 条采取了"取消"标准。实践中的一个重要问题是"新瓶装旧酒"。从严格意义上讲,若被诉方以新措施取代旧措施,不一致措施确实被"取消"了。但从结果上看,新措施可能与旧措施有着相同效果。"美国持续性中止案"专家组处理了"新瓶装旧酒"问题。在该案中,欧共体用第 2003/74/EC 号新指令取代了"已被裁定为与涵盖协定不一致的"第 96/22/EC 号旧指令,但新旧两个指令都规定了荷尔蒙牛肉进口禁令。欧共体主张美国的持续性中止违反了第 22.8 条,因为即使欧共体取消了已被裁定为与涵盖协定不符的措施,美国仍未撤销其中止减让措施。专家组认为,败诉方取消不法措施必须导致毫不迟延地取消 DSB 授权的中止减让。就本案而言,一种解释是,"被裁定为与涵盖协定不一致的措施"是指第 96/22/EC 号指令。该措施确实被取消了。但是,这样一种解释不会令人满意,因为第 96/22/EC 号指令已由施加了进口禁令的第 2003/74/EC 号指令取代。专家组注意到欧共体自己承认,"直到被裁定为与涵盖协定不一致的措施已被取消"用语意味着不合法性本身(而不仅仅是措施)已被取消。专家组相信,"措施"一词不应狭义解释为仅仅适用于争议立法。美国作为投诉方在"欧共体荷尔蒙案"中指控的是荷尔蒙牛肉进口禁令。第 22.8 条第二句也确认了专家组的解释,该句提到 DSB 应持续监督义务已被中止但相符建议并未得以实施的情势。这意味着,所要实现的目标不是取消措施,而是实际遵守 DSB 建议或裁决。① 因此,专家组将第22.8 条的"取消"标准解释为一项实质要求,即被诉方完全实施或遵守了 DSB 建议或裁决。上诉机构确认了专家组的实质取消标准。

(二)WTO 法律实践:"美加欧持续性中止案"

截至目前,只有一个案件涉及在被诉方声称遵守了 DSB 建议和裁决后投诉方仍然持续实施报复的情形。在"欧共体荷尔蒙案"中,为了实施 DSB 建议和裁决,欧共体于 2003 年 9 月 22 日通过了第2003/74/EC 号指令,于 2003 年 10 月 14 日生效。2003 年 10 月 27 日,欧共体通知 DSB,该指令的通过、公布和生效以及之前的科学风险评估使欧共体相信,它已经充分实施了"欧共体荷尔蒙案"DSB 建议和裁决,因此,美国和加拿大对欧共体的中止减让就不再具有正当性。加拿大和美国不同意欧共体的主张,继续实施报复。加拿大和美国也拒绝发起第21.5 条遵守复审程序来审查新指令与 DSB 建议和裁决的相符性。结果,欧共体被迫发起了一般性争端解决程序。欧共体主张,美加的持续性中止减让措施违反了 WTO 有关规则。

2008 年 3 月 31 日,专家组发布了"美国荷尔蒙中止案"和"加拿大荷尔蒙中止案"两份报告,两份报告裁决美国和加拿大违反了 DSU 有关条款。鉴于两份报告内容基本相同,这里仅以"美国荷尔蒙中止案"专家组报告为例加以说明。关于欧共体提出的与 DSU 第21.5 条和第23.1 条一起理解的第23.2(a)条违反请求,美国行为导致了如下程序性违反:(1)借助争议措施(持续性中止)寻求矫正涵盖协定义务违反而没有诉诸和遵守 DSU 规则和程

———

① See, Panel Report on US—*Continued Suspension*, paras. 7. 282–285.

序,美国违反了 DSU 第23.1条;(2)作出 DSU 第23.2(a)条意义上的决定(违反已经发生)而没有根据 DSU 规则和程序诉诸争端解决,美国违反了 DSU 第23.2(a)条。关于欧共体提出的与 DSU 第22.8条和第3.7条一起理解的第23.1条违反请求,专家组得出结论:(1)在欧共体没有消除"欧共体荷尔蒙案"争议措施的限度内,美国没有违反 DSU 第22.8条;(2)在美国没有违反第22.8条的限度内,欧共体没有证明由于违反了第22.8条而违反了 DSU 第23.1条和第3.7条。① 专家组最后建议美国使其措施与 DSU 义务相符。鉴于争端方对于被诉方该如何实施专家组报告持有明显不同的观点,专家组提议,为了实施专家组的第23条裁决,为了迅速解决争端,美国应该毫不迟延地诉诸 DSU 规则和程序。②

2008年5月29日,欧共体对于两份专家组报告提出了上诉。2008年6月10日,美国和加拿大也分别提起了上诉。上诉机构报告于2008年10月16日散发给 WTO 各成员。上诉机构支持了专家组的部分裁决:第一,原争端投诉方和被诉方都可以发起 DSU 第21.5条程序;第二,作为专家组审查欧共体提出的与 DSU 第22.8条有关的请求的一部分,专家组有权审查欧共体实施措施与 SPS 协定的相符性;第三,由于没有证明"欧共体荷尔蒙案"中被裁定与 SPS 协定不符的措施已被取消,欧共体没有证明,由于违反了 DSU 第22.8条,美国也违反了 DSU 第23.1条和第3.7条。上诉机构推翻了专家组的下列裁决:第一,"由于在通知了第2003/74/EC 号指令之后仍旧维持中止减让,在 DSU 第23.1条的意义上,美国正在寻求矫正该指令的违法内容";第二,鉴于美国

---

① See, Panel Report on *US—Continued Suspension*, paras. 7. 856–857.

② See, Panel Report on *US—Continued Suspension*, paras. 8. 1–8. 3.

在 DSB 会议上所作的陈述以及美国在欧共体通知了第 2003/
74/EC 号指令之后仍旧维持中止减让之事实,美国针对第
2003/74/EC 号指令作出了 DSU 第 23.2(a)条意义上的"决定",
因此违反了第 23.2(a)条。对于专家组关于欧共体实施措施与
SPS 协定相符性的实体分析,上诉机构也推翻了专家组的许多裁
决。对于第 2003/74/EC 号指令是否导致了 DSU 第 22.8 条意义
上的实质遵守,由于无法完成分析,上诉机构裁定"欧共体荷尔蒙
案"DSB 建议和裁决仍然有效。鉴于 DSU 第 22.8 条项下的义务,
上诉机构建议 DSB 要求美国和欧共体毫不延迟地发起第 21.5 条
程序,以消除他们之间关于欧共体是否已经消除了"欧共体荷尔
蒙案"中的不符措施以及美国持续性中止措施是否在法律上仍旧
有效的分歧。①

　　本案专家组秉承迅速解决争端的精神审查了欧共体新指令的
WTO 相符性,使本案得到了较为圆满的解决。从本案最终结果来
看,美国和加拿大的持续性中止行为获得了实体正当性,很难明白
美国和加拿大作出程序性补救的意义所在。由于专家组已经确定
了欧共体第 2003/74/EC 号指令的实体违反,美国和加拿大只需
象征性的发起第 21.5 条程序即可。另一方面,假设专家组裁决欧
共体遵守了 SPS 协定,美国和加拿大必须立即停止持续性中止行
为。但是,欧共体仍然白白蒙受了丧失或减损。因此,本案的解决
办法只应当作特殊案情下的权宜之计,不能形成有效先例。根本
解决办法还是要在 DSU 中引入或完善 WTO 报复的中止和终止
制度。

　　上诉机构推翻了专家组关于第 2003/74/EC 号指令违反了

---

① See, Appellate Body Report on US—*Continued Suspension*, paras. 736-737.

SPS 协定的裁决,而是裁定欧共体没有证明已经在 DSU 第22.8条的意义上取消了不符措施。同时,由于缺乏事实信息,上诉机构无法完成分析。因此,第2003/74/EC 号指令是否与 SPS 协定相符仍然处于待定状态。

(三)WTO 报复中止和终止制度探析

设计 WTO 报复中止和终止制度至少需要考虑两个问题:第一,被诉方是否"取消"不符措施的质疑程序;第二,质疑程序进行过程中 WTO 报复措施如何处置。

关于被诉方是否"取消"不符措施的质疑程序。由于 DSU 第22.8条中"取消"标准的实质是判断被诉方是否遵守或实施了 DSB 建议或裁决,关于是否"取消"的争议最好由处理相同问题的第21.5条专家组来审查。换言之,应由投诉方发起第21.5条遵守复审程序,审查被诉方在 WTO 报复实施之后采取的实施措施是否遵守了 DSB 建议和裁决。实际上,"美国持续性中止案"专家组审查了欧共体实施措施与 WTO 相关涵盖协定的相符性。该案专家组承认,专家组履行的功能类似于第21.5条专家组,但专家组这样做仅限于确定美国是否违反了 DSU 第22.8条。当事方没有请求并且专家组也无权确定第2003/74/EC 号指令与 WTO 相关涵盖协定的相符性。①

关于质疑程序进行过程中 WTO 报复的处置。在投诉方实施报复措施期间,被诉方可能修改或撤销被遵守专家组或上诉机构裁决为不符的 WTO 措施。如果被诉方主张自己已经遵守了 DSB 建议和裁决,投诉方是否应该立即中止报复措施? 有以下几种方案可供选择:

---

① See, Panel Report on *US—Continued Suspension*, para. 8.2.

　　第一，投诉方继续实施报复措施，同时由投诉方发起第21.5条程序解决"取消不符措施"争议。可以根据第21.5条程序的裁决结果考虑不同情况。（1）一旦新的实施措施被裁决为完全相符，则应立即终止实施报复措施。但此种方案对被诉方十分不公平，因为裁决期内被诉方遭受了无法弥补的利益丧失或减损。在此种情况下，被诉方采取实施措施后投诉方报复措施的性质不再是反措施，而是违法措施，因为被诉方已经遵守了 DSB 建议和裁决，投诉方的报复措施失去了合法性基础。当然，如果在 WTO 体制中引入追溯性救济制度，投诉方只要向被诉方作出相关赔偿也可以保证公平。但就目前而言，WTO 对于过去造成的损害没有任何补救措施。此种情况也不能再由被诉方采取追溯性报复措施，因为投诉方的报复行为已经停止了。因此，这一解决方案在现有WTO 救济体制下具有不科学性。（2）被诉方根本没有采取任何实施措施。在没有任何实施措施的情况下，投诉方的持续性报复措施无可厚非，无须中止。（3）被诉方部分实施了 DSB 建议和裁决。在实施措施仍然不符但向相符迈进一步的情况下，许多问题需要解决：第一，裁决出来以后，WTO 报复的水平应当改变，但这一改变需要有一个报复仲裁程序。因此，原来实施的报复水平会持续到新的报复裁决出来之前。第二，被诉方在新实施措施出台日至报复裁决日这段时间遭受了等同于旧报复水平与新报复水平差额的、难以弥补的利益丧失或减损。因此，在（1）和（3）的情况下，投诉方继续实施报复措施并不是一种公平科学的选择。此外，由于应该由投诉方发起第21.5条程序，此种方案也会导致投诉方懈怠发起第21.5条程序，因为投诉方没有动力这么做。总体而言，由投诉方继续实施报复措施不是一种好的选择。

　　第二，只要被诉方主张自己的新实施措施遵守了 DSB 建议和裁决,投诉方就应无条件暂时性中止报复措施。如果投诉方不同意被诉方的遵守主张,投诉方可以发起第21.5条程序。如果新的实施措施被裁决为相符,则争端已经完全解决,皆大欢喜,对双方都无损。如果新的实施措施被裁决仍然没有遵守,则投诉方可以继续按照以前的报复水平实施报复,并且,对于暂时性报复措施中止期内蒙受的利益丧失或减损,投诉方可以寻求追溯性报复,在继续实施报复时考虑这一部分丧失或减损。如果新的实施措施被裁决为部分不符,则问题变得比较复杂。首先,投诉方继续按照以前的报复水平实施报复并不恰当。其次,应当再次评估或裁决新的报复水平,裁决期内投诉方仍不得实施报复措施。最后,投诉方可在报复裁决发布后继续实施报复措施,报复水平为新裁决的报复水平。同时,投诉方可以加大报复额度,以考虑暂时性报复措施中止期内和报复裁决期内蒙受的丧失或减损。第二种方法对于争端双方都是公平的,但它基于追溯性报复概念。

福山雅治认为,被诉方善意采取的新实施措施应推定为与DSB建议和WTO协议相符。因此,除非投诉方反对新实施措施的存在性或一致性并发起第21.5条程序,无论被诉方何时采用了据称实施DSB建议的措施,投诉方都应当自动终止报复性措施。只有当第21.5条审查表明被诉方未能实施DSB建议时,才应允许继续报复性措施。否则,没有根据的报复性措施应被视为违反了WTO协议。他据此主张,被诉方在第21.5条程序中不应具有投诉地位。[1] 笔者赞同这种主张。基于善意国家行为假设,一旦

---

[1] See, Yuka Fukunaga, *Securing Compliance through the WTO Dispute Settlement System: Implementation of DSB Recommendations*, Vol. 9, No. 2, JIEL, 2006, p. 408.

被诉方宣称新实施措施符合 DSB 建议,则投诉方应立即中止报复性措施。投诉方应转而寻求第 21.5 条程序解决争议。从临时应急的角度来看,在仍不能就澄清和改进 DSU 达成一致的情况下,各成员也应继续发扬其解决"顺序"问题时展现出的创造精神,力图通过争议当事方之间的特别协议解决问题,形成惯例。修订DSU、增设有关程序规则是最佳选择,通过双边协商解决是次佳选择,避免类似于美国—继续中止减让案的争端符合所有 WTO 成员的长远利益。①

(四)两份主席案文的修改建议

1. "2003 年主席案文"的建议

"2003 年主席案文"建议增加第 9 款,分别规定了 DSB 报复授权的终止和修改问题。

(1)报复授权的终止

增加的第 22.9 条(a)项规定:"DSB 根据第 22 条第 6 款或第7 款授权中止减让或其它义务后,相关成员可以基于以下理由请求撤销该授权:自己已经实施了 DSB 建议和裁决[并消除了 DSB建议和裁决中指明的与涵盖协定的不符性或其项下的利益丧失或减损]。相关成员应在这类请求中包括一份给予 DSB 的书面通知,详细描述其已经采取的措施,提供相关措施的文本,并请求一次 DSB 会议。DSB 应当撤销中止减让或其它义务的授权,除非投诉方通知其请求根据第 21 条之二设立遵守专家组的决定[备选方案是,除非投诉方在该 DSB 会议上请求根据第 21 条之二设立

---

① 肖军在 2007 年 WTO 法学会年会上的发言。

遵守专家组]或者 DSB 协商一致不撤销授权。"①

增加的第 22.9 条(b)项规定:"如果投诉方请求设立遵守专家组,第 21 条之二的规定应适用于该专家组的设立及其程序。如果裁定相关措施与一个或一个以上的涵盖协定并无不符并遵守了 DSB 建议和裁决,在遵守专家组报告(以及可能的上诉机构遵守报告)通过之后,相关成员可在任何时候请求一次 DSB 会议以终止中止减让或其它义务的授权。DSB 应在请求提出后 15 天内②召开会议,除非相关成员请求会议可更晚召开。在该会议上,DSB 应当撤销中止减让或其它义务的授权,除非 DSB 协商一致不这么做。"③

增加的第 22.9 条(c)项规定:"DSB 撤销授权之后,投诉方不得维持中止减让或其它义务。"

(2)报复授权的更改

增加的第 22.9 条(d)项规定:"如果由于诉诸第 21 条之二规定的争端解决程序,相关成员采取来遵守的措施仍被裁定为与涵盖协定不符或没有遵守 DSB 建议和裁决,争端任何一方可在遵守专家组报告(以及可能的上诉机构遵守报告)通过后的任何时间请求仲裁以确定争议措施造成的丧失或减损水平。第 22.6 条经适当修改后应适用于这类仲裁。如果仲裁员根据本款确定的丧失和减损水平不同于 DSB 先前授予的中止减让或其它义务的水平,

---

① 脚注规定:如果相关成员请求,DSB 应在会议请求提出后 15 天内为此目的召开一次会议,只要给予至少 10 天的会议通知。

② 脚注规定:在上诉的情况下,DSB 应在根据第 17 条第 14 款通过上诉机构报告的会议上或之后召开会议。

③ 该句脚注特别强调:除非 DSB 通过了遵守专家组或上诉机构报告,否则 DSB 不应考虑撤销中止减让或其它义务授权的请求。

争端任何一方可以请求一次 DSB 会议以修改中止减让或其它义务的授权。DSB 应在何类请求提出后 10 天召开会议,除非该请求表明可以更晚举行会议。在该会议上,DSB 应该根据仲裁员的裁决修改中止减让或其它义务的授权,除非 DSB 协商一致不这么做。投诉方应使中止减让或其它义务与 DSB 授权相符。"

增加的第 22.9 条(e)项规定:"如果由于相关成员采取来遵守的措施而使丧失或减损水平发生变化,并且争端方对于这些措施的相符性没有分歧,争端任何一方可以根据第 22.7 条将该事项提交仲裁,以确定修改后的丧失或减损水平。争端任何一方可在仲裁员发布裁决后的任何时间请求 DSB 修改授权以对这一变化作出调整。"

(3)评论

"2003 年主席案文"的基本假设是:DSB 报复授权一直有效,除非 DSB 撤销或修改了该授权。整个报复终止或修改体制依赖于这一假设,但有可能导致惩罚性报复。例如,如果遵守专家组裁定相关成员已经遵守 DSB 建议和裁决,那么自相关成员通知已遵守之日起至 DSB 撤销报复授权之日,相关成员就白白承受报复,并不公平。另外,如果报复裁决导致了更低的丧失或减损水平,相关成员自通知措施修改之日起至 DSB 修改授权之日,相关成员也承受了更高水平的报复。如果说前一种情况下的报复缺乏根据,那么后一种情况下的超额报复就相当于惩罚性救济。

2. "2008 年主席案文"

"2008 年主席案文"提出了两套方案:由被诉方发起遵守复审程序的方案和由投诉方发起遵守复审程序的方案。

(1)方案一:被诉方发起遵守复审程序

A. 存有分歧时由被诉方发起遵守复审程序

"2008 年主席案文"建议增加第 22.8 条(b)项:"如果 DSB 已授权针对一成员中止减让或其它义务,并且对于采取来遵守 DSB 建议和裁决的措施的存在性或与涵盖协定的相符性存在分歧,那么相关成员可以诉诸经本款修改的第 21.5 条程序。在此种情况下:

(i)相关成员应在其设立专家组的请求中列明采取来遵守的具体措施,这些措施的文本以及关于这些措施如何使该成员遵守了 DSB 建议和裁决的事实和法律描述;

(ii)如果已被授权中止减让或其它义务的成员认为采取来遵守的措施与涵盖协定的任何其它条款不一致或者相关成员未能使自己遵守 DSB 建议和裁决,其可在专家组设立后[xx 天]内向 DSB 提交一书面通知,列明采取来遵守的任何额外措施,简要描述其与相关成员存有分歧的法律依据;以及

(iii)就这些程序而言,第 7 条第 1 款下专家组权限中的'文件'一词包括设立专家组的请求以及根据(b)(ii)项提交的通知。"

B. 不同裁决结果下 DSB 报复授权的处理

"2008 年主席案文"建议增加第 22.8 条(c)项:"这些程序之后,

(i)如果 DSB 裁定采取来遵守的措施与争议条款并无不符或者使该成员遵守了 DSB 建议和裁决,经相关成员请求,DSB 应当撤销该授权,除非 DSB 协商一致决定不这么做;

(ii)如果 DSB 裁定相关成员并未遵守 DSB 建议和裁决,尽管存在第 22.7 条第五句之规定,争端任何一方可以根据第 22.6 条将有关事项提交仲裁。仲裁员可以确定新的中止水平

或者根据第 22.3 条酌情作出裁决。仲裁员应向 DSB 迅速通知其裁决。经争端任何一方请求,DSB 应当修改中止减让或其它义务的授权以使其与仲裁裁决相符,除非 DSB 协商一致决定拒绝这类请求。"

增加的第 22.8 条(d)项规定:"中止减让或其它义务的现有授权仍然有效,直到 DSB 根据(c)项撤销或修改了该授权。"

(2)方案二:投诉方发起遵守复审程序

A. 被诉方首先发出通知

增加的第 22.8 条(b)项规定:"DSB 根据第 22.6 条或第 22.7 条授权一投诉方(本条中称为'被授权方')中止减让或其它义务后,相关成员可以通知 DSB 自己已经充分消除了与涵盖协定的不符性或者自己已对利益的丧失或减损提供了解决办法。这类通知应包括:(i)详细描述相关成员已采取的任何措施、其生效日期、这类措施的文本以及相关成员认为对于评估实施相关的文件清单;以及(ii)关于相关成员已采取的措施如何消除了与涵盖协定的任何不符性或者如何提供了涵盖协定项下任何利益丧失或减损的解决办法的详细事实和法律理由。"

B. 被诉方与投诉方磋商

增加的第 22.8 条(c)项规定:"如果被授权方请求,相关成员应在收到这类请求后 10 天内就与通知有关的任何事项与被授权方进行磋商。相关成员应对被授权方的任何请求(涉及与相关成员已采取措施有关的进一步信息或文件)迅速作出尽可能合理的回应。"

C. 报复授权的撤销

增加的第 22.8 条(d)项规定:"经请求,DSB 应当撤销被授权方的中止减让或其它义务授权,除非 DSB 在以下情况下协商一致决定不这么做:(i)被授权方在相关成员发出通知后 60 天内①没有根据第 21 条第 5 款请求设立专家组;(ii)被授权方根据第 21 条第 5 款请求设立专家组,并且作为该程序的结果,DSB 裁定采取来遵守的措施存在并且充分消除了与涵盖协定的一致性或者提供了涵盖协定项下利益丧失或减损的解决办法。"

D. 报复授权的修改

增加的第 22.8 条(e)项规定:"如果作为第 21 条第 5 款规定的争端解决程序的结果,DSB 裁定相关成员并未充分消除与涵盖协定的不符性或者并未提供涵盖协定项下利益丧失或减损的解决办法,第 21 条第 5 款争端中的投诉方可以请求 DSB 修改中止减让或其它义务授权。然而,如果相关成员反对拟议的中止修改水平,或者主张修改请求没有遵循第 3 款所列原则和程序,其应该诉诸仲裁。在投诉方没有提出修改请求的情况下,如果相关成员反对现有授权允许的中止水平,其也应诉诸仲裁。第 6(a)款第一句、第 6(b)款第一句和第 22 条第 7 款经适当修改后应当适用于 DSB 的这类修改和这类仲裁。投诉方仅能根据现有授权中止减让或其它义务,直到 DSB 作出了修改。"

此外,经争端任何一方请求,DSB 可在任何时候撤销或修改报复授权。此时应适用协商一致规则作出决定,实际上意味着争端双方同意撤销或修改。

E. 评论

由投诉方发起遵守复审程序更为可取。新规则限定了投诉方

---

① 相关成员和被授权方可以协议延长该 60 天期限。如果对于相关成员是否满足了(b)(i)和(ii)项要求存在分歧,这类分歧也应根据第 21 条第 5 款通过诉诸争端解决程序加以解决。

必须发起遵守复审程序的时限(被诉方发出相关遵守通知后 60 天),否则 DSB 应该撤销报复授权,投诉方应终止报复措施。然而,新规则仍然沿袭了除非经 DSB 撤销或修改报复授权依然有效的基本假设,对于被诉方而言具有一定的不公平性。

六、实际报复措施的多边监督问题

如第一章第一节所述,对于投诉方实际采取的报复措施,DSU 未要求 DSB 进行持续监督。从实践来看,投诉方一般会在实际采取报复措施之前将有关措施通知 DSB,但 DSB 未采取进一步行动。"2003 年主席案文"补充了一条规定:"已被授权中止减让或其它义务的成员应迅速向 DSB 通知其采取的与该授权有关的任何措施。""2008 年主席案文"的建议更加具体:"已被授予中止减让或其它义务的权利的成员应在 DSB 进行授权后 3 个月内及此后每 6 个月通知 DSB 及相关的 WTO 机构其作为中止减让或其它义务而采取的所有措施,直到中止停止适用。"笔者认为,根据现有实践,应在 DSU 中纳入投诉方事先通知报复措施的条款。

第三节　WTO 报复的国内实施以及
还报措施法律问题

面对其他 WTO 成员的持续违反行为,受害成员可以采取经 DSB 授权的报复措施,但不得采取未经 DSB 授权的任何单边主义措施,包括还报措施。

一、WTO 报复措施的国内实施问题

从实践来看,只有美加欧日等大国采取过报复措施,这些报复

措施的采取方式往往旨在增加报复力度,使被诉方政府遭受更大的政治损失。但是,采取报复措施时也应当考虑经济福利因素。报复采取方式的复杂多变引起了人们对于报复方式合法性的质疑。

(一)美加欧日采取报复措施概况

截至目前,WTO 投诉方共在四个案件中采取过报复措施:"欧共体香蕉案"、"欧共体荷尔蒙案"、"美国外国销售公司案"和"美国伯德修正案"。

1."欧共体香蕉案"

1999 年 4 月 9 日,"美欧香蕉案"仲裁小组发布报告,裁决美国的报复数额为 1.914 亿美元。1999 年 4 月 19 日,美国对欧盟价值 1.914 亿美元的八类商品加征了 100% 的关税。在选择报复产品清单时,美国官员希望对支持欧共体香蕉制度的欧盟国家产品征收关税。[①] 2001 年 4 月,美国和欧盟就香蕉争端达成了协议。作为协议的一部分,美国同意自 2001 年 7 月 1 日起中止报复性关税。

2000 年 3 月 24 日,"厄欧香蕉案"仲裁小组发布报告,裁决厄瓜多尔的报复数额为 2.016 亿美元。但厄瓜多尔从未实施报复。

2."欧共体荷尔蒙案"

---

① 例如,美国选择"沐浴用制剂(非沐浴盐)"作为报复对象。在提高关税以前,美国对欧盟这些商品的进口关税是从价 4.9%。1999 年 4 月该税率上升至 100%。1998 年欧盟沐浴用制剂的两个主要出口国是英国和法国,而英法恰好是欧盟香蕉制度的主要支持者。在征收 100% 关税前四个季度,美国从英国进口了 76 亿美元的沐浴用制剂,从法国进口了 75 亿美元的沐浴用制剂。在征收 100% 关税后,美国自英国和法国的进口分别下降至 13 亿美元(降幅达 83%)和 41 亿美元(降幅达 45%)。See, Lenore Sek, *Trade Retaliation: The 'Carousel' Approach*, 2002, pp. 3-4.

1999 年 6 月 3 日,美加请求 DSB 授权报复,数额分别为 2.02 亿美元和 7500 万加元。1999 年 7 月 12 日,第 22.6 条仲裁报告发布,仲裁小组确定的报复数额分别为 1.168 亿美元和 1130 万加元。1999 年 7 月 26 日,DSB 授权美国和加拿大采取报复措施。美加均对欧共体采取了报复措施。

3. "美国外国销售公司案"

2002 年 8 月 30 日,"美国外国销售公司案"仲裁小组发布了报复仲裁报告。2003 年 4 月 24 日,欧共体请求 DSB 授权报复,DSB 于 2003 年 5 月 7 日授权欧共体采取报复,报复金额约 40 亿美元。2004 年 3 月 1 日,欧共体对进入欧共体市场的一系列美国产品征收了 5% 的进口税,税率每月增加 1%。欧共体采取报复措施的方式被称为"随时间流逝增加报复水平"。欧共体实际上只对小部分欧美贸易采取了报复措施。欧共体目前已经撤销了报复措施。

4. "美国伯德修正案"

2004 年 8 月 31 日,"美国伯德修正案"仲裁小组针对巴西、加拿大、智利、欧共体、印度、日本、韩国和墨西哥等八个投诉方分别发布了裁决。鉴于美国仍然没有撤销或修改伯德法,2004 年 11 月 10 日,巴西、欧共体、印度、日本、韩国、加拿大和墨西哥请求 DSB 授权报复。DSB 于同年 11 月 26 日对上述七个投诉方授权报复。2004 年 12 月 6 日,智利也请求 DSB 授权报复,DSB 于同年 12 月 17 日进行了授权。虽然八个投诉方都获得了报复授权,但是,只有欧共体、加拿大、日本三个投诉方对美国实际实施了报复措施。[1] 由于美国

---

[1] 值得注意的是,2004 年 12 月 23 日、2005 年 1 月 7 日和 11 日,澳大利亚、泰国和印度尼西亚分别与美国达成了有关本案的谅解。

未能遵守本案 DSB 建议和裁决,欧共体、日本的报复措施继续至今。①

　　根据欧共体向 DSB 发出的通知,欧共体报复措施从 2005 年 5 月 1 日起实施,第一年将会对美国原产的某些产品征收 15% 的从价附加税,覆盖的贸易总价值不超过 2781 万美元。② 2006 年 4 月 28 日、2007 年 4 月 19 日、2008 年 4 月 3 日和 2009 年 4 月 23 日,欧共体分别通知 DSB,附加关税将会适用于新产品清单,各年报复覆盖的贸易总价值分别为 3691 万美元、8119 万美元、3338 万美元、1631 万美元,报复税率不变,自每年 5 月 1 日实施。③ 在 2010 年 4 月 20 日的 DSB 会议上,欧盟宣布调整报复水平至 9538 万美元,自 2010 年 5 月 1 日开始实施。欧盟各年报复水平的变化反应了从对欧盟产品征收的反倾销和反补贴税中分配给美国公司的金额的成比例变化。④ 日本报复措施从 2005 年 9 月 1 日起实施,第一年将会对美国原产的某些产品征收 15% 的从价附加税,覆盖的贸易总价值不超过 5210 万美元。⑤ 2006 年 8 月 22 日和 2007 年 8 月 23 日,日本分别通知 DSB,附加关税将会继续适用于原产品清单,各年报复覆盖的贸易总价值分别为 5493 万美元和 4818 万美

---

　　① 值得注意的是,在 2006 年 2 月 17 日的 DSB 会议上,美国陈述说,美国国会已于 2006 年 2 月 1 日批准了《赤字削减法案》,并由美国总统于 2006 年 2 月 8 日签署成法律,这使美国遵守了自己的 WTO 义务。澳大利亚、巴西、加拿大、智利、印度尼西亚、中国香港、印度、日本、韩国、墨西哥、泰国和欧共体欢迎美国国会为撤销 CDSOA 而采取的最新立法,但认为美国仍然未能使其措施充分遵守 DSB 建议和裁决。

　　② See, WT/DS217/47.

　　③ See, WT/DS217/49, WT/DS217/51, WT/DS217/53, WT/DS217/55.

　　④ See, http://www.wto.org/english/news_e/news10_e/dsb_20apr10_e.htm.

　　⑤ See, WT/DS217/48.

元,报复税率不变,自每年9月1日实施。[①] 2008年8月29日,日本通知DSB,下一年附加关税将会适用于新产品清单,覆盖的贸易总价值为1649万美元,报复税率下调至10.6%,自2008年9月1日实施。[②] 自2009年9月1日实施的第五年报复适用的产品清单未变,但附加关税率下调至9.6%,覆盖的贸易总价值为1654万美元。[③] 欧共体和日本都采取了所谓的"轮换报复"。加拿大报复措施从2005年5月1日开始,第一年将会对美国原产的某些产品征收15%的从价附加税,覆盖的贸易总价值不超过1116万美元。[④] 第二年及以后加拿大是否采取了报复措施无法知晓。

从上述案件可以看出,投诉方采取报复的方式旨在增加报复力度,促使被诉方遵守。这类报复方式主要有随时间流逝增加报复水平和轮换报复。投诉方在请求报复授权时往往开列非常宽泛的报复产品清单,为日后的轮换报复奠定基础。

(二)选择报复方式与报复对象时需要考虑的因素

1. 政治因素

如果被诉方政府的出口部门政治损失(因为投诉方报复性关税影响了它们)大于国内部门的政治收益(它们获益于现有不合法的贸易政策),遵守就会发生。因此,投诉方政府将会选择这样的部门作为报复清单:它们会最大化报复措施对被诉方政府的负面政治影响,但应受到自己报复能力和WTO授权的报复水平的限制。然而,如果在这一报复清单威胁下遵守是不可预知的,投诉方政府将会针对这样一些部门:它们会通过对选择的产业提供新

① See,WT/DS217/50,WT/DS217/52.
② See,WT/DS217/54.
③ See,WT/DS217/56.
④ See,WT/DS234/33.

的保护最大化政府的政治收益。总体而言,根据 WTO 程序获得的执行结果反映了争端方政府对国内政治利益的计算,反映了争端方之间政治利益和成本的权衡。投诉方的报复能力越小,执行结果对于投诉方而言偏差越大。①

从实践来看,投诉方实施的报复确实更多反映了政治考虑。首先,投诉方倾向于选择对被诉方政治伤害最大的方法,如传送带报复、欧共体的按日增加关税等等。其次,投诉方会选择政治上显赫的出口集团实施报复,并且采取高贸易壁垒的形式。例如在"美国钢铁保障措施案"中,欧共体公布了将会针对 2004 年总统大选阵地州②的产业的报复清单。在"欧共体荷尔蒙案"和"欧共体香蕉案"中,美国采用了类似的报复策略,对欧共体主要国家的少数出口商征收了 100% 的禁止性关税。在"欧共体荷尔蒙案"中,美国在决定对何种货物进行报复时考虑了欧共体成员国的政治影响因素。

2. 经济因素

投诉方在实施报复时需要考虑的另一个因素是经济因素。首先,根据最优关税理论,适当提高关税可以增进本国福利。因此,对于大国而言,将某些产品的低关税提高到最优关税水平可以增进本国福利。其次,投诉方实施的报复应对本国经济伤害最小,通常应当选择本国可以找到替代进口来源的产品。最后,从全球来看,报复方式的选择不仅要考虑加大报复力度因素,也需要考虑报复对多边贸易体制安全性和可预期性的影响。

---

① Pao-Li Chang, *The Politics of WTO Enforcement Mechanism*, May 20,2004.
② 英文为 battleground states,又译为战场州、激战州、摇摆州,是指选举倾向至今摇摆不定的州,这些州的选票对于候选人来说,每一张都"票有所值"。

（三）传送带报复争议

1. 传送带报复概要

传送带报复（Carousel retaliation，又被译为"滚动报复"或"轮换报复"）是指，在投诉方列明的报复产品清单远大于利益丧失或减损水平的情况下，投诉方定期或不定期地从该产品清单中选择某些产品进行报复的报复方式。但无论如何，年度报复水平不得超过投诉方每年丧失或减损的利益水平。美国是传送带报复的始作俑者。美国《2000 年贸易与发展法》第 407节规定，如果另一国未能实施 WTO 争端裁决，USTR 应定期修改受报复约束的产品清单。如果 USTR 确定另一国打算实施建议或者 USTR 与请求方同意没有必要这么做，USTR 不应修改该清单或行动。USTR 应在报复清单日之后 120 天内审查和修改清单，此后每 180 天审查和修改一次。USTR 应当以最可能导致另一国实施建议或者达成相互满意的解决方案的方式修改清单。USTR 应在清单中包括受投诉方措施影响的产业的对等货物。引入该立法的参议员 DeWine 认为，某些 WTO成员国通过拒绝遵守最终争端解决裁决减损了整个争端解决程序。在他看来，欧盟忽视 WTO 裁决，忽视美国的报复，现在正准备向受到美国报复的产品进行补贴。传送带报复具有两个作用：第一，影响更大范围的出口商。由于每一出口商都有可能面临报复性贸易壁垒，因此他们都有可能遭受损失，他们均有可能对败诉方政府施加压力。第二，在败诉方采取措施（例如给予受到报复的产业补贴）抵消报复的不利影响后，通过变换被报复的产品抵消败诉方的努力，使败诉方在不同时期疲于应付受到报复的不同出口商。因此，此种"时断时续"做法的目的是要通过报复产品的定期变换引起扰乱和不确定性，使被诉方更加难以不遵守。① 这种滚动贸易报复对败诉方形成较大的威慑力,因为败诉方被报复的产业对国际贸易环境缺乏必要的可预见性和稳定性,增加了其经济的波动性;而通过报复产品的变化,申请方可以发现哪些产品的报复对败诉方最具"杀伤力";由此使得败诉方不执行 DSB 的裁决所付出的代价更大,处境更艰难。② 从不同角度看,传送带报复通过增强争端程序促进WTO,但也会通过单边行动减损多边体制。③

2. 欧共体在 WTO 中指控传送带报复的努力

在"欧共体荷尔蒙案"报复仲裁中,美国官员陈述到,美国"有权诉诸'传送带'类型的中止,即受到中止约束的减让和其它义务将会随时变化,特别是就产品范围而言。"欧共体反对美国的这一立场。然而,鉴于美国"当前没有意图"以传送带方式中止减让,仲裁小组认为自己不需要考虑这一问题。

欧共体后来根据 DSU 要求和美国进行磋商,并指控美国的传送带报复规则违反了 WTO 有关规则。欧共体认为,该法规定了强制性的单边修改报复产品清单。传送带报复由于没有得到多边贸易体制的批准,违反了 DSU 关于贸易报复必须经过 DSB 授权的规定;传送带报复规则要求中止 DSB 授权之外的减让或其它义务,其实际结果是,美国可以随意单边修改美国根据 GATT1994 在其承诺表中作出的所有有约束力减让;传送带报复违反了等同义

---

① See, David Palmeter & Petros C. Mavroidis, *Dispute Settlement in the World Trade Organization:Practice and Procedure*, Second edition, Cambridge University Press, 2004, p. 269.

② 贺小勇:《国际贸易争端解决与中国对策研究——以 WTO 为视角》,法律出版社 2006 年版,第 236—237 页。

③ Lenore Sek, *Trade Retaliation:The 'Carousel' Approach*, 2002, p. 6.

务,因为传送带报复的累积水平与经 DSU 程序确定的利益丧失或减损之间存在结构性失衡;该措施对市场产生了冻结效果,影响了多边贸易体制的安全性和可预期性。欧共体因而指控该法第 407 节与 DSU 第 3.2 条、第 21.5 条、第 22 条和第 23 条、WTO 协定第 16 条第 4 款以及 GATT1994 第 1 条、第 2 条和第 11 条不符。[①] 由于传送带报复自 2000 年 5 月生效以来从未适用过,欧共体目前没有发起专家组程序。

3. 传送带报复的合法性

对于传送带报复的合法性,有学者认为,作为一个法律问题,滚动贸易报复并不违反 DSU:首先,报复申请方提交的贸易报复产品清单的总贸易价值可以超过利益丧失水平,只要实际报复时的产品总贸易量与利益丧失水平相当即可。因此,欧共体指控的滚动贸易报复产品未经 DSU 的批准不符合实际。其次,滚动贸易报复的总体报复水平以及每一次具体贸易报复水平只要不超过仲裁小组确定的利益丧失水平,滚动贸易报复就无所谓与利益丧失水平不相当。最后,欧共体提出的滚动报复的累积影响超过利益丧失水平,但是,欧共体并未能够证实或计算其指控的"累积影响"。[②]

从政策角度看,诸如传送带报复的单边行动可能会也可能不会改进 WTO 争端解决裁决的遵守。如果单边行动获得成功,国内产业由于面对较少限制性的外国市场,其处境将会变好。如果

---

① See, *United States – Section 306 of the Trade Act 1974 and Amendments thereto*, Request for consultation, WT/DS200/1.

② 贺小勇:《国际贸易争端解决与中国对策研究——以 WTO 为视角》,法律出版社 2006 年版,第 237 页。

单边行动未获成功,国内产业仍然会面对限制性的外国市场,但报复清单上进口产品的消费者不得不支付更高价格,外国出口商也会损失销售额。无论如何,报复清单的持续变换会损害投诉方的某些国内公司,特别是中小型企业和清单产品的进口商。此外,如果美国的传送带报复做法得到了 WTO 裁决机构的支持,其他WTO 成员也会采取类似措施。总之,传送带报复通过增强争端解决程序会促进 WTO,也可能通过单边行动减损多边体制。① 在目前的 WTO 争端解决审查中,美国已经提出建议,争端程序应该规定可以滚动报复清单。②

4. 美国传送带报复立法的现实影响

尽管美国自己从未适用过传送带报复,但欧共体、加拿大和日本在"美国伯德修正案"中针对美国实施了传送带类型的报复措施。

二、受到报复措施侵害的国内私人的救济途径

根据 DSU,只要满足一定条件,投诉方可对被诉方采取报复措施。投诉方通常对被诉方出口产品征收惩罚性关税。从私人角度看,投诉方的报复措施损害了被诉方与受报复产品有关的出口商的利益。遭受报复措施侵害的国内私人该如何寻求救济呢? 诉诸 WTO 以及在投诉方国内寻求救济都不可行。一种选择是在被诉方国内寻求救济,要求被诉方(本国)政府承担损害赔偿责任。

---

① See, Lenore Sek, *Trade Retaliation: The ' Carousel' Approach*, CRS Report for Congress, 2002, p. 6.

② See, Lenore Sek, *Trade Retaliation: The ' Carousel' Approach*, CRS Report for Congress, 2002, p. 6.

此种情况发生在"欧共体香蕉案"背景下的 FIAMM 与 Fedon 诉理事会和委员会案中。

（一）FIAMM 与 Fedon 诉理事会和委员会案概况①

1993 年 7 月 1 日，理事会通过了第 404/93 号条例，确立了香蕉进口、分销和销售体制。厄瓜多尔、危地马拉、洪都拉斯、墨西哥和美国在 WTO 中成功指控了该条例。由于立即遵守不可行，欧共体需要在合理期限内遵守 DSB 建议和裁决。合理期限到期后，厄瓜多尔发起了第 21.5 条程序，主张欧共体未能遵守。该案遵守专家组也裁决欧共体未能在合理期限内实现遵守。第 22.6 条仲裁小组发布报复裁决之后，经美国和厄瓜多尔再次请求，DSB 授权美国和厄瓜多尔中止等同于丧失或减损水平的减让，数额分别是 1.914 亿美元/年和 2.016 亿美元/年。由于欧共体仍未遵守 DSB 建议和裁决，美国决定对欧共体电池、床上用品和沐浴用品的生产商征收惩罚性关税。某些出口商（例如，工业电池厂商 FIAMM 和眼镜盒厂商 Fedon）由于不再能够向美国出口自己的货物而遭受了相当大的损害。2000 年和 2001 年，受到美国报复措施影响的货物的某些欧盟出口商（本案原告）根据欧共体条约第 235 条和第 288(2) 条针对理事会和委员会在 CFI 提起了损害赔偿诉讼。为了支持自己的损害赔偿请求，这些公司提出了三点核心

---

① 参见"FIAMM and Giorgio Fedon Figli 诉 Council and Commission 案"（以下简称"FIAMM 案"），judgement of 9 Sep. 2008, in ECJ Joined Cases C-120/06 P and C-121/06 P。本部分主要参见：Marco Bronckers, *From 'Direct Effect' to 'Muted Dialogue': Recent Development in the European Courts' Case Law on the WTO and Beyond*, Vol. 11, No. 4, JIEL, 2008; Isabelle Van Damme, *Eighth Annual WTO Conference: an Overview*, Vol. 12, No. 1, JIEL, 2008; Armin Steinbach, *EC Liability for Non-compliance with Decisions of the WTO DSB: The Lack of Judicial Protection Persists*, Vol. 43, No. 5, Journal of World Trade, 2009.

主张:第一,共同体违反了 WTO 法;第二,共同体违反了欧盟法的根本原则;第三,即使不存在不合法行为,共同体行为也对自己造成了不成比例的金钱负担或损失。①

在 2008 年 9 月 9 日的"FIAMM 和 Fedon 案"判决中,ECJ 似乎关闭了私人从欧共体寻求金钱赔偿的可能性。ECJ 作出了三项重要判决:

第一,即使在损害赔偿之诉中,DSB 建议和裁决在欧共体法律秩序中也不具有直接效力。除重申关于 WTO 规则没有直接效力的灵活性和互惠等主张外,ECJ 还裁定,即使在损害赔偿诉讼中,如果应当对不合法行为授予损害赔偿,也会迫使相关欧共体机构采取必要措施救济该不合法性。

第二,由于 DSU 第 22 条明确规定了报复的可能性,私人贸易商应该合理预见到面临 WTO 体制下报复的风险。ECJ 驳回了原告关于共同体违反了欧盟法根本原则的请求。

第三,在不存在不合法行为②的情况下,欧共体机构不负损害赔偿责任,至少就立法活动而言是这样。

(二)侵犯根本性权利请求的处理

ECJ 审查了原告与侵犯了欧盟法确立的根本原则有关的主

---

①　See, Armin Steinbach, *EC Liability for Non-compliance with Decisions of the WTO DSB:The Lack of Judicial Protection Persists*, Vol. 43, No. 5, Journal of World Trade,2009, pp. 1050–1053.

②　如果欧共体机构采取了合法措施,并且该措施为了公共利益而对某些欧共体公民施加了不成比例的负担,欧共体条约允许这些公民从公共预算中获得金钱赔偿。这类诉讼可称为"合法行为损害赔偿之诉",依据两大格言:第一,政府无论何时对其公民施加税收或其他金钱负担,所有公民享有同等待遇;第二,为了公共利益不得不作出特别牺牲的公民有权获得损害赔偿。本案投诉方提出了这方面的权利请求,但 ECJ 没有支持与合法行为之损害赔偿有关的具体主张。

张。这些主张包括:(1)违反了合理期望保护与法律确定性原则;
(2)侵犯了财产权及进行经济活动的权利;(3)未能遵守适当行政
管理原则。

1. CFI 判决

在本案一审中,CFI 认为,原告的主张"都取决于以下假设:被
告机构的行为据称违背了 WTO 规则"。因此,由于 CFI 拒绝根据
WTO 规则审查共同体机构行为的合法性,CFI 拒绝了这些主张。

2. ECJ 判决

ECJ 虽然审查了原告的上述主张,但未予接受。ECJ 承认,如
果以不成比例和难以容忍的方式损害了这些权利,可以导致责任
的产生。但是,ECJ 同时指出:第一,由于市场份额仅仅是一种金
钱性质的经济地位,并且面临变化着的情势所导致的风险,经济经
营者不能对其在特定时间拥有的市场份额主张财产权;第二,财产
权、贸易或执业自由"不能延伸到保护纯粹的商业利益或机会,因
为利益或机会的不确定性是经济活动的本质内容的一部分。"特
别地,经营货物出口业务的经济经营者必须意识到,各种情势可能
会影响和改变它们在特定时间拥有的商业地位,包括 DSU 第 22
条预想的情况,也就是,任何非成员国都可能在 WTO 框架下针对
其贸易伙伴采取的立场作出回应,采取中止减让措施。①

关于公共利益,ECJ 并未处理,而是探讨了欧共体机构是否侵
犯了原告的根本性权利,例如财产权。有学者指出,由于至高无上
的公共利益(特别是想要维护 ACP 香蕉出口国相对于美元香蕉国

---

① See, Armin Steinbach, *EC Liability for Non-compliance with Decisions of the WTO DSB: The Lack of Judicial Protection Persists*, Vol. 43, No. 5, Journal of World Trade, 2009, p. 1053, 1064—1065.

家的地位),欧共体决定不遵守 WTO 裁决。由于欧共体决定保护更大公共利益而蒙受损害的少数市民(出口商 FIAMM 和 Fedon)获得赔偿是适当的。①

3. 简短评论

在 ECJ 看来,"变化着的情势所导致的风险"与"成为经济活动本质内容一部分的不确定性"决定了是否可以主张侵犯了这些自由。ECJ 在"德国诉理事会案"中考虑了类似因素。ECJ 在该案中驳回了受到欧共体香蕉制度影响的原告为了撤销与 WTO 不符的香蕉条例而提出的主张,并裁定,"任何经济经营者都不得主张市场份额方面的财产权,也不得主张将会维持现有状况的合理期望。"

Steinbach 主张,市场经营者可以合理地期望,反映了正常贸易过程的市场条件将会继续,这排除了相关业务中可能会实际发生的不确定性。这些不确定性的概率应当根据合理的可预期性进行判断,而不是根据市场条件发生某些变化的法律可能性进行判断。相比 ECJ 以纯粹的法律主义方法确定风险的内在性和不确定性(也就是,取决于是否存在关于中止减让的法律条款),根据特定类型业务涉及的典型风险评估不确定性将会更好地反映商业现实。以如此严格的方式期望单个贸易商做好准备面临根据 DSU 第 22 条撤销减让,相当于隐含地要求贸易商做好一般性准备,随时面临临时性的、针对国家合法实施的任何中止减让或任何禁运,因为禁运通常根据现有国内立法或联合国决议得以实施。

---

① See, Marco Bronckers, *From 'Direct Effect' to 'Muted Dialogue': Recent Development in the European Courts' Case Law on the WTO and Beyond*, Vol. 11, No. 4, JIEL, 2008, p. 892.

在禁运措施背景下，有关文献讨论了关于禁运可预测性的更细致方法。损害赔偿请求应当根据所涉及单个国家的具体情况下禁运的可预测性进行评估。在政治不稳定地区进口贸易或者经济危机增加了贸易制裁风险的情况下，贸易商就不能援引禁运导致的损害的不可预测性。类似地，对于受到报复性措施影响的贸易商而言，"变化着的情势所导致的风险"应当在个案基础上进行判断，并考虑特定国家或地区具体类型的业务的典型特征。这意味着，由于法律可能性的存在并未反映具体经济活动中内在的实际不确定性，DSU 规定了中止减让可能性的事实对于评估商业现实并不相关。在这方面，尤其需要注意到，在交叉报复的情况下，受到报复性措施约束的业务与发生 WTO 违反的业务之间完全没有任何联系。例如，不能合理地期望电池出口商关注香蕉市场，并对可能的贸易争端作出预测。此外，WTO 成立以来只有少数案件实施了报复性措施，或者说，低于 WTO 处理的争端解决案件总数的 1%。这类遥远的、不可预测的风险不应被认为构成了典型的变化着的情势所导致的风险与不确定性。① 维持关于损害赔偿诉讼应予证明的因素的连贯性和一致性的需要进一步支持上述结论。在就立法措施的责任确定"优先法律违反"因素时，ECJ 仔细区分了不同类型的市场风险。ECJ 要求，"原告宣称的损害应该超过相关部门经营过程中内在的经济风险限度"。因此"优先法律违反"标准基于原告开始制造和销售这些产品时市场条件内在的可预测性。为了不妨碍共同体作出立法决策，ECJ 引入了特别且不可预测的损

---

① See, Armin Steinbach, *EC Liability for Non-compliance with Decisions of the WTO DSB: The Lack of Judicial Protection Persists*, Vol. 43, No. 5, Journal of World Trade, 2009, pp. 1065—1066.

害这一限制。就确定根本性财产权与经济活动的实体内容而言，ECJ 放弃了可预测的市场风险与遥远的市场风险之区分，与 ECJ 在这里采用的方法不一致。①

ECJ 的上述裁决表明，出口商必须意识到 DSU 报复的存在，并且必须容忍因此而可能遭受的侵害。ECJ 因此关闭了受到 DSB 授权的报复侵害的私人主体请求欧共体机构给予损害赔偿的可能性。这也意味着，出口商必须随时面临本国政府采取 WTO 不符措施的风险，面临本国政府在 WTO 中败诉后拒不执行 DSB 建议和裁决以及由此可能引发的其他 WTO 成员的报复风险。这将使出口商面临无法化解的政治和法律风险。经营者需要承担商业风险，但是否需要承担这类政治和法律风险值得考虑。有学者指出，ECJ 回避了问题的实质。尽管欧共体出口商需要接受，它们在国外的商业地位可能会受到各种因素的不利影响，但并不明显的是，这些出口商也不得不预见到，欧共体将会漠视其国际法律义务并引发其他国家的报复性贸易限制。WTO 是一个以规则为基础的体制，并且拥有非同寻常的强有力争端解决机制。欧共体公民有权期望，欧共体将会遵守 WTO 背景下的法律规则。② 这些出口商不会合理地预期到，欧共体将会漠视其国际法律义务，自己将会因此承担不利后果。总法律顾问 Poiares Maduro 构想了合法欧共体行为情况下损害赔偿请求的许多条件，并觉得本案原告已经证明

---

① See, Armin Steinbach, *EC Liability for Non-compliance with Decisions of the WTO DSB: The Lack of Judicial Protection Persists*, Vol. 43, No. 5, Journal of World Trade, 2009, p. 1066.

② See, Marco Bronckers, *From 'Direct Effect' to 'Muted Dialogue': Recent Development in the European Courts' Case Law on the WTO and Beyond*, Vol. 11, No. 4, JIEL, 2008, pp. 892-893.

了这些条件。他还强调说,欧共体香蕉进口制度与工业电池和眼镜盒出口商之间没有任何联系。① 问题的关键不是由欧共体出口商主张欧共体机构违反了国际法和欧共体法,也不能或无须指控欧共体机构的行为根据欧共体法是不合法的。关键问题在于,欧共体出口商得主张欧共体机构的行为是无法预期的,并且为了更大公共利益而对自己施加了不成比例的负担。FIAMM 和 Fedon 诉讼中的原告直接援引 WTO 法律原则、寻求 ECJ 进行关于 WTO 裁决直接效力问题的原则性讨论不太可能有助于其案件的解决。② 如果未来案件的原告更为谨慎地依赖 WTO 裁决或规则,更多地依据欧共体法律原则,能否从欧共体机构获得损害赔偿值得期待。无论如何,尽管并不存在相关 WTO 法律义务,但 ECJ 的立场与 WTO 争端解决机制增强多边贸易体制的安全性和可预期性之目标相去甚远。

(三)合法行为损害赔偿请求的处理

1. 合法行为责任制度概述

ECT 条约第 288 条第 2 款规定:"对于非合同责任,共同体应当根据成员国法共有的一般原则赔偿共同体机构或其雇员在履行职责时造成的任何损害。"第 288 条第 2 款并未指出非合同责任的原因。引起非合同责任的欧共体行为可分为合法行为和不合法行为,第 288 条第 2 款未区分二者。普遍的观点是,第 288 条第 2 款

---

① See, Marco Bronckers, *From 'Direct Effect' to 'Muted Dialogue'*: *Recent Development in the European Courts' Case Law on the WTO and Beyond*, Vol. 11, No. 4, JIEL, 2008, p. 893.

② See, Marco Bronckers, *From 'Direct Effect' to 'Muted Dialogue'*: *Recent Development in the European Courts' Case Law on the WTO and Beyond*, Vol. 11, No. 4, JIEL, 2008, p. 893.

并未将这些原则的范围仅仅限于适用于不合法行为之责任的规则。① 因此,理论上看,第 288 条第 2 款不仅适用于不合法行为损害赔偿之诉,亦可适用于合法行为损害赔偿之诉,唯一的限制是,共同体承担赔偿责任的范围和条件须依据成员国法共有的一般原则。由于成员国普遍承认不合法行为引起的责任,由欧共体机构对其不合法行为引起的损害进行赔偿并不存在什么争议。但是,欧共体机构是否应对其合法行为引起的损害进行赔偿,理论界和欧共体司法机关均存在争议。

从方法论上看,在共同体法中引入合法共同体行为的责任制度要求对欧盟成员国国内法律秩序进行比较考查。在相关文献中,许多研究对国内责任制度进行了比较考查,但没有得出统一结论。这表明,至少某些成员国存在合法行为责任制度,尽管采取不同形式,要求不同条件。关于 WTO 背景下的责任,学者们并未进行比较考查,但也没有质疑,存在关于合法立法措施之责任的原则。有关讨论集中于 ECJ 在"Dorsch Consult 案"中列举的条件。在该案中,ECJ阐明了承认合法行为责任制度需要确立的许多因素:损害事实、损害事实与相关行为之间存在因果关系以及损害的不同寻常和特别性质。在"FIAMM 案"中,CFI 和 ECJ 得出了截然不同的结论。

2. CFI 判决

关于合法行为损害赔偿之请求,CFI 认为,在无法证明共同体机构的行为不合法的情况下,由于共同体机构的行为而承受不成比例的负担的企业有权从共同体机构那里获得损害赔偿。但是,

---

① See, Armin Steinbach, *EC Liability for Non-compliance with Decisions of the WTO DSB: The Lack of Judicial Protection Persists*, Vol. 43, No. 5, Journal of World Trade, 2009, pp. 1066-1067.

由于没有满足损害赔偿须具有特别和不同寻常性质这一条件,CFI 驳回了这些赔偿之诉。

在"FIAMM 案"一审中,CFI 并未对成员国责任规则进行详细的比较分析。但是,CFI 认为,ECT 第 288 条第 2 款并未将损害赔偿请求权限于不合法行为的情形。CFI 陈述到:"关于非合同责任的国内法允许个人(尽管程度不同)在具体领域根据不同规则在法律诉讼中针对某些类型的损害获得赔偿,即使不存在损害加害者的不合法行为。"然而,CFI 并未具体指明该原则存在于哪一成员国。CFI 进一步认为,"如果满足了持续性实际损害、该损害与共同体机构行为间因果关系以及相关损害的不同寻常和特别性质等条件",可以引起责任。

鉴于明确规定了报复可能性的 WTO 规则,CFI 拒绝了报复所致损害的"不同寻常性质"。报复可能性的存在决定了在 WTO 各成员市场销售其产品的经营者必须承担这类风险。CFI 认为,WTO 体制下的报复措施引起损害的可能性是国际贸易商经营中的"内在风险"之一。由于不存在原告因为美国报复措施而蒙受的"不同寻常损害",CFI 最终拒绝授予原告损害赔偿救济。

CFI 错误评估了合法行为责任背景下损害的"不同寻常"特征。CFI 的推理(贸易商需要考虑 WTO 报复措施的风险)也遭到了批评,特别是考虑到 WTO 争端解决机制有助于多边贸易体制安全性和可预期性之目标。[①]

3. 本案总法律顾问 Maduro 的法律意见

对于不合法行为不存在情况下的责任请求,Maduro 强调,许

---

① See, Isabelle Van Damme, *Eighth Annual WTO Conference: an Overview*, Vol. 12, No. 1, JIEL, 2008, p. 189

多欧共体成员国接受这类责任,依据同等待遇原则或者财产的根本权利原则。与 CFI 类似,Maduro 同意,欧共体机构可以对合法行为造成的损害负有责任。与 CFI 不同的是,他提供了一种不同的"不同寻常的特别损害"(unusual and special damage)定义。不同寻常的损害被描述为"超过了相关部门经营中内生的经济风险的限度,并且足够严重的"损害。与其他贸易商相比,特别损害"以不成比例的方式影响了特定经济经营者群体"。将这些条件适用于争议案件事实,Maduro 得出结论,报复措施造成的损害既不是通常的,也不是可以合理预见的,并且,现实的风险并不是市场内生的。因此,Maduro 得出结论,ECJ 应将该案发回 CFI 重申,以确定损害是否足够严重而被认定为"不同寻常的"。①

4. ECJ 判决

ECJ 推翻了 CFI 的上述裁决。ECJ 认为,不能从以前的案例法中推断出,ECJ 已经确立了合法行为责任制度。ECJ 在判决中的用语表明,CFI 明显错误解释了 ECJ 在"Dorsch Consult 案"中的裁决,因为在该判决中,ECJ 仅仅"限于列明了共同体法承认的、关于合法行为之共同体责任的原则情况下可以引起责任的某些条件。"无论如何,ECJ 认为,与不合法行为的责任不同,对国内法律秩序的比较考查将不会表明关于合法行为责任的国内法律制度的统一性,特别是当合法行为具有立法性质时。ECJ 特别指出,合法行为责任不适用于以下情形:如果不能在共同体法院依赖共同体机构未能遵守WTO 协定的行为,属于欧共体立法权限的这类行为不会导致任何责任。为了得出上述结论,ECJ 援引了关于不合法立法措施之共同

---

① See, Isabelle Van Damme, *Eighth Annual WTO Conference: an Overview*, Vol. 12, No. 1, JIEL, 2008, pp. 188-189.

体责任的 ECJ 判例法。为了不妨碍立法职能的行使,只有发生了足够严重的对保护个人的优先法律规则的违反,才可以导致立法行为责任。尽管对成员国法律体系的比较审查支持 ECJ 关于立法措施不合法情况下的责任原则的裁决,但是,关于合法行为(特别是涉及立法措施)情况下的责任原则,比较审查并不会产生相同结果。

5. 简短评论

ECJ 上述判决反映出,ECJ 不愿意看到立法措施引起责任。为了不妨碍立法职能的行使,对于不合法行为的责任,ECJ 引入了许多限制性条件:优先法律规则的足够严重违反、法律授予个人权利的意图、对共同体机构权力之行使的限制的严重忽视。根据这些限制性条件,ECJ 完全不予考虑关于合法的立法措施行为的责任制度。只有作为补充性的理由,ECJ 才提到对成员国规则进行比较审查,但没有说明该比较审查的结果。在考虑共同体法新责任制度时,ECJ 在多大程度上依赖共同体法律秩序的需要和特征而不是主要依赖作为其渊源的国内法律秩序(ECT 第 288 条)是不同寻常的。在这方面,ECJ 似乎采纳了总法律顾问 Maduro 的观点:共同体责任制度应当满足共同体法律秩序的具体需要,国内法仅能作为指导。在形成责任条件的过程中,ECJ 赋予成员国法律秩序的有限作用已经反映在“Dorsch Consult 案”中:在 ECJ 实际承认合法行为责任制度并且尚未审查有关国内法律秩序(关于国内责任制度是否以及在何种条件承认合法行为责任制度)之前,ECJ 就列举了责任制度的先决条件。①

---

① See, Armin Steinbach, *EC Liability for Non-compliance with Decisions of the WTO DSB: The Lack of Judicial Protection Persists*, Vol. 43, No. 5, Journal of World Trade, 2009, p. 1068.

（四）关于 FIAMM 与 Fedon 诉理事会和委员会案的评论

理论上看,贸易自由化会导致受益者和受损者。对于贸易自由化的受损者,近年来,关于对受损者进行贸易调整援助已经成为一个热门话题,并引起了学者广泛的研究。同样地,贸易保护主义亦会产生受益者和受损者。在贸易保护主义措施采取国,进口商及进口产品用户是受害者。如果被诉方采取报复措施,其产品受到报复措施约束的出口商也是受害者。对于这些受害者,目前尚没有任何国内法律制度或政策予以主动救济。欧共体法律制度允许贸易保护主义措施的受害者（从已经发生的案件来看,限于进口贸易商以及受到报复措施侵害的出口商）寻求共同体法院的救济。但是,目前尚没有一个受害者获得损害赔偿,并且,ECJ 案例法似乎也关闭了受害者未来成功获得损害赔偿的可能性。

三、单边还报措施问题

针对外国的持续违反行为,受害国有时会主动采取单边措施。在"美国 1916 年法案"中,由于美国至今仍未撤销已被专家组和上诉机构裁定为违反 WTO 相关协定的 1916 年反倾销法,并且投诉方欧共体和日本无法采取有效的报复措施,欧共体和日本最终采取了抵消美国 1916 年反倾销法效果的立法,或称对抗性立法。

（一）欧共体和日本对抗性立法的背景

根据美国 1916 年反倾销法,美国国内生产商不仅可以针对欧共体和日本公司提起刑事或民事诉讼,要求倾销的外国生产商支付三倍损害赔偿金,而且该立法对欧共体和日本的出口商具有间接的冷冻或威慑效果。为此,日本和欧共体提起了 WTO 诉讼,指控美国 1916 年反倾销法违反了 WTO 相关协定。专家组和上诉机构均裁定 1916 年反倾销法违反了 WTO 相关协定。鉴于美国始终不肯撤销 1916 年反倾销法,欧共体和日本遂请求 DSB 授权报复,美国则要求进行第 22.6 条仲裁。仲裁裁决①的主要内容是:不支持欧共体的"镜像立法"请求;欧共体利益丧失或减损只包括根据美国 1916 年反倾销法作出的相关法院判决或达成的私人解决办法下的支付②,不包括美国 1916 年反倾销法对欧共体出口商的冷冻或威慑效果,也不包括欧共体出口商的诉讼成本。由于并不存在针对欧共体出口商的相关判决,私人解决办法由于商业原因也未披露,因此欧共体根本不能采取任何有意义的报复措施。另一方面,欧共体公司仍然受到美国 1916 年反倾销法诉讼的威胁,或者限制自己的贸易行为,或者被迫与美国进口商达成私人协议。鉴于上述状况,欧共体通过了第 2238/2003 号规章,即所谓的"对抗性立法",以抵消美国 1916 年反倾销法的影响。

　　就日本及其公司而言,2003 年 12 月,美国新闻纸印刷机制造商 Goss International Corporation 根据 1916 年反倾销法在美国爱荷华州北部地区地方法院针对其日本竞争对手 Tokyo Kikai Seisakusho(TKS)提起了诉讼,法院判决 TKS 支付大约 3000 万美元。该案仍在第八巡回上诉法院的上诉中。2004 年年底,美国一家船用发动机公司破产后的受托管理人根据 1916 年反倾销法起诉了该公司的前日本竞争对手,包括 Yamaha 公司。随着这些案件的展开,日本国内要求制定类似于欧共体第 2238/2003 号规章的对抗性立法。2004 年 12 月 8 日,日本制定了第 162 号法律。

---

　　①　由于日本根据与美国达成的协议请求中止仲裁程序,仲裁裁决只对 EC 发布。
　　②　私人达成的解决办法下的支付必须披露且可证实。

(二)欧共体和日本对抗性立法的主要内容及其合法性

1. 欧共体对抗性立法的主要内容

欧共体对抗性立法由序言和四个条文组成。该立法的核心是第一条至第三条以及陈述该立法历史背景的序言。整个立法的要点包括两个方面:第一,禁止在欧共体领土内承认和执行针对欧共体实体作出的要求其承担 1916 年反倾销法责任的美国法院判决(不承认不执行条款);第二,该法赋予欧共体实体在欧共体领土内针对美国实体提起诉讼的权利,以恢复欧共体实体因为美国诉讼而遭受的损害(追回条款)。

2. 日本对抗性立法的主要内容

日本对抗性立法又被称为"恢复损害法案"(Damage Recovery Law)。该法允许日本企业在日本法院针对在美国法院根据 1916 年反倾销法从日本企业(日本被告)获得三倍损害赔偿的美国企业(美国原告)提起恢复损害诉讼。恢复数额包括日本被告根据 1916 年反倾销法下的美国法院命令不得不支付给美国原告的金钱数额、日本原告承担的律师费用以及法律或其他费用。该法也禁止日本法院执行根据 1916 年反倾销法的任何外国法院判决。① 该法附件还规定,当美国废止 1916 年反倾销法时,恢复损害法案到期,但有一项例外:1916 年反倾销法对废止之前根据该法提起的诉讼继续有效。

---

① 具体而言,该法第 2 条第 1 款将 1916 年法界定为作为 2000 年 9 月 26 日由 DSB 通过的建议的对象的美国立法,并规定日本公司实体具有根据该法提起诉讼的权利。根据第 2 条第 2 款,根据日本法设立的公司实体、具有日本国籍的其他组织或个人可以获得诉讼地位。第 3 条第 1 款规定,根据 1916 年反倾销法从日本被告获得三倍损害赔偿金并对日本被告造成损害的美国原告有责任向日本被告返还所获得的金钱及其利息。第 3 条第 2 款进一步规定,如果日本被告在处理

3. 欧共体和日本对抗性立法在 WTO 体制下的合法性

第 2238/2003 号规章通过以后,欧共体在新闻发布会上称该对抗性立法与 WTO 协定无关,"它并不影响欧盟的任何义务,因此不需要 WTO 授权"。日本做法与此稍有不同。日本在其白皮书中提到"美国 1916 年法案"的现状,补充了一项解释性说明,注意到其立法不是一项与 WTO 有关的措施,更不用说是与 WTO 协定不符的措施。① 然而,对于欧共体和日本对抗性立法的法律定位并不取决于欧共体和日本的自我定位,应当结合 WTO 法予以分析。

一种观点认为,由于欧日对抗性立法是报复性措施,因此它们属于 WTO 的范围。未经 DSB 授权引入该立法是一项单边行为,受到 DSU 第 3.1 条和第 23.1 条的禁止。由于 DSU 第 23 条一般性禁止任何单边主义措施,欧共体对抗性立法违反了 DSU 第 23 条。此外,欧共体对抗性立法中的抓回条款可被视为 SCM 协定意义上的可诉补贴,因此可能违反 SCM 协定。② 然而,可以主张,对抗性立法是与 WTO 相符的规章,其程度等于或者不超过投诉方

美国法律诉讼时承担了法律和其他费用,美国原告有责任向日本被告支付这些费用。第 3 条第 3 款规定了美国分支机构的共同连带责任。根据这一条款,拥有美国原告 100% 股份的人或者是美国原告全资子公司的人有义务支付上述金额,且与美国原告承担共同连带责任。第 4 条规定了某些法定限制。自请求产生之日起三年后,根据该法的任何请求消灭。第 5 条规定了管辖权,根据第 3 条提起的任何法律诉讼由对日本被告(也就是日本诉讼的原告)有管辖权的法院管辖。第 6 条规定,根据 1916 年反倾销法的任何外国法院判决都不得在日本法院执行。

① 日本将其对抗性立法称为"损害恢复法案",主张该法案并不寻求 DSU 第 23.1 条意义上的"矫正",因此该法案并不违反这一条款。

② See, Antonis Antoniadis, *Unilateral Measures and WTO Dispute Settlement: an EC Perspective*, Vol. 41, No. 3, JWT, 2007, pp. 621–625.

蒙受的丧失或减损程度,只是该立法缺乏程序上的步骤而已(即 DSB 授权)。① 换言之,对抗性立法实体上并不违反 WTO 法,是一般国际法意义上的还报措施。另一种观点认为,对抗性立法不属于 WTO 的范围,因为它们集中于私人当事方之间的诉讼,并不属于 DSU 旨在覆盖的 WTO 各成员的"措施"。根据这一观点,对抗性立法确认,应该拒绝对外国法院判决或行政机构裁决的承认和执行,无论如何,这是国内民事诉讼法的涵盖范围。因此,对抗性立法必定不是 DSU 界定的中止减让或其它义务。②

"美国1916 年法案"第22.6 条仲裁小组的立场相当模糊。在该案报复仲裁过程中,美国试图以不同理由指控欧共体的对抗性立法。美国主张,对抗性立法的存在表明,欧共体蒙受的丧失或减损数额不包括诉讼成本,根据本仲裁授予欧共体的丧失或减损数额应当减去对抗性立法导致的丧失或减损数额的降低部分。由于欧共体在仲裁请求中没有提到对抗性立法这一程序性原因,仲裁小组仅仅裁定,该立法不属于其权限范围。但仲裁小组注意到,如果美国认为该立法超过了丧失或减损程度,美国可以发起新的 DSU 程序。

笔者认为,欧日对抗性立法无疑针对美国在"1916 年法案"中的持续违反行为,并且没有经过 DSB 的授权,具有单边性质。根据现有 WTO 判例法,欧日对抗性立法违反了 DSU 第23.1 条中禁

① Mitsuo Matsushita and Aya Iino, *The Blocking Legislation as a Countermeasure to the US Anti-Dumping Act of 1916:A Comparative Analysis of the EC and Japanese Damage Recovery Legislation*, Vol. 10, No. 4, JWT, 2006, p. 767.

② See, Mitsuo Matsushita and Aya Iino, *The Blocking Legislation as a Countermeasure to the US Anti-Dumping Act of 1916:A Comparative Analysis of the EC and Japanese Damage Recovery Legislation*, Vol. 10, No. 4, JWT, 2006, p. 768.

止单边纠正行为的一般性义务。

4. 欧共体对抗性立法在欧共体法律体制下的合法性

由于 DSU 第 23.1 条禁止任何形式的单边主义措施,欧共体对抗性立法在 WTO 法律体制下不具有合法性。那么,欧共体对抗性立法在欧共体法律体制下是否具有合法性呢? 安东尼亚迪斯认为,欧共体对抗性立法违反了欧共体法。首先,该立法没有适当法律依据。其次,从内容上看,阻碍性条款和抓回条款都具有很强的域外效力,不仅剥夺了美国法院适用自己法律的权限,而且使欧洲各国的法院对于欧共体公司蒙受损害的案件的审理具有优先管辖权。拒绝承认和执行适用了与 WTO 不符的规则的美国法院判决,没有良好的公共政策目标。创设私人权利不符合欧共体关于 WTO 法直接效力的立场。欧共体对抗性立法确立了 WTO 规则与私人权利之间本来并不存在的联系。欧共体在外国法律秩序中创设了基于 WTO 的权利,但自己在欧共体法律秩序中拒绝这些权利。最后,欧共体对抗性立法的通过没有满足《贸易壁垒调查条例》的有关程序和实体要求。① 总之,从国内法的角度看,欧共体对抗性立法面临着一系列法律问题。

第四节　WTO 报复制度其他改革建议及评述

WTO 报复制度有利有弊。WTO 报复制度具有如下优点:第一,报复制度有利于促进被诉方遵守 DSB 建议和裁决,预防 WTO 违反,从而促进贸易自由化目标;第二,报复制度为投诉方提供了

---

① See, Antonis Antoniadis, *Unilateral Measures and WTO Dispute Settlement: an EC Perspective*, Vol. 41, No. 3, JWT, 2007, pp. 611–621.

一种发泄手段,能够安抚受到损害的国内选民;第三,报复制度提供了一种事实上的政治保障措施;第四,报复制度改进了 WTO 的声望;第五,多边控制的报复制度替代了单边主义措施,约束了单边主义行为;第六,WTO 报复由投诉方控制,具有可使用性。但WTO 报复制度也有如下缺陷:第一,报复增加了贸易壁垒,鼓励贸易保护主义,与 WTO 的目标相悖;第二,报复打击了无辜和没有过错的私方主体,引发了私方主体之间的不公平问题,减弱了私人对 WTO 体制的信心;第三,报复制度并未帮助 WTO 弱小成员,引发了国家间不平衡、不公平问题,减弱了弱小 WTO 成员对多边贸易体制的信心;第四,报复制度违背了多边贸易体制的安全性和可预期性原则。

　　鉴于 WTO 报复机制目前存在的问题,在 DSU 谈判背景下,许多建议被提了出来。总体而言,WTO 报复机制的改革方向有如下几种:(1)废止报复措施;(2)加大现有报复的力度;(3)多边化报复机制,包括引入可交易的报复权制度和集体报复制度两种建议;(4)引入其他多边因素。

一、废弃报复

　　伊斯拉姆主张,可使第 22 条下的补偿成为一种最终的和强制性的救济,以消除后续的报复性反措施。[①] 报复废弃论虽然考虑了 WTO 报复制度的诸多缺陷,但没有考虑多边贸易体制的现实和发展史。试想,如果没有报复或报复威胁,违反 WTO 义务的行

---

　　① M. Rafiqul Islam, *Recent EU Trade Sanctions on the US to Induce Compliance with the WTO ruling in the Foreign Sales Corporations Case: Its Policy Contradiction Revisited*, Vol. 38, No. 3, JWT, 2004, p. 481.

为就会缺乏最后打击手段。报复是主权国家的一项重要实体权力,因此,WTO 只能限制报复的使用,但不能完全剥夺主权国家的这一权力。这类建议几乎不会得到 WTO 成员的同意。此外,从DSU 中消除报复并不一定会根除单边报复,反而会使 WTO 失去对单边报复的多边控制。

二、加大报复力度

（一）在丧失和减损数额上乘以一个系数

厄瓜多尔建议,仲裁中确定的丧失或减损水平应当乘以一个数字,以使最终结果至少两倍于 DSB 授权的中止减让或其它义务数额。① 从实践来看,在"加拿大飞机案"中,针对加拿大的持续不遵守以及加拿大表明不会在短时期内遵守的情况,仲裁小组在计算出的补贴数额基础之上增加了 20%,作为适当反措施的最终额度。

（二）引入追溯性丧失和减损概念

为了鼓励及早遵守并挫败拖延,墨西哥建议追溯性地确定和适用丧失和减损。根据这些建议,丧失和减损数额应当选择从下列时刻起算:(1)措施实施日;(2)请求磋商日;(3)专家组设立日;(4)专家组或上诉机构报告通过日。② 通过增加不遵守情况下的报复水平,采纳该建议能够增加遵守激励。该建议的采纳也会挫败延长实施期限的努力:无论实施期限被延长了多少次,当计算不遵守情况下的报复水平时,不遵守方将会面临相同的起点。但是,由于被诉方只负有在合理期限结束之时(而不是另一更早时

---

① See, TN/DS/W/9, 8 July 2002.

② See, TN/DS/W/23 and TN/DS/W/40(both submitted by Mexico).

间)遵守 WTO 规则的义务,这类建议的追溯性质就会存在问题。允许报复水平涵盖遵守法律义务并未产生的期限(例如,从报告通过到实施期限结束)只会证明违反了 DSU 基本原则的惩罚性反措施的正当性,但 WTO 争端解决程序的基本目标是"实现争端的满意解决",而不是惩罚不遵守方。此外,第三方同意或者经 DSB 授权的实施期限的任何延长都是 WTO 成员的一项权利,合乎逻辑的推论是,在延长的期限里并不会产生使相关措施与 WTO 相符的义务。① 笔者认为,获得合理实施期限是被诉方一项极为重要的实体权利,相当于被诉方被给予了一段免费违反期或宽限期。由于被诉方在合理期限内并未负担必须遵守 DSB 建议和裁决的义务,也不应当惩罚被诉方在合理期限内的不遵守行为。利益丧失或减损的计算应当以合理期限结束为起点,当前实践基本遵守了这一计算方法。关键问题在于,报复水平往往是指年度报复水平,即从报复实施之日起一年,一年内的报复水平不得超过仲裁小组确定或者 DSB 授权的报复水平。这样,对于合理期限结束至报复实施之日这段时间,被诉方的不遵守行为没有受到任何惩罚,从而导致合理实施期限结束后的拖延。可行解决办法是在报复实施中考虑合理期限结束至报复实施之日这段时间内的丧失或减损数额。

值得注意的是,"2008 年主席案文"第 22.7 条在阐述仲裁员的职责时增加了一项:"如果没有[授予][谈定]任何补偿,或者没有根据谈定的条件授予补偿,经请求,仲裁员应确定合理期

---

① Won‐Mog Choi, *To Comply or Not to Comply? —Non‐implementation Problems in the WTO Dispute Settlement System*, Vol. 41, No. 5, JWT, 2007, pp. 1063–1065.

限内蒙受的丧失或减损水平。"第22.8 条在阐述报复期限时规定:"然而,如果丧失或减损水平包括第7 款描述的合理期限内蒙受的丧失或减损水平,中止减让或其它义务仍可继续有效,直到中止的效果等同于合理期限内蒙受的丧失或减损水平为止。"这两个规定表明,被诉方如果不对合理期限内投诉方蒙受的丧失或减损提供补偿,则这类丧失或减损水平应计算在报复水平之中,实际上引入了追溯性丧失或减损概念。如前所述,笔者反对这种改革建议。

(三)通过改变报复方式增强报复力度

崔元睦主张,必须允许投诉方在构建报复策略时的灵活性,例如,随时间流逝增加报复水平的方法似乎提供了改进遵守的某些现实可能性。欧共体在"美国外国销售公司案"中第一次使用了随时间流逝增加报复水平的方法。在该案中,欧共体最初的低报复关税涵盖大量美国产品,但每月增加1%。每月变化的关税吸引了人们对该案的注意力,增加的关税即使很小,也产生了遵守激励。至少,某些国会议员在关于"美国外国销售公司案"实施立法的辩论中提到了这一点。在"美国伯德修正案"中,仲裁小组裁定,丧失或减损是变化着的,允许可变的报复水平以促进遵守,同时不会影响丧失或减损水平与中止水平之间的等同要求。只要报复水平的增加在授权的报复水平最大额之内,必须允许投诉方使用此种方法。此外也可以使用轮换报复方法,以最大化制裁的效果。如果产品仍然在 DSB 授权的部门范围内,对受到报复约束的产品清单的任何定期修改都是合法的。与随时间流逝增加报复水平相结合的任何轮换报复将会使报复威胁更大,因此会在许多案件中产生更多的遵守激励。这些方法仍应受到比例性标准的约束,不应具有惩罚性质。任何异乎寻常的轮换形式或者超过授权水平的过量增加都会违反 DSU 中的报复原则。① 改变报复方式的上述方法都是为了加大报复力度,促使遵守。但它们也对国际贸易关系的安全性和可预期性带来了威胁,应当慎用之。

(四)关于加大报复力度主张的评论

上述加大报复力度的各种主张基于如下逻辑:报复力度越大,越有可能促使被诉方遵守;现有的等同报复效果不佳,不足以促使被诉方遵守;观察到的行为也表明,违反国可能倾向于容忍授权的报复,而不是提供补偿。据此,应当使报复更为严厉,使补偿更具吸引力。因此,有必要加大报复力度。加大报复力度的各种主张遭到了一些学者的批评。奥康纳认为这些主张旨在引入惩罚观念。而惩罚观念是一种激进的观念,偏离了 WTO 最初的"重新平衡"观念。② 对于上述"多倍"或"追溯性"计算建议,奥康纳评论到,现有 WTO 法中的救济不是去惩罚被诉 WTO 成员,而是当穷尽所有在先程序以后,获得一种迅速的解决办法。因此,在当前实践中,WTO 成员仅仅能够前瞻性地获得补偿或行使它们的中止减让权利。同意墨西哥和厄瓜多尔的"追溯性"或"多倍"计算观念应当审查 WTO 法中制裁的整体性质。③ 我们认为,在 WTO 法中引入惩罚观念是不恰当的,但加大报复力度是否意味着惩罚难以确定。抛开惩罚论,加大报复力度理论上有可能促进遵守,但实践

① Won‐Mog Choi, *To Comply or Not to Comply? —Non‐implementation Problems in the WTO Dispute Settlement System*, Vol. 41, No. 5, JWT, 2007, pp. 1067–1068.

② See, Bernard O'Connor, *Remedies in the World Trade Organization Dispute Settlement System—The Bananas and Hormones Cases*, Vol. 38, No. 2, JWT, 2004, p. 264.

③ See, *ibid*, p. 264.

中是否如此还取决于多种因素,实际效果难以确定。在此种情况下,考虑到报复的贸易缩减效应,不宜引入加大报复力度的各种主张。从法律角度看,前两种加大报复力度的主张都需要修改 DSU;后一种主张可在现有执行制度框架下得以实施。加大报复力度也可能带来负面影响:第一,它可能招致被报复国的抵制情绪,从而起到与促使遵守相反的效果;第二,它可能会挫败 WTO 各成员作出更多承诺的努力。

三、第三方报复与可交易报复权

鉴于发展中国家或弱小国家没有能力实施有效报复,第三方报复或可交易报复权制度①被提了出来,并引起了广泛的讨论。② 根据该制度,当胜诉的投诉方不能有效实施报复时,感兴趣的 WTO 成员可以出价以获得该报复权。在 WTO 中引入可交易的报复权制度多边化报复机制的途径之一。

（一）可交易报复权制度的优点

可交易报复权制度具有多种潜在优势。第一,通过确保受害国获得报复权换来的某种补偿,该体制可以便利减让的重新

---

① 可交易的报复(tradable retaliation) 、可交易的救济(tradable remedies) 、可谈判的救济(negotiable remedies) 等概念均指该制度。

② 2002 年,墨西哥建议 WTO 中的报复应当是可交易的。这一建议引发了一系列热烈的讨论,相关文章可参见:Kyle Bagwell,Petros C. Mavroidis and Robert W. Staiger, *The Case for Auctioning Countermeasures in the WTO*, July 2003; Kyle Bagwell,Petros C. Mavroidis and Robert W. Staiger, *The Case for Tradable Remedies in the WTO Dispute Settlement*,World Bank Policy Research Working Paper,March 19, 2004; Tanapong Potipiti, *Tradable Retaliation in the WTO:Discriminatory and MFN Retaliation*,May 2004; Tanapong Potipiti, *How to Sell Retaliation in the WTO*, March 2005; Henric A. Adey, *How(Not) to Sell the Right to Retaliate*,2005. 9. 19.

平衡。可交易报复权制度最大的优点在于,它允许不具有充分报复力量的成员与其他成员交易它们获得的中止减让权利,以换取其他利益或市场开放。第二,该体制也可能增强遵守激励。当存在更大的有效报复预期时,被诉方政府更可能使其政策符合 WTO 义务。贝格威尔、马弗鲁第斯和斯泰格尔提出了第三种潜在利益:可交易报复权制度可以确保现有报复权得以更有效地分配,因为行使该权利的 WTO 成员通常将会是最看重该权利的成员。①

(二)可交易报复权制度的不足

可交易报复权制度也存在着许多缺陷。首先,目标产品的供求关系会影响报复的效果。如果其他条件相同,只有当被诉方目标产品的出口供给弹性较低并且报复权中标国的进口需求弹性较高时,报复才会成功促进遵守。其次,胜诉方可能难以找到报复国。一般来说,只有当报复国目标产品的竞争性足够高时,在国内市场上才容易找到替代品,实施报复才不会显著损害本国经济。针对这一建议的一种批评是,国家为什么会通过申购另一成员的报复权给自己购买麻烦? 或者说,"搬起石头砸自己的脚"? 再次,即使有关国家受到了政治经济因素的促动决定最后购买报复权,这也是比较少见的情形。一般来说,只有当第三国经历了足够大的政治经济振荡时,它才可能发现提高关税水平是有效率的。最后,无论投诉方还是第三国实施报复,报复始终会导致贸易缩量,违背 WTO 的基本理性。

---

① See, Kyle Bagwell, *Remedies in the WTO: an Economic Perspective*, January 9, 2007, p. 18.

　　(三)报复权贸易的结构

　　报复权贸易可以采取多种方式。墨西哥建议并未提出关于报复权交易结构的任何具体建议。但是,自从墨西哥提出可交易报复权建议以来,许多文献考查了拍卖这些权利的可能性。现有文献探讨了包括和排除被诉方投标人的封标第一价格拍卖(first-price sealed-bid auction)。贝格威尔等人运用最新的拍卖理论分析了 WTO 体制内通过拍卖分配报复权的可能性。最为简单的拍卖模型涉及四个国家:违反了 WTO 承诺的国家(被诉方)、获得报复权但不愿意或不能行使该权利的国家(投诉方,卖方)以及两个从被诉方进口相同货物的投标国。贝格威尔等人考虑了封标第一价格拍卖中允许投诉方拍卖报复权的影响。他们区分了两种不同的拍卖设计。在基本拍卖模型中,两个投标国可以投标针对被诉方的报复权,但被诉方不可以进行投标。在拓展拍卖模型中,被诉方也可以投标。进一步假定,两个投标国经历了私人可以观察到的政治经济振荡,这导致他们认为征收更高关税的权利是有价值的。研究结果表明:第一,基本拍卖模型是一种具有正外部性的拍卖①,而拓展拍卖模型是具有正负外部性的拍卖②。第二,从拍卖

----

　　① 在基本拍卖模型中,两个投标国是唯一的投标人。每一投标国都拍偏爱另一投标国赢得拍卖并对被诉方采取报复措施这一选择,而不是没有任何国家赢得拍卖以及没有实施任何报复。直觉上看,每一投标国都偏爱第一种情形,因为获得了更为有利的对外贸易条件。值得注意的是,这一结论基于大国假设和国家追求经济福利最大化假设。

　　② 在拓展拍卖模型中,被诉方投标人的存在使得该模型成为一种具有正负外部性的拍卖。相比没有投标国赢得投标或者被诉方赢得投标,尽管每一赢得投标的投标国继续对另一投标国产生正外部性,但每一赢得投标的投标国对被诉方产生了负外部性。值得注意的是,这一结论仍然是基于大国假设和国家追求经济福利最大化假设。

成功的可能性及其结果来看,在基本拍卖模型中,拍卖有可能完全失败①,也有可能导致报复权的错误分配;在拓展拍卖模型中,不存在拍卖失败。实际上,常常②是被诉方赢得投标,导致报复权中止。对拓展拍卖模型的分析表明了一种令人吃惊的政策含义:当允许被诉方参与投标时,无须实际实施关税报复就可以实现补偿。也就是说,被诉方寻求避免报复性外国关税,因此它赢得拍卖,并向投诉方提供现金补偿。第三,报复权拍卖制度的不同规范性目标或动机需要不同的拍卖制度设计。拓展拍卖模型符合拍卖方期望收入③最大化标准,因为当允许投诉方参与投标时,可以产生最大的期望收入;基本拍卖模型更符合事前效率④标准。这一分析表明,拍卖设计核心特征的可取性取决于人们感觉到的在 WTO

---

①　直觉上看,无论哪一投标国赢得了报复权,每一投标国都会享有更为有利的对外贸易条件。因此,如果两个投标国都仅考虑本国经济福利最大化,那么每一投标国只会期望他国中标,从而导致报复权拍卖失败。但是,投标成功国进口竞争生产商会以该国消费者的牺牲为代价得益于额外的关税保护,因此,如果投标国具有足够的政治动机因而看重从消费者到进口竞争生产商的潜在重新分配,该国会偏爱赢得报复权投标。

②　直觉上看,被诉方承担了报复的所有成本,同时,对于两个投标国而言,报复是一种公共物品;因此,被诉方具有赢得拍卖的最大动机。

③　从拍卖方的角度看,更大的期望收入自然是好事情。实际上,在 WTO 中考虑报复权拍卖的动机之一就是增进弱小穷国获得某些补偿的能力。因此,期望收入是一种自然的规范性动机或目标。

④　事前效率根据受影响政府的客观功能得以定义。在拍卖报复权的情形下,受影响政府包括被诉方政府、两个投标国政府和投诉方政府。当四个政府期望共同福利最大化时,就实现了事前效率。如果 WTO 寻求最好地为其成员政府的目标服务,那么在选择拍卖设计时应当根据此种方式定义的事前效率标准。政府福利可以从两个方面来界定:经济福利最大化和政治福利最大化。由于任何报复都会降低效率,因此,如果政府追求经济福利最大化,那么允许被诉方参与投标的拓展拍卖模型更符合效率标准。然而,政府往往以追求政治福利最大化为目标。

报复背景下引入拍卖的目的:如果选择期望收入最大化作为报复权拍卖制度的规范性目标,则应该允许被诉方参与投标;反之,如果选择效率标准,则不应允许被诉方参与投标。此外,在 WTO 中拍卖报复权能够对 WTO 体制产生许多潜在间接利益,包括:(1)在强大贸易伙伴违反 WTO 义务的情况下,通过向 WTO 弱小成员提供可信的威胁采取报复行动的能力(根据基本拍卖模型)或者获得补偿的能力(根据拓展拍卖模型),报复权拍卖制度可以导致更多的 WTO 义务遵守;(2)弱小发展中国家可以使用拍卖收入吸引和资助私人对 WTO 法律诉讼的支持。当然,报复权拍卖制度也会产生许多潜在成本,例如拍卖产生的收入可能会导致过多使用 WTO 争端解决机制。[①] Potipiti 研究了在 WTO 中推销报复的收入最大化机制。这一机制设计问题的最有趣特征在于买方之间存在正外部性。Potipiti 注意到,收入最大化推销机制具有以下特征:第一,对货物具有最低估值的买方将会获得货物,此时分配是无效率的;第二,数字结果表明,最优机制不能通过普通拍卖实施。此外,允许报复可以交易可能会削弱而不是增强 WTO 执行机制。[②] Adey 考查了拍卖机制可能需要的威慑因素,后者应当作为 DSU 的一部分得以实施。Adey 的研究基于四国、三部门以及五货物模型,该模型允许研究潜在投标人(具有 MFN 和歧视性关税)之间具有身份依赖外部性的拍卖机制。利用一种新的拍卖机制,研究表明,由于投标人之间外部性的存在,报复权并不总是被停止,报复可以发生。这一结果有别于贝格威尔等人的研究结

---

① See, Kyle Bagwell, Petros C. Mavroidis and Robert W. Staiger, *The Case for Auctioning Countermeasures in the WTO*, July 2003.

② See, Tanapong Potipiti, *How to Sell Retaliation in the WTO*, March 2005.

论——如果被诉方参与投标,报复总是被终止。研究进一步表明,可以确定报复何时将被卖出、卖给谁以及何时它将起到根本性的威慑功能,即确定最初关税协议下报复货物部门关税的规模以及惩罚的大小。最后,Adey 定义了惩罚大小的一种替代衡量标准,即最低威慑报复。Adey 的研究表明,墨西哥的可交易报复权建议是一种可取的改变现有 DSU 的方法。①

贝格威尔的贸易条件理论研究表明,可交易的报复权制度可能会带来某些潜在利益,特别是,可交易的报复权制度有可能便利坚持不将其违反措施相符的大国向小国投诉方支付货币补偿。这样一种制度也会导致我们目前还不能理解的许多额外效果。就目前而言,贝格威尔警告对 DSU 作出明确的改变以适应可交易报复权,这一建议需要进一步的严肃研究。②

(四)"2008 年主席案文"关于第三方报复的建议

鉴于发展中国家的报复将会损害自身经济,"2008 年主席案文"试图引入第三方报复制度,但仍需要进一步的谈判。第 22.6 条(c)项规定:"如果证明中止减让或其它义务对于一发展中国家成员的经济将会产生负面影响,经请求,DSB 可以授权一成员或一组成员代表该受到影响的成员中止减让。下列原则和程序应当适用于这类请求:(i)在提出这类请求之前,该发展中国家成员应将有关事项提交仲裁,以确定丧失或减损水平。该确定应当考虑该发展中国家成员的合理期望。仲裁应当进一步考虑中止减让对于该发展中国家经济的影响。(ii)仲裁应考虑在该发展中国家成

---

① See, Henric A. Adey, *How(Not) to Sell the Right to Retaliate*, 2005. 9. 19.

② Kyle Bagwell, *Remedies in the WTO: an Economic Perspective*, January 9, 2007, p. 2.

员的其它部门中止减让或其它义务对于有效鼓励争议措施的撤销是否是适当的,同时应考虑该中止对于该发展中国家成员的可能影响。(iii)如果 DSB 根据第 7 款授权一成员或一组成员中止减让或其它义务,授予每一成员的中止水平应限于确保[充分补偿相关发展中国家成员受到的损害],确保及时有效地实施 DSB 建议和裁决。"因此,第三方报复适用于发展中国家诉发达国家或发展中国家的情形,条件是报复对本国经济有害并经过报复仲裁程序。"2008 年主席案文"仅规定了 DSB 授权程序,至于报复权如何转让,案文并未涉及,可由相关成员谈判之。

四、集体报复

鉴于发展中国家或最不发达国家不能有效利用报复机制,多边化报复机制的另一种途径是引入集体报复制度。一些学者和发展中国家建议,应当修改 DSU 以允许非当事方成员与投诉方一起援引反措施,即所谓的集体报复。

最不发达国家最早提出了集体报复建议,并得到了肯尼亚的支持。最不发达国家认为,有效执行机制缺乏的一种解决办法是采用类似于《联合国宪章》的"集体责任原则"。根据这一原则,所有 WTO 成员整体有权利并有责任执行 DSB 建议。作为一项特殊和差别待遇,在发展中国家或最不发达国家是成功投诉方的情况下,应当可以自动获得集体报复。在确定是否授权集体报复时,DSB 不应受到基于丧失或减损规则的限制。非洲国家支持这一建议。[1]

---

① See, Bernard O'Connor, *Remedies in the World Trade Organization Dispute Settlement System—The Bananas and Hormones Cases*, Vol. 38, No. 2, JWT, 2004, p. 265.

　　福山雅治反对这一建议,他认为,尽管引入集体反措施的愿望是合理的,但该建议不仅政治上不现实,而其法律上也没有根据。首先,尽管关于这一问题的国际实践稀少,并且国际法规则仍然正在发展,但普遍意见是,当国家在履行被违反的义务方面具有法律利益时,非受害国采取的反措施才可以是正当的。当被违背的义务对一组国家承担并且其确立是为了保护该组国家的集体利益或者对国际社会整体承担时,才认为国家拥有此种利益。但 WTO 义务的性质天生是互惠的,因此不能假定一成员对履行 WTO 义务本身(独立于其个别利益)拥有法律权利。其次,在 WTO 中,DSB 建议的实施应当通过当事方在争端解决过程中的互动来实现。非当事方成员的反措施甚至会扰乱此种互动,增加紧张关系,而不是实现遵守。再次,从必要性上看,赋予非当事方援引反措施的权利的必要性是有疑问的。DSU 仅仅施加了温和的投诉地位要求,认为自己就争议事项具有利益的成员可以容易地请求设立专家组或者作为共同投诉方参与专家组审查。因此没有必要拓宽有权援引反措施的范围以包括非当事方成员。最后,尽管可以主张集体反措施对于发展中国家是一种有价值的工具,但发展中国家利益可以通过宽泛评估丧失或减损反映在反措施之中。发展关注尽管重要和急迫,但仍然不能提供充足的法律基础改变 WTO 争端解决机制的根本结构:只有利益被丧失或减损的投诉方才有权援引反措施。① 尼兹里比认为,集体制裁或第三方制裁方案会引入潜在的缺陷,并且可能会阻碍现有执行机制中的那些方案。

---

　　① See, Yuka Fukunaga, *Securing Compliance through in the WTO Dispute Settlement System：Implementation of DSB Recommendations*, Vol. 9, No. 2, JIEL, 2006, pp. 425–426.

在集体或第三方制裁机制下,第三国将没有任何动机选择可以最大化遵守的报复策略,因为它们将不会面临任何出口利益集团的压力。相反,该国将有动机选择可以最大化它们的保护主义利益集团回报的报复策略。换句话说,集体或第三方制裁可能会增加全球的保护主义水平,而没有任何抵消性的遵守利益。① 崔元睦认为,尽管集体报复是促进遵守的一种有效方式,但这一激进的建议提出了许多实际问题,例如确定具体报复水平和确定报复的目标部门。除这些问题外,由于 DSU 仅仅允许投诉方主张自己的丧失或减损,引入集体报复需要修改 DSU。鉴于集体报复建议的激进性质,很难说服所有 WTO 成员采纳集体报复建议。②

"2008 年主席案文"试图引入集体报复制度,但仍需要进一步谈判。案文第 22.6 条(d)项规定:"如果案件由一发展中国家成员针对一发达国家成员提起,并且第 2 款描述的任何情势发生,为了促进及时有效地实施 DSB 建议和裁决,经请求,DSB 应在 30 天内授权该发展中国家和任何其它成员中止减让或其它义务。"因此,集体报复仅适用于发展中国家诉发达国家的情形,没有任何条件限制,目的在于促进发达国家被诉方及时有效地实施 DSB 建议和裁决。当然,总体报复水平理论上应当相当于投诉方蒙受的丧失或减损水平。

集体报复愿望是好的,但能否发挥有效作用值得深思。此外,集体报复引入了惩罚性因素。引入集体报复有待进一步论证。

---

① Jide Nzelibe, The Case Against Reforming the WTO's Enforcement Mechanism, April 2, 2007.

② See, Won-Mog Choi, *To Comply or Not to Comply? —Non-implementation Problems in the WTO Dispute Settlement System*, Vol. 41, No. 5, JWT, 2007, p. 1069.

五、引入其他多边因素

WTO 报复机制具有明显的双边性质,报复或报复威胁的效果在很大程度上依赖于争端方间的实力对比关系。一些 WTO 成员或学者主张引入某些多边因素。例如,厄瓜多尔建议,如果在给予被诉方各种可能性后仍不遵守,可以中止被诉方援引 DSU 的权利或被授予大规模报复的权利。① 崔元睦认为,可以引入某些象征性救济(symbolic remedies)。为了处理执行失灵问题以及由实施机制的双边性质引起了大国与小国之间的不平等问题,任何多边救济都会增加遵守激励。这类多边救济包括:(1)限制不遵守方的投票权;(2)迫使不遵守方支付投诉方由于该不遵守而招致的法律成本;(3)要求不遵守方向某些中立机构作出金融捐赠,例如世界贸易法咨询中心。②

六、改进现有报复制度的某些方面

(一)较早请求或授权中止减让

墨西哥建议,如果请求补偿或中止减让授权发生在尽可能早的阶段,将会使遵守机制获益。因此,墨西哥建议 DSB 应在通过上诉机构或专家组报告时授权中止减让。为此目的,墨西哥建议将 DSU 第 22.7 条程序引入最初专家组程序。可在向当事方发布中期报告后开始仲裁程序,仲裁可以专家组的中期裁决和结论为

---

① TN/DS/W/9,8 July 2002.

② See,Won-Mog Choi, *To Comply or Not to Comply? —Non-implementation Problems in the WTO Dispute Settlement System*, Vol. 41, No. 5, JWT, 2007, p. 1068.

基础。① 然而,在专家组阶段解决丧失和减损程度确定问题可能
太早了,因为完全遵守 DSB 建议的可能性是存在的。②

（二）较早确定丧失或减损数额

崔元睦主张,如果争端方在实施期限到期前就知晓了丧失或
减损的准确水平,被诉方就能够向国内利益集团表明不遵守的后
果。具体而言,争端方可以通过第 25 条仲裁程序较早确定丧失或
减损;如果争端方倾向于了解关于丧失或减损水平的非约束力观
点,他们可以使用 DSU 第 5 条中的调解或调停程序;争端方也可
以请求第 21.5 条专家组在确定遵守是否存在之外确定丧失或减
损水平;经请求,原专家组也可在裁决实体问题之后确定丧失或减
损水平。③ "2003 年主席案文"引入了较早确定丧失或减损水平
的机制。④

---

① TN/DS/W/23,4 November 2002.

② See, Bernard O'Connor, *Remedies in the World Trade Organization Dispute Settlement System—The Bananas and Hormones Cases*, Vol. 38, No. 2, JWT, 2004, p. 263.

③ See, Won-Mog Choi, *To Comply or Not to Comply? —Non-implementation Problems in the WTO Dispute Settlement System*, Vol. 41, No. 5, JWT, 2007, p. 1068.

④ See, Paragraph 1bis of article 22, Special sessions of the Dispute settlement body, *Report by the Chairman to the Trade Negotiations Committee*, TN/DS/9, 6 June 2003, p. 13.

第七章　中国与 WTO 争端解决裁决执行机制

　　WTO 争端解决机制是乌拉圭回合的主要成就之一。特别地，"反向协商一致"决策规则的采用使得 WTO 争端解决程序可以顺利进行。被诉方不再能够阻挠或拖延争端解决程序,投诉方因此可以较为迅速地获得 DSB 建议和裁决。然而,尽管 DSU 通过新设合理期限制度、遵守复审制度、补偿制度以及改进报复制度等显著改善了 DSB 建议和裁决的执行机制,但 DSB 建议和裁决的执行问题仍然成为 WTO 争端解决实践中的主要问题之一。DSB 建议和裁决的执行问题已经成为困扰 WTO 争端解决机制发挥更大作用的主要障碍。它不仅导致无法及时适当地救济投诉方以及相关私人主体,而且也减损了 WTO 争端解决机制的威望,减损了弱小国家对于 WTO 争端解决机制以及多边贸易体制的信心,成为阻碍多哈回合谈判成功结束的主要障碍之一。

　　WTO 是建立在政治经济现实基础上的主要追求经济福利最大化的国际组织。任何改革 WTO 争端解决裁决执行机制的建议都必须服务于贸易自由化的最终目标,都必须以政治经济现实为基础。此外,WTO 争端解决裁决执行机制改革还必须遵循不损及现有体制、促进公平性、可操作性以及程序性改革为主实体性改革为辅等原则。

DSB 建议和裁决的执行主要依赖于被诉方的主动实施和遵守。从遵守角度看,报复、声誉、合法性等因素都有助于促进被诉方遵守 DSB 建议和裁决。因此,增强透明度以及 DSB 的持续监督以加大声誉损失、增强专家组或上诉机构报告(包括遵守复审报告)、合理期限裁决和报复裁决等的合法性都有助于改善 DSB 建议和裁决的实施状况。加大报复力度通常不是一种较好的选择。此外,尽管国内政治和法律制度会显著影响 DSB 建议和裁决的实施状况,但不宜在国际层面设置要求改变国内政治和法律制度的机制,也不能由强权国推行特定社会模式。可行途径是由主要 WTO 成员在某些方面带头,其他成员随之改变立场。DSB 建议和裁决的国内效力问题可以成为这方面改革的恰当领域。

DSB 建议和裁决执行的目标是一个重要理论问题。WTO 争端解决裁决执行机制目标影响着改革执行机制的方向和现有实践。如果确保遵守 DSB 建议和裁决是最终目标,加大报复力度的建议就是可取的,仲裁小组裁决的巨额报复也就无可厚非。DSU 现有规定倾向于支持确保遵守 WTO 义务或 DSB 建议和裁决,但这一目标日益受到质疑。特别地,WTO 多边贸易体制主要旨在保护各成员的贸易利益,WTO 义务具有明显的双边性质,WTO 协定并非完备。这些因素倾向于在 WTO 体制中引入"有效违反"理论。DSB 建议和裁决执行的目标不一定非得是确保遵守,在特定条件下也可以允许"有效违反"。结合 WTO 实体义务设置相应执行目标已成为学界新的研究方向之一。

WTO 争端解决主要执行机制总体上运转良好,但改进和加强有关执行机制也十分必要。特别地,应当加强 DSB 的持续监督、增强补偿机制。对于合理期限制度和遵守复审制度,可在现有实践基础上进行修改和完善。对于报复制度,完善现有制度十分必

要,特别是应当设置恰当的报复中止或中止制度。最后,应当增强
DSB建议和裁决执行过程中的特殊和差别待遇。

关于我国如何应对WTO争端解决主要执行制度,可以考虑
如下几个方面的问题:我国参与WTO争端解决机制实践概况及
其发展趋势、我国实施DSB建议和裁决的能力以及我国在WTO
事务中的角色定位。

第一节　我国参与WTO争端解决机制概况

一、中国参与WTO争端解决实践概况

（一）专家组和上诉机构成员

2004年2月,张玉卿、曾令良、朱榄叶成为第一批列入WTO
争端解决机构专家组成员的指示性名单的中国籍专家。

2006年11月,董世忠和张月娇成为第二批列入该名单的中
国籍专家。

2007年夏天,张玉卿先生替代香港一名已退休专家组成员,
成为"欧共体香蕉案"遵守专家组的成员,这是我国人士第一次成
为专家组成员审查WTO案件。

2007年11月底,张月娇女士被指派为上诉机构成员,成为我
国的第一个上诉机构成员。

2010年2月18日,WTO争端解决机构例会正式决定,将中国
推荐的6名专家列入WTO争端解决专家组指示性名单,该6名专
家是李仲周、韩立余、杨国华、鄂德峰、张丽萍、李詠箎。因此,中国
目前共有11名专家入列WTO秘书处的专家组成员指示性名单。

（二）涉及中国的WTO案件

最初,我国多以第三方身份参与WTO有关案件的审理;接

着,作为共同投诉方参与了"美国钢铁保障措施案";近年来,我国接连在 WTO 中被诉,同时也积极投诉其他 WTO 成员。

截至 2011 年 6 月底,我国共遭受了 21 次 WTO 投诉,涉及 12 个案件,分别是:"中美集成电路增值税案"(WT/DS309)、"中美欧加汽车零部件案"(WT/DS339、WT/DS340、WT/DS342)、"中美墨出口补贴案"(WT/DS358、WT/DS359)、"中美知识产权保护与执行案"(WT/DS362)、"中美文化产品贸易权与分销服务案"(WT/DS363)、"中美欧加金融信息服务案"(WT/DS372、WT/DS373、WT/DS378)、"中美墨危出口激励措施案"(WT/DS387、WT/DS388、WT/DS390)、"中美欧墨原材料出口限制案"(WT/DS394、WT/DS395、WT/DS398)、"中欧紧固件反倾销案"(WT/DS407)、"中美电子支付服务案"(WT/DS413)、"中美取向电工'双反'案"(WT/DS414)、"中美风能设备补贴案"(WT/DS419)。在"中美集成电路增值税案"、"中美墨出口补贴案"、"中美欧加金融信息服务案"、"中美墨危出口激励措施案"四个案件中,中方通过与争端各方达成了相互满意的解决办法解决了争议。在"中美欧加汽车零部件案"和"中美知识产权保护与执行案"中,我国部分败诉,且已通过撤销或修改争议措施实施了相关 DSB 建议和裁决。在"中美文化产品贸易权和分销服务案"中,专家组和上诉机构裁决我国部分败诉,目前我国部分实施了该案 DSB 建议和裁决。其余五个案件尚处于磋商或专家组审理阶段。中国被诉案件具有以下特点:(1)绝大多数案件都涉及美国的投诉;(2)案件涉及货物贸易(汽车产业、补贴)、知识产权和服务贸易;(3)争议措施主要涉及一般性适用的措施(法律、行政法规、规章等)。

截至 2011 年 6 月底,我国共发起了 8 个案件,分别是:"美国钢铁保障措施案"(WT/DS252)、"中美铜版纸反倾销暨反补贴

案"（WT/DS368）、"中美某些产品反倾销和反补贴案"（WT/
DS379）、"中美禽类案"（WT/DS392）、"中欧紧固件反倾销案"
（WT/DS397）、"中美轮胎特保案"（WT/DS399）、"中欧皮鞋反倾
销案"（WT/DS405）和"中美冷冻暖水虾反倾销案"（WT/DS422）。
其中"美国钢铁保障措施案"已经执行完毕。"中美禽类案"专家
组报告、"中美某些产品反倾销和反补贴案"专家组和上诉机构报
告已由 DSB 通过。其余四个案件仍处于磋商或者专家组或上诉
机构审理阶段。中国投诉案件多数涉及其他 WTO 成员对我国出
口产品采取的贸易救济措施,涉及一般保障措施(1)、特殊保障措
施(1)、双反案(2)和反倾销案(3)。被诉成员为美国(6)和欧盟
(2)。

二、中国参与 DSU 改革谈判概况

我国积极参与 DSU 改革谈判,提出了一系列改革和澄清 DSU
的建议。[①] 根据我国学者的总结,改革和澄清 DSU 的中国建议具
有两大特征:第一,通过修改 DSU 相关条款便利争端的迅速解决;
第二,强调保护发展中国家成员的利益。[②] 例如,为了保护发展中
国家成员利益,中国建议,在发达国家成员针对发展中国家成员发
起投诉的情况下,如果专家组或上诉机构的最终裁决表明发展中

[①] *Improving the Special and Differential Provisions in the Dispute Settlement Understanding*: *Communication from China*, TN/DS/W/29, 22 January 2003; *Specific Amendments to the Dispute Settlement Understanding—Drafting Inputs from China*, TN/DS/W/51,5 March 2003; TN/DS/W/51/Rev. 1, 13 March 2003; *Response to Questions on the Specific Input of China*, TN/DS/W/57,19 May 2003.

[②] See, Xinjie Luan, *Dispute Settlement Mechanism Reforms and China's Proposal*, Vol. 37, No. 6, JWT, 2003, p. 1111.

国家成员并未违反自己的 WTO 协定义务,发起争端解决程序的发达国家成员应当负担发展中国家成员的法律成本。① 中国建议也涉及 WTO 争端解决裁决执行机制。中国提出的关于 WTO 争端解决裁决执行机制的建议包括:

第一,关于专家组或上诉机构建议的实施,中国提出了三个观点:(1)中国认为,目前的 DSU 改进应该便利争端方找到相互接受的解决办法以充分尊重 WTO 协定项下的义务,应该便利专家组或上诉机构建议的实施,而不是鼓励争端方诉诸中止减让,后者会使对国际贸易的损害加倍;(2)中国同时注意到,随着报复规则和程序的改进,自愿补偿规则仍然需要进一步发展。由于经济力量和国际贸易流动当前情势的失衡,在发达国家成员选择拒绝充分遵守专家组或上诉机构建议的情况下,尽管可被授予中止减让的权利,但发展中国家成员将会陷入缺乏必要报复手段的窘境;(3)关于改进补偿,中国认为,需要设置具体规则解决上述情况。某些成员已经提出了现金补偿建议,中国相信这是对自愿补偿的发展,对于弱小发展中国家成员尤其如此。中国支持发展中国家成员在发达国家成员未能遵守时请求发达国家成员作出现金补偿的权利。②

第二,中国建议加强 DSB 监督。中国建议在第 21.6 条末尾增加两款:"一旦遵守 DSB 建议或裁决,相关成员应向 DSB 提交关于遵守的书面通知。如果相关成员在离合理期限结束 20 天时

---

① *Specific Amendments to the Dispute Settlement Understanding—Drafting Inputs from China*,TN/DS/W/51,5,March 2003.

② See,*Improving the Special and Differential Provisions in the Dispute Settlement Understanding:Communication from China*,TN/DS/W/29,22 January 2003,p. 2.

没有提交前述通知,那么相关成员应在不迟于那一日期时向 DSB 提交关于遵守的书面通知,包括已经采取的措施或者在合理期限结束时有望采取的措施。"①

三、中国参与 WTO 争端解决裁决执行实践概况

(一)中国作为被诉方实施 DSB 建议和裁决

1. "中美欧加汽车零部件案"

2009 年 1 月 12 日,DSB 召开专门会议通过了"中国汽车零部件案"专家组和上诉机构报告。投诉方加拿大、欧共体和美国以及被诉方中国都对上诉机构裁决发表了意见。

在 2009 年 2 月 11 日专门召开的 DSB 会议上,中国向各个代表团发出通知,中国打算实施"中国汽车零部件案"裁决,但需要一个合理期限。

2009 年 2 月 27 日,欧共体和中国、美国和中国以及加拿大和中国分别通知 DSB,它们就本案合理实施期限达成了协议:自 DSB 通过专家组和上诉机构报告之日起,实施期限为 7 个月零 20 天,于 2009 年 9 月 1 日到期。

在 2009 年 8 月 31 日的 DSB 会议上,中国通知 DSB,2009 年 8 月 15 日,工信部、发改委共同发布命令,停止实施《汽车产业发展政策》中涉及汽车零部件进口的相关条款。2009 年 8 月 28 日,海关总署和相关机构发布了撤销第 125 号法令的共同命令。由于这些新法令于 2009 年 9 月 1 日生效,中国宣布自己遵守了 DSB 建议和裁决。

---

① *Specific Amendments to the Dispute Settlement Understanding—Drafting Inputs from China*, TN/DS/W/51, 5, March 2003.

2. "中美知识产权保护与执行案"

2009 年 1 月 26 日,专家组发布了裁决。专家组裁决中国《著作权法》第 4 条第 1 款、海关措施违反了 TRIPS 协定有关条款,但裁决中国知识产权犯罪的刑事门槛没有违反 TRIPS 协定。3 月 20 日,DSB 审议通过了本案专家组报告。

2009 年 4 月 15 日,中国通知 DSB,中国打算实施 DSB 建议和裁决,但需要一个合理期限。2009 年 6 月 29 日,中国和美国通知 DSB,它们已经达成一致,中国实施本案 DSB 建议和裁决的合理期限为专家组报告通过后 12 个月。因此,合理期限将于 2010 年 3 月 20 日到期。

中国在 2010 年 1 月 7 日提交给 DSB 的实施状况报告中称,与《著作权法》和《知识产权海关保护条例》之修改有关的立法建议已经提交给国务院审查。

2010 年 2 月 26 日,全国人大常委会通过了修改后的《中华人民共和国著作权法》,于 2010 年 4 月 1 日生效。新《著作权法》将第 4 条修改为:"著作权人行使著作权,不得违反宪法和法律,不得损害公共利益。国家对作品的出版、传播依法进行监督管理。"原第四条规定:"依法禁止出版、传播的作品,不受本法保护。著作权人行使著作权,不得违反宪法和法律,不得损害公共利益。"相比之下,新《著作权法》删除了本案争议规定"依法禁止出版、传播的作品,不受本法保护"。为了维护公共利益,新《著作权法》同时增加了"国家对作品的出版、传播依法进行监督管理"的规定。

2010 年 3 月 17 日,国务院通过了修改《知识产权海关保护条例》的决定。原条例第 27 条第 3 款被修改为:"被没收的侵犯知识产权货物可以用于社会公益事业的,海关应当转交给有关公益机构用于社会公益事业;知识产权权利人有收购意愿的,海关可以有偿转让给知识产权权利人。被没收的侵犯知识产权货物无法用于社会公益事业且知识产权权利人无收购意愿的,海关可以在消除侵权特征后依法拍卖,但对进口假冒商标货物,除特殊情况外,不能仅清除货物上的商标标识即允许其进入商业渠道;侵权特征无法消除的,海关应当予以销毁。"相比2003年条例①,修改主要针对该案专家组关于中国海关措施的一项违反裁决:对于假冒商标货物,不得简单清除假冒商标后就投放商业渠道。新修改基本上纳入了 TRIPS 协定的用语,肯定是符合其要求的。

在2010年3月19日的 DSB 会议上,中国介绍了最新的执行状况报告。鉴于第十一届全国人大常委会于2010年2月26日通过了《著作权法》修正案,国务院于2010年3月17日通过了《知识产权海关保护条例》修正案,中国认为,中国完成了实施 DSB 裁决的所有必要的国内立法程序。

3."中美文化产品贸易权与分销服务案"

2010年1月21日,DSB 审议通过了本案上诉机构报告和经上诉机构报告修改的专家组报告。在2010年2月18日召开的 DSB 会议上,中国表示将会实施 DSB 建议和裁决,但是,由于本案涉及许多重要的文化产品规章,中国需要一段合理期限评估各种选择。美国在此次会议上表示,中国措施对书籍、音乐、电影和其他产品的进口商和分销商施加了显著的市场准入壁垒,美国因此期望中国迅速实施。美国准备好与中国讨论一项合理实施期限。

---

① 2003年条例第27条第3款的相关部分规定:"被没收的侵犯知识产权货物无法用于社会公益事业且知识产权权利人无收购意愿的,海关可以在消除侵权特征后依法拍卖;侵权特征无法消除的,海关应当予以销毁。"

2010 年 7 月 12 日,中国和美国通知 DSB,他们同意,中国实施 DSB 建议和裁决的合理期限应为 14 个月,自专家组和上诉机构报告通过之日起计算。因此,本案合理期限的截止日期为 2011 年 3 月 19 日。

本案涉及中国的 18 项规范性法律文件,其中包括 4 部行政法规、10 部部门规章和 4 部其他规范性法律文件。这些规范性法律文件的制定主体涉及国务院以及发改委、商务部、文化部、广电总局、新闻出版总署和海关总署,中国在实施 DSB 建议和裁决时如何协调各方立场将会是一个十分棘手的问题。中国目前已经修改了相关行政法规和部门规章,部分实施了本案相关 DSB 建议和裁决。在行政法规层面,国务院于 2011 年 3 月 29 日公布了修改后的《出版管理条例》和《音像制品管理条例》;在部门规章层面,相关部门修改了《音像制品进口管理办法》、《订户订购进口出版物管理办法》、《电子出版物出版管理规定》、《出版物市场管理规定》。但是,被裁决违反 WTO 相关规则的其他行政法规和部门规章仍未得到修改。美国认为中国没有完全履行 DSB 建议和裁决,威胁要实施报复措施。2011 年 4 月 13 日,中国与美国达成了关于遵守复审程序、报复仲裁程序以及二者关系的协议。协议明确了第 21.5 条遵守程序的相关问题(磋商期限、专家组设立和组建、专家组审理期限、上诉期限以及上诉审理期限等)、第 21.5 条遵守程序与报复程序的关系以及第 22.6 条报复仲裁程序的有关问题(中国有权发起第 22.6 条报复仲裁、仲裁期限为相关事项提交仲裁后 60 天、第 22.6 条仲裁小组的组建等)。① 协议内容遵循了 WTO 当前的做法。

———————

① See,WT/DS363/18.

　　(二)中国作为投诉方要求其他 WTO 成员实施 DSB 建议和裁决

　　作为投诉方，我国面临其他 WTO 成员实施 DSB 建议和裁决的问题刚刚出现。在 2003 年的"美国钢铁保障措施案"中，我国胜诉，但该案随着美国钢铁保障措施的到期而解决。

　　"中美禽类案"专家组报告于 2010 年 9 月 29 日发布。专家组裁决《美国 2009 年综合拨款法》第 727 节违反了 SPS 协定相关条款和 GATT1994 第 1 条和第 11 条。鉴于第 727 节已经到期，专家组没有建议 DSB 要求美国使其争议措施(第 727 节)与其 SPS 协定和 GATT1994 义务相符。DSB 于 2010 年 10 月 25 日通过了"中美禽类案"专家组报告。美国在此次会议上声称，由于争议措施已经到期，美国认为争议措施已被撤销，争端已获解决。中国则认为，尽管第 727 节已经到期，但美国国会年度拨款措施中的某些条款仍会影响中国未来进入美国禽产品市场的能力，因此中国希望，美国将会采取积极步骤消除针对中国禽产品的所有歧视性措施。

　　2011 年 3 月 25 日,DSB 通过了"中美某些产品'双反'案"专家组和上诉机构报告。上诉机构报告纠正了专家组的许多错误裁决,裁定美国反补贴措施中的许多做法违反了 SCM 协定相关条款(例如将国有企业作为"公共机构"对待),裁定美国对华同时实施反倾销和反补贴措施但又没有采取合理措施避免"双重救济"违反了 SCM 协定相关条款。美国表示将会实施本案 DSB 建议和裁决,但需要一个合理期限。根据中国和美国 2011 年 5 月 13 日提交给 WTO 的文件,中美双方对于本案合理期限的确定达成了如下协议:首先,协议表明中美双方需要足够的时间来讨论相互满意的合理期限;其次,协议对于一方请求合理期限仲裁后的程序性问题作出了规定,要求合理期限仲裁应在仲裁员指派后 60 天内完成,但仲裁员可在与争端双方磋商后增加额外仲裁时间;最后,争端双方确认,仲裁裁决应被视为有效,即使仲裁期限超过了 DSU 规定的 DSB 建议和裁决通过之日起 90 天。① 中美的做法符合 WTO 当前实践。

四、中国参与 WTO 争端解决机制趋势分析

我们认为,中国参与 WTO 争端解决机制将会呈现出两大主要特征:第一,我国将越来越多地参与和卷入 WTO 争端解决机制;第二,我国对待 WTO 争端解决机制的态度将会从消极防御缓慢转向积极进攻。上述结论依赖于两项判断:第一,随着中国履行入世承诺的深入,随着中国经济的持续走强或相对强势,中外贸易摩擦会加剧,因此针对中国的案件会逐渐增多。近年来针对中国发起的争端增多似乎印证了这一点。知识产权保护、汽车产业、服务产业是中国与美欧等国争议的对象。出口退税等政策亦受到指控。第二,中国正在适应和融入 WTO 的诉讼文化之中。尽管有着非诉传统,但在国际背景下,诉讼文化似乎是主流。中国正在积极融入主流,正在运用 WTO 争端解决机制保护本国权益。例如,中国单独发起的第一个 WTO 案件针对美国反倾销反补贴措施,除案件本身外,可能也具有象征意义:中国不满意美国的反倾销反补贴制度。实际上,针对中国深受反倾销措施侵害的现状,中国在改革 DSU 的建议中就采取了积极进攻态度。中国多次建议,应当

---

① See,WT/DS379/10.

缩短处理反倾销案件和保障措施案件的时间框架。①

第二节 影响我国关于 WTO 争端解决裁决
执行机制的立场的主要因素

一、中国在 WTO 事务中的角色定位

考查我国在 WTO 主要执行法律问题上采取何种立场必须参照我国在 WTO 事务中的角色定位。笔者认为,我国在 WTO 事务中具有复杂的多重身份,必须仔细掂量各种因素然后作出决定。首先,我国是发展中国家。这决定了我国原则上应该站在发展中国家立场上。例如,我国应当尽量争取 WTO 争端解决机制中的特殊和差别待遇。其次,我国是发展中国家中的大国,尽管不愿承认自己的领导地位,但实质上起到了领导和带头作用。中国立场在一定程度上代表着发展中国家成员。中国原则上必须代表发展中国家利益。实际上,中国历来重视与发展中国家的关系。因此,

① 中国支持缩短争端解决的时间框架,条件是争端解决机制根本原则的完整性不受影响。特别地,鉴于滥用贸易救济措施的晚近趋势,中国认为应在谈判中明确设置关于贸易救济措施争端的时间框架,该时间框架应当短于争端解决的正常时间框架。但是,鉴于发展中国家成员缺乏必要资源,缩短的时间框架可能会增加这些成员参与多边争端解决机制的困难,在被诉方是发展中国家成员的案件中,缩短的时间框架不应适用该被诉方。See, *Improving the Special and Differential Provisions in the Dispute Settlement Understanding*: *Communication from China*, TN/DS/W/29, 22 January 2003, p. 2. 后来,中国提出了具体建议,即在 DSU 适当位置增加一条(缩短的适用于涉及保障措施和反倾销措施争端的时间框架):1. 对于涉及保障措施和反倾销措施的争端而言,DSU 下适用的时间框架应是正常时间框架的一半。2. 如果被诉方是发展中国家成员,上述缩短的时间框架不应适用于被诉方。See, *Specific Amendments to the Dispute Settlement Understanding—Drafting Inputs from China*, TN/DS/W/51, 5 March 2003, p. 2.

维护发展中国家整体利益是一个重要考量因素。最后,作为发展中国家,我国有着特殊一面。中国在国际事务中的地位和身份可能出于转型期,正从发展中国家转向中等发达的大国,正在从制造业中心转向制造、服务和知识产权等多头并进、逐渐以后两者为主的经济。因此,我国在有关问题上的立场不应过于僵硬,一味维护发展中国家利益并不可取。中国理应有着自己独立的利益和立场。因此,我国在 WTO 事务中的立场应是:在兼顾发展中国家整体利益的情况下,结合我国实际需要,根本是要维护我国的贸易利益。

二、中国实施 DSB 建议和裁决的能力

实施 DSB 建议和裁决的能力问题是研究我国在 WTO 主要执行法律问题上采取何种立场的重要参照之一。随着我国即将并且越来越多地面临 DSB 建议和裁决实施问题,探讨我国实施 DSB 建议和裁决的能力就十分重要,它将影响我国在 WTO 争端解决裁决执行机制有关法律问题上采取何种立场的决策。

早在我国正式加入 WTO 后不久,一名外国学者克里斯多夫·邓肯就详细考查了中国实施 DSB 建议和裁决的能力。① 邓肯认为,从国际角度看,国际压力会促使中国遵守 DSB 裁决,但需要所涉争端方的共同努力。从国内来看,中国有着努力遵守 DSB 裁决的意愿,但中国缺乏遵守的能力。许多因素仍然制约着中国遵守 DSB 裁决的能力,例如指定政府实施机构、政治意愿、实施计划

---

① Christopher Duncan, *Out of Conformity: China's Capacity to Implement World Trade Organization Dispute Settlement Body Decisions After Accession*, Vol. 18, American University International Law Review, 2002.

的形式、时间限制和地方抵制等因素。因此,尽管中国领导人显示出遵守 DSB 裁决的兴趣和愿望,但中国实现这些意图的能力仍然非常低。邓肯据此主张,各国应当对中国持现实态度,应当设计和审查现实主义的解决方案,以最小化中国参与 WTO 争端解决机制活动的风险。邓肯建议,由于中国可能无法实施 DSB 裁决,应当克制发起针对中国的争端;如果决定发起争端,应当强调磋商解决,克制进入正式的专家组程序。在 WTO 层面,邓肯建议增强关于实施方法的具体性程度。邓肯主张,中国不应获得实体法遵守方面的特殊优惠,但是,由于中国在实施 DSB 裁决方面可能会遇到困难,WTO 各成员应当帮助中国遵守 DSB 裁决。DSB 也应采取积极行动促使中国更为有效地实施 DSB 裁决。特别地,邓肯建议专家组作出关于中国实施 DSB 裁决之方式的提议。①

根据邓肯的观点,评估 WTO 成员实施 DSB 裁决的能力可以从以下五个方面予以考查:(1)是否存在实施特定遵守计划的适当政府机构;(2)是否存在允许必要实施行动的政治意愿;(3)如何修改违法法律或规章以遵守 DSB 裁决;(4)遵守计划的实施是否会满足 DSB 时限要求;(5)实施行动是否会在地方政府层面找到必要支持。② 邓肯分析了这些影响我国实施 DSB 裁决能力的因素,并得出结论说,中国将不能有效遵守许多 DSB 裁决。③ 首先,

① Christopher Duncan, *Out of Conformity*: *China's Capacity to Implement World Trade Organization Dispute Settlement Body Decisions After Accession*, Vol. 18, American University International Law Review,2002,pp. 487–505.

② See, Christopher Duncan, *Out of Conformity*: *China's Capacity to Implement World Trade Organization Dispute Settlement Body Decisions After Accession*, Vol. 18, American University International Law Review,2002,p. 475.

③ See, *ibid*,pp. 476–486.

中国法律制定权力分散,因此中国没有任何法律机关有能力发布命令,但中国政府需要此种能力以确定哪一政府机构应该对 DSB 裁决的特定遵守要求作出回应。其次,由于维持国内政治稳定是中国领导人的首要目标,中国共产党主导中国政府以及中国百姓既不熟悉也不怀疑国内(更不用说国际)法律或司法行动,中国是否有着遵守 DSB 裁决的政治意愿是令人质疑的。再次,中国立法和行政体制是否有能力以 DSB 裁决建议的方式遵守 DSB 裁决是不确定的。中国法律和规章相互冲突,并且立法和行政实践也相互冲突,这些都限制了中国设计出能够反映特定 DSB 裁决的遵守计划的能力。第四,WTO 争端的新颖性和复杂性可能会阻碍中国实现"迅速遵守"的能力。面临不利的处理复杂主题事项的 DSB 裁决,中国立法和行政机关是否能够制定出有效的一揽子实施计划并在 DSU 时限内遵守 DSB 裁决是不确定的。最后,地方政府可能会抵制实施中央政府的遵守计划。① 总体上看,邓肯夸大了中国不能实施 DSB 裁决的能力,有的主张自相矛盾,有的主张纯属臆测,有些问题并不是中国所特有,有时还以西方标准衡量中国的事情,其结论并不足信。实际上,鉴于中国在国际事务方面的高度中央集权,政令通常畅通无阻,中国有着比西方国家更强的实施 DSB 裁决的能力。此外,从时限上看,我国现有立法和行政体制不会阻碍我国迅速实施 DSB 裁决。仅需行政行动的实施自不必多言。由于我国人民代表大会一年一次,且存在常设的全国人大常委会,在 15 个月期限内通过修改或制定立法实施 DSB 裁决不会存在问题。从中国实施"汽车零部件案"和"知识产权保护与执行案"的情况来看,中国都较好地遵守了相关DSB 建议和裁决。特别是,在"中美知识产权保护与执行案"中,全

---

① See, *ibid*, pp. 476-485.

国人大常委会根据相关 WTO 争端解决裁决修改了《著作权法》,使我国及时遵守了 WTO 规则。这与美国国会拒绝根据 WTO 争端解决裁决修改国内立法以实施 DSB 建议和裁决形成了鲜明对比。

第三节 我国关于 WTO 争端解决裁决执行机制的立场和对策

一、中国与 WTO 争端解决裁决执行机制的改革

中国应积极参与 WTO 争端解决机制的改革,关于其执行机制,中国可在下列问题上表达中方立场。

(一)强化 DSB 持续性监督

中国可支持下述建议:第一,要求被诉方提交更详尽的实施状况报告;第二,扩大 DSB 持续监督的范围至实施过程中的任何和解方案或补偿方案;第三,DSB 应对被诉方报复措施进行监督。

(二)扩大发展中国家特殊和差别待遇

从目前实践来看,WTO 争端解决裁决执行阶段的发展中国家特殊和差别待遇基本限于合理期限仲裁。WTO 争端解决裁决其他制度中缺乏关于发展中国家特殊和差别待遇的规定。中国可支持"2008 年主席案文"的相关建议,例如允许给予发展中国家成员货币补偿,允许发展中国家不受限制地采取知识产权报复等。

(三)加强 WTO 补偿机制

中国建议表明了加强补偿削弱报复的立场。中国也建议引入金融补偿。这些建议都比较可取。为了加强补偿机制,我国可支持构建 MFN 原则的补偿例外,至少可以适用于涉及知识产权的案件。

(四)改善 WTO 报复机制

在报复问题上我国应以消极防御为主,但可支持改善现有报

复制度的某些方面。WTO 成员在争端解决实践中所处地位决定了该成员关于报复问题的立场。美国关于报复的立场转变说明了这一点。根据齐默曼的研究，美国关于报复的立场已经从积极进攻转向高度防御。美国不仅是多边贸易体制的积极缔造者，而且也是 WTO 争端解决机制中最大的麻烦制造者。美国拒绝遵守 WTO 裁决对 WTO 争端解决裁决执行机制和整个世界贸易体制都造成了不利影响。美国不遵守国际贸易争端解决裁决历史上已有先例。荷兰曾被授权对美国采取报复措施，但荷兰从未实施报复。美国没有实施有关裁决，而是获得了关于 GATT 第 11 条义务的豁免。WTO 成立后，美国最初积极执行 WTO 裁决。在赢得了"欧共体荷尔蒙案"、"欧共体香蕉案"和"加拿大期刊案"后，美国日益担心 WTO 裁决不会被充分实施。因此，美国强烈需要报复措施和威胁，同时欧共体和加拿大努力拖延裁决的实施。在 WTO 的最初几年里，美国通过反对次序观念（即支持立即报复）、努力引入传送带报复追求着关于不实施问题的强硬立场。美国寻求增加 WTO 的执行力量，以最大化"欧共体香蕉案"和"欧共体荷尔蒙案"中的报复对欧共体的影响。然而，随着美国在"外国销售公司案"中的败诉以及实施措施受到质疑，美国弱化了在次序问题或传送带报复问题上的立场。由于其他 WTO 成员针对美国发起了越来越多的贸易救济案件，并且美国在大多数案件中败诉，美国的立场从积极进攻转向了高度防御。① 鉴于我国目前被诉案件较多，投诉他国的案件较少，在报复问题上采取防御态度更为可取。

---

① See, Thomas A. Zimmermann, *WTO Dispute Settlement at ten: Evolution, Experience, and Evaluation*, Vol. 60, No. 1, Swiss Review of International Economic Relations, 2005, pp. 42–45.

因此,我国原则上不应支持改革报复制度的各种激进建议,例如废弃报复、集体报复、可交易报复、加大报复力度等建议。然而,DSU 目前的报复制度有许多方面需要改进。一是报复额度问题。报复裁决的计算需要进一步澄清;简单依据补贴数额计算反措施数额并不可取。二是报复实施中的一些具体问题,例如报复的中止或终止问题。三是交叉报复问题。中国可支持放宽交叉报复条件的改革建议。为了增强知识产权报复的可信性,中国可参考巴西关于知识产权报复国内实施的立法制定中国的知识产权报复国内实施立法。

二、具体 WTO 案件中我国关于 WTO 争端解决裁决执行机制的对策

就我国解决具体贸易争端而言,首先,应当深刻把握和理解包括 WTO 争端解决裁决执行机制在内的整个 WTO 争端解决机制,解决争端时应当具有整体意识,在案件的裁决阶段考虑执行问题,积极争取对于案件执行最为有利的每一主张、请求或抗辩,或者其中的每一因素。

其次,我国应当运用 WTO 争端解决中的"建议"和"提议"制度。我国参与 WTO 争端解决机制面临的一个重要问题是,作为投诉方应该如何获得更为有利的裁决和法律救济,作为被诉方该如何利用现有救济制度留下的裁量权。除需要很好理解 WTO 争端解决中的建议和提议制度以及 WTO 相关法律实践外,作为投诉方,我国可尽量要求专家组作出具体的关于被诉方如何实施 DSB 建议的提议,以对被诉方施加各种压力;作为被诉方,我国应当充分利用相符建议留下的关于如何实施 DSB 建议和裁决的选择权。例如,在国民待遇歧视案件中,实施有三种选择:给予外国进口产品国民待遇;撤销本国优惠待遇;重新设定新的同等待遇。我国可以择一实施。另一方面,我国在 WTO 争端解决机制中应尽力反驳投诉方的提议请求,避免被专家组提议实施 DSB 建议的方式,否则将可能大大制约我国实施 DSB 建议和裁决的能力。例如,如果我国不遵守提议,则可能会影响我国的国际声誉,并有可能产生国内困难。但是,一旦专家组作出提议,最好的遵守策略是实施专家组的提议。

最后,当案件进入到执行阶段以后,应当灵活运用 WTO 争端解决裁决执行的有关法律制度及其判例法,结合外交方法,最大限度地维护我国贸易利益。

主要参考文献

一、英文著作

1. Daniel. L. M. Kennedy and James. D. Southwick (ed.), *Political Economy of International Trade Law*: *Essays in Honour of Robert E. Hudec*, Cambridge University Press, 2002.

2. Mitsuo Matsushita, Thomas J. Schoenbaum and Petros C. Mavroidis, *The World Trade Organization*: *law*, *practice*, *and policy*, Oxford University Press, 2003.

3. David Palmeter & Petros C. Mavroidis, *Dispute Settlement in the World Trade Organization*: *Practice and Procedure*, Second edition, Cambridge University Press, 2004.

4. John H. Jackson, *The Jurisprudence of GATT and the WTO*: *Insights on treaty law and economic relations*, Cambridge University Press, 2000.

5. Friedl Weiss (ed.), *Improving WTO Dispute Settlement Procedures*: *Issues &Lessons from the Practice of Other International Courts and Tribunals*, Cameron, London, 2000.

6. Michael J. Trebilcock and Robert Howse, *The Regulation of International Trade*, Third Edition, Routledge, 2005.

7. Bernard M. Hoekman and Michel M. Kostecki, *The political economy of the world trading system: the WTO and beyond*, 2001.

8. Bernard Hoekman, Aaditya Mattoo and Philip English, *Development, Trade and the WTO*, Washington, D. C., World Bank, 2002.

9. Marco Bronckers and Reinhard Quick(ed.), *New directions in international economic law: essays in honour of John H. Jackson*, Kluwer Law International, 2000.

10. Federico Ortino and Ernst – Ulrich Petersmann (ed.), *The WTO Dispute Settlement System: 1995 – 2003*, Kluwer Law International, 2004.

11. Rufus Yerxa and Bruce Wilson(ed.), *Key Issues in WTO dispute settlement: The First Ten Years*, Cambridge University Press, 2005.

12. James Cameron and Karen Campbell (ed.), *Dispute Resolution in the World Trade Organization*, Cameron, 1998.

13. John. H. Jackson and Alan Sykes(ed.), *Implementing the Uruguay Round*, Oxford University Press, 1997.

14. Antonio Cassese, *International Law*, Second edition, Oxford University Press, 2005.

15. Markus Burgstaller, *Theories of Compliance with International Law*, Martinus Nijhoff Publishers, 2005.

16. Mirian Kene Omalu, *NAFTA and the Energy Charter Treaty – Compliance with, Implementation and Effectiveness of International Investment Agreements*, Kluwer Law International, 1999.

17. John. H. Jackson, *Sovereignty, the WTO, and Changing*

Fundamentals of International Law, Cambridge University Press, 2006.

18. Giorgio Sacerdoti, Alan Yanovich and Jan Bohanes (eds), *The WTO at Ten: the Contribution of Dispute Settlement System*, Cambridge University Press, 2006.

19. Yang Guohua, Bryan Mercurio and Li Yongjie (ed.), *WTO Dispute Settlement Understandings: A detailed Interpretation*, Kluwer Law International, 2005.

20. James C. Hartigan (eds), *Trade Disputes and the Dispute Settlement Understanding of the WTO: An Interdisciplinary Assessment*, Volume 6 of the book series: Frontiers of Economics and Globalization, ISBN: 78-1-84855-206-7, 2009.

21. Yasuhei Taniguchi et al. eds, *The WTO in the 21st Century: dispute settlement, negotiations and regionalism in Asia*, 2007.

二、外文译著

1. ［英］詹宁斯、瓦茨修订:《奥本海国际法》(第一卷第一分册,1992 年修订第九版),王铁崖、陈公绰、汤宗舜、周仁译,中国大百科全书出版社 1995 年版。

2. ［英］詹宁斯、瓦茨修订:《奥本海国际法》(第一卷第二分册,1992 年修订第九版),王铁崖、李适时、汤宗舜、周仁译,中国大百科全书出版社 1998 年版。

3. ［英］伊恩·布朗利著:《国际公法原理》(1998 年第五版),曾令良,余敏友等译,法律出版社 2003 年版。

4. ［德］沃尔夫刚·格拉夫·魏智通主编:《国际法》(2001 年版),吴越、毛晓飞译,法律出版社 2002 年版。

5. ［英］安托尼·奥斯特著:《现代条约法与实践》(2000 年

版),江国青译,中国人民大学出版社 2005 年版。

6.〔德〕K·茨威格特、H·格茨著:《比较法总论》(1984 年第二版),潘汉典、米健、高鸿钧、贺卫方译,法律出版社 2003 年版。

7.〔德〕E.–U. 彼德斯曼著:《国际经济法的宪法功能与宪法问题》(1991 版),何志鹏、孙璐、王彦志译,高等教育出版社 2004 年版。

8. 伯纳德·霍克曼、迈克尔·考斯泰基著:《世界贸易体制的政治经济学:从关贸总协定到世界贸易组织》(1995 年版),刘平、洪晓东、许明德等译,法律出版社 1999 年版。

9.〔美〕科依勒·贝格威尔、罗伯特·W·思泰格尔著:《世界贸易体系经济学》(2002 年版),雷达、詹宏毅等译,中国人民大学出版社 2005 年版。

10.〔美〕约翰·O·麦金尼斯、马克·L·莫维塞西恩著:《世界贸易宪法》(2000 年发表于《哈佛法律评论》),张保生、满运龙译,中国人民大学出版社 2004 年版。

11.〔英〕苏珊·斯特兰奇著:《权力流散——世界经济中的国家与非国家权威》(1996 年版),肖宏宇、耿协峰译,北京大学出版社 2005 年版。

12.〔美〕鲍威林著:《国际公法规则之冲突:WTO 法与其它国际法规则如何联系》(2003 年版),周忠海等译,法律出版社 2005 年版。

三、中文著作

1. 梁西主编:《国际法》,武汉大学出版社 2002 年版。

2. 梁西著:《国际组织法(总论)》,武汉大学出版社 2002 年第 5 版。

3. 李浩培著:《条约法概论》,法律出版社 2003 年第 2 版。

4. 万鄂湘等著:《国际条约法》,武汉大学出版社 1998 年版。

5. 余敏友等著:《WTO 争端解决机制概论》,上海人民出版社 2001 年版。

6. 余敏友著:《世界贸易组织争端解决机制法律与实践》,武汉大学出版社 1998 年版。

7. 余敏友,王追林著:《中国外贸法》,武汉大学出版社 2006 年版。

8. 左海聪著:《国际经济法的理论与实践》,武汉大学出版社 2003 年版。

9. 左海聪著:《国际贸易法》,法律出版社 2004 年版。

10. 赵维田等著:《WTO 的司法机制》,上海人民出版社 2004 年版。

11. 赵维田著:《世贸组织(WTO)的法律制度》,吉林人民出版社 2000 年版。

12. 纪文华、姜丽勇著:《WTO 争端解决规则与中国的实践》,北京大学出版社 2005 年版。

13. 贺小勇著:《国际贸易争端解决与中国对策研究——以 WTO 为视角》,法律出版社 2006 年版。

14. 李耀芳主编:《WTO 争端解决机制》,中国对外经济贸易出版社 2003 年版。

15. 王文杰主编:《月旦民商法研究:国际贸易法新课题》,清华大学出版社 2006 年版。

16. 张军旗著:《多边贸易关系中的国际主权问题》,人民法院出版社 2006 年版。

17. 甘瑛著:《国际货物贸易中的补贴与反补贴法律问题研

究》,法律出版社 2005 年版。

18. 李寿平著:《现代国际责任法律制度》,武汉大学出版社
2003 年版。

19. 贺其治著:《国家责任法及案例浅析》,法律出版社
2003 版。

四、外文论文

1. Jason E. Kearns and Steve Charnovitz, *Adjudicating Compliance in the WTO: A Review of DSU Article 21. 5* , Vol. 5 , No. 2 , JIEL , 2002.

2. Sylvia A. Rhodes, *The Article 21. 5/22 Problem: Clarification Through Bilateral Agreements?* , Vol. 3 , No. 3 , JIEL , 2000.

3. Cherise M. Valles and Brendan P. McGivern, *The Right to Relatiate under the WTO Agreement: The ' Sequencing ' Problem* , Vol. 34 , No. 2 , JWT , 2000.

4. Wilfred F. Ethier, *Intellectual Property Rights and Dispute Settlement in the World Trade Organization* , Vol. 7 , No. 2 , JIEL , 2004.

5. Holger Spamann, *The Myth of ' rebalancing ' retaliation in WTO Dispute Settlement Practice* , Vol. 9 , No. 1 , JIEL , 2006.

6. Robert Z. Lawrence, *Crimes and Punishments? An analysis of retaliation under the WTO* , 2003. 6. 25.

7. Petros C. Mavroidis, *Remedies in the WTO Legal System: Between a Rock and a Hard Place* , Vol. 11 , No. 4 , EJIL , 2000.

8. Xinjie Luan, *Dispute Settlement Mechanism Reforms and China's Proposal* , Vol. 37 , No. 6 , JWT , 2003.

9. Pierre Monnier, *The Time to Comply with an Adverse WTO Ruling: Promptness within Reason* , Vol. 35 , No. 5 , JWT , 2001.

10. Edwin Vermulst and Nikolay Mizulin, *Retroactivity of Remedies in WTO Commercial Defence Disputes: State of Play and Way Forward*, Vol. 1, No. 1, Journal of Law and Economics in International Trade, 2004.

11. Robert E. Hudec, *Broadening the Scope of Remedies in WTO Dispute Settlement*, in Friedl Weiss (ed.), *Improving WTO Dispute Settlement Procedures: Issues &Lessons from the Practice of Other International Courts and Tribunals*, Cameron, London, 2000.

12. Edvini Kessie, *Enhancing Security and Predictability for Private Business Operators under the Dispute Settlement System of the WTO*, Vol. 34, No. 6, JWT, 2000.

13. M. Rafiqul Islam, *Recent EU Trade Sanctions on the US to Induce Compliance with the WTO ruling in the Foreign Sales Corporations Case : Its Policy Contradiction Revisited*, Vol. 38, No. 3, JWT, 2004.

14. Ernst – Ulrich Petersmann, *Implementation of WTO Rulings: The Role of Courts and Legislatures in the US and Other Jurisdictions* (*EC, China*), 17/III/2006.

15. James McCall Smith, *Compliance Bargaining in the WTO: Ecuador and the Bananas Dispute*, Prepared for a Conference on Developing Countries and the Trade Negotiation Process UNCTAD, 6–7 November, 2003, Geneva.

16. Natalie McNelis, *Success For Private Complainants Under The Eu's Trade Barriers Regulation*, Vol. 2, No. 3, JIEL, 1999.

17. Rafael Leal – Arcas, *The European Community and the International Trading System: A Judicial Approach*.

18. Chios Carmody, *WTO Obligations as Collective*, Vol. 17, No. 2, EJIL, 2006.

19. Joost Pauwelyn, *A Typology of Multilateral Treaty Obligations: Are WTO Obligations Bilateral or Collective in Nature?*, Vol. 14, No. 5, EJIL, 2003.

20. Tarcisio Gazzini, *The Legal Nature of WTO Obligations and the Consequences of their Violation*, Vol. 17, No. 4, EJIL, 2006.

21. Gavin Goh and Andreas R. Ziegler, *Retrospective Remedies in the WTO after Automotive Leather*, Vol. 6, No. 3, JIEL, 2003.

22. Patricio Grané, *Remedies under WTO Law*, Vol. 4, No. 4, JIEL, 2001.

23. Christopher Duncan, *Out of Conformity: China's Capacity to Implement World Trade Organization Dispute Settlement Body Decisions After Accession*, Vol. 18, American University International Law Review, 2002.

24. Nuno Limão and Kamal Saggi, *Tariff Retaliation versus Financial Compensation in the Enforcement of International Trade Agreements*, July 2005.

25. Froukje Boele, Simon Schropp and Fabrizio Tovaglieri, '……Compensation Before You Retaliate—and Comply at Any Rate': The Case for Tariff Compensation in the WTO.

26. Marco Bronkers and Naboth Van Den Broek, *Financial Compensation in the WTO: Improving the Remedies of WTO Dispute Settlement*, Vol. 8, No. 1, JIEL, 2005.

27. William F. Davey, *The Sutherland Report on Dispute Settlement: a Comment*, Vol. 8, No. 2, JIEL, 2005.

28. Kyle Bagwell and Robert W. Staiger, *The Economics of the World Trading System*:*Outline*, November 2004.

29. Sebastiaan Princen, *EC Compliance with WTO Law*: *The Interplay of Law and Politics*, Vol. 15, No. 3, EJIL, 2004.

30. Warren F. Schwartz and Alan O. Sykes, *The Economic Structure of Renegotiation and Dispute Resolution in the WTO/GATT System*, Vol. 31, No. 1, Journal of Legal Studies, 2002.

31. Geoffrey Garrett and James M. Smith, *The Politics of WTO Dispute Settlement*, July 2002.

32. Fritz Breuss, *WTO Dispute Settlement in Action*: *An Economic Analysis of four EU-US Mini Trade Wars*, Paper presented at the International Conference on Policy Modeling(EcoMod2003), Istanbul, July 3-5, 2003.

33. Monika Bütler and Heinz Hauser, *The WTO Dispute Settlement Mechanism*: *A First Assessment from an Economic Perspective*, Vol. 16, No. 2, Journal of Law, Economics and Organization, 2002.

34. Jide Nzelibe, *The Credibility Imperative*: *The Political Dynamics of Retaliation in the World Trade Organization's Dispute Resolution Mechanism*, Vol. 6, No. 1, Theoretical Inquiries in Law, 2005.

35. Pao-Li Chang, *The Politics of WTO Enforcement Mechanism*, May 20, 2004.

36. Kyle Bagwell, *Remedies in the WTO*: *an Economic Perspective*, January 9, 2007.

37. Andrew Guzman, *The Political Economy of Litigation and Settlement at the WTO*, 2003.

38. Victor Ginsburgh and Shlomo Weber, *On the efficiency of retaliation rules*.

39. Chad P. Bown, *The Economics of Trade Disputes*, *The GATT's Article XXIII*, *and the WTO's Dipsute Settlement Understanding*, Vol. 14, No. 3, Economics and Politics, 2002.

40. J. Michael Finger, *The Political Economy of Trade Policy*, Vol. 3, No. 3, Cato Journal, 1983/84.

41. Mark L. Movsesian, *Enforcement of WTO Rulings: an Interest Group Analysis*, Vol. 32, Hofstra Law Review, fall, 2003.

42. Wilfred J. Ethier, *Punishments and Dispute Settlement in Trade Agreements: The Equivalent Withdrawal of Concessions*, April 25, 2002.

43. Carlos Manuel Vazquez, *Trade Sanctions and Human Rights—Past, Present, and Future*, Vol. 6, No. 4, JIEL, 2003.

44. Yenkong Ngangjoh H and Roberto Rios-Herran, *WTO Dispute Settlement System and the Issue of Compliance: Multilateralizing the Enforcement Mechanism*.

45. Yenkong Ngangjoh H, *Collective Countermeasures and the WTO Dispute Settlement: 'Solidarity Measures Revisited'*, Nordic Journal of Commercial Law, issue 2, 2004.

46. Rene Guilherme S. Medrado, *Renegotiating Remedies in the WTO: a Multilateral Approach*, Vol. 22, Spring, Wisconsin International Law Journal, 2004.

47. Institute for Agriculture and Trade Policy, Trade and Global Governance Program, *Strengthening Compliance at the WTO Cross-retaliation in WTO disputes*, September 2006.

48. Henric A. Adey, *How*（*Not*）*to Sell the Right to Retaliate*, September 19,2005.

49. Tanapong Potipiti, *Tradable Retaliation in the WTO: Discriminatory and MFN Retaliation*, May 2004.

50. Tanapong Potipiti, *How to Sell Retaliation in the WTO*, March 2005.

51. Kyle Bagwell, Petros C. Mavroidis and Robert W. Staiger, *The Case for Auctioning Countermeasures in the WTO*, July 2003.

52. Kyle Bagwell, Petros C. Mavroidis and Robert W. Staiger, *The Case for Tradable Remedies in WTO Dispute Settlement*, World Bank Policy Research Working Paper, March 19,2004.

53. Steve Charnovitz, *The WTO's Problematic "Last Resort" Against Noncompliance*, 2003. 8. 14.

54. Steve Charnovitz, *Rethinking Trade Sanctions*, Vol. 95, AJIL, October,2001.

55. Simon J. Evenett, *Sticking to the Rules: Quantifying the Market Access that is Potentially Protected by WTO – Sanctioned Trade Retaliation*, January 2005.

56. Victor Ginsburgh and Shlomo Weber, *on the efficiency of retaliation rules: an Application to GATT*, August 1995.

57. Lenore Sek, *Trade Retaliation: The "Carousel" Approach*, March 5,2002.

58. Yuka Fukunaga, *Securing Compliance through the WTO Dispute Settlement System: Implementation of DSB Recommendations*, Vol. 9, No. 2, JIEL, 2006.

59. Mauricio Salas and John H. Jackson, *Procedural Overview of*

the WTO EC-Banana Dispute, Vol. 3, No. 2, JIEL, 2000.

60. Joseph Pelzma, *The WTO Dispute Settlement Mechanism: The Case of Bananas*, January 4, 1999.

61. Bryan Scott Cuppett, *Case Study on World Trade Organization Dispute Settlement: European Communities – Measures Affecting Meat and Meatproducts(Hormones), Complaint by the United States*, January 31, 2000.

62. Antonello Tancredi, *EC Practice in the WTO: How Wide is the 'Scope for Manoeuvre'* ?, Vol. 15, No. 5, EJIL, 2004.

63. Gary Clyde Hufbauer and Ben Goodrich, *Next Move in Steel: Revocation or Retaliation?*, Number PB03-10, International Economics Policy Briefs, October 2003.

64. Tim Josling, Donna Roberts and Ayesha Hassan, *The Beef-Hormone Dispute and its Implications for Trade Policy*.

65. Heinz Hauser and Alexander Roitinger, *A Renegotiation Perspective on Transatlantic Trade Disputes*, April 2002.

66. European Union, Factsheet, *US Non-compliance with WTO Rulings*.

67. William J. Davey, *Resolving US-European Trade Disputes Through Law: Is the WTO Dispute Settlement Mechanism Effective?*, 2003.

68. Peter D. Ehrenhaft, *'Right to Counsel' In WTO Dispute Settlement Proceedings: A 1998 Resolution of the American Bar Association*, Vol. 2, No. 1, JIEL, 1999.

69. Chad P. Bown, *Developing Countries as Plaintiffs and Defendants in GATT/WTO Trade Disputes*, June 2003.

70. Christina L. Davis, *Do WTO Rules Create a Level Playing Field? Lessons from the Experience of Peru and Vietnam.*

71. Victor Mosoti, *Africa in the First Decade of WTO Dispute Settlement*, Vol. 9, No. 2, JIEL, 2006.

72. Henrik Horn & Petros Mavroidis, *Remedies in the WTO Dispute Settlement System and Developing Country Interests*, April 1999.

73. Alban Freneau, *WTO Dispute Settlement System and implementation of decisions: A Developing Countries perspective*, 2002.

74. Douglas Ierley, *Symposium issue on WTO Dispute Settlement Compliance: Defining the Factors that Influence Developing Country Compliance with and Participation in the WTO Dispute Settlement System: Another Look at the Dispute Over Bananas*, Vol. 33, Law and Policy in International Business, Summer 2002.

75. Robert E. Hudec, *The Adequacy of WTO Dispute Settlement Remedies*, in Bernard Hoekman, Aaditya Mattoo and Philip English, *Development, Trade and the WTO*, Washington, D. C., World Bank, 2002.

76. Gregory Shaffer, *How to Make the WTO Dispute Settlement System Work for Developing Countries: Some Proactive Developing Country Strategies*, February 14, 2003.

77. Bernard M. Hoekman and Petros C. Mavroidis, *Enforcing WTO Commitments: Dispute Settlement and Developing Countries—Something Happened on the Way to Heaven*, June 26, 2000.

78. Joel P. Trachtman, *Building the WTO Cathedral*, February 17, 2006.

79. William F. Davey, *The WTO dispute Settlement System*, Vol. 3, No. 1, JIEL, 2000.

80. William F. Davey, *Implementation in WTO Dispute Settlement: an Introduction to the Problems and Possible Solutions*, March 2005.

81. Robert Read, *Dispute Settlement, Compensation and Retaliation Under the WTO*.

82. John H. Jackson, *The WTO Dispute Settlement Understanding—Misunderstanding on the Nature or Legal Obligation*, Vol. 91, AJIL, January 1997.

83. John H. Jackson, *International Law Status of WTO Dispute Settlement Reports: Obligation to Comply or Option to 'Buy-Out'?*, Vol. 98, AJIL, January 2004.

84. Carlos M. Vazquez and John H. Jackson, *Symposium issue on WTO Dispute Settlement Compliance: Some Reflections on Compliance with WTO Dispute Settlement Decisions*, Vol. 33, Law and Policy in International Business, Summer 2002.

85. Peter Hardstaff, *WTO Dispute Settlement System: Reforming the Enforcement Mechanism*.

86. Peter - Tobias Stoll and Artbur Steinmann, *WTO Dispute Settlement: The Implementation Stage*.

87. Judith Hippler Bello, *The WTO Dispute Settlement Understanding: Less is More*, Vol. 90, AJIL, July 1996.

88. Mateo Diego - Fernandez and Roberto Rios Herran, *The Reform of the WTO Dispute Settlement Understanding: A Closer Look at the Mexican Proposal*, Vol. 1, No. 1, Journal of Law and economics in International Trade, 2004.

89. Joost Pauwelyn, *Enforcement and Countermeasures in the WTO : Rules are Rules—Toward a more Collective Approach*, Vol. 94, AJIL, April 2000.

90. Sungjoon Cho, *The Nature of Remedies in International Trade Law*, *Vol. 65*, *University of Pittsburgh Law Review*, Summer 2004.

91. Alan O. Sykes, *Conference : International Dispute Resolution : Public versus Private Enforcement of International Economic Law : Standing and Remedy*, Vol. 34, The Journal of Legal Studies, June 2005.

92. Carolyn B. Gleason and Pamela D. Walther, *Operation of the Implementation Process : The WTO Dispute Settlement Implementation Procedures : A System in Need of Reform*, Vol. 31, Law and Policy in International Business, 2000.

93. Jason Bernstein and David Skully, *Calculating Trade Damages in the Context of the World Trade Organization's Dispute Settlement Process*, Vol. 25, No. 2, Review of Agricultural Economics.

94. UNCTAD, *Implementation and enforcement*.

95. Allan Rosas, *Implementation and Enforcement of WTO Dispute Settlement Findings : An EU perspective*, Vol. 4, No. 1, JIEL, 2001.

96. Andreas F. Lowenfeld, *Remedies Along With Rights : Institutional Reform in the New GATT*, Vol. 88, AJIL, July 1994.

97. Kym Anderson, *Peculiarities of retaliation in WTO dispute settlement*, Vol. 1, No. 2, WTR, 2002.

98. Marco Bronckers and Naboth Van Den Broek, *Trade retaliation is a poor way to get even*, Financial Times, Thursday 24

June 2004.

99. Andrew T. Guzman, *A Compliance Based Theory of International Law*, August 27, 2001.

100. Mitsuo Matsushita and Aya Iino, *The Blocking Legislation as a Countermeasure to the US Anti-Dumping Act of 1916: A Comparative Analysis of the EC and Japanese Damage Recovery Legislation*, Vol. 10, No. 4, JWT, 2006.

101. William J. Davey, *Supporting the World Trade Organization Dispute Settlement System*, Vol. 34, NO. 1, JWT, 2000.

102. Bernard O'Connor, *Remedies in the World Trade Organization Dispute Settlement System—The Bananas and Hormones Cases*, Vol. 38, No. 2, JWT, 2004.

103. Chi Carmody, *Remedies and Conformity under the WTO Agreement*, Vol. 5, No. 2, JIEL, 2002.

104. Naboth van den Broek, *Power Paradoxes in Enforcement and Implementation of World Trade Organization Dispute Settlement Reports: Interdisciplinary Approaches and New Proposals*, Vol. 37, No. 1, JWT, 2003.

105. Ngangjoh H. Yenkong, *World Trade Organization Dispute Settlement Retaliatory Regime at the Tenth Anniversary of the Organization: Reshaping the "last Resort" Against Non-compliance*, Vol. 40, No. 2, JWT, 2006.

106. Thomas Jurgensen, *Crime and Punishment: Retaliation under the World Trade Organization Dispute Settlement System*, Vol. 39, No. 2, JWT, 2005.

107. Rutsel Silvestre J. Martha, *The Duty to Exercise Judgment on*

the Fruitfulness of Actions in World Trade Law, Vol. 35, No. 5, JWT,2001.

108. Steve Charnovitz, *Should the teeth be pulled? An analysis of WTO sanctions*, in Daniel. L. M. Kennedy and James. D. Southwick (ed.), *Political Economy of International Trade Law : Essays in Honor of Robert E. Hudec*, Cambridge University Press,2002.

109. Horlick Gary N, *Problems with the compliance structure of the WTO dispute resolution process*, in Political Economy of International Trade Law : Essays in Honour of Robert E. Hudec, in Daniel. L. M. Kennedy and James. D. Southwick (ed.), *Political Economy of International Trade Law : Essays in Honor of Robert E. Hudec*, Cambridge University Press,2002.

110. Palmeter D. , Stanimir A. A. , *Inducing Compliance in WTO Dispute Settlement*, in Daniel. L. M. Kennedy and James. D. Southwick (ed.), *Political Economy of International Trade Law : Essays in Honor of Robert E. Hudec*, Cambridge University Press,2002.

111. Frieder Roessler, *The Concept of Nullification and Impairment in the Legal System of the World Trade Organiztion*, in Ernst – Ulrich Petersmann (ed.), *International Trade Law and the GATT/WTO Dispute Settlement System*, Kluwer Law International,1997.

112. John H. Jackson, *Designing and Implementing Effective Dispute Settlement Procedures : WTO Dispute Settlement, Appraisal and Prospect*, in Anne O. Krueger(ed.), *The WTO as an International Organization*, The University of Chicago Press,1998.

113. Bernard O'Connor and Margareta Djordjevic, *Practical*

Aspects of Monetary Compensation：*The US—Copyright Case*，Vo. 8，No. 1，JIEL，2005.

114. José Luis Pérez Gabilondo，*Developing Countries in the WTO Dispute Settlement Procedures*：*Improving their Participation*，Vol. 35，No. 4，JWT，2001.

115. Marc L. Busch and Eric Reinhardt，*Testing international trade law*：*empirical studies of GATT/WTO dispute settlement*，in Daniel. L. M. Kennedy and James. D. Southwick（ed.），*Political Economy of International Trade Law*：*Essays in Honor of Robert E. Hudec*，Cambridge University Press，2002.

116. Robert Howse and Damien J. Neven，*United States － Tax treatment for 'Foreign Sales Corporations' Recourse to Arbitration by the United States under Article 22. 6 of the DSU and Article 4. 11 of the SCM Agreement*（*WT/DS108/ARB*）：　*A Comment*，Vol. 4，No. 1，WTR，2005.

117. Robert Z. Lawrence& Nathaniel Stankard，*Should Export Subsidies be Treated Differently?*，18 October 2005.

118. Eeckhout，*Judicial Enforcement of WTO Law in the European Union—Some Further Reflections*，Vol. 5，No. 1，JIEL，2002.

119. Axel Desmedt，*Proportionality In WTO Law*，Vol. 4，No. 3，JIEL，2001.

120. Geert A. Zonnekeyn，*The Legal Status of WTO Panel Reports in the EC Legal Order—Some Reflections on the Opinion of Advocate General Mischo in the Atlanta Case*，Vol. 2，No. 4，JIEL，1999.

121. Geert A. Zonnekeyn，*The Status of Adopted Panel and Appellate Body Reports in the European Court of Justice and the*

European Court of First Instance, Vol. 34, No. 2, JWT, 2000.

122. Geert A. Zonnekeyn, *The Status of WTO Law in the EC Legal Order: The Final Curtain?*, Vol. 34, No. 3, JWT, 2000.

123. Geert A. Zonnekeyn, *The Latest On Indirect Effect Of WTO Law In The EC Legal Order The Nakajima Case Law Misjudged?*, Vol. 4, No. 3, JIEL, 2001.

124. Geert A. Zonnekeyn, *EC Liability for the Non – Implementation of WTO Dispute Settlement Decisions—Advocate General Alber Proposes a 'Copernican Innovation' in the Case Law of the ECJ'*, Vol. 6, No. 3, JIEL, 2003.

125. Geert A. Zommekeyn, *EC Liability for Non – Implementation of WTO Dispute Settlement Decisions—Are the Dice Cast?*, Vol. 7, No. 2, JIEL, 2004.

126. Judson Osterhoudt Berkey, *The European Court of Justice and Direct Effect for the GATT: A Question Worth Revisiting*, Vol. 9, EJIL, 1998.

127. Joel P. Trachtman, *Bananas, Direct Effect and Compliance*, Vol. 10, No. 4, EJIL, 1999.

128. Fabrizio Di Gianni and Renata Antonini, *DSB Decisions and Direct Effect of WTO Law: Should the EC Courts be More Flexible when the Flexibility of the WTO System has Come to End?*, Vol. 40, No. 1, JWT, 2006.

129. Daniel E. Ho, *Compliance and International Soft Law: Why Do Countries Implementation the Basle Accord?*, Vol. 5, No. 3, JIEL, 2002.

130. Julio Lacarte-Muro and Petina Gappah, *Developing Countries*

And The WTO Legal And Dispute Settlement System : *A View From The Bench* , Vol. 3 , No. 3 , JIEL , 2000.

131. Naboth Van Den Broek , *Legal Persuasion* , *Political Realism* , *And Legitimacy* : *The European Court's Recent Treatment Of The Effect Of WTO Agreements In The EC Legal Order* , Vol. 4 , No. 2 , JIEL , 2001.

132. Jacques H. J. Bourgeois , *WTO Dispute Settlement in the Field of Anti–Dumping Law* , Vol. 1 , No. 2 , JIEL , 1998.

133. Michael Lennard , *Navigating By The Stars* : *Interpreting The WTO Agreements* , Vol. 5 , No. 1 , JIEL , 2002.

134. Arvind Subramanian and Jayashree Watal , *Can TRIPS Serve As An Enforcement Device For Developing Countries In The WTO?* , Vol. 3 , No. 3 , JIEL , 2000.

135. Andrew D. Mitchell , *Proportionality and Remedies in WTO Disputes* , Vol. 17 , No. 5 , EJIL , 2006.

136. Werner Zdouc , *WTO Dispute Settlement Practice Relating to the GATS* , Vol. 2 , No. 2 , JIEL , 1999.

137. Pascal Lamy , *The Place of the WTO and its law in the International Legal Order* , Vol. 17 , No. 5 , EJIL , 2006.

138. Michelle T. Grando , *Allocating the Burden of Proof in WTO Disputes* : *A Critical Analysis* , Vol. 9 , NO. 3 , JIEL , 2006.

139. Timothy M. Reif and Marjorie Florestal , *Revenge of the Push – me* , *Pull – You* : *The Implementation Process Under the WTO Dispute Settlement Understanding* , Vol. 32 , The International Lawyer , Fall , 1998.

140. Joseph Pelzman and Amir Shoham , *WTO Enforcement Issues* , Vol. 7 , Issue 1 , Global Economy Journal , 2007.

141. *Proposal by Mexico*, MTN. GNG/NG13/W/42, 12 July 1990.

142. Virachai Plasai, *Compliance and Remedies against Non - Compliance under the WTO System*: *Toward a more balanced regime for all members*, Working draft by Virachai Plasai, commissioned by ICTSD as part as part of ICTSD's project on WTO Dispute Settlement and Sustainable Development, forthcoming publication in 2007.

143. Gene M. Grossman and Petros C. Mavroidis, *United States–Section 110(5) of the US Copyright Act*, *Recourse to Arbitration under Article 25 of the DSU*: *Would' ve or Should' ve? Impaired Benefits due to Copyright Infringement*, Vol. 2, No. 2, WTR, 2003.

145. Robert Howse and Robert W. Staiger, *United States - Anti - Dumping Act of 1916 (Original Complaint by the European Communities) - Recourse to arbitration by the United States under 22. 6 of the DSU*, *WT/DS136/ARB*, 24 *February 2004*: *A Legal and Economic Analysis*, Vol. 4, No. 2, WTR, 2005.

146. Isabelle Van Damme, *Seventh Annual WTO Conference*: *An Overview*, Vol. 11, No. 1, JIEL, 2008.

147. Antonis Antoniadis, *Unilateral Measures and WTO Dispute Settlement*: *An EC Perspective*, Vol. 41, No. 3, JWT, 2007.

148. Amin Alavi, *On the(Non-) Effectiveness of the World Trade Organization Special and Differential Treatments in the Dispute Settlement Process*, Vol. 41, No. 2, JWT, 2007.

149. Won–Mog Choi, *To Comply or Not to Comply? —Non - implementation Problems in the WTO Dispute Settlement System*, Vol. 41, No. 5, JWT, 2007.

150. Arwel Davies, *Connecting or Compartmentalizing the WTO and United States Legal Systems? The Role of the Charming Betsy Canon*, Vol. 10, No. 1, JIEL, 2007.

151. Jagdish Bhagwati and Petros C. Mavroisdis, *Killing the Byrd Amendment with the Right Stone*, Vol. 3, No. 1, WTR, 2003.

152. Andrew Green and Mechael Trebilcock, *Enforcing WTO Obligations: What Can We Learn From Export Subsidies?*, Vol. 10, No. 3, JIEL, 2007.

153. Jide Nzelibe, *The Case Against Reforming the WTO's Enforcement Mechanism*, April 2, 2007.

154. Sebastian Wilckens, *The Economics of WTO Enforcement*, August 2006.

155. Henrick Horn and Robert W. Staiger, *Trade Agreements as Endogenously Incomplete Contracts*, November 2006.

156. Renato Ruggiero, *The World Trade Organization: three priorities*, Vol. 4, No. 3, WTR, 2005.

157. Alberto Alvarez – Jimenez, *A reasonable period of time for dispute settlement implementation: an operative interpretation for developing country complainants*, Vol. 6, No. 3, WTR, 2007.

158. Arwel Davies, *Reviewing dispute settlement at the World Trade Organization: a time to reconsider the role/s of compensation?* Vol. 5, No. 1, WTR, 2006.

160. Andrew D. Mitchell, *A legal principle of special and differential treatment for WTO disputes*, Vol. 5, No. 3, WTR, 2006.

161. George W. Downs and Michael A. Jones, *Reputation, Compliance, and International Law*, Vol. 31, Journal of Legal Studies,

January 2002.

162. Markus Burgstaller, *Amenities and Pitfalls of a Reputational Theory of Compliance with International law*, Vol. 76, No. 1, Nordic Journal of International Law, 2007.

163. Donald H. Regan, *What are Trade Agreements For? — Two Conflicting Stories Told by Economists, With a Lesson for Lawyers*, Vol. 9, No. 4, JIEL, 2006.

164. Joost Pauwelyn, *Proposals for Reforms of Article 21 of the DSU*, in Federico Ortino and Ernst–Ulrich Petersmann (ed.), *The WTO Dispute Settlement System: 1995–2003*, Kluwer Law International, 2004.

165. David Collins, *Efficient Breach, Reliance and Contract Remedies at the WTO*, Vol. 43, No. 2, Journal of World Trade, 2009.

166. Armin Steinbach, *EC Liability for Non – compliance with Decisions of the WTO DSB: The Lack of Judicial Protection Persists*, Vol. 43, No. 5, Journal of World Trade, 2009.

167. Alexander Keck and Simon Schropp, *Indisputably Essential: The Economics of Dispute Settlement Institutions in Trade Agreements*, Vol. 42, No. 5, Journal of World Trade, 2008.

168. Marco Bronckers, *Private Appeals to WTO Law: An Update*, Vol. 42, No. 2, Journal of World Trade, 2008.

169. Chad P. Bown, Bernard M. Hoekman, *Developing Countries and Enforcement of Trade Agreements: Why Dispute Settlement is Not Enough*, Vol. 42, No. 1, Journal of World Trade, 2008.

170. Reto Malacrida, *Towards Sounder and Fairer WTO Retaliation: Suggestions for Possible Additional Procedural Rules Governing Members' Preparing and Adoption of Retaliatory Measures*,

Vol. 42, No. 1, Journal of World Trade, 2008.

171. Nohyoung Park and Sherzod Shadikhojaev, *Cessation and Reparation in the GATT/WTO Legal System: A View from the Law of State Responsibility*, Vol. 41, No. 6, Journal of World Trade, 2007.

172. Mira Burri Nenova, *The Law of the World Trade Organization and the Communications Law of the European Community: On a Path of Harmony or Discord?* Vol. 41, No. 4, Journal of World Trade, 2007.

173. Marco Bronckers, *From 'Direct Effect' to 'Muted Dialogue': Recent Developments in the European Courts' Case Law on the WTO and Beyond*, Vol. 11, No. 4, JIEL, 2008.

172. Chios Carmody, *A Theory of WTO Law*, Vol. 11, No. 3, JIEL, 2008.

173. Henning Grosse Ruse-Khan, *A Pirate of the Caribbean? The Attractions of Suspending TRIPS Obligations*, Vol. 11, No. 2, JIEL, 2008.

174. Henning Grosse Ruse-Khan, *Suspending IP Obligations Under TRIPS: A Viable Alternative to Enforce Prevailing WTO Rulings?*, CIEL, April 2008, available at http://ssrn. com/abstract=1317304.

175. Henning Grosse Ruse-Khan, *Suspension of Obligations under TRIPS as an Effective Means to Induce Compliance?*.

176. Lucas Eduardo F. A. Spadano, *Cross-agreement retaliation in the WTO dispute settlement system: an important enforcement mechanism for developing countries?*, Vol. 7, No. 3, World Trade Review, 2008.

177. Georgia Hamann, *Replacing Slingshots with Swords:*

Implications of the Antigua – Gambling 22.6 Panel Report for Developing Countries and the World Trading System, Vanderbilt Journal of Transnational Law, Vol. 42, 2009.

178. Gabriel L. Slater, *the Suspension of Intellectual Property Obligations under TRIPS: A Proposal for Retaliating Against Technology-Exporting Countries in the World Trade Organization*, Vol. 97, No. 5, The Georgetown Law Journal, June 2009.

179. Shamnad Basheer, *Turning TRIPS on its head: An 'IP Cross Retaliation' Model*.

180. Shamnad Basheer, *Turning TRIPS on its head: 'cross retaliation' at the WTO*.

181. Frederick M. Abbott, *Cross-Retaliation in TRIPS: Options for Developing Countries*, ICTSD, Issue Paper No. 8, April 2009.

182. Arthur E. Appleton, *Suspension of Concessions in the Services Sector: Legal, Technical and Economic Problems*, ICTSD, Issue Paper No. 7, March 2009.

183. Maristela Basso and Edson Beas, Cross – retaliation through TRIPS in the Cotton Dispute?, No. 5, May 2005, www. idsd. org.

184. Bryan Mercurio, *Why compensation cannot replace trade retaliation in the WTO Dispute Settlement Understanding*, Vol. 8, No. 2, World Trade Review, 2009.

185. Bjørn Kunoy, *Catch Me if You Can: An Analysis of "Measures Taken to Comply" under the WTO Dispute Settlement Understanding*, Vol. 6, No. 1, Chinese Journal of International Law, 2007.

186. Thomas Sebastian, *World Trade Organization Remedies and the Assessment of Proportionality: Equivalence and Appropriateness*, Vol.

48,No. 2,Harvard International Law Journal,2007.

五、中文论文

1. 左海聪:《WTO 专家组和上诉机构可适用的法律》,载《法学评论》2005 年第 5 期。

2. 余敏友:《论世贸组织法律救济的特性》,载《现代法学》2006 年第 6 期。

3. 余敏友:《终止不法行为——世贸组织争端解决机制提供的首要救济》,载《法学评论》2006 年第 6 期。

4. 余敏友:《美国等五国向 WTO 诉欧共体香蕉进口体制案(下)》,载《国际商报》2000 年 11 月 26 日第 005 版。

5. 王传丽:《析世界贸易组织争端解决机制——兼评贸易报复》,载《政法论坛(中国政法大学学报)》1996 年第 4 期。

6. 王传丽:《WTO:一个自给自足的法律体系——兼论一国四地经贸法律新发展》,载《国际经济法学刊》第 11 卷(2004 年)。

7. 张乃根:《试析 WTO 争端解决的国际法拘束力》,载《复旦学报(社会科学版)》2003 年第 6 期。

8. 黄东黎:《违反 WTO 的义务如何救济》,载《人民法院报》2002 年 9 月 2 日。

9. 张军旗:《WTO 国际责任的形式可否选择——法律权利与政策选择》,载《现代法学》2006 年第 4 期。

10. 张军旗:《论 WTO 争端解决机制中的报复制度》,载《上海财经大学学报》2002 年第 1 期。

11. 彭翔:《论 WTO 中的仲裁机制》,西南政法大学 2004 年硕士学位论文。

12. 刘万超:《世界贸易组织(WTO)争端解决机制中的报复

机制》,载《海淀走读大学学报》2004 年第 3 期。

13. 朱淑娣,袁勇:《WTO 体制下国际贸易法律救济刍议》,载《世界贸易组织动态与研究》2005 年第 10 期。

14. 江国青:《国际法实施机制与程序法律制度的发展》,载《法学研究》2004 年第 2 期。

15. 江国青:《略论国际法实施机制与程序法制度的发展》,载《法学评论》2004 年第 1 期。

16. 朱翠微:《WTO 争端解决机制执行程序中的"合理期限"问题探讨》,载《长白学刊》2002 年第 1 期。

17. 李晓玲:《执行 DSB 建议和裁决的"合理期限"有多长》,载《WTO 经济导刊》2005 年第 11 期。

18. 葛伟军:《执行建议和裁决的"合理的期限"——"美国1916 年反倾销法案"仲裁一案介绍与评析》,载《中国律师》2002年第 5 期。

19. 郑小敏:《论执行 DSB 建议和裁决的合理期限》,载《河南省政法管理干部学院学报》2005 年第 1 期。

20. 陈立军,匡青松:《WTO"合理期限"仲裁举证问题探析》,载《湖南商学院学报》2007 年第 1 期。

21. 陈立军,匡青松:《论 WTO"合理期限"仲裁制度》,载《四川经济管理学院学报》2007 年第 1 期。

22. 陈立军,匡青松:《世贸组织"合理期限"仲裁制度探析》,载《国际商务——对外经济贸易大学学报》2007 年第 4 期。

23. 傅星国:《WTO 裁决执行的"合理期限"问题》,载《国际经济合作》2009 年第 2 期。

24. 张乃根:《论 WTO 争端解决的合理执行期限仲裁——兼论中美知识产权案的执行对策》,载《政法论丛》2009 年第 6 期。

25. 许敏:《浅析 WTO 争端解决机制执行中的"合理期限"问题》,载《法制与社会》2009 年第 6 期(下)。

26. 郑小敏:《论 WTO 的贸易报复制度》,载《浙江社会科学》2004 年第 6 期。

27. 栾信杰,杨光明:《WTO 现行贸易报复机制的缺陷分析》,载《世界贸易组织动态与研究》2005 年第 7 期。

28. 栾信杰:《中国外贸发下的贸易报复机制及其预期的适用》,载《环球法律评论》2007 年第 1 期。

29. 李盾:《刍议国际贸易中的贸易报复》,载《国际贸易问题》2003 年第 7 期。

30. 翁杰:《交叉报复和仲裁与专家小组程序的冲突问题》,载《国际商报》2003 年 8 月 28 日第 007 版。

31. 纪文华:《WTO 争端解决执行中的"顺序"问题法律解读》,载《世界贸易组织动态与研究》2005 年第 12 期。

32. 张东平:《WTO 争端解决中的条约解释研究》,厦门大学2003 年博士学位论文。

33. 蔡芳:《WTO 争端解决中的执行机制研究》,西南政法大学 2005 年硕士学位论文。

34. 翁杰:《WTO 体制下的报复权在实施中的若干问题》,载《西安政治学院学报》2001 年第 5 期。

35. 徐日刚:《WTO 争端解决机制十年发展与完善研究》,中国政法大学 2005 年硕士学位论文。

36. 向凌:《WTO 争端解决机制中报复措施的缺陷及革新路径探析》,载《时代法学》2005 年第 6 期。

37. 柳剑平,刘威:《经济制裁与贸易报复——对经济制裁内涵的再界定》,载《思想理论教育导刊》2005 年第 5 期。

38. 秦建荣:《论世界贸易组织的贸易报复机制》,载《广西师范大学学报》2002 年研究生专辑。

39. 秦建荣:《北美自由贸易协定下争端解决的报复制度剖析》,载《广西师范大学学报(哲学社会科学版)》2003 年第 3 期。

40. 秦建荣,唐荣安:《DSU 报复制度的显著改进及我国的应对策略》,载《桂林师范高等专科学校学报》2005 年第 4 期。

41. 秦建荣:《世界贸易组织报复制度研究》,广西师范大学2002 年硕士研究生学位论文。

42. 杨文杰:《GATT/WTO 贸易报复措施研究》,武汉大学法学院 2005 年硕士毕业论文。

43. 陈洪程:《世贸组织争端解决执行的不足与改进设想》,华东政法学院 2003 年硕士学位论文。

44. 赵生祥,张英:《论保障措施项下的补偿和报复》,载《探索》2004 年第 6 期。

45. 张新民:《WTO 争端解决机制中授权报复制度及其运行的启示——解决执行难的思考》,载《法律适用》2003 年第 8 期。

46. 韩秀丽:《寻找 WTO 法中的比例原则》,载《现代法学》2005 年第 4 期。

47. 张桂红:《DSU 报复条款与美国 301 条款的关系探析——兼论中国应对 301 条款的对策》,载《法律适用》2002 年第 4 期。

48. 朱广东:《GATT/WTO 争端解决中的"司法克制"思想》,苏州大学 2004 年硕士学位论文。

49. 余丽:《WTO 保障措施的补偿与报复及中国采取的对策》,载《人民法院报》2002 年 9 月 23 日。

50. 赵洋:《WTO 保障措施制度检讨——实施保障措施的前提条件问题和补偿报复问题分析》,中国政法大学 2003 年硕士学位论文。

51. 尹德永:《WTO 补贴反补贴实体规则研究》,中国政法大学 2004 年博士学位论文。

52. 吴晓丹:《WTO 成员方 DSU 修改提案研究》,中国政法大学 2004 年硕士学位论文。

53. 张玉卿:《WTO 的"法院"是怎样运转的?》,载《WTO 经济导刊》2005 年第 4 期。

54. 张玉卿:《多边贸易体制的柱石——WTO 争端解决机制十年之路及与中国的"亲密接触"》,载《WTO 经济导刊》2005 年第 5 期。

55. 朱桔:《加强 DSB 的裁决执行:WTO 争议解决机制的改革》,华东政法学院 2005 年硕士学位论文。

56. 丁国军:《论 WTO 争端解决机制中的报复机制》,苏州大学 2003 年硕士学位论文。

57. 王韦杰:《WTO 争端解决机制下贸易制裁手段缺失及改革方案之探讨》。

58. 吕宁,韩强:《论 WTO 体制下交叉报复机制的不足》,载《理论月刊》2003 年第 10 期。

59. 黄海东:《WTO 争端解决机制的报复和交叉报复问题》,载《大连理工大学学报(社会科学版)》2004 年第 4 期。

60. 陈喜峰:《澳大利亚皮革案第 21 条第 5 款争端评析》,载《世界贸易组织动态与研究》2004 年第 10 期。

61. 高汉:《交叉报复机制和我国的利用》,载《华东政法学院学报》2000 年第 2 期。

62. 周禅,周海洋:《论 WTO 争端解决机制中赔偿救济制度的嵌入》,载《重庆三峡学院学报》2005 年第 5 期。

63. 李轩:《谁应承担 TRIPS 协定之实施成本——欧盟诉美国〈版权法〉修订案的启示》,载《WTO 经济导刊》2004 年第 5 期。

64. 姜仿其:《论 WTO 争端解决机制的诉讼性特征》,载《商场现代化》2006 年 6 月(中旬刊)总第 470 期。

65. 许楚敬,沈红:《论世贸组织中专家组和上诉机构报告的执行问题》,载《政治与法律》2004 年第 5 期。

66. 孙泾波:《孰先孰后的困境——先判断是否执行,还是先授权报复?》,载《WTO 经济导刊》2005 年第 10 期。

67. 张升星:《由 WTO 争端解决机制的执行效果论台湾适用该机制的困境与途径》,载《月旦民商法研究——国际贸易法新课题》,北京大学出版社 2006 年版。

68. 蒋新苗:《DSU 补偿措施的革新路径》,载《中国法学》2004 年第 4 期。

六、主要网站

1. http://www.wto.org/

2. http://www.worldtradelaw.net/

3. http://worldtradelaw.typepad.com/ielpblog/

七、主要报告和裁决(从略)

1. 部分 WTO 专家组报告和上诉机构报告。

2. 所有第 21.3 条合理期限仲裁报告(29 个)。

3. 所有第 21.5 条遵守专家组报告(29 个)和上诉机构报告(18 个)。

4. 所有第 22.6 条仲裁裁决(19 个)。

5. 第 25 条仲裁裁决(1 个)。

6. WTO, World Trade Report 2007, *Six decades of multilateral trade cooperation：What have we learnt?*

7. ILC, *Commentaries to the draft articles on Responsibility of States for internationally wrongful acts*, adopted by the International Law Commission at its fifty-third session(2001).

8. Peter Sutherland etc. , *The Future of the WTO：Addressing institutional challenges in the new millennium*, Report by the Consultative Board to the Dierctor - General Supachai Panitchpakdi (generally referred to as Sutherland Report) ,2004.

责任编辑:姜冬红

图书在版编目(CIP)数据

WTO 争端解决裁决执行机制研究/胡建国 著.
 -北京:人民出版社,2011.11
ISBN 978 - 7 - 01 - 010371 - 6

Ⅰ.①W… Ⅱ.①胡… Ⅲ.①世界贸易组织-国际贸易-
 国际争端-研究 Ⅳ.①F743

中国版本图书馆 CIP 数据核字(2011)第 217899 号

WTO 争端解决裁决执行机制研究
WTO ZHENGDUAN JIEJUE CAIJUE ZHIXING JIZHI YANJIU

胡建国 著

人民出版社 出版发行
(100706 北京朝阳门内大街 166 号)

北京市文林印务有限公司印刷 新华书店经销

2011 年 11 月第 1 版 2011 年 11 月北京第 1 次印刷
开本:880 毫米×1230 毫米 1/32 印张:14.625
字数:326 千字 印数:0,001-3,000 册

ISBN 978 - 7 - 01 - 010371 - 6 定价:29.00 元

邮购地址 100706 北京朝阳门内大街 166 号
人民东方图书销售中心 电话 (010)65250042 65289539

责任编辑：吴家英

图书在版编目(CIP)数据

WTO争端解决机制及行为规则实证研究/周建海著.
—北京：人民出版社，2011.11
ISBN 978-7-01-010371-6

I.①W… II.①周… III.①世界贸易组织规则研究
IV.①D996.9

中国版本图书馆CIP数据核字(2011)第217809号

WTO争端解决机制及行为规则研究
WTO ZHENGDUAN JIEJUE JIZHI JI XINGWEI GUIZE YANJIU

周建海　著

人 民 出 版 社　出版发行
(100706　北京朝阳门内大街166号)

北京汇林印务有限公司印刷　新华书店经销

2011年11月第1版　2011年11月北京第1次印刷
开本：880毫米×1230毫米　1/32　印张：14.625
字数：350千字　印数：0,001-3,000册

ISBN 978-7-01-010371-6　定价：29.00元

邮购地址 100706　北京朝阳门内大街166号
《人民社图书出版中心　电话 (010)65250042 65289539